Texte détérioré — reliure défectueuse

NF Z 43-120-11

Contraste insuffisant

NF Z 43-120-14

8º 2R. Rolland.
13951

R24404

LES AVANTURES DE TELEMAQUE FILS D'ULYSSE.

Par feu Meſſire FRANÇOIS DE SALIGNAC DE LA MOTTE-FENELON, Précepteur de Meſſeigneurs les Enfans de France, & depuis Archevêque, Duc de Cambrai, Prince du ſaint Empire, &c.

NOUVELLE EDITION AUGMENTE'E, conforme au Manuſcrit original.

TOME PREMIER.

AU ROY.

S. Rolland

 IRE

13 Aout 1820

J'ai cru que voulant faire paroitre cet Ouvrage dans toute

EPITRE

sa perfection, je devois commencer par avoir l'honneur de le presenter à VOTRE MAJESTE'. *Il eut le bonheur de plaire à votre Auguste Pere, pour qui il fut composé. Et dans le temps que les rares vertus de ce grand Prince, l'avoient rendu l'attente & l'admiration des Peuples, il ne dédaignoit pas de faire une lecture serieuse de ce qu'il avoit amusé son Enfance. Animé,* SIRE, *du même zéle qui fit entreprendre cet Ouvrage, je viens vous l'offrir aujourd'hui. Il vous sera un gage des vœux que formoit l'Auteur pour un regne que nous voyons renaître sous vos Loix. Puisse,* SIRE, *tout ce qui réluit déja dans* VOTRE MAJESTE', *& qui fait l'esperance de la Nation, faire long-temps son bonheur. Ce sont les*

EPITRE.

souhaits ardens de celui qui est avec
un très-profond respect,

SIRE,

de VÔTRE MAJESTÉ,

Le très-humble, très-obéïssant
& très-fidéle serviteur & sujet,
FENELON.

AVERTISSEMENT.

LA Famille de feu Monseigner l'Archevêque de Cambrai donne ici une nouvelle Edition des Avantures de Telemaque, fur un Manufcrit original qui s'eft trouvé parmi fes papiers. Toutes les Editions qu'on en a vû jufqu'à prefant, ont été très défectueufes, & faites fans l'aveu de l'auteur. C'eft une juftice qu'on lui rend en faifant paroitre fon Ouvrage tel qu'il eft forti de fes mains.

Il l'avoient partagé en vingt-quatre Livres à l'imitation de l'Iliade. Outre cette divifion nouvelle, cette Edition fe trouvera differente en une infinité d'endroits, de toutes les autres qui

AVERTISSEMENT.

ont paru. Souvent à la verité ces differences ne regardent que le ſtille, & ne font qu'ajouter quelque grace au diſcour par un arrangement plus harmonieux des paroles : mais auſſi l'on avoit omis des choſes très-precieuſes & aſſez étendues qu'on a reſtituée fidellement ici ſur l'original.

L'on a cru ne devoir pas laiſſer plus long-tems à la tête de ces Ouvrages, une Préface qui y a paru, & que l'Auteur de Telemaque n'a jamais approuvée, On a mis en ſa place le diſcour ſuivant, où l'on tâche de déveloper les beautez de ce Poëme, ſa conformité aux regles de l'art & la ſublimité de ſa morale.

On a joint à la fin de cette Edition, une Ode de l'Auteur compoſée dans ſa jeuneſſe. Elle fera voir ſon talent naturel pour la verification.

AVERTISSEMENT.

On a cru devoir ôter l'Histoire d'Aristonoüs, cette Fable n'avoit aucun rapport au Poëme Epique de Telemaque ; & l'Auteur n'a jamais eu dessein de l'y joindre. On la donnera au Public dans un Recuëil de Fables du même Auteur, qui paroîtra incessamment.

DISCOURS
DE LA
POESIE EPIQUE,
ET
DE L'EXCELLENCE
DU POEME
DE TELEMAQUE.

I l'on pouvoit goûter la Verité toute nuë, elle n'auroit pas besoin pour se faire aimer des ornemens que lui prête l'imagination : mais sa lumiere pure & délicate ne flatte pas assez ce qu'il y a de sensible en l'homme, elle demande une attention qui gêne trop son inconstance naturelle. Pour l'instruire, il faut lui donner non seulement des idées pures qui l'éclairent, mais encore des

ã v

Images sensibles qui l'arrêtent dans une vûe fixe de la verité. Voilà la source de l'Eloquence, de la Poësie, & de toutes les sciences qui sont du ressort de l'imagination. C'est la foiblesse de l'home qui rend ces sciences necessaires. La beauté simple & immuable de la vertu ne le touche pas toujours. Il ne suffit point de lui montrer la verité, il faut la peindre aimable. (a)

Nous examinerons le Poëme de Telemaque selon ces deux vûes, d'instruire & de plaire, & nous tacherons de faire voir que l'Auteur a instruit plus que les Anciens, par la sublimité de sa Morale, & qu'il a plû autant qu'eux en imitant leur beautez.

Il y a deux manieres d'instruire les hommes pour les rendre bons. La premiere, en leur montrant la diformité du vice, & ses suites funestes : c'est le dessein principal de la Tragedie. La seconde, en leur découvrant la beauté de la vertu & la fin heureuse : c'est le caractere propre à l'*Epopée*, ou Poëme Epique. Les passions qui appartiennent à l'une, sont la terreur & la pieté. Celles qui conviennent à l'autre, sont l'admiration & l'amour. Dans l'une, les Acteurs parlent ; dans l'autre, le Poëte fait la narration.

On peut définir le Poëme Epique, *Une Fable racontée par un Poete pour exciter l'admiration, & inspirer l'amour de la vertu, en nous representant l'action d'un Heros favorisé du Ciel, qui éxecute un grand dessein mal*

(a) Omne tulit punctum qui miscuit utile dulci,
Lectore delectando, pariterque monendo.
HOR. L'ART. POET.

gré tous les obstacles qui s'y opposent. Il y a donc trois choses dans l'Epopée, *l'Action, la Morale & la Poësie.*

I. DE L'ACTION EPIQUE.

L'Action doit être *grande, une, entiere, merveilleuse, & d'une certaine durée.* Telemaque a toutes ces qualitez. Comparons-le avec les deux Modéles de la Poësie Epique, Homere & Virgile, & nous en serons convaincus.

Nous ne parlerons que de l'Odyssée, dont le plan a plus de conformité avec celui de Telemaque. Dans ce Poeme, Homere introduit un Roi sage, revenant d'une guerre étrangere, où il avoit donné des preuves éclatantes de sa prudence & de sa valeur; des tempêtes l'arrêtent en chemin, & le jettent dans divers païs, dont il apprend les Mœurs, les Loix, la Politique. De là naissent naturellement une infinité d'incidens & de perils. Mais sçachant combien son absence causoit de désordres dâs son Royaume, il surmonte tous ces obstacles, méprise tous les plaisirs de la vie; l'immortalité même ne le touche point, il renonce à tout pour soulager son peuple, & revoit sa famille.

Dans l'Eneïde, un Héros pieux & brave, échappé des ruines d'un Etat puissant, est destiné par les Dieux pour en conserver la Religion, & pour établir un Empire plus grand & plus glorieux que le premier. Ce Prince choisi pour Roi par les restes infortunez de ces Concitoyens, être long-temps avec eux dans plusieurs païs, où il apprend tout ce qui est necessaire à un Roi, à un Legislateur, à un Pontife. Il trouve enfin un azile dans des terres éloignées, d'où ses ancêtres étoient sortis. Il défait plusieurs ennemis puissans qui s'opposent à son établissement, & jette les fondemens d'un Empire, qui devoit être un jour le maître de l'Univers.

L'Action de Telemaque unit ce qu'il y a de grand dans l'un & dans l'autre de ces deux poëmes. On y voit un jeune Prince animé par l'amour de la Patrie, aller chercher son Pere, dont l'absence causoit le malheur de sa famille & de son Royaume. Il s'expose à toutes sortes de perils : il se signale par des vertus heroïques : il renonce à la Royauté, & à des couronnes plus considerables que la sienne; & parcourant plusieurs terres inconnuës, apprend tout ce qu'il faut pour gouverner un jour selon la prudence d'Ulysse, la pieté d'Enée, & la valeur de tous les deux, en sage Politique, en Prince Religieux, en Héros accompli.

L'Action de l'Epopée en doit être une. Le Poëme Epique n'est pas une histoire comme la Pharsale de Lucain, & la guerre Punique de Silius Italicus, ni la vie toute entiere d'un Héros comme l'Achilleïde de Stace : l'unité du Héros ne fait pas l'unité de l'action. La vie de l'homme est pleine d'inégalitez. Il change sans cesse de desseins, ou par l'inconstance de ses passions, ou par les accidens imprévus de la vie. Qui voudroit décrire tout l'homme ne formeroit qu'un tableau bizarre, un contraste de passions opposées sans liaison & sans ordre. C'est pourquoi l'Epopée n'est pas la loüange d'un Héros qu'on propose pour modêle, mais le recit d'une action grande & illustre qu'on donne pour exemple.

Il en est de la Poësie comme de la Peinture, l'unité de l'action principale n'empêche pas qu'on y insere plusieurs incidens particuliers. Le dessein est formé dés le commencement du Poëme ; le Héros en vien à bout en franchissant tous les obstacles. C'est le recit de ces oppositions qui fait les Episodes ; mais tous ces Episodes dépendent de l'action principale, & sont tellement liez avec elle, & si unis entr'eux, que le tout ensemble ne presente qu'un seul tableau composé de plusieurs figures dans une belle ordonnance & dans une juste proportion.

Je n'examine point ici s'il est vrai qu'Homere noye quelquefois son action principale dans la longueur & le nombre de ses Episodes si son action est double, s'il perd souvent de vûë ses principaux personnages. Il suffit de remarquer que l'Auteur de Telemaque a imité par tout la regularité de Virgile, en évitant les défauts qu'on impute au Poëte Grec. Tous les Episodes de notre Auteur sont continus, & si habilement enclavez les uns dans les autres, que le premier amene celui qui suit. Ses principaux personnages ne disparoissent point & les transitions qu'il fait de l'Episode à l'action principale, font sentir toujours l'unité du dessein. Dans les six premiers Livres où Telemaque parle & fait le recit de ses avantures à Calypso, ce long Episode, à l'imitation de celui de Didon, est raconté avec tant d'art, que l'unité de l'action principale est demeurée parfaite. Le Lecteur y est en suspens, & sent dés le commencement que le séjour de cet Héros dans cette isle, & ce qui s'y passe, n'est qu'un obstacle qu'il faut surmonter. Dans les

XIII. & XIV. Livre, où Mentor instruit Idomenée, Telemaque n'est pas present, il est à l'armée ; mais c'est Mentor un des principeaux personnages du Poëme, qui fait tout en vûe de Telemaque & pour son instrution ; de sorte que cette Episode est parfaitement liée avec le dessein principal. C'est encore un grand art dans notre Auteur, de faire entrer dans son Poeme des Episodes qui ne sont pas des suites de sa Fable principale, sans rompre ni l'unité, ni la continuité de l'action. Ces Episodes y trouvent place, non seulement comme des instructions importantes pour un jeune Prince, qui est le grand dessein du Poéte, mais parce qu'il le fait raconter à son Heros dans le tems d'une inaction pour en remplir le vuide. C'est ainsi qu'Adoam instruit Telemaque des mœurs & des loix de la Bétique pendant le calme d'une navigation ; & Philoctete lui raconte ses malheurs, tandis que ce jeune Prince est au camp des Alliez, en attendant le jour du combat.

L'Action Epique doit être entiere. Cette integrité suppose trois choses ; la cause, le nœud, & le dénoüement. La cause de l'action doit être digne du Heros & conforme à son caractere. Tel est le dessein de Telemaque. Nous l'avons déja vû.

Le nœud doit être naturel, & tiré du fond de l'action. Dans l'Odyssée, c'est Neptune qui le forme. Dans l'Eneïde, c'est la colere de Junon. Dans Telemaque, c'est la haine de Venus. Le nœud d'Odyssée est naturel, parce que naturellement il n'y a point d'obstacle qui soit plus à craindre pour ceux qui sont sur mer, que la mer même. L'opposition de Junon dans l'Eneïde comme ennemie des Troyens, & une belle fiction. Mais la haine de Venus contre un jeune Prince qui méprise l volupté par amour de la vertu, & dompte ses passions par le secours de la sagesse, est une Fable tirée de la nature, qui renferme en même tems une Morale sublime.

Le denoüement doit être aussi naturel que le nœud. Dans l'Odyssée, Ulysse arrive parmi les Pheaciens, leur raconte ses avantures, & ces insulaires amateurs des Fables charmez de ses recits, lui fournissent un vaisseau pour retourner chez lui : le dénouëment est simple & naturel. Dans l'Eneïde, Turnus est le seul obstacle à l'établissement d'Enée. Ce Heros, pour épargner le sang de ses Troyens, & celui des Latins dont il sera bientôt Roi, vuide la querelle par un combat singulier. Ce denoüement est noble. Celui de Telemaque est tout ensemble naturel & grand. Ce jeune Heros pour obéir aux ordres du Ciel, surmôte son amour pour Antiope, & son amitié pour Idomenée, qui lui offroit sa Couronne & sa fille. Il sacrifie les passions les plus vives & les plaisirs même les plus innocens au pur amour de la vertu. Il s'embarque pour Ithaque sur des vaisseaux que lui fournit Idomenée à qui il avoit rendu tant de services. Quand il est près de sa Patrie, Minerve le fait relacher dans une petite Isle deserte, où elle se découvre à lui. Aprés l'avoir accompagné à son insû au travers des mers orageuses, des terres inconnuës, des guerres sanglantes, & de tous les maux qui peuvêt éprouver le cœur de l'homme, la sagesse le conduit enfin dans un lieu solitaire. C'est là qu'elle lui parle qu'elle lui annonce la fin de ses travaux & sa destinée heureuse, puis elle le quitte. Si tôt qu'il va rentrer dans le bonheur & le repos, la Divinité s'éloigne, le merveilleux cesse, l'action héroïque finit. C'est dans la souffrance que l'homme se montre Héros, & qu'il a besoin d'un appui tout divin. Ce n'est qu'aprez avoir souffert, qu'il est capable de marcher seul de se conduire lui même, & de gouverner les autres. Dans le Poëme de Telemaque l'observation des plus petites régles de l'art est accompagnée d'une profonde morale.

Outre le nœud & le dénoüement general de l'action principale chaque Episode a son nœud & son dénoüement propre. Ils doivent avoir tous les mêmes conditions. Dans l'Epopée, on ne cherche point les intrigues surprenantes des Romains modernes. La surprise seule ne produit qu'une passion trés imparfaite & passagere. Le sublime est d'imiter la simple nature, preparer les évenemens d'une maniere si délicate qu'on ne les prévoye pas, les conduire avec tant d'art que tout paroisse naturel. On n'est point inquiet, suspendu, détourné du but principal de la poësie héroïque, qui est l'instruction, pour s'occuper d'un dénoüement fabuleux, & d'une intrigue imaginaire. Cela est bon quand le seul dessein est d'amuser: mais dans un Poëme Epique qui est une espece de Philosophie morale, ces intrigues sont des jeux d'esprit au-dessus de sa gravité & de sa noblesse.

Si l'Auteur de Telemaque a évité les intrigues des Romains Modernes il n'est pas tombé non plus dans le merveilleux outré que quelques-uns reprochent aux Anciens, il ne faisni parler des chevaux, ni marcher des trépieds ni travailler des ſtatuës. L'action Epique doit être merveilleuſe, mais vraiſemblable. Nous n'admirons point ce qui nous paroit impoſſible. Le poëte ne doit jamais choquer la raiſon quoiqu'il puiſſe aller quelquefois au delà de la nature. Les Anciens ont introduit les Dieux dans leurs Poëmes, non ſeulement pour executer par leur entremiſe de grands évenemens & unir la vraiſemblance & le merveilleux, mais pour apprendre aux hommes que les plus vaillans & les plus ſages ne peuvent rien ſans le ſecours des Dieux. Dans notre Poëme Minerve conduit ſans ceſſe Telemaque. Par là le Poëte rend tout poſſible à ſon Héros & fait ſentir que ſans la ſageſſe divine l'homme ne peut rien. Mais ce n'eſt pas là tout ſon art. Le ſublime eſt d'avoir caché la Déeſſe ſous une forme humaine. C'eſt non ſeulement le vraiſemblable, mais la nature qui s'unit ici au merveilleux. Tout eſt divin, & tout paroit humain. Ce n'eſt pas encore tout: Si Telemaque avoit ſçu qu'il étoit conduit par une Divinité, ſon merite n'auroit pas été ſi grand, il en auroit été trop ſoutenu. Les Heros d'Homere ſçavent preſque toûjours ce que les immortels font pour eux. Notre Poëte, en dérobant à ſon Héros le merveilleux de la fiction, a fait admirer ſa vertu & ſon courage.

La durée du Poëme Epique eſt plus longue que celle de la Tragedie. Dans celle-ci les paſſions regnent. Rien de violent ne peut être de longue durée. Mais les vertus & les habitudes qui ne s'acquierent pas tout d'un coup, ſont propres au Poëme Epique, & par conſéquent ſon action doit avoir une plus grande étenduë. L'Epopée peut renfermer les actions de plusieurs années, mais selon les Critiques, le tems de l'action principale depuis l'endroit où le Poete commence sa narration, ne peut être plus longue qu'une année, comme le tems d'une action tragique doit être au plus d'un jours. Aristote & Horace n'en disent rien pourtant Homere & Virgile n'ont observé aucune regle fixe la dessus. L'action de l'Illiade toute entiere se passe en cinquante jours Celle de l'Odyssée depuis l'endroit où le Poéte commence sa narration, n'est que d'environt deux mois. Celle de l'Eneïde est d'un an. Une seule campagne suffit à Telemaque depuis qu'il sort de l'Isle de Calypso jusqu'à son retour à Ithaque. Nôtre Poete a choisi le milieu entre l'impétuosité & la vehemence avec laquelle le Poéte Grec court vers sa fin, & la demarche majestueuse & mesurée du Poéte Latin, qui paroit quelquefois lent, & semble trop allonger sa narration.

Quand l'action du Poëme Epique est longue, & n'est pas continuée, le Poete divise sa Fable en deux parties; l'une où le Heros parle, & raconte ses avantures passées; l'autre où le Poéte seul fait le recit de ce qui arriva ensuite à son Heros. C'est ainsi qu'Homere ne commence sa narration qu'après qu'Ulysse est partit de l'Isle d'Ogygie, & Virgile la sienne, qu'après qu'Enée est arrivé à Cartage. L'Auteur de Telemaque a parfaitement imité ces deux grands modeles. Il divise son action comme eux en deux parties. La principale contient ce qu'il raconte, & elle commence où Telemaque finit le recit de ses avantures à Calypso: Il prend peu de matiere, mais il la traite amplement. Dix-huit Livres y sont employez. L'autre partie est beaucoup plus ample pour le nombre des incidens, & pour le tems ; mais elle est beaucoup plus resserée pour les circonstances. Elle ne contient que les six premiers Livres. Par cette division de ce que notre Poéte raconte, & de ce qu'il fait raconter à Telemaque, il retranche les tems d'ination comme sa captivité en Egypte, son emprisonnement à Tyr ; &c. Il n'étend pas trop la durée de sa narration, il joint ensemble la varieté & la continuité des avantures : tout est mouvement, tout est action dans son Poéme. On ne voit jamais ses Personnages oisifs, ni son Heros disparoitre.

II. DE LA MORALE.

On peut recommander la vertu par les exemples & par les instructions, par les mœurs & par les preceptes. C'est ici où notre Auteur surpasse de beaucoup tous les autres Poétes.

On doit à Homere la riche invention d'avoir personnalisé les Attributs divins, les passions humaines, & les causes phisiques ; source feconde de belles fictions, qui animent & vivifient tout dans la Poésie. Mais sa Religion n'est qu'un tissu de Fables qui n'ont rien de propre, ni à faire respecter, ni à faire aimer la Divinité. Les caracteres de ses Dieux sont même au dessus de ceux de ses Heros. Pytagore, Platon, Philostrate Payens comme lui, ne l'ont pas justifié d'avoir ravalé ainsi la Nature Divine, sous pretexte que ce qu'il en dit est allegorie, tantot Physique, tantot Morale. Car outre qu'il est contre la nature de la Fable de se servir des actions morales pour figurer des effets physiques, il leur parut très-dangereux de representer les chocs des élemens, & les Phenomenes communs de la nature par des actions vicieuses attribuées aux Puissances celestes & d'enseigner la morale par des allegories, dont la lettre ne montre que le vice.

On pourroit peut-être diminuer la faute d'Homere par les tenebres & les mœurs de son siécle, & le peu de progrès qu'on avoit fait de son tems dans la Philosophie. Sans entrer dans cette discution, on se contentera de remarquer que l'Auteur de Telemaque en imitant ce qu'il y a de bien dans les Fables du Poëte Grec, a évité deux grands défauts qu'on lui impute. Il personnalise comme lui les attributs divins, & en faits des Divinitez subalternes; mais il ne les fait jamais paroitre qu'en des occasions qui meritent leur presence Il ne les fait jamais parler ni agir que d'une maniere digne d'elle. Il unit avec *art la Poësie d'Homere & la Philosophie de Pytagore.* Il ne dit rien que ce que les Payens auroient pû dire: & cependant il a mis dans leur bouches ce qu'il y a de plus sublime dans la Morale Chrétienne, & a montré par là que cette Morale est écrite en caracteres ineffaçables dans le cœur de l'homme, & qu'il les y decouvriroit infailliblement, s'il suivoit la voix de la pure & simple raison, pour se livrer totalement à cette verité souveraine & universelle qui éclaire tous les ésprit, comme le Soleil éclaire tous les corps, sans laquelle touté raison particuliere n'est que tenebres & égarement.

Les idées que notre Poëte nous donne de la Divinité sont non seulement dignes d'elle, mais infiniment aimables pour l'homme. Tout inspire la confiance & l'amour ; une pieté douce, une adoration noble & libre, dûe à la perfection absoluë de l'Etre infini, & non pas un culte superstitieux, & sombre & servile qui saisit & abat le cœur, lorsqu'on ne considere Dieu que comme un puissant Legislateur qui punit avec rigueur le violement de ses Loix.

Il nous represente Dieu comme amateur des hommes, mais dont l'amour & la bonté ne sont pas abandonnez aux décrets aveugles d'une destinée fatale, ni méritez par les pompeuses apparences d'un culte exterieur, ni sujets aux caprices bizares des Divinitez payennes, mais toujours reglez par la Loi immuable de la Sagesse, qui ne peut qu'aimer la vertu, & traiter les hommes, non selon le nombre des animaux qu'ils immolent, mais des passions qu'ils sacrifient.

On peut justifier plus aisement les caracteres qu'Homere donne à ses Heros, que ceux qu'il donne à ses Dieux. Il est certain qu'il peint les hommes avec simplicité, force, varieté & passion. L'ignorance où nous sommes des coutumes d'un païs, des ceremonies de sa Religion, du genie de sa langue, le defauts qu'ont la plupart des hommes de juger de tout par le gout de leur siecle & de leur nation, l'amour du faste & de la fausse magnificence, qui a gaté la nature pure & primitive ; toutes ces choses peuvent nous tromper & nous faire regarder comme fade ce qui étoit estimé dans l'anciennne Grece.

Quoiqu'il paroisse plus naturel & plus Philosophe de distinguer la **Tragedie de l'Epopée** par la difference de leurs vûes morales, comme on a fait d'abord, on n'ose decider cependant s'il ne peut pas y avoir, comme dit Aristote, deux sortes d'Epopées, l'une *Patetique* & l'autre *Morale*: l'une où les grandes passions regnent; l'autre, où les grandes vertus triomphent. L'Iliade & l'Odyssée peuvent être des exemples de ces deux especes. Dans l'une, Achile est representé naturellement avec tous ses défauts; tantot comme brutal, jusqu'à ne conserver aucune dignité dans sa colere, tantot comme furieux jusqu'à sacrifier sa Patrie à son ressentiment. Quoique le Heros de l'Odyssée soit plus regulier que le jeune Achile boüillant & impetueux, cependant le sage Ulysse est souvent faux & trompeur. C'est que le Poëte peint les hommes avec simplicité, & selon ce qu'ils sont d'ordinaire. La valeur se trouve souvent alliée avec une vengeance furieuse & brutale. La politique est presque toujours jointe avec le mensonge & la dissimulation. Peindre d'aprés nature; c'est peindre comme Homere.

Sans vouloir critiquer les vûes differentes de l'Iliade & de l'Odyssée, il suffit d'avoir remarqué en passant leurs differentes beautez pour faire admirer l'art avec lequel notre Auteur réünit dans son Poëme ces deux sortes d'Epopées, la Paterique, & la Morale. On voit un melange, & un contraste admirable de vertus & de passions dans ce merveilleux tableau. Il n'offre rien de trop grand, mais il nous represente également l'excellence & la bassesse de l'homme; il est dangereux de nous montrer l'un sans l'autre, & rien n'est plus utile que de nous faire voir tous les deux ensemble ; car la justice & la vertu parfaite demandent qu'on s'estime & se méprise, qu'on s'aime & se haïsse. Notre Poéte n'éleve pas Telemaque au dessus de l'humanité, il le fait tomber dans les foiblesses qui sont compatibles avec un amour sincere de la vertu; & ses foiblesses servent à le corriger, en lui inspirant la défiance de soi-même, & de ses propres forces. Il ne rend pas son imitation impossible en lui donnant une perfection sans tâche; mais il excite notre émulation en mettant devant les yeux l'exemple d'un jeune homme qui avec les mêmes imperfections que chacun sent en soi, fait les actions les plus nobles & les plus vertueuses. Il a uni ensemble dans le caracteres de son Heros, le courage d'Achile, la prudence d'Ulysse, & la pieté d'Enée. Telemaque est en colere comme le premier sans être brutal, politique comme le second sans être fourbe, sensible comme le troisiéme sans être voluptueux.

Une autre maniere d'instruire, c'est par les preceptes. L'auteur de Telemaque joint ensemble les grandes instructions avec les exemples heroïques. La Morale d'Homere avec les Mœurs de Virgile. Sa Morale a cependant trois qualitez qui manquent à celle des Anciens, soit Poétes, soit Philosophes. Elle est sublime dans ses principes, noble dans ses motifs, universelle dans ses usages.

I. Sublime dans ses principes. Elle vient d'une profonde connoissance de l'homme : on l'introduit dans son propre fonds ; on lui développe les ressorts secrets de ses passions, les replis cachez de son amour propre : la difference des vertus fausses d'avec les solides. De la connoissance de l'homme, on remonte à celle de Dieu même. L'on fait sentir par tout que l'Etre infini agit sans cesse en nous pour nous rendre bon & heureux: Qu'il est la source immediate de toute nos lumieres, & de toutes nos vertus: Que nous ne tenons pas moins de lui la raison que la vie: Que sa verité souveraine doit être notre unique lumiere & sa volonté suprême regler tous nos amours; Que faute de consulter cette Sagesse universelle & immuable, l'homme ne voit que des phantômes séduisans: faute de l'écouter, il n'entend que le bruit confus de ses passions: Que les solides vertus ne nous viennent que comme quelque chose d'étranger qui est mis en nous: Qu'elles ne sont pas les effets de nos propres efforts mais l'ouvrage d'une puissance superieure à l'homme, qui agit en nous quand nous n'y mettons point d'obstacle, & dont nous ne distinguons pas toujours l'action, à cause de sa délicatesse. L'on nous montre enfin que sans cette puissance premiere & souveraine qui éleve l'homme au-dessus de lui-même, les vertus les plus brillantes ne sont que des rafinemens d'une amour propre qui se renferme en soi-même se rend sa Divinité & devient en même-tems & l'idolâtre & l'idole. Rien n'est plus admirable que le portrait de ce Philosophe que Telemaque vit aux Enfers, & dont tout le crime étoit d'avoir été idolâtre de sa propre vertu.

C'est ainsi que la morale de notre Auteur tend à nous faire oublier notre être propre, pour le raporter tout entier à l'Etre souverain, & nous en rendre les adorateurs, comme le but de sa politique est de nous faire préferer le

bien

bien public au bien particulier, & nous faire aimer les hommes. On sçait les systemes de Machivel, d'Hobbes, & de deux Auteurs plus moderez, Puffendorf & Grotius. Les deux premiers, sous le vain & faux pretexte que le bien de la societé n'a rien de commun avec le bien essentiel de l'homme qui est la vertu, établissant pour seules maximes de gouvernement, la finesse, les artifices, les stratagemes, le despotisme, l'injustice & l'irreligion. Les deux derniers Auteurs ne fondent leur politique que sur des maximes payennes & qui même n'égalent ni celles de la Republique de Platon, ni celle des Offices de Ciceron. Il est vrai que ces deux Philosophes modernes ont travaillé dans le dessein d'être utilles à la Société, & qu'il ont rapporté presque tout au bonheur de l'homme consideré selon le civil. Mais l'Auteur de Telemaque est original, en ce qu'il a uni la Politique la plus parfaite avec les idées de la vertu la plus consomée. Le grand principe sur lequel tout roule, est que le monde entier n'est qu'une Republique universelle, & chaque peuple comme une grande famille. De cette belle & lumineuse idée naissent ce que les Politiques appellent les Loix de *Nature & des Nations*, équitables, genereuses, pleines d'humanité. On ne regarde plus chaque pais comme indépendant des autres ; mais le genre humain comme une tout indivisible. On ne se borne plus à l'amour de sa Patrie : le cœur s'étend, devient immense : & par une amitié universelle embrasse tous les hommes. De là naissent l'amour des étrangers, la confiance mutuelle entre les Nations voisines, la bonne foi, la justice & la paix parmi les Princes de l'Univers comme entre les Particuliers de chaque Etat. Notre Auteur nous montre encore que la gloire de la Royauté est de gouverner les hommes pour les rendre bons & heureux : que l'autorité du Prince n'est jamais mieux affermie que lorsqu'elle est appuyée sur l'amour des peuples, & que la veritable richesse de l'Etat consiste à retrancher tous les faux besoins de la vie pour se contenter du necessaire, & des plaisirs simples & innocens. Par là il fait voir que la vertu contribue non seulement à preparer l'homme pour une felicité future mais qu'elle rend la societé actuellement heureuse dans cette vie, autant qu'elle le peut être.

2. La Morale de Telemaque est noble dans ses motifs. Son grand principe est qu'il faut preferer l'amour du *beau*, à l'amour du *plaisir*, comme disent Socrate & Platon : *l'honnête à l'agréable*, selon l'expression de Ciceron. Voilà la source des sentimens nobles, de la grandeur d'ame, & de toutes les vertus heroïques. C'est par ces idées pures & élevées qu'il détruit d'une maniere infiniment plus touchante que par la dispute, la fausse Philosophie de ceux *qui font du plaisir le seul ressort du cœur humain.* Notre Poëte montre par la belle morale qu'il met dans la bouche de ces Héros, & les actions genereuses qu'il leur fait faire, ce que peut l'amour du beau & du parfait sur son cœur noble, pour lui faire sacrifier ses plaisirs aux devoirs penibles de sa vertu. Je sçai que cette vertu heroïque passe parmi les ames vulgaires pour un phantôme & que les gens d'imagination se sont déchainez

contre cette verité fublime & folide par plufieurs pointes d'efprit frivoles & méprifables. C'eft que ne trouvant rien au-dedans d'eux qui foit comparable à ces grands fentimens, ils concluent que l'humanité en eft incapable. Ce font des Nains qui jugent de la force des Géants par la leur. Les efprits qui rampent fans cefle dans les bornes étroites de l'amour propre, ne comprendront jamais le pouvoir & l'étenduë d'une vertu qui éleve l'homme au-deffus de lui-même. Quelques Philofophes qui ont fait d'ailleurs de belles découvertes dans la Philofophie, fe font laiffez entraîner par leur préjugez, jufqu'à ne point diftinguer affez entre l'amour de l'ordre & l'amour du plaifir, & à nier que la volonté puiffe être remuée auffi fortement *par la vuë claire de la verité que par le goût naturel du plaifir*. On ne peut lire ferieufement Telemaque fans être convaincu de ce grand principe. L'on y voit les fentimens genereux d'une ame noble qui ne conçoit rien que de grand d'un cœur défintereffé qui s'oublie fans cefle : d'un Philofophe qui ne fe borne ni à foi, ni à fa Nation, ni à rien de particulier : mais qui rapporte tout au bien commun du genre humain, & tout le genre humain à l'Etre fuprême.

3. La Morale de Telemaque eft univerfelle dans fes ufages, étenduë, feconde, proportionnée à tous les tems, à toutes les Nations, & à toutes les conditions. On y apprend les devoirs d'un Prince, qui eft tout enfemble Roi, Guerrier, Philofophe & Legiflateur. On y voit l'art de conduire les Nations differentes, la maniere de conferver la paix au dehors avec fes voifins ; & cepen-

dant d'avoir toujours au dedans du Royaume une jeunesse aguerrie prête à le défendre, d'enrichir ses Etats sans tomber dans le luxe, de trouver le milieu entre les excès d'un pouvoir despotique, & les desordres de l'Anarchie. On y donne les preceptes pour l'agriculture, pour le commerce, pour la police pour l'éducation des enfans. Notre Auteur fait entrer dans son Poëme, non-seulement les vertus heroïques & royales, mais celles qui sont propres à toutes sortes de conditions. En formant le cœur de son Prince, il n'instruit pas moins chaque particulier de son devoir.

L'Iliade a pour but de montrer les funestes suites de la desunion parmi les Chefs d'une armée. L'Odyssée nous fait voir ce que peut dans un Roi la prudence, jointe avec la valeur. Dans l'Eneïde on dépeint les actions d'un Heros pieux & vaillant. Mais toutes ces vertus particulieres ne font pas le bonheur du genre humain. Telemaque va bien au-delà de tous ces plans par la grandeur, le nombre & l'étenduë de ses vûës Morales, de sorte qu'on peut dire avec le Philosophe critique d'Homere : *le don le plus utile que les Muses ayent fait aux hommes, c'est Telemaque, car si le bonheur du Genre humain pouvoit naitre d'un Poëme, il naitroit de celui-là.*

DE LA POESIE.

C'est une belle remarque du Chevalier Temple, que la Poësie doit reünir ce que la Musique, la Peinture & l'Eloquence on de force & de beauté. Mais comme la Poësie ne differe de l'Eloquence, qu'en ce quelle peint avec entousiasme, on aime mieux dire que la

Poësie emprunte son harmonie de la Musique, sa passion de la Peinture, sa force & sa justesse de la Philosophie.

Le stile de Telemaque est poli, net, coulant, magnifique. Il a toute l'abondance d'Homere sans avoir son intemperance de paroles. Il ne tombe jamais dans les redites: & quand il parle des mêmes choses, il ne rapelle point les mêmes images, & encore moins les mêmes termes. Toutes ses periodes remplissent l'oreille par leur nombre & leur cadence. Rien ne choque, point de mots durs, point de termes abstraits, ni de tours affectez. Il ne parle jamais pour parler, ni simplement pour plaire. Toutes ses paroles font penser, & toutes ses pensées tendent à nous rendre bons.

Les Images de notre Poëte sont aussi parfaites que son stille est harmonieux. Peindre, c'est non seulement décrire les choses, mais en representer les circonstances d'une maniere si vive & si touchante, qu'on s'imagine les voir. L'Auteur de Telemaque peint les passions avec art. Il avoit étudié le cœur de l'homme, en connoissant tous les ressorts. En lisant son Poëme, on ne voit plus que ce qu'il fait voir; on n'entend plus que ceux qu'il fait parler. Il échauffe, il remuë, il entraine. On sent toutes les passions qu'il décrit.

Les Poëtes se servent ordinairement de deux sortes de peintures, les comparaisons & les discriptions. Les comparaisons de Telemaque sont justes & nobles. L'Auteur n'éleve pas trop l'esprit au dessus de son sujet par des metaphores outrées, il ne l'embarasse pas non plus par une trop grande varieté d'images. Il a imité tout ce qu'il y a de grand & de beau dans les defcriptions des Anciens, les combats, les jeux, les naufrages, les facrifices, &c. fans s'étendre fur les minuties, qui font languir la narration, fans rabaiffer la majefté du Poëme Epique par la defcriptiption des chofes baffes & défagréables. Il defcend quelquefois dans le détail, mais il ne dit rien qui ne merite attention, & qui ne contribue à l'idée qu'il veut donner. Il fuit la nature dans toutes fes varietez. Il fçavoit bien que tout difcours doit avoir fes inégalitez, tantôt fublime, fans être guindé, tantôt naïf, fans être bas. C'eft un faux goût de vouloir toujours embellir. Ses defcriptions font magnifiques, mais naturelles, fimples, & cependant agréables. Il peint non feulement d'aprés nature, mais fes tableaux font aimables. Il unit enfemble la verité du deffein, & la beauté du coloris, la vivacité d'Homere, & la nobleffe de Virgile. Ce n'eft pas tout, les defcriptions de ce Poeme font non feulement deftinées à plaire, mais elles font toutes inftructives. Si l'Auteur parle de la vie paftorale, c'eft pour recommander l'aimable fimplicité des mœurs. S'il décrit des jeux & des combats, ce n'eft pas feulement pour celebrer les funerailles d'un ami ou d'un pere, comme dans l'Iliade & dans l'Eneïde : c'eft pour choifir un Roi qui fupaffe tous les autres dans la force de l'efprit & du corps, & qui font également capables de foutenir les fatigues de l'un & de l'autre. S'il nous reprefente les horreurs d'un nauffrage, c'eft pour infpirer à fon Héros la fermeté du cœur, & l'abandon aux Dieux, dans les plus grands perils. Je pourrois parcourir toutes ces descriptions, & y trouver de semblables beautez. Je me contenterai de remarquer que dans cette nouvelle Edition, la sculpture de la redoutable Egide que Minerve envoya à Telemaque, est pleine d'art, & renferme cette morale sublime : Que le bouclier sublime d'un Prince, & le soutien d'un Etat, sont les sciences & l'agriculture : Qu'un Roi armé par la sagesse, cherche toujours la paix, & trouve des ressources fecondes contre tous les maux de la guerre, dans un peuple instruit & laborieux, dont l'esprit & le corps sont également accoutumez au travail.

La Poësie tire sa force & sa justesse de la Philosophie. Dans Telemaque, on voit partout une imagination riche, vive, agreable, & neanmoins un esprit juste & proportionné : Ces deux qualitez se rencontrent rarement dans la même personne. Il faut que l'ame soit dans un mouvement presque continuel pour inventer, pour passionner, pour imiter, & en même-temps dans une tranquillité parfaite pour juger en produisant, & changer entre mille pensés qui se presentent, celle qui convient. Il faut que l'imagination souffre une espece de transport & d'entousiasme, pendant que l'esprit paisible dans son empire la retient & la tourne où il veut. Sans cette passion qui anime tout, les discours paroissent froids, languissans, abstraits, historiques. Sans ce jugement qui regle tout, ils sont faux & trompeurs.

Le feu d'Homere, sur tout dans l'Iliade, est impetueux & ardent comme un tourbillon de flame, qui embrase tout. Le feu de Virgile a plus de clarté que de chaleur, il luit toujours uniment & également. Celui de Telemaque échaufe & éclaire tout ensemble, selon qu'il faut persuader, ou passioner. Quand cette flame éclaire, elle fait sentir une douce chaleur qui n'incomode point. Tels sont les discours de Mentor sur la Politique, & de Telemaque sur les sens des Loix de Minos, &c. Ces idées pures remplissent l'esprit de leur paisible lumiere: l'entousiasme & le feu Poëtique seroient nuisibles comme les rayons trop ardens du Soleil qui éblouïssent. Quand il n'est plus question de raisonner, mais d'agir, quand on a vû clairement la verité, quand les reflexions ne viennent que d'irresolution, alors le Poëte excite un feu, & une passion qui détermine, & qui emporte une ame affoiblie, qui n'a pas le courage de se rendre à la verité. L'Episode des amour de Telemaque dans l'Isle de Calypso, est plein de ce feu.

Ce mélange de lumiere & d'ardeur, distingue notre Poëte d'Homere & de Virgile. L'entousiasme du premier lui fait quelquefois oublier l'art, negliger l'ordre, & passer les bornes de la nature. C'étoit la force & l'effort de son grand genie qui l'entrainoit malgré lui. La pompeuse magnificence, le jugement & la conduite de Virgile degenerent quelquefois en une regularité trop compassée, où il semble plutot Historien que Poëte. Ce dernier plait beaucoup plus aux Poëtes philosophes & modernes que le premier. N'est-ce pas qu'ils sentent qu'on peut imiter plus facilement par art le grand jugement du Poëte Latin, que le beau feu du Poëte Grec, que la *nature* seule peut donner.

Notre Auteur doit plaire à toute sorte de Poëtes, tant à ceux qui sont Philosophes, qu'à ceux qui n'admirent que l'entousiasme. Il a uni les lumieres de l'esprit avec les charmes de l'imagination. Il prouve la verité en Philosophie. Il fait aimer la verité prouvée par les sentimens qu'il excite. Tout est solide, vrai convenable à la persuasion; ni jeux d'esprit, ni pensées brillantes n'ont d'autre but que de faire admirer l'Auteur. Il a suivi ce grand precepte de Platon, qui dit qu'en écrivant on doit toujours se cacher, disparoitre, se faire oublier pour ne produire que les veritez qu'on veut persuader, & les passions qu'on veut purifier.

Dans Telemaque tout est raison, tout est sentiment. C'est ce qui le rend un Poëme de toutes les Nations, de tous les siécles. Tous les étrangers ne sont également touchez. Les Traductios qu'on a faites en des Langues moins délicates que la Langue Française, n'effacent point ses beautez originales. La sçavante Apologiste d'Homere nous assure que le Poëte Grec perd infiniment par une traduction, qu'il n'est pas possible d'y faire passer la force, la noblesse & l'ame de sa Poesie. Mais on ose dire que Telemaque conservera toujours en toute sorte de langues sa force, sa noblesse, son ame & les beautez essentielles. C'est que l'excellence de ce Poëme ne consiste pas dans l'arrangement heureux & harmonieux des paroles ni même dans les agrémens que lui prête l'imagination, mais dans un gout sublime de la verité, dans des

é v

sentimens nobles & élevez, & dans la manière naturelle, délicate & judicieuse de les traiter. De pareilles beautez sont de toutes les Langues, de tous les tems, de tous les païs & touchent également les bons esprits, & les grandes ames dans tout l'Univers.

On a formé plusieurs objections contre Telemaque : 1. Qu'il n'est pas en vers.

La versification, selon Aristote, Denys d'Halicarnasse & Strabon, n'est pas essentielle à l'Epopée. On peut l'écrire en Prose, comme on écrit des Tragedies sans rimes. On peut faire des Vers sans Poësie, & être tout Poëtique sans faire des Vers. On peut imiter la versification par art, mais il faut naitre Poëte. Ce qui fait la Poësie, n'est pas le nombre fixe & la cadence reglée des syllabes : mais la fiction vive, les figures hardies, la beauté & la varieté des images. C'est l'entousiasme, le feu l'impetuosité, la force : un je ne sçai quoi dans les paroles & les pensées, que la nature seule peut donner. On trouve toutes ces qualitez dans Telemaque. L'Auteur a donc fait ce que Strabon dit de Cadmus, Pherecide, Hecatée : *Il a imité parfaitement la Poësie, en rompant seulement la mesure, mais il a conservé toutes les autres beautez Poëtiques.*

Notre age retrouve un Homere
Dans ce Poëme salutaire,
Par la vertu même inventé ;
Les Nymphes de la double Cime,
Ne l'affranchirent de la Rime,
Qu'en faveur de la verité.

Ode à Messieurs de l'Accademie par M. de la Motte. Premiere Ode.

SUR LE POÉME EPIQUE.

De plus, je ne sçai pas si la gêne des rimes & la regularité scrupuleuse de notre construction Européenne jointe à ce nombre fixé & mesuré de pieds ne diminueroient pas beaucoup l'effort & la passion de la Poësie héroïque. Pour bien émouvoir les passions, on doit souvent retrancher l'ordre & la liaison. Voilà pourquoi les Grecs & les Romains, qui peignoient tout avec vivacité & gout, usoient des inversions, de phrases ; leurs mots n'avoient point de place fixe ; ils arrangeoient comme ils vouloient. Les Langues de l'Europe sont un composé du Latin, & des Jargons de toutes les Nations barbares qui subjugerent l'Empire Romain. Ces peuples du Nord glaçoient tout, comme leur climat par une froide regularité de Syntaxe. Ils ne comprenoient point cette belle varieté de longues & de bréves, qui imite si bien les mouvemens delicats de l'ame. Ils prononçoient tout avec le même froid, & ne connurent d'abord d'autre harmonie dans les paroles, qu'un vain tintement de finales monotones. Quelques Italiens, quelques Espagnols ont tâché d'affranchir leur versification de la gêne des rimes. Un Poëte Anglais y a reüssit merveilleusement, & a commencé même avec succès d'introduire les inversions des phrases dans sa Langue. Peut-être que les Français reprendront un jour cette noble liberté des Grecs & des Romains.

Quelques-uns par une ignorance grossiere de la noble liberté du Poëme Epique, ont reproché à Telemaque qui est plein d'Anacronismes.

L'Auteur de ce Poëme n'a fait qu'imiter

le Prince des Poetes Latins, qui ne pouvoit ignorer que Didon n'étoit pas contemporaine d'Enée. Le Pymalion de Telemaque, frere de cette Didon, Sesostris qu'on dit avoir vécu vers le même tems &c. ne font pas plus de fautes que l'Anacromsme de Virgile. Pourquoi condamner un Poete de manquer quelquefois à l'ordre des tems, puisque c'est une beauté de manquer quelquefois à l'ordre de la nature: Il ne seroit pas permis de conduire un point d'histoire d'un tems plus éloigné. Mais dans l'Antiquité reculée dont les Annales son si incertaines & envelopée de tant d'obscurités, on doit suivre la vraisemblance, & non pas toujours la verité. C'est l'idée d'Aristote confirmée par Horace. Quelques Historiens ont écrit que Didon étoit chaste, Penelope impudique, qu'Helene n'a jamais vû Troye, ni Enée l'Italie. Homere & Virgile n'ont pas fait difficulté de s'écarter de l'Histoire pour rendre leurs Fables plus instructives. Pourquoi ne sera-t'il pas permis à l'Auteur de Telemaque pour l'instruction d'un jeune Prince, de rassembler les Heros de l'Antiquité, Telemaque, Sesostris, Nestor, Idomenée Pymalion, Adraste, pour unir dans un même Tableau les différens caracteres des Princes bons & mauvais, dont il falloit imiter les vertus, & éviter les vices?

On trouve à redire que l'Auteur de Telemaque ait inseré l'histoire des amours de Calypso & d'Eucharis dans son Poeme, plusieurs descriptions semblables, qui paroissent trop passionnées.

La meilleure reponse à cette Objection est

l'effet qu'avoit produit Telemaque dans le cœur du Prince pour qui il avoit été écrit. Les personnes d'une condition comune n'ont pas le même besoin d'être precautionnées contre les écueils auquels l'élevation & l'autorité exposent ceux qui sont destinez à regner. Si notre Poete avoit écrit pour un homme qui eût dû passer sa vie dans l'obscurité, ces descriptions ne lui auroient pas été si necessaires. Mais pour un jeune Prince au milieu d'une Cour où la galanterie passe pour politesse, où chaque objet reveille infailliblement le gout des plaisirs, & où tout ce qui l'environne, n'est occupé qu'à le seduire; pour un tel Prince, dis-je, rien n'étoit plus necessaire que de lui representer avec cette aimable pudeur, cette inocence & cette sagesse qu'on trouve dans le Telemaque, tous les détours séduisans de l'amour insensé. Lui peindre ce vice dans son beau imaginaire, pour lui faire sentir ensuite sa difformité réelle; lui montrer l'abime dans toute sa profondeur, pour l'empécher d'y tomber; & l'éloigner même des bords d'un precipice si affreux. C'étoit donc une sagesse digne de notre Auteur, de précautionner son Eleve contre les folles passions de la jeunesse par la Fable de Calypso, & de lui donner dans l'histoire d'Antiope l'exemple d'un amour chaste & legitime. En nous representant ainsi cette passion, tantot comme une foiblesse indigne d'un grand cœur, tantot comme une vertu digne d'un Heros, il nous montré que l'amour n'est pas audessous de la majesté de l'Epopée, & reunir par là dans son Poeme les passions tendres des Romans modernes avec les vertus heroiques de la Poësie ancienne.

Quelques-uns croyent que l'Auteur de Telemaque épuise trop son sujet par l'abondance & la richesse de son genie. Il dit tout & ne laisse rien à penser aux autres. Comme Homere, il met la nature toute entiere devant les yeux. On aime mieux un Auteur, qui comme Horace renferme un grand sens en peu de mots, & donne le plaisir d'en déveloper l'étendue.

Il est vrai que l'imagination ne peut rien ajouter aux peintures de notre Poëte : mais l'esprit en suivant ses idées, s'ouvre & s'entend. Quand il s'agit seulement de peindre, ses tableaux sont parfaits. rien n'y manque. Quand il faut instruire, ses lumieres sont fécondes, & nous n'y dévelopons une vaste étendue de pensées qui ne paroissoient pas d'abord & que toute son éloquence n'exprime pas. Il ne laisse rien à imaginer ; mais il donne infiniment à penser. C'est ce qui convenoit au caractere du Prince, pour qui seul l'ouvrage a été fait. On démêloit en lui au travers de l'enfance, une imagination féconde & heureuse : un genie élevé & étendu, qui le rendoit sensible aux beaux endroits d'Homere & de Virgile. Ce grand naturel inspira à l'Auteur le dessein d'un Poëme propre à le cultiver, & qui renfermeroit également les beautez de l'un & de l'autre Poëte. Cette affluance de belles images y étoit essentielle, pour occuper l'imagination, former le gout du Prince, & lui donner la liberté de saisir comme de lui-même les veritez preparées à son cœur, & de s'en nourrir. On voit assez que ces beautez n'auroient pas plus couté à ſuprimer qu'à produire, qu'elles coulent avec avec autant de deſſein que d'abondance pour repondre aux beſoins du Prince, & aux vûes de l'Auteur.

On a objecté que le Heros & la Fable de ce Poeme n'ont point de rapport à la Nation Françaiſe : Homere & Virgile ont intereſſé les Grecs & les Romains, en choiſiſſant des actions & des Auteurs dans les Hiſtoires de leur Païs.

Si l'Auteur n'a pas intereſſé particulieremēt la Nation Françaiſe, il a fait plus ; il a intereſſé tout le Genre humain. Son plan eſt encore plus vaſte que celui de l'un & de l'autre des deux Poëtes anciens. Il eſt plus grand d'iſtruire tous les hommes enſemble, que de borner ſes preceptes à un païs particulier. L'amour propre veut qu'on rapporte tout à lui, & ſe trouve même dans l'Amour de la Patrie. Mais une ame genereuſe doit avoir des vûes plus étendues.

D'ailleurs quel interêt la France n'a t'elle point priſe à un Ouvrage ſi propre à lui former un Roi pour la gouverner un jour ſelon ſes beſoins & ſes deſirs, en Pere des Peuples & en Heros Chrétien ? Ce qu'on a vû de ce Prince donnoit l'eſperance & les prémices de cet avenir. Les voiſins de la France y prenoient déja part comme à un bonheur univerſel. La Fable du Prince Grec devenoit l'Hiſtoire du Prince Français.

L'Auteur avoit un deſir plus pur que celui de plaire à ſa Nation ; il vouloit la ſervir à ſon inſçu en contribuant à lui former un Prince, qui juſques dans les yeux de ſon enfance paroissoit né pour le combler de bonheur & de gloire. Cet auguste Enfant aimoit les Fables & la Mythologie. Il falloit profiter de son goût, lui faire voir dans ce qu'il estimoit le solide le beau, le simple, le grand, & lui imprimer par des faits touchans les principes generaux qui pouvoient le precautionner contre les dangers qui accompagnent la plus haute naissance, & la puissance suprême.

Dans ce dessein un Heros Grec, & une Poesi d'après Homere & Virgile, les histoires des païs, des tems & des faits étrangers, étoient d'une convenance parfaite, & peut-être unique, pour mettre l'Auteur en pleine liberté de peindre avec verité & force tous les écueils qui menacent les Souverains dans toute la suite des siecles.

Il arrive par une consequence naturelle & necessaire, que ces veritez universelles ont souvent du raport aux histoires du tems, & aux situations actuelles. Ces fictions independantes de toute aplication, & destinées à former l'enfance du jeune Prince, renferment des preceptes pour tous les momens de sa vie.

Cette convenance des mortalitez generales à toutes sortes de circonstances, fait admirer la fecondité, la profondeur, & la sagesse de l'Auteur. Mais elle n'excuse pas l'injustice de ses ennemis qui ont voulu trouver dans son Telemaque certaines allegories odieuses, & changer les desseins les plus sages & les plus moderez en des Satyres outrageantes contre tout ce qu'il respectoit le plus. On avoit renversé les caracteres pour y trouver des raports imaginaires & pour en poisonner les intentions les plus pures. L'Auteur pouvoit-il sans infidelité suprimer ces maximes fondamentales, d'une morale & d'une politique si saine & si convenable, parceque la maniere de les dire la plus sage, ne pouvoit les mettre à couvert de la malignité des Critiques?

Notre illustre Auteur a donc reüni dans son Poëme, les plus grandes beautez des Anciens. Il a tout l'entoufiasme & l'abondance d'Homere, toute la magnificence & la regularité de Virgile. Comme le Poete Grec, il peint tout avec force, simplicité & vie, varieté dans la Fable, diversité dans le caractere, ses reflexion sont morales, ses discriptions vives, son imagination feconde, par tout ce beau feu que la nature seule peut donner. Comme le Poete Latin, il parle parfaitement l'unité d'action, l'uniformité des caracteres, l'ordre & les regles de l'art. Son jugement est profond, & ses pensées élevées, tandis que le naturel s'unit au noble, & le simple au sublime. Par tout l'art devient nature: mais le Heros de notre Poete est plus parfait que celui de l'un & de l'autre, sa Morale est plus pure, & les sentimens plus nobles. Concluons de tout ceci; que l'Auteur de Telemaque a montré par ce Poëme que la Nation Françaife est capable de toute la delicatesse des Grecs, & de tous les grands sentimens des Romains. L'Eloge de l'Auteur est celui de sa Nation.

APPROBATION.

J'AI lû par ordre de Monseigneur le Chancelier cet Ouvrage, qui a pour titre : *Les Avantures de Telemaque*, avec une Préface, qui en découvre toutes les beautez; & j'ai cru qu'il ne meritoit pas seulement d'être imprimé, mais encore d'être treduit dans toutes les langues que parlent ou qu'entendent les peuples qui aspirent à être heureux. Ce Poëme Epique, quoiqu'en prose, met notre Nation en état de n'avoir rien à envier de ce côté là aux Grecs & aux Romains. La Fable qu'on y expose ne se termine point à amuser notre curiosité, & à flater notre orgüeil. Les recits, les descriptions, les liaisons & les graces du discours éblouïssent l'imagination sans l'égarer : les réflexions & les conversations les plus longues paroissent toujours trop courtes à l'esprit, qu'elles n'éclairent pas moins qu'elles l'enchantent. Entre tant de caracteres d'hommes si differens que l'on y trouve, il n'y en a aucun qui ne grave dans le cœur des Lecteurs, l'horreur du vice, ou l'amour de la vertu. Les mysteres de la politique la plus sainte & la plus sûre y sont dévoilez. Les passions n'y presentent qu'un joug aussi honteux que funeste; les devoirs n'y montrent que des attraits qui les rendent aussi aimables que faciles. Avec Telemaque on apprend à s'attacher inviolablement à la Religion, dans la mauvaise comme dans la bonne fortune; à aimer son pere & sa patrie; à être Roi, Citoyen, ami, esclave même si le sort le veut. Avec Mentor on devient bien-tôt juste, humain, patient, sincere, discret & modeste. Il ne parle point qu'il ne plaise, qu'il n'interesse, qu'il ne remuë, qu'il ne persuade. On ne peut l'écouter qu'avec admiration; & on ne l'admire point que l'on ne sente qu'on l'aime encore d'avantage. Trop heureuse la Nation pour qui cet Ouvrage pourra former quelque jour un Telemaque & un Mentor. A Paris ce premier Juin 1716.

DE SACY.

LES AVANTURES
DE
TELEMAQUE
FILS D'ULYSSE.
LIVRE PREMIER.

SOMMAIRE.

Telemaque conduit par Minerve, sous la figure de Mentor, aborde après un naufrage dans l'Isle de la Déesse Calypso, qui regrettoit encore le départ d'Ulysse. La Déesse le reçoit favorablement, conçoit de la passion pour lui, lui offre l'immortalité, & lui demande ses avantures. Il lui raconte son voyage à Pylos & Lacedemone ; son naufrage sur la cote de Sicile : le peril où il fut d'être immolé aux manes d'Anchise ; le secours que Mentor & lui donnerent à Aceste dans une incursion de barbares, & le soin que le Roi eut de reconnoitre ce service, en leur donnant un vaisseau Tyrin pour retourner en leur Pays.

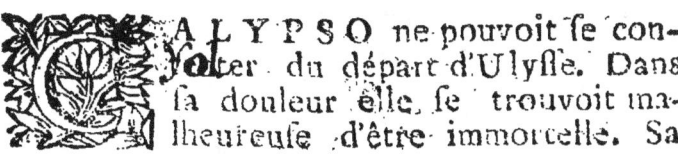ALYPSO ne pouvoit se consoler du départ d'Ulysse. Dans sa douleur elle se trouvoit malheureuse d'être immortelle. Sa

TELEMAQUE,

Grotte ne raisonnoit plus du doux chant de sa voix, les Nymphes qui la servoient, n'osoient lui parler : elle se promenoit souvent seule sur les gasons fleuris, dont un printems éternel bordoit son Isle. Mais ces beaux lieux, loin de moderer sa douleur, lui faisoient rapeler le triste souvenir d'Ulysse qu'elle y avoit vû tant de fois auprés d'elle. Souvent elle demeuroit immobile sur le rivage de la mer qu'elle arrosoit de ses larmes, & elle étoit sans cesse tournée vers la cote où le vaisseau d'Ulysse fendant les ondes avoit disparu à ses yeux. Tout-à-coup elle apperçut le débris d'un navire qui venoit de faire naufrage, des bancs des rameurs mis en pieces, des rames écartées çà & là sur le sable, un gouvernail, un mât, des cordages flotans sur la côte ; puis elle découvrit de loin deux hommes, dont l'un paroissoit agé ; l'autre, quoique jeune ressembloit à Ulysse. Il avoit sa douceur & sa fierté, avec sa taille & sa démarche majestueuse. La Déesse comprit que c'étoit Telemaque, fils de ce Heros ; mais quoique les Dieux surpassent de loin en connoissance tous les hommes, elle ne put découvrir qui étoit cet homme venerable dont Telemaque étoit accompagné. C'est que les Dieux superieurs cachent aux inferieurs tout ce qui leur plait : & Minerve qui accompagnoit Telemaque sous la figure de Mentor, ne vouloit pas être connuë de Calypso. Cependant Calypso se rejouissoit d'un naufrage qui mettoit dans son Isle le fils d'Ulysse si semblable à son Pere. Elle s'avance vers lui, & sans faire semblant de sçavoir qui il est : D'où vous vient, lui dit-elle, cette temerité d'aborder dans mon Isle ? Sçachez jeune étranger, qu'on ne vient point impunement dans mon Empire. Elle tâchoit de couvrir sous ces paroles menaçantes la joye de son cœur qui éclatoit malgré elle sur son visage.

Telemaque lui repondit : O vous, qui que vous soyez, mortelle ou Déesse (quoiqu'à vous voir on ne puisse vous prendre que pour une Divinité) seriez-vous insensible au malheur d'un fils, qui cherchant son pere à la merci des vents & des flots, à vû briser son navire contre vos rochers. Quel est donc votre pere que vous cherchez, reprit la Déesse ? Il se nomme Ulysse, dit Telemaque, c'est un des Rois qui ont aprês un siege de dix ans, renversé la fameuse Troye. Son nom fut celebre dans toute la Grece & dans toute l'Asie par sa valeur dans les combats & plus encore par sa sagesse dans les conseils. Maintenant errant dans toute l'étenduë des mers, il parcourt tous les écueils les plus terribles. Sa patrie semble fuir devant lui. Penelope sa femme, & moi qui suis son fils, nous avons perdu l'esperance de le revoir. Je cours avec les mêmes dangers que lui pour apprendre où il est : mais que dis-je ! peut-être qu'il est maintenant enseveli dans les profonds abimes de la mer. Ayez pitié de nos malheurs, & si vous sçavez, ô Déesse, ce que les destinées ont fait pour sauver ou pour perdre Ulysse, daignez en instruire son fils Telemaque.

Calypso étonnée & attendrie de voir dans une si vive jeunesse tant de sagesse & d'éloquence, ne pouvoit rassasier ses yeux en le regardant ; & elle demeuroit en silence. Enfin

TELEMAQUE,

elle lui dit : Telemaque, nous vous apprendrons ce qui est arrivé à votre pere : mais l'histoire en est longue. Il est tems de vous délasser de tous vos travaux ; venez dans ma demeure, où je vous recevrai comme mon fils ; venes, vous serez ma consolation dans cette solitude, & je ferai votre bonheur, pourvû que vous sçachiez en joüir.

Telemaque suivoit la Déesse environnée d'une foule de jeunes Nymphes audessus desquelles elle s'élevoit de toute la tête, comme un grand Chéne dans une forêt éleve ses branches épaises audessus de tous les arbres qui l'environent. Il admiroit l'éclat de sa beauté, la riche pourpre de sa robe longue & flotante, ses cheveux noüez par derriere negligemment, mais avec grace : le feu qui sortoit de ses yeux, & la douceur qui temperoit cette vivacité. Mentor les yeux baissez gardant un silence modeste, suivoit Telemaque. On arriva à la porte de la Grotte de Calypso, où Telemaque fut surpris de voir avec une aparece de simplicité rustique, tout ce qui peut charmer les yeux. Il est vrai qu'on n'y voyoit ni or ni argent, ni marbre ni colonnes, ni tableaux, ni statues ; mais cette Grotte étoit taillée dans le roc en voutes pleines de rocailles & de coquilles: elle étoit tapissée d'une jeune vigne qui étendoit également ses branches souples de tous cotez. Les doux Zephirs conservoient en ce lieu, malgre les ardeurs du Soleil, une delicieuse fraicheur. Des fontaines coulant avec un doux murmure sur des prez semez d'amaranthes & de violettes, formoient en divers lieux des bains aussi purs & aussi clairs que le cristal. Mille fleurs naissantes émailloient les tapis verds dont la Grotte étoit environnée : là on trouvoit un bois de ces arbres toufus qui portent des pommes d'or, & dont la fleur qui se renouvelle dans toutes les saisons, repand le plus doux de tous les parfums. Ce bois sembloit couronner ses belles prairies, & formoit une nuit que les rayons du Soleil ne pouvoient percer : là on n'entendoit jamais que le chant des oiseaux, où le bruit d'un ruisseau qui se precipitant du haut d'un rocher, tomboit à gros bouïllons pleins d'écume, & s'enfuyoit au travers de la prairie.

La Grotte de la Déesse étoit sur le penchant d'une coline ; de là on découvroit la mer quelquefois claire & unie comme une glace, quelquefois follement irritée contre les rochers, où elle se brisoit en gemissant, & élevant ses vagues comme des montagnes ; D'un autre coté on voyoit une riviere où se formoient des Isles bordées de tilleuls fleuris, & de hauts peupliers qui portoient leurs têtes superbes jusques dans les nuées. Les divers canaux qui formoient les Isles, sembloient se joüer dans la campagne ; les uns rouloient leurs eaux claires avec rapidité ; d'autres avoient une eau paisible & dormante d'autres par de longs détours revenoient sur leurs pas comme pour remonter vers leur source, & sembloient ne pouvoir quitter ces bords enchantez. On appercevoit de loin des colines & des montagnes qui se perdoient dans les nués, & dont la figure bizare formoit un horison à souhait pour le plaisir des yeux. Les montagnes voisines étoient couvertes de pampre verd qui pendoit en feston : le rain plus éclatant que la pourpre, ne pouvoit se cacher sous les feuilles, & la vigne étoit accablée sous son fruit. Le figuier, l'olyvier, le grenadier, & tous les autres arbres couvroient la campagne, & en faisoient un grand Jardin.

Calypso ayant montré à Telemaque toutes ces beautez naturelles, lui dit : Reposez-vous, vos habits sont mouillez, il est tems que vous en changiez, ensuite nous vous reverons, & je vous raconterai des histoires dont votre cœur sera touché. En même tems elle le fit entrer avec Mentor dans le lieu le plus secret & le plus reculé d'une Grotte voisine de celle où la Déesse demeuroit. Les Nymphes avoient eu soin d'allumer en ce lieu un grand feu de bois de cedre, dont la bonne odeur se repandoit de tous côtez ; & elles y avoient laissé des habits pour les nouveaux hôtes. Telemaque voyant qu'on lui avoit destiné une tunique d'une laine fine dont la blancheur effaçoit c'elle de la neige, & une robe de pourpre avec une broderie d'or, prit le plaisir qui est naturel à un jeune homme, en considerant cette magnificence.

Mentor lui dit d'un ton grave : Est-ce donc là, ô Telemaque, les pensées qui doivent occuper le cœur du fils d'Ulysse ? Songez plûtot à soutenir la reputation de votre pere, & à vaincre la fortune qui vous persecute. Un jeune homme qui aime à se parer vainement comme une femme, est indigne de la sagesse & de la gloire. La gloire n'est dûë qu'à un cœur qui sçai souffrir la peine, & fouler aux pieds les plaisirs.

Telemaque repondit en soupirant : Que les Dieux me fassent perir, plutot que de souffrir

souffrir que la molesse & la volupté s'emparent de mon cœur. Non, non, le fils d'Ulysse ne sera jamais vaincu par les charmes d'une vie lâche & effeminée. Mais quelle faveur du Ciel nous a fait trouver aprés notre naufrage cette Déesse ou cette mortelle, qui nous comble de biens?

Craignez, reparrit Mentor, qu'elle ne vous accable de maux; craignez ses trompeuses douceurs plus que les écueils qui ont brisé notre Navire. Le naufrage & la mort sont moins funestes que les plaisirs qui attaquent la vertu : gardez-vous bien de croire ce qu'elle vous racontera; la jeunesse est présomptueuse, elle se promet tout d'elle-même; quoique fragile elle croit pouvoir tout, & n'avoir jamais rien à craindre : elle se confie legerement & sans précaution. Gardez-vous d'écouter les paroles douces & flateuses de Calypso, qui se glisseront comme un serpent sous les fleurs : craignez ce poison caché; défiez-vous de vous-même, & attendez toûjours mes conseils.

Ensuite ils retournerent auprés de Calypso qui les attendoit. Les Nymphes avec leurs cheveux tressez & des habits blancs, servirent d'abore un repas simple, mais exquis pour le goût & pour la propreté. On n'y voyoit aucune autre viande que celle des oiseaux qu'elles avoient pris dans les filets, ou des bêtes qu'elles avoient percé de leurs fléches à la chasse; un vin plus doux que le nectar couloit des grands vases d'argent dans les tasses d'or couronnées de fleurs. On apporta dans des corbeilles tous les fruits que le Printemps promet, & que l'Automne

Tome I. B

répand sur la terre. En même-temps quatre jeunes Nymphes se mirent à chanter. D'abord elles chanterent le combat des Dieux contre les Geants, puis les amours de Jupiter & de Semelé, la naissance de Baccus & son éducation conduite par le vieux Silene, la course d'Atalante & d'Hypomenes, qui fut vainqueur par le moyen des pommes d'or cuëillies au Jardin des Hesperdes. Enfin la guerre de Troye fut aussi chantée, les combats d'Ulysse & la sagesse furent élevez jusqu'aux Cieux. La premiere des Nymphes qui s'appelloit Leucothoé, joignit les accords de sa lyre aux douces voix de toutes les autres. Quand Telemaque entendit le nom de son pere, les larmes qui coulerent le long de ses jouës, donnerent un nouveau lustre à sa beauté. Mais comme Calypso apperçut qu'il ne pouvoit manger, & qu'il étoit saisi de douleur elle fit signe aux Nymphes. A l'instant on chanta le combat des Centaures avec les Lapithes, & la descente d'Orphée aux Enfers, pour en retirer Euridice.

Quand le repas fut fini, la Déesse prit Telemaque & lui parla ainsi : Vous voyez, Fils du grand Ulyste, avec quelle faveur je vous reçois, je suis immortelle ; nul mortel ne peut entrer dans cette Isle, sans être puni de sa temerité ; & votre naufrage même ne vous garentiroit pas de mon indignation, si d'ailleurs je ne vous aimois. Votre pere a eu le même bonheur que vous : mais helas ! n'a pas sçû en profiter. Je l'ai gardé long-temps dans cette Isle, il n'a tenu qu'à lui d'y vivre avec moi dans un etat immortel ; mais l'aveugle passion de retourner dans sa miserable

Patrie, lui fit rejetter tous ces avantages. Vous voyez tout ce qu'il a perdu pour Ithaque qu'il n'a pû revoir. Il voulut me quitter, il partit, & je fus vengée par la tempête. Son vaisseau aprés avoir été long-tems le joüet des vents, fut enseveli dans les ondes. Profitez d'un si triste exemple : aprés son naufrage vous n'avez rien plus à esperer, ni pour le revoir, ni pour regner jamais dans l'Isle d'Ithaque aprés lui : consolez-vous de l'avoir perdu, puisque vous trouvez une Divinité prête à vous rendre heureux, & un Royaume qu'elle vous offre. La Déesse ajoûta à ces paroles de longs discours pour montrer combien Ulysse avoit été heureux auprés d'elle : elle raconta ses avantures dans la caverne du Cyclope Polipheme, & chez Antiphates, Roi des Lestrigons : elle n'oublia pas ce qui lui étoit arrivé dans l'Isle de Circé, fille du Soleil, & les dangers qu'il avoit courus entre Scylle & Charybde. Elle représenta la derniere tempête que Neptune avoit excité contre lui, quand il partit d'auprés d'elle. Elle voulut faire entendre qu'il étoit peri dans ce naufrage, & elle supprima son arrivée dans l'Isle des Pheaciens. Telemaque qui s'étoit d'abord abandonné trop promptement à la joye d'être si bien traité de Calypso, reconnut enfin son artifice & la sagesse des conseils que Mentor venoit de lui donner ; il répondit en peu de mots : O Déesse, pardonnez à ma douleur, maintenant je ne puis que m'affliger ; peut-être que dans la suite j'aurai plus de force pour goûter la fortune que vous m'offrez : laissez-moi en ce moment pleurer mon Pere, vous sçavez mieux que moi comme il merite d'être pleuré.

Calypso n'osa d'abord le presser davantage, elle feignit même d'entrer dans sa douleur, & de s'attendrir pour Ulysse : mais pour mieux connoitre les moyens de toucher le cœur du jeune homme, elle lui demanda comment il avoit fait naufrage, & par quelles avantures il étoit sur ses côtes. Le recit de mes malheurs, dit-il, seroit trop long ; Non, non, répondit-elle, il me tarde de les sçavoir, hâtez-vous de me les raconter : elle le pressa long-temps. Enfin il ne put lui resister, & il parla ainsi.

J'étois parti d'Itaque pour aller demander aux autres Rois revenus du siége de Troye, des nouvelles de mon Pere. Les amans de ma mere Penelope furent surpris de mon depart; j'avois pris soin de le leur cacher, connoissant leur perfidie. Nestor que je vis à Pylos, ni Menelas qui me reçut avec amitié dans Lacedemone, ne purent m'apprendre si mon pere étoit encore en vie. Lassé de vivre toûjours en suspens & dans l'incertitude, je me resolus d'aller dans la Sicile, où j'auvois oüi dire que mon pere avoit été jetté par les vents. Mais le sage Mentor que vous voyez ici present s'opposoit à ce temeraire dessein : il me répresentoit d'un côté les Cyclopes, Géants monstrueux qui devorent les hommes ; de l'autre, la Flote d'Enée & des Troyens qui étoient sur ces côtes. Ces Troyens, disoit-il, sont animez contre tous les Grecs, mais sur tout ils repandroient avec plaisir le sang du fils d'Ulysse. Retournez, continuoit-il, en Ithaque, peut-être que votre Pere, aimé des Dieux, y sera aussi-tôt que vous ; mais si les Dieux ont resolu sa perte, s'il ne doit

LIVRE I.

jamais revoir sa patrie, du moins il faut que vous alliez le venger, délivrer votre mere, montrer votre sagesse à tous les peuples, & faire voir en vous à toute la Grece, un Roi aussi digne de regner que le fut jamais Ulysse lui-même. Ces paroles étoient salutaires mais je n'étois pas assez prudent pour les écouter; je n'écoutai que ma passion, le sage Mentor m'aima jusqu'à me suivre dans un voyage téméraire que j'entreprenois contre ses conseils: & les Dieux permirent que je fisse une faute, qui devoit servir à me corriger de ma présomption.

Pendant que Telemaque parloit ainsi, Calypso regardoit Mentor; elle étoit étonnée, elle croyoit sentir en lui quelque chose de divin, mais elle ne pouvoit démêler ses pensées confuses: ainsi elle demeuroit pleine de crainte & de défiance à la vûë de cet inconnu; alors elle apprehenda de laisser voir son trouble. Continuez, dit-elle à Telemaque, & satisfaites ma curiosité. Telemaque reprit ainsi:

Nous eumes assez long-temps un vent favorable pour aller en Sicile, mais ensuite une noire tempête déroba le Ciel à nos yeux, & nous fumes enveloppez dans une profonde nuit. A la lueur des éclairs nous apperçûmes d'autres vaisseaux exposez au même peril, & nous reconnumes bien-tôt que c'étoient les vaisseaux d'Enée: ils n'étoient pas moins à craindre pour nous que les rochers. Alors je compris, mais trop tard, ce que l'ardeur d'une jeunesse imprudente m'avoit empêché de considerer attentivement. Mentor parut dans ce danger non seulement ferme & intrepide, mais plus gai qu'à l'ordinaire : c'étoit lui qui m'encourageoit, je fentois qu'il m'infpiroit une foce invincible : il donnoit tranquillement tous les ordres, pendant que le Pilote étoit troublé. Je lui difois ; Mon cher Mentor, pourquoi ai-je refufé de fuivre vos confeils? Ne fuis-je pas malheureux d'avoir voulu me croire moi-même dans un âge où l'on n'a ni prévoyance de l'avenir, ni experience du paffé, ni moderation pour ménager le prefent? O! fi jamais nous échapons de cette tempête, je me défierai de moi-même comme de mon plus dangereux ennemi ; c'eft vous, Mentor, que je croirai toûjours.

Mentor en foûriant me répondit: Je n'ai garde de vous reprocher la faute que vous avez faite, il fuffit que vous la fentiez, & qu'elle vous ferve à être une autre fois plus moderé dans vos defirs. Mais quand le peril fera paffé la préfomption reviendra peut-être : maintenant il faut fe foûtenir par le courage ; avant que de fe jetter dans le peril, il faut le prévoir & le craindre ; mais quand on y eft, il ne refte plus qu'à le méprifer. Soyez donc le digne fils d'Uliffe, montrez un cœur plus grand que tous les maux qui vous menacent.

La douceur & le courage du fage Mentor me charmerent, mais je fus encore bien plus furpris, quand je vis avec quelle adreffe il nous delivra des Troyens. Dans le moment où le Ciel commençoit à s'éclaircir, & où les Troyës nous voyoient de prés, n'auroient pas manqué de nous reconnoître, il remarqua un de leurs vaiffeaux qui étoit prefque femblable au notre, & que la tempête avoit écarté, la poupe en étoit couronnée de certaines fleurs.

Il se hâta de mettre sur notre poupe des couronnes de fleurs semblables, il les attacha lui-même avec des bandelettes de la même couleur que celle des Troyens. Il ordonna à tous nos Rameurs de se baisser le plus qu'ils pourroient le long de leurs bancs pour n'être point reconnus des ennemis. Et cet état nous passames au milieu de leur flote : ils pousserent des cris de joye en nous voyant, comme en voyant les compagnons qu'ils avoient crus perdus : nous fumes même contraints par la violence de la mer d'aller assez long-temps avec eux. Enfin nous demeurames un peu derriere ; & pendant que les vents impetueux les poussoient vers l'Afrique, nous fimes les derniers efforts pour aborder à force de rames, sur la côte voisine de Sicile.

Nous y arrivâmes en effet, mais ce que nous cherchions n'étoit gueres moins funeste que la flote qui nous faisoit fuïr. Nous trouvâmes sur cette côte de Sicile d'autres Troyens ennemis des Grecs ; c'étoit-là que regnoit le vieux Aceste sorti de Troye. A peine fûmes-nous arrivez sur ce rivage, que les habitans crurent que nous étions, ou d'autres peuples de l'Isle armez pour les surprendre, ou des étrangers qui venoient s'emparer de leurs terres. Ils brûlerent notre vaisseau dans le premier emportement, ils égorgerent tous nos compagnons, ils nous reserverent Mentor & moi, pour nous presenter à Aceste, afin qu'il pût sçavoir de nous quels étoient nos desseins, & d'où nous venions. Nous entrons dans la Ville les mains liées derriere le dos, & notre mort n'étoit retardée que pour nous faire servir de spectacle à un peuple cruel, quand on sçauroit que nous étions Grecs.

On nous préfenta d'abord à Acefte, qui tenant fon fceptre d'or en main, jugeoit les peuples, & fe preparoit à un grand facrifice. Il nous demanda d'un ton fevere quel étoit notre païs, & le fujet de notre voyage. Mentor fe hâta de répondre, & lui dit: Nous venons des côtes de la grande Hefperie, & notre patrie n'eft pas loin de là: ainfi il évita de dire que nous étions Grecs. Mais Acefte fans l'écoûter d'avantage, & nous prenant pour des étrangers qui cachoient leur deffein, ordonna qu'on nous envoyât dans une Foreft voifine, où nous fervirions en efclaves fous ceux qui gouvernoient les troupeaux. Cette condition me parut plus dure que la mort. Je m'écriai: O Roi ! faites-nous mourir plûtôt que de nous traiter fi indignement: fçachez que je fuis Telemaque, fils du fage Ulyffe, Roi des Ithaciens; je cherche mon pere dans toutes les mers: fi je ne puis ni le trouver, ni retourner dans ma Patrie, ni éviter la fervitude, ôtez-moi la vie que je ne fçaurois fupporter. A peine eus-je prononcé ces mots que tout le peuple ému s'écria, qu'il falloit faire perir le fils de ce cruel Ulyffe, dont les artifices avoient renverfé la Ville de Troye. O fils d'Ulyffe, me dit Acefte, je ne puis refufer votre fang aux manes de tant de Troyens que votre Pere a précipitez fur le rivage du noir Cocyte; vous & celui qui vous mene, vous perirez. En même-tems un vieillard de la troupe propofa au Roi de nous immoler fur le tombeau d'Anchife. Leur fang, difoit-il, fera agréable à l'ombre de ce Héros: Enée même, quand il fçaura un tel facrifice, fera touché de voir combien vous aimez ce qu'il avoit de plus cher au monde. Tout le peuple applaudit à cette proposition, & on ne songea plus qu'à nous immoler. Déja on nous menoit sur le tombeau d'Anchise, on y avoit dressé deux autels, où le feu sacré étoit allumé : le glaive qui devoit nous percer étoit devant nos yeux : on nous avoit couronnez de fleurs, & nulle compassion ne pouvoit garentir notre vie. C'étoit fait de nous, quand mentor demanda tranquillement à parler au Roi ; il lui dit :

O Aceste, si le malheur du jeune Telemaque qui n'a jamais porté les armes contre les Troyens, ne peut vous toucher, du moins que votre propre interêt vous touche. La science que j'ai acquise des presages & de la volonté des Dieux, me fait connoître qu'avant que trois jours soient écoulez vous serez attaqué par des peuples barbares qui viennent comme un torrent du haut des montagnes pour innonder votre Ville, & pour ravager tout votre païs : hâtez-vous de les prevenir, mettez vos peuples sur les armes, & ne perdez pas un moment pour retirer au-dedans de vos murailles les riches troupeaux que vous avez dans la campagne. Si ma prediction est fausse vous serez libre de nous immoler dans trois jours ; si au contraire elle est veritable, souvenez-vous qu'on ne doit pas ôter la vie à ceux de qui on la tient.

Aceste fut étonné de ces paroles que Mentor lui disoit avec une assurance qu'il n'avoit jamais trouvée en aucun homme. Je vois bien, répondit-il, ô étranger, que les Dieux qui vous ont si mal partagé pour tous les dons de la fortune, vous ont accordé une sagesse

B v

qui est plus estimable que toutes les prosperitez. En même tems il retarda le sacrifice, & donna avec diligence les ordres necessaires pour prévenir l'attaque dont Mentor l'avoit menacé ; on ne voyoit de tous côtez que des femmes tremblantes, des vieillards courbez, des petits enfans les larmes aux yeux, qui se retiroient dans la Ville. Les bœufs mugissans & les brebis bélantes venoient en foule, quittans les gras pâturages, & ne pouvant trouver assez d'étables pour être mis à couvert. C'étoit de toutes parts des bruits confus de gens qui se poussoient les uns les autres qui ne pouvoient s'entendre, qui prenoient dans ce trouble un inconnu pour leur ami, & qui couroient sans sçavoir où tendoient leurs pas. Mais les principaux de la Ville se croyant plus sages que les autres, s'imaginoient que Mentor étoit un imposteur qui avoit fait une fausse prédiction pour sauver sa vie.

Avant la fin du troisiéme jour, pendant qu'ils étoient pleins de ces pensées, on vit sur le penchant des montagnes voisines un tourbillon de poussiere, puis on apperçut une troupe innombrable de barbares armez : c'étoient les Hymeriens, peuples feroces, avec les Nations qui habitent sur les Monts Nebrodes, & sur le sommet d'Agragas, où regne un hyver que les zephirs n'ont jamais adouci. Ceux qui avoient méprisé la prédiction de Mentor perdirent leurs esclaves & leurs troupeaux. Le Roi dit à Mentor : J'oublie que vous êtes des Grecs; nos ennemis deviennent nos amis fidéles, les Dieux vous ont envoyez pour nous sauver ; je n'attens pas moins de votre valeur, que de la sagesse de vos conseils, hâtez-vous de nous secourir.

Mentor montre dans ses yeux une audace qui étonne les plus fiers combattans. Il prend un bouclier, un casque, une épée, une lance. Il range les soldats d'Aceste, il marche à leur tête, & s'avance en bon ordre vers les ennemis. Aceste, quoique plein de courage, ne peut dans sa vieillesse le suivre que de loin : je le suis de plus prés, mais je ne puis égaler sa valeur, sa cuirasse ressembloit dans le combat à l'immortelle Egide. La mort couroit de rang en rang par tous ses coups. Semblable à un lion de Numidie que la cruelle faim devore & qui entre dans un troupeau de foibles brebis, il déchire, il égorge, il nage dans le sang, & les bergers loin de secourir le troupeau, fuyent tremblans pour se dérober à sa fureur.

Ces Barbares qui esperoient de surprendre la ville, furent eux-mêmes surpris & déconcertez. Les sujets d'Aceste animez par l'exemple & par les paroles de Mentor, eurent une vigueur dont ils ne se croyoient point capables : de ma lance je renversai le fils du Roy de ce peuple ennemi : il étoit de mon âge, mais il étoit plus grand que moi, car ce peuple venoit d'une race de Geants, qui étoient de la même origine que les Cyclopes. Il méprisoit un ennemi aussi foible que moi ; mais sans m'étonner de sa force prodigieuse, ni de son air sauvage & brutal, je poussai ma lance contre sa poitrine, & je lui fis vomir en expirant des torrens d'un sang noir. Il pensa m'écraser dans sa chûte, le bruit de ses armes retentit jusqu'aux montagnes : je pris ses dépoüilles & je revins trouver Aceste. Mentor ayant achevé de mettre les ennemis en désordre, les tailla en piéces, & pouſſa les fuyards juſques dans les forêts.

Un ſuccès ſi ineſperé fit regarder Mentor, comme un homme cheri & inſpiré des Dieux. A ceſte touché de reconnoiſſance nous avertit qu'il craignoit tout pour nous ſi les vaiſſeaux d'Enée revenoient en Sicile; il nous en dona un pour retourner ſans retardement en notre païs, nous combla de preſens, & nous preſſa de partir pour prévenir tous les malheurs qu'il prévoyoit: mais il ne voulut nous donner ni un Pilote ni des rameurs de ſa nation, de peur qu'ils ne fuſſent trop expoſez ſur les côtes de la Grece. Il nous donna des Marchands Pheniciens, qui étant en commerce avec tous les peuples du monde, n'avoient rien à craindre, & qui devoient ramener le vaiſſeau à Aceſte, quand ils nous auroient laiſſez en Ithaque: Mais les Dieux qui ſe joüent des deſſeins des hommes nous reſervoient à d'autres dangers.

Fin du premier Livre.

LES AVENTURES
DE
TELEMAQUE,
FILS D'ULYSSE.
LIVRE SECOND.

SOMMAIRE.

Telemaque raconte qu'il fut pris dans le Vaisseau Tyrien par la flote de Sesostris, & emmené captif en Egypte. Il dépeint la beauté de ce païs, & la sagesse du gouvernement de son Roi. Il ajoûte que Mentor fut envoyé esclave en Ethiopie, lui-même Telemaque fut reduit à conduire un troupeau dans le desert d'Oasis: Que Termosiris Prêtre d'Apollon, qui avoit été autrefois Berger chez le Roi Admette; que Sesostris avoit enfin appris tout ce qu'il faisoit de merveilleux parmi les bergers, qu'il l'avoit rappellé étant persuadé de son innocence, & lui avoit promis de le renvoyer à Ithaque, mais que la mort de ce Roi l'avoit replongé dans de nouveaux malheurs; qu'on le mit en prison, dans une tour sur le bord de la mer, d'où il vit le nouveau Roi Boccoris qui perit dans un combat contre ses sujets revoltez & secourus par les Tyriens.

LEs Tyriens par leur fierté avoient irrité contr'eux le Roi Sesostris qui regnoit en Egypte, & qui avoit conquis tant de Royaumes. Les richesses qu'ils ont acquises par le commerce & la force de l'imprenable ville de Tyr, située dans la mer, avoient enflé le cœur de ces peuples ; ils avoient refusé de payer à Sesostris le tribut qu'il leur avoit imposé en revenant de ses conquêtes, & ils avoient fourni des troupes à son frere, qui avoient voulu le massacrer à son retour, au milieu des réjoüissances d'un grand festin.

Sesostris avoit resolu pour abattre leur orgueïl, de troubler leur commerce dans toutes les mers. Ses vaisseaux alloient de tous côtez cherchant les Pheniciens. Une Flotte Egyptienne nous rencontra comme nous commencions à perdre de vûe les montagnes de la Sicile, le port & la terre sembloient fuir derriere nous, & se perdre dans les nuées. En même tems nous voyons approcher les navires des Egyptiens semblables à une Ville flotante. Les Pheniciens le reconnurent & voulurent s'en éloigner, mais il n'étoit plus tems. Leurs voiles étoient meilleures que les notres, le vent les favorisoit, leurs rameurs étoient en plus grand nombre : ils nous abordent, nous prennent & nous emmenent prisonniers en Egypte.

En vain je leur representai que nous n'étions pas Pheniciens, à peine daignerent-ils m'écoûter ; ils nous regarderent comme des esclaves dont les Pheniciens trafiquoient, & ils ne songerent qu'au profit d'une telle prise. Dejà nous remarquons les eaux de la mer qui blanchissent par le mélange de celles du Nil, & nous voyons la côte d'Egypte presque aussi basse que la mer. Ensuite nous arrivons à l'isle de Pharos, voisine de la ville de No. De-là nous remontames le Nil jusqu'à Memphits.

Si la douleur de notre captivité ne nous eût rendus infenfibles à tous les plaifirs, nos yeux auroient été charmez de voir cette fertile terre d'Egypte femblable à un jardin délicieux, arrofé d'un nombre infini de canaux. Nous ne pouvions jetter les yeux fur les deux rivages fans appercevoir des villes opulentes, des maifons de campagne agréablemēt fituées, des terres qui fe couvroient tous les ans d'une moiffon dorée fans fe repofer jamais, des prairies pleines de troupeaux, des Laboureurs qui étoient accablez fous le poids des fruits que la terre épanchoit de fon fein ; des Bergers qui faifoient repeter les doux fons de leurs flutes & de leurs chalumeaux à tous les Echos d'alentour.

Heureux, difoit Mentor, le peuple qui eft conduit par un fage Roi : Il eft dans l'abondance, il vit heureux, & aime celui à qui il doit tout fon bonheur. C'eft ainfi, ajoûtoit-il, ô Telemaque que vous devez regner, & faire la joye de vos peuples, fi jamais les Dieux vous font poffeder le Royaume de votre Pere : aimez vos peuples comme vos enfans, goûtez le plaifir d'être aimé d'eux, & faites qu'ils ne puiffent jamais fentir la paix & la joye, fans fe reffouvenir que c'eft un bon Roi qui leur a fait ces riches prefens. Les Rois qui ne fongent qu'à fe faire craindre & qu'à abattre leurs fujets pour les rendre plus foûmis, font les fleaux du genre humain, ils font craints comme ils le veulent être, mais ils font haïs, deteftez, & ils ont encore plus à craindre de leurs fujets, que leurs fujets n'ont à craindre d'eux.

Je répondois à mentor : Helas ! il n'est pas question de songer aux maximes suivant lesquelles on doit regner. Il n'y a plus d'Itaque pour nous, nous ne reverrons jamais ni notre patrie ni Penelope ; & quand même Ulysse retourneroit plein de gloire dans son Royaume, il n'aura jamais la joye de m'y voir : jamais je n'aurai celle de lui obéir pour apprendre à commander. Mourons, mon cher Mentor, nulle autre pensée ne nous est plus permise : mourons, puisque les Dieux n'ont aucune pitié de nous.

En parlant ainsi, de profonds soupirs entrecoupoient toutes mes paroles. Mais Mentor qui craignoit les maux avant qu'ils arrivassent, ne sçavoit plus ce que c'étoit que de les craindre dés qu'ils étoient arrivez. Indigne fils du sage Ulysse, s'ecrioit-il ! Quoi donc vous vous laissez vaincre à votre malheur ! Sçachez que vous reverrez un jour l'Isle d'Ithaque & Penelope. Vous verrez même dans sa premiere gloire celui que vous n'avez jamais connu : l'invincible Ulysse que la fortune ne peut abattre, & qui dans les malheurs encore plus grands que les votres, vous apprend à ne vous décourager jamais ! O s'il pouvoit apprendre dans les terres éloignées, où la tempête l'a jetté, que son fils ne sçait imiter ni sa patience ni son courage, cette nouvelle l'accableroit de honte, & lui seroit plus rude que tous les malheurs qu'il souffre depuis si long-tems.

Ensuite Mentor me faisoit remarquer la joye & l'abondance répanduë dans toute la campagne d'Egypte, où l'on comptoit jusqu'à vingt-deux mille Villes. Il admiroit la bonne police de ces Villes, la justice exercée en faveur du pauvre contre le riche, la bonne éducation des enfans qu'on accoûtumoit à l'obéïssance, au travail, à la sobrieté, à l'amour des arts ou des lettres, l'exactitude pour toutes les ceremonies de la Religion, le désinteressement, le desir de l'honneur, la fidelité pour les hommes, & la crainte pour les Dieux que chaque pere inspiroit à ses enfans. Il ne laissoit point d'admirer ce bel ordre. Heureux, me disoit-il sans cesse, le peuple qu'un sage Roi conduit ainsi ! mais encore plus heureux le Roi qui fait le bonheur de tant de peuples, & qui trouve le sien dans sa vertu ! il tient les hommes par un lien cent fois plus fort que celui de la crainte, c'est celui de l'amour. Non seulement on lui obéit, mais encore on aime à lui obéïr. Il regne dans tous les cœurs ; chacun, bien loin de vouloir s'en défaire, craint de le perdre, & donneroit sa vie pour lui.

Je remarquois ce que disoit Mentor, & je sentois renaître mon courage au fond de mon cœur, à mesure que ce sage ami me parloit. Aussi-tôt que nous fumes arrivez à Memphis ville opulente & magnifique, le Gouverneur ordonna que nous irions jusques à Thebes, pour être presentez au Roi Sesostris, qui vouloit examiner les choses par lui-même, & qui étoit fort animé contre les Tyriens. Nous remontames donc encore le long du Nil, jusqu'à cette fameuse Thebes, à cent portées où habitoit ce grand Roi. Cette Ville nous parut d'une étenduë immense, & plus peuplée que les plus florissantes villes de la Grece. La police y est parfaite pour la propreté des ruës

TELEMAQUE,

pour le cours des eaux, pour la commodité des bains, pour la culture des arts, & pour la sûreté publique. Les places sont ornées de fontaines & d'obélisque, les temples sont de marbre, & d'une architecture simple, mais majestueuse. Le Palais du Prince est lui seul comme une grande Ville, on n'y voit que colomnes de marbre, que pyramides & obelisques, que statuës colossales, que meubles d'or & d'argent massifs.

Ceux qui nous avoient pris, dirent au Roi que nous avions été trouvez dans un navire Venitien. Il écoûtoit chaque jour à certaines heures reglées tous ceux de ses Sujets qui avoient eu des plaintes à lui faire, ou des avis à lui donner. Il ne méprisoit ni ne rebutoit personne, & ne croyoit être Roi que pour faire du bien à ses Sujets, qu'il aimoit comme ses enfans. Pour les Etrangers, il les recevoit avec bonté & vouloit les voir, parce qu'il croyoit qu'il apprendroit quelque chose d'utile, en s'instruisant des mœurs & des manieres des peuples éloignez. Cette curiosité du Roi fit qu'on nous presenta à lui. Il étoit sur un Trône d'yvoire, tenant en main un sceptre d'or : il étoit déja vieux, mais agréable, plein de douceur & de majesté ; il jugeoit tous les jours les peuples avec une patience & une sagesse qu'on admiroit sans flaterie. Aprés avoir travaillé toute la journée à regler les affaires, & à rendre une exacte justice, il se délassoit le soir à écouter des hommes sçavans, ou à converser avec les plus honnêtes gens qu'il sçavoit bien choisir pour les admettre dans sa familiarité. On ne pouvoir lui reprocher en toute sa vie, que d'avoir triomphé avec trop de faste des Rois qu'il avoit vaincus, & de s'être confié à un de ses Sujets que je vous dépeindrai tout à l'heure. Quand il me vit, il fut touché de ma jeunesse, il me demanda ma patrie & mon nom : nous fumes étonnez de la sagesse qui parloit par sa bouche. Je lui répondis : O grand Roi ! vous n'ignorez pas le siége de Troye qui a duré dix ans, & sa ruine, qui a coûté tant de sang à toute la Gresse. Ulysse mon Pere a été un des principaux Rois qui ont ruiné cette Ville. Il erre sur toutes les mers sans pouvoir retrouver l'Isle d'Itaque, qui est son Royaume : je le cherche, & un malheur semblable au sien, fait que j'ai été pris. Rendez moi à mon pere & à ma patrie. Ainsi puissent les Dieux vous conserver à vos enfans, & leur faire sentir la joye de vivre sous un si bon Pere.

Sesostris continuoit à me regarder d'un œil de compassion : mais voulant sçavoir si ce que je disois étoit vrai, il nous renvoya à un de ses Officiers, qui fut chargé de s'informer de ceux qui avoient pris notre vaisseau, si nous étions effectivement ou Grecs ou Pheniciens. S'ils sont Pheniciens, dit le Roi, il faut doublement les punir pour être nos ennemis, & plus encore pour avoir voulu nous tromper par un lâche mensonge. Si au contraire ils sont Grecs, je veux qu'on les traite favorablement, & qu'on les renvoye dans leur païs sur un de mes Vaisseaux, car j'aime la Grece, plusieurs Egyptiens y ont donné des loix : je connois la vertu d'Hercule, la gloire d'Achille est parvenuë jusqu'à nous, & j'admire ce qu'on m'a raconté de la sagesse du malheureux Ulysse ; mon plaisir est de secourir la vertu malheureuse.

L'Officier auquel le Roi renvoya l'examen de notre affaire, avoit l'ame aussi corrompuë & aussi artificieuse que Sesostris étoit sincere & genereux. Cet Officier se nommoit Methophis; il nous interrogea pour tacher de nous surprendre : & comme il vit que Mentor répondoit avec plus de sagesse que moi, il le regarda avec aversion & avec défiance ; car les méchans s'irritent contre les bons. Il nous separa, & depuis ce temps-là je ne sçus point ce qu'étoit devenu Mentor. Cette separation fut un coup de foudre pour moi. Methophis esperoit toûjours qu'en nous questionnant separement, il pourroit nous faire dire des choses contraires : sur tout il croyoit m'éblouïr par ses promesses flateuses, & me faire avoüer ce que Mentor lui auroit caché. Enfin il ne cherchoit pas de bonne foi la verité, mais il vouloit trouver quelque prétexte de dire au Roi que nous étions Pheniciens, pour nous faire ses esclaves. En effet, malgré notre innocence & malgré la sagesse du Roi, il trouva le moyen de le tromper. Helas ! à quoi les Rois sont-ils exposez ? Les plus sages-mêmes sont souvent surpris. Les hommes artificieux & interessez les environnent, les bons se retirent, parce qu'ils ne sont ni empressez ni flateurs : les bons attendent qu'on les cherche, & les Princes ne sçavent gueres les aller chercher. Au contraire les méchans sont hardis, trompeurs, empressez à s'insinuer & à plaire, adroits à dissimuler, prêts à tout faire contre l'honneur & la conscience pour contenter les passions de celui qui regne

LIVRE II.

O! qu'un Roi est malheureux d'être exposé aux artifices des méchans! il est perdu s'il ne repousse la flaterie, & s'il n'aime ceux qui disent hardiment la verité Voilà les reflexions que je faisois dans mon malheur, & je rappellois tout ce que j'avois oüi dire à mentor.

Cependant Methophis m'envoya vers les montagnes du desert d'Oasias avec ses esclaves, afin que je servisse avec eux à conduire ses grands troupeaux. En cet endroit Calipso interrompit Telemaque, disant : Eh bien que fites-vous alors, vous qui aviez preferé en Sicile la mort à la servitude ? Telemaque répondit : mon malheur croissoit toûjours : je n'avois plus la miserable consolation de choisir entre la servitude & la mort ; il fallut être esclave, & puiser, pour ainsi dire, toutes les rigueurs de la fortune, il ne me restoit plus aucune esperance, & je ne pouvois pas même dire un mot pour travailler à me délirer. Mentor m'a dit depuis qu'on l'avoit vendu à des Ethiopiens, & qu'il les avoit suivis en Ethiopie.

Pour moi j'arrivai dans des deserts affreux. On y voit des sables brûlans au milieu des plaines, des neiges qui ne fondent jamis, & qui font un hyver perpetuel sur le sommet des montagnes : & on trouve seulement pour nourrir les troupeaux, des pâturages parmi des rochers. Vers le milieu du penchant de ces montagnes escarpées, les vallées y sont si profondes, qu'à peine le Soleil y peut faire luire ses rayons.

Je ne trouvai d'autres hommes dans ce païs, que des bergers aussi sauvages que le païs-même. Là je passois les nuits à déplorer mon malheur, & les jours à suivre un troupeau pour éviter la fureur brutale d'un premie esclave, qui esperant d'obtenir sa liberté, accusoit sans cesse les autres pour faire valoir à son maître son zéle & son attachement à ses interêts. Cet esclave se nommoit Butis : je devois succomber dans cette occasion: la douleur me pressant, j'oubliai un jour mon troupeau, & je m'étendis sur l'herbe auprés d'une caverne où j'attendois la mort, ne pouvant plus supporter mes peines. En ce moment je remarquai que toute la montagne trembloit, les chênes & les pins sembloient descendre du sommet de la montagne, les vents retenoient leurs haleines: une voix mugissante sortit de la caverne, & me fit entendre ces paroles : Fils du sage Ulysse, il faut que tu devienne comme lui, grand par la patience. Les Princes qui ont toûjours été heureux ne sont guere dignes de l'être, la molesse les corrompt, l'orgüeil les ennyvre. Que tu seras heureux, si tu surmonte tes malheurs, & si tu ne les oublies jamais ! Tu reverras Ithaque, & ta gloire montera jusqu'aux astres.. Quand tu seras le maître des autres hommes, souviens-toi que tu as été foible, pauvre & souffrant comme eux : prens plaisir à les soulager, aime ton peuple, déteste la flaterie, & sçache que tu ne seras grand qu'autant que tu seras moderé & courageux pour vaincre tes passions.

Ces paroles divines entrerent jusqu'au fond de mon cœur ; elles y firent renaître la joye & le courage, je ne sentis point cette horreur qui fait dresser les cheveux sur la tête, & qui glace le sang dans les veines, quand les Dieux se communiquent aux mortels. Je me levai tranquille, j'adorai à genoux les mains levées vers le Ciel, Minerve à qui je crus devoir cet oracle. En même-tems je me trouvai un nouvel homme, la sagesse éclairoit mon esprit, je sentois une douce force pour moderer toutes mes passions, & pour arrêter l'impetuosité de ma jeunesse. Je me fis aimer de tous les Bergers du desert ; ma douceur, ma patience, mon exactitude appaiserent enfin le cruel Butis, qui étoit en autorité sur les autres esclaves, & qui avoit voulu d'abord me tourmenter.

Pour mieux supporter l'ennui de la captivité & de la solitude, je cherchai des livres, car j'étois accablé de tristesse, faute de quelque instruction qui pût nourrir mon esprit, & le soûtenir. Heureux, disois-je ceux qui se dégoûtent des plaisirs violens, & qui sçavent se contenter des douceurs d'une vie innocente Heureux ceux qui se divertissent en s'instruisant, & qui se plaisent à cultiver leur esprit, par les sciences ! En quelque endroit que la fortune ennemie les jette ils portent toûjours avec eux de quoi s'entretenir ; & l'ennuy qui devore les autres hommes au milieu même des délices, est inconnu à ceux qui sç'avent s'occuper par quelque lecture. Heureux ceux qui aiment à lire, & qui ne sont point comme moi privez de la lecture. Pendant que ces pensées rouloient dans mon esprit, je m'enfonçai dans une sombre forêt, où j'apperçus tout-à-coup un vieillard qui tenoit un livre à la main. Ce vieillard avoit un grand front chauve & un peu ridé, une barbe blanche pendoit jusqu'à sa ceinture, sa taille étoit haute, majestueuse, son teint étoit encore frais, &

vermeil, les yeux vifs & perçans, sa voix étoit douce, ses paroles simples & aimables. Jamais je n'ai vû un si venerable vieillard : il s'appelloit Termositis : il étoit Prêtre d'Appollon, qu'il servoit dans un Temple de marbre que les Rois d'Egypte avoient consacré au Dieu dans cette forêt. Le livre qu'il tenoit étoit un recüeil d'Hymnes en l'honneur des Dieux. Il m'aborde avec amitié, nous nous entretenons: il racontoit si bien les choses passées, qu'on croyoit les voir ; mais il les racontoit courtement, & jamais ses histoires ne m'ont lassé : Il prévoyoit l'avenir par la profonde sagesse qui lui faisoit connoitre les hommes , & les desseins dont ils sont capables. Avec tant de prudence il étoit gai , complaisant, & la jeunesse la plus enjoüée n'a point autant de grace qu'en avoit cet homme dans une vieillesse si avancée : aussi aimoit-il les jeunes gens, lorsqu'ils étoient dociles , & qu'ils avoient le goût de la vertu.

Bien-tôt il m'aima tendrement , & me donna des livres pour me consoler : il m'appelloit son fils. Je lui disois souvent : mon Pere , les Dieux qui m'ont ôté Mentor , ont eu pitié de moi, ils m'ont donné en vous un autre soûtien Cet homme semblable à Orphée ou à Linus , étoit sans doute inspiré des Dieux. Il me recitoit les vers qu'il avoit faits , & me donnoit ceux de plusieurs excellens Poëtes favorisez des Muses. Lorsqu'il étoit revêtu de sa longue robe d'une éclatante blancheur & qu'il prenoit en main sa lire d'yvoire , les tigres , les ours , les lyons venoient le flater & lecher ses pieds. Les satires sortoient des forêts pour danser au tour de lui : les arbres mêmes paroissoient émûs

&

LIVRE II.

& vous auriez cru que les rochers attendris alloient descendre du haut des montagnes aux charmes de ses doux accens : il ne chantoit que la grandeur des Dieux, la vertu des Heros, & la sagesse des hommes qui preferent la gloire aux plaisirs.

Il me disoit souvent que je devois prendre courage, & que les Dieux n'abandonneroient ni Ulysse ni son fils. Enfin il m'assura que je devois, à l'exemple d'Apollon, enseigner aux Bergers à cultiver les Muses. Apollon, disoit-il, indigné de ce que Jupiter par ses foudres troubloit le Ciel dans les plus beaux jours, voulut s'en venger sur les Cyclopes qui forgeoient les foudres, & les perça de ses fléches. Aussi-tôt le Mont Etna cessa de vômir des tourbillons de flâmes ; on n'entendit plus les coups des terribles marteaux qui frapant l'enclume, faisoient gemir les cavernes de la terre & les abimes de la mer. Le fer & l'airain n'étant plus poli par les Cyclopes, commençoient à se rouiller. Vulcain furieux sort de sa fournaise, quoique boiteux, il monte en diligence vers l'Olympe, il arrive suant & couvert de poussiere dans l'assemblée des Dieux, il fait des plaintes ameres. Jupiter s'irrite contre Apollon, le chasse du Ciel & le précipite sur la terre. Son char vuide faisoit de lui-même son cours ordinaire, pour donner aux hommes les jours & les nuits avec le changement regulier des saisons. Apollon dépoüillé de tous ses rayons, fut contraint de se faire Berger, & de garder les troupeaux du Roy Admete. Il joüoit de la flute, & tous les autres Bergers venoient à l'ombre des ormeaux sur le bord d'une claire fontaine écoûter ses chansons

Jusques-là ils avoient mene une vie sauvage & brutale; ils ne sçavoient que conduire leurs brebis, les tondre, traire leur lait, & faire des fromages : toute la campagne étoit comme un désert affreux.

Bien-tôt Apollon montra à tous les Bergers les arts qui peuvent rendre leur vie agréable. Il chantoit les fleurs dont le Printems se couronne, les parfums qu'il répand, & la verdure qui naît sous ses pas. Puis il chantoit les délicieuses nuits de l'Eté, où les Zephirs rafraîchissent les hommes, & où la rosée désaltere la terre. Il mêloit aussi dans ses chansons les fruits dorez dont l'Automne récompense les travaux des Labouteurs, & le repos de l'hyver pendant lequel la jeunesse folâtre danse auprés du feu. Enfin il representoit les forêts sombres qui couvrent les montagnes, & les creux vallons, où les rivieres font mille détours au milieu des riantes prairies. Il apprit ainsi aux Bergers quels sont les charmes de la vie champêtre, quand on sçait goûter ce que la simple nature a de gracieux. Bien-tôt les Bergers avec leurs flutes se virēt plus heureux que les Rois, & leurs cabanes attiroient en foule les plaisirs purs qui fuyent les Palais dorez. Les jeux, les ris, les graces suivoient par tout les innocentes Bergeres. Tous les jours étoient des Fêtes : on n'entendoit plus que le gazoüillement des oiseaux, ou la douce haleine des Zephirs qui se joüoient dans les rameaux des arbres, ou le murmure d'une onde claire qui tomboit de quelque rocher ou les chansons que les Muses inspiroient aux Bergers qui suivoient Apollon. Ce Dieu leur enseignoit à remporter le prix de la course, &

LIVRE II.

à percer des fléches les daims & les cerfs ; les Dieux mêmes devinrent jaloux des Bergers, cette vie leur parut plus douce que toute leur gloire, & ils rappellerent Apollon dans l'Olympe.

Mon fils, cette Histoire doit vous instruire; puisque vous êtes dans l'état où fut Apollon, défrichez cette terre sauvage, faites fleurir comme lui le désert, apprenez à tous ces Bergers quels sont les charmes de l'harmonie : adoucissez les cœurs farouches, montrez-leur l'aimable vertu, faites-leur sentir combien il est doux de joüir dans la solitude des plaisirs innocens que rien ne peut ôter aux Bergers. Un jour, mon fils, un jour, les peines & les soucis cruels qui environnent les Rois, vous feront regretter sur le trône la vie pastorale.

Ayant ainsi parlé, Termosiris me donna une flute si douce, que les échos de ces montagnes qui la firent entendre de tous côtez, attirerent bien-tôt autour de moi tous les Bergers voisins. Ma voix avoit une harmonie divine : je me sentois émû, & comme hors de moi-même pour chanter les graces dont la nature a orné la campagne. Nous passions les jours entiers & une partie des nuits, à chanter ensemble. Tous les Bergers oublians leurs cabanes & leurs troupeaux étoient suspendus & immobiles autour de moi, pendant que je leurs donnois des leçons ; il sembloit que ces déserts n'étoient plus rien de sauvage, tout y étoit doux & riant : la politesse des habitans sembloit adoucir la terre.

Nous nous assemblons souvent pour offrir des sacrifices dans ce Temple d'Apollon, où Termosiris étoit Prêtre; les Bergers y alloient

C ij

couronnez de lauriers en l'honneur du Dieu. Les Bergers y alloient aussi en dansant avec des couronnes de fleurs, & portant sur leurs têtes dãs des corbeilles les dons sacrez. Aprés le sacrifice nous faisions un festin champêtre, nos plus doux mets étoient le lait de nos chévres & de nos brebis que nous avions soin de traire nous-mêmes, avec les fruits fraîchement cüeillis de nos propres mains, tels que les dattes, les figues & les raisins : nos siéges étoient les gazons, nos arbres touffus nous donnoient une ombre plus agréable que les lambris dorez des Palais des Rois.

Mais ce qui acheva de me rendre fameux parmi nos Bergers, c'est qu'un jour un Lion affamé vint se jetter sur mon troupeau : déja il commençoit un carnage affreux : je n'avois en main que ma houlette ; je m'avance hardiment, le lion herisse sa criniere, me montre ses dents & ses griffes, ouvre une gueule seche & enflamée, ses yeux paroissoient pleins de sang & de feu, il bat ses flancs avec sa longue queuë, je le terrasse ; la petite cotte de mailles dont j'étois revêtu selon la coûtume des Bergers d'Egypte, l'empêcha de me déchirer ; trois fois je l'abbatis, trois fois il se releva : il poussoit des mugissemens qui faisoient retentir toutes les forêts. Enfin je l'étouffai entre mes bras ; & les Bergers témoins de ma victoire, voulurent que je me revêtisse de la peau de ce terrible animal.

Le bruit de cette action, & celui du beau changement de tous nos Bergers, se répandit dans toute l'Egypte, il parvint même jusqu'aux oreilles de Sesostris. Il sçut qu'un de ces deux captifs qu'on avoit pris pour des Pheniciens, avoit ramené l'âge d'or dans ses deserts presque inhabitables. il voulut me voir, car il aimoit les Muses & tout ce qui peut instruire les hommes touchoit son grand cœur. Il me vit, il m'écoûta avec plaisir, & découvrit que Metophis l'avoit trompé par avarice: il le condamna à une prison perpetuelle & lui ôta toutes les richesses qu'il possedoit injustement O! qu'on est malheureux, disoit-il, quand on est au-dessus des hommes: souvent on ne peut voir la verité par ses propres yeux, on est environné de gens qui l'empêchent d'arriver jusqu'à celui qui commande: chacun est interessé à le tromper: chacun sous une apparence de zéle cache son ambition. On fait semblant d'aimer le Roi, & on n'aime que les richesses qu'il donne, on l'aime si peu que pour obtenir ses faveurs on le flate & on le trahit.

Ensuite Sesostris me traita avec une tendre amitié, & resolut de m'envoyer en Ithaque, avec des vaisseaux & des troupes, pour délivrer Penelope de tous ses amans. La flote étoit déja prête, nous ne songions qu'à nous embarquer. J'admirois les coups de la fortune qui releve tout-à-coup ceux qu'elle a le plus abaissez. Cette experience me faisoit esperer qu'Ulysse pourroit bien revenir enfin dans son Royaume aprés quelque longue souffrance. Je pensois aussi en moi-même que je pourrois encore revoir Mentor, quoiqu'il eût été emmené dans les païs les plus inconnus de l'Ethiopie. Pendant que je retardois un peu mon départ, pour tacher d'en sçavoir des nouvelles, Sesostris qui étoit fort âgé, mourut subitement, & sa mort me replongea dans de nouveaux malheurs.

Toute l'Egypte parut inconsolable de cette perte; chaque famille croyoit avoir perdu son meilleur ami, son protecteur, son Pere. Les vieillards levant les mains au Ciel s'écrioient : jamais l'Egypte n'eut un si bon Roi, jamais elle n'en aura de semblable. O Dieux! il falloit ou ne le montrer pas aux hommes, ou ne le leur ôter jamais : pourquoi faut-il que nous survivions au grand Sesostris? Les jeunes gens disoient : L'esperance de l'Egypte est détruite, nos peres ont été heureux de passer leur vie sous un si bon Roi : pour nous, nous ne l'avons vû que pour sentir sa perte. Ses domestiques pleuroient nuit & jour. Quand on fit les funerailles du Roi, pendant quarante jours, les peuples les plus reculez y accouroient en foule. Chacun vouloit voir encore une fois le corps de Sesostris : chacun vouloit en conserver l'image. Plusieurs vouloient être mis avec lui dans le tombeau.

Ce qui augmenta encore la douleur de sa perte, c'est que son fils Bacchoris n'avoit ni humanité pour les étrangers, ni curiosité pour les sciences, ni estime pour les hommes vertueux, ni amour pour la gloire. La grandeur de son pere avoit contribué à le rendre si indigne de regner : il avoit été nourri dans la molesse & dans une fierté brutale : il comptoit pour rien les hommes, croyant qu'ils n'étoient faits que pour lui, & qu'il étoit d'une autre nature qu'eux. Il ne songeoit qu'à contenter ses passions, qu'à dissiper les trésors immenses que son pere avoit ménagés avec tant de soin, qu'à tourmenter les peuples & qu'à succer le sang des malheureux : enfin qu'à suivre le conseil flateur des jeunes insensez qui l'environnoient, pendant qu'il écartoit avec mépris tous les sages vieillards qui avoient eu la confiance de son pere. C'étoit un monstre & non pas un Roi: toute l'Egypte gemissoit, & quoique le nom de Sesostris si cher aux Egyptiens leur fit supporter la conduite lâche & cruelle de son fils, le fils couroit à sa perte, & un Prince si indigne du trône ne pouvoit long-tems regner.

Il ne me fut plus permis d'esperer mon retour en Ithaque. Je demeurai dans une tour sur le bord de la mer auprez de Peluse, où notre embarquement devoit se faire, si Sesostris ne fût pas mort. Metophis avoit eu l'adresse de sortir de prison, & de se retablir auprés du nouveau Roi : il m'avoit fait renfermer dans cette tour pour se venger de la disgrace que je lui avois causée. Je passois les jours & les nuits dans une profonde tristesse. Tout ce que Termosiris m'avoit prédit, & tout ce que j'avois entendu dans la caverne, ne me paroissoit plus songe. J'étois abimé dans la plus amere douleur. Je voyois les vagues qui venoient battre le pied de la tour où j'étois prisonnier. Souvent je m'occupois à considerer des vaisseaux agitez par la tempête, qui étoient en danger d'être brisez contre les rochers sur lesquels la tour étoit bâtie. Loin de plaindre ces hommes menacez du naufrage j'enviois leur sort. Bien-tôt, disois-je à moi-même, ils finiront les malheurs de leur vie, ou ils arriveront en leur païs. Helas! je ne puis esperer ni l'un ni l'autre.

Pendant que je me consumois ainsi en regrets inutiles, j'apperçus comme une forêt de mutes de vaisseaux. La mer étoit couverte de voiles que les vents enfloient, l'onde étoit écumante sous les rames innombrables. J'entendois de toutes parts des cris confus ; j'appercevois sur le rivage une partie des Egyptiens effrayez qui courroient aux armes, & d'autres qui sembloient aller au-devant de cette flote qu'on y voyoit arriver. Bien-tôt je reconnus que ces vaisseaux étrâgers étoient les uns de Phenicie, & les autres de l'Isle de Cypre, car mes malheurs commençoient à me rendre experimenté sur ce qui regarde la navigation. Les Egyptiens me parurent divisez entr'eux. Je n'eus aucune peine à croire que l'insensé Bocchoris avoit par ses violences causé une revolte de ses sujets, & allumé la guerre civile ; je fus du haut de cette tour spectateur d'un sanglant combat.

Les Egyptiens qui avoient appellé à leur secours les étrangers, après avoir favorisé leur descente, attaquerent les autres Egyptiens, qui avoient le Roi à leur tête. Je voyois ce Roi qui animoit les siens par son exemple : il paroissoit comme le Dieu Mars, des ruisseaux de sang couloient autour de lui : les roues de son char étoient teintes d'un sang noir, épais & écumant, à peine pouvoient elles passer sur des tas de corps morts écrasez. Ce jeune Roi bien fait, vigoureux, d'une maniere haute & fiere avoit dans ses yeux la fureur & le desespoir ; il étoit comme un beau cheval qui n'a point de bouche : son courage le poussoit au hazard, & la sagesse ne moderoit pas sa valeur. Il ne sçavoit ni moderer ses fautes, ni donner des ordres précis, ni prévoir les maux qui le menaçoient, ni ménager les gens dont il avoit le plus grand besoin. Ce n'étoit pas qu'il manquât de génie, ses lumieres égaloient son courage, mais il n'avoit jamais été instruit par la mauvaise fortune. Ses Maîtres avoient empoisonné par la flaterie son beau naturel. Il étoit enyvré de sa puissance & de son bonheur : il croyoit que tout devoit ceder à ses desirs fougueux. La moindre resistance enflamoit sa colere : alors il ne raisonnoit plus il étoit comme hors de lui-même, son orgueil furieux en faisoit une bête farouche, sa bonté naturelle & sa droite raison l'abandonnoient en un instant, ses plus fidéles serviteurs étoient reduits à s'enfuïr, il n'aimoit plus que ceux qui flatoient ses passions. Ainsi il prenoit toûjours des partis extrêmes contre ses veritables interêts & il forçoit tous les gens de bien à detester sa fole conduite. Longtems sa valeur le soûtint contre la multitude de ses ennemis, mais enfin il fut accablé ; je le vis perir, le dard d'un Phenicien perça sa poitrine, les rênes lui échaperent des mains, il tomba de son char sous les pieds des chevaux. Un Soldat de l'Isle de Cypre lui coupa la tête, & la prenant par les cheveux, il la montra comme un triomphe à toute l'armée victorieuse. Je me souviendrai toute ma vie d'avoir vû cette tête qui nageoit dans le sang, les yeux fermez & éteints, ce visage pâle & défiguré ; cette bouche entr'ouverte, qui sembloit vouloir encore achever des paroles commencées, cet air superbe & menaçant, que la mort même n'avoit pû effacer. Toute ma vie il sera peint devant mes yeux ; & si jamais les Dieux me faisoient regner, je n'oublierois point un si funeste exemple, qu'un Roi n'est digne de commander, & n'est heureux

C. v.

dans sa puissance, qu'autant qu'il la soûmet à la raison. Eh ! quel malheur pour un homme destiné à faire le bonheur public, de n'être le maître de tant d'hommes que pour les rendre malheureux !

Fin du second Livre.

LES AVENTURES
DE
TELEMAQUE,
FILS D'ULYSSE.
LIVRE TROISIEME.

SOMMAIRE.

Telemaque raconte que le successeur de Bocchoris rendant tous les prisonniers Tyriens, lui-même Telemaque fut emmené à Tyr sur le Vaisseau de Narbal qui commandoit la flote Tyrienne, que Narbal lui dépeignit Pygmalion leur Roi, dont il falloit craindre la cruelle avarice: qu'ensuite il avoit été instruit par Narbal sur les régles du commerce de Tyr, & qu'il alloit s'embarquer sur un vaisseau Cyprien pour aller par l'Isle de Cypre en Ithaque, quand Pygmalion découvrit qu'il étoit étranger, & voulut le faire prendre: qu'alors il étoit sur le point de perir, mais qu'Astarbé maîtresse du Tyran l'avoit sauvé pour faire mourir en sa place un jeune homme dont le mépris l'avoit irritée.

CALYPSO écoûtoit avec étonnement des paroles si sages. Ce qui la charmoit le plus, étoit de voir que Telemaque racontoit ingenûment les fautes qu'il avoit faites par précipitation & en manquant de docilité pour le sage Mentor ; elle trouvoit une noblesse & une grandeur étonnante dans ce jeune homme qui s'accusoit lui-même & paroissoit avoir si bien profité de ses imprudences pour se rendre sage, prévoyant & moderé. Continuez, me dit-elle, mon cher Telemaque, il me tarde de sçavoir comment vous sortites de l'Egypte, & où vous avez trouvé le sage Mentor, dont vous avez senti la perte avec tant de raison.

Telemaque reprit ainsi son discours : Les Egyptiens les plus vertueux & les plus fidéles au Roi étant les plus foibles, & voyant le Roi mort, furent contraints de ceder aux autres : on établit un autre Roi nommé Termotis. Les Pheniciens avec les troupes de l'Isle de Cypre, se retirent aprés avoir fait alliance avec le nouveau Roi. Celui-ci rendit tous les prisonniers Pheniciens, je fus compté comme étant de ce nombre. On me fit sortir de la tour, je m'embarquai avec les autres, & l'esperance commença à reluire au fond de mon cœur. Un vent favorable remplissoit déja nos voiles, les rameurs fendoient les ondes écumantes, la vaste mer étoit couverte de navires, les mariniers poussoient des cris de joye, les rivages de la mer s'enfuyoient loin de nous les collines & les montagnes s'applanissoient peu à peu. Nous commencions à ne voir plus que le ciel & l'eau, pendant que le Soleil qui se levoit sembloit faire sortir de la mer ses feux étincelans, ses rayons doroient le sommet des montagnes, que nous découvrions encore un peu sur l'orison, & tout le Ciel peint d'un sombre azur nous promettoit une heureuse navigation.

Quoiqu'on m'eût renvoyé comme étant Phenicien, aucun des Pheniciens avec qui j'étois ne me connoissoit. Narbal qui commandoit dans le vaisseau où l'on me mit, me demanda mon nom & ma patrie. De quelle ville de Phenicie êtes-vous, me dit-il? Je ne suis point de Phenicie, lui dis-je, mais les Egyptiens m'avoient pris sur la mer dans un vaisseau de Phenicie : j'ai demeuré captif en Egypte comme un Phenicien ; c'est sous ce nom que j'ai long-tems souffert ; c'est sous ce nom que l'on m'a délivré. De quel païs êtes-vous donc, repartit alors Narbal? Je lui parlai ainsi : Je suis fils d'Ulysse, Roi d'Itaque en Grece; mon Pere s'est rendu fameux entre tous les Rois qui ont assiegé la ville de Troye mais les Dieux ne lui ont pas accordé de revoir sa patrie. Je l'ai cherché en plusieurs païs, la fortune me persecute comme lui, vous voyez un malheureux qui ne soûpire qu'après le bonheur de retourner parmi les siens, & de retrouver son pere.

Narbal me regardoit avec étonnement, & il crut appercevoir en moi, je ne sçai quoi d'heureux qui vient des dons du Ciel, & qui n'est point dans le commun des hommes. Il étoit naturellement sincere & genereux, il fut touché de mon malheur, & me parla avec une confiance que les Dieux lui inspirerent pour me sauver d'un grand peril.

Telemaque, je ne doute point, me dit-il, de ce que vous me dites, & je ne sçaurois en douter; la douceur & la vertu peintes sur votre visage, ne me permettent pas de me défier de vous. Je sens même que les Dieux que j'ai toûjours servis vous aiment, & qu'ils veulent que je vous aime aussi comme si vous étiez mon fils : je vous donnerai un conseil salutaire & pour récompense je ne vous demande que le secret. Ne craignez point, lui dis-je, que j'aye aucune peine à me taire sur les choses que vous voulez me confier. Quoique je sois si jeune, j'ai déja vieilli dans l'habitude de ne dire jamais mon secret, & encore plus de ne trahir jamais sous aucun prétexte le secret d'autrui. Comment avez-vous pû, me dit-il, vous accoûtumer au secret dans une aussi grãde jeunesse? Je serai ravi d'apprendre par quel moyen vous avez acquis cette qualité, qui est le fondement de la plus sage conduite, & sans laquelle tous les talens sont inutiles.

Quand Ulisse, lui dis-je, partit pour aller au siége de Troye, il me prit sur ses genoux & entre ses bras [c'est ainsi qu'on me l'a raconté] après m'avoir baisé tendrement, il me dit ces paroles, quoique je ne pusse les entendre : O mon fils que les Dieux me preservent de te revoir jamais ; que plûtôt le ciseau de la parque tranche le fil de tes jours lorsqu'il est à peine formé, de même que le moissonneur tranche de sa faulx une tendre fleur qui commence à éclore ; que mes ennemis te puissent écraser aux yeux de ta mere & aux miens, si tu dois un jour te corrompre & abandôner la vertu. O mes amis ! continua-t'il, je vous laisse ce fils qui m'est si cher, ayez soin de son enfance ; si vous m'aimez, éloignez de lui la pernicieuse flaterie, enseignez-lui à se vaincre, qu'il soit comme un jeune arbrisseau encore tendre, qu'on plie pour le redresser. Sur tout n'oubliez rien pour le rendre juste, bienfaisant, sincere & fidéle à garder le secret,

Quiconque est capable de mentir, est indigne d'être compté au nombre des hommes; & quiconque ne sçait pas se taire, est indigne de gouverner.

Je vous rapporte ces paroles, parce qu'on a eu soin de me les repeter souvent & qu'elles ont penetré jusqu'au fond de mon cœur. Je me les redis souvent à moi-même. Les amis de mon pere eurent soin de m'exercer de bonne heure au secret. J'étois encore dans la plus tendre enfance, & ils me confioient déja toutes les peines qu'ils ressentoient, voyant ma mere exposée à un grand nombre de temeraires qui vouloient l'épouser. Ainsi on me traitoit deslors comme un homme raisonnable & sûr. On m'entretenoit secretements de plus grandes affaires; on m'instruisoit de ce qu'on avoit resolu pour écarter les pretendans. J'étois ravi qu'on eût en moi cette confiance : par là je me croyois déja un homme fait. Jamais je n'en ai abusé, jamais il ne m'est échapé une seule parole qui pût découvrir le moindre secret; souvent les prétendans tâchoient de me faire parler, esperant qu'un enfant qui auroit vû ou entendu quelque chose d'important, ne sçauroit pas se retenir. Mais je sçavois bien leur répondre sans mentir, & sans leur apprendre ce que je ne devois point dire.

Alors Narbal me dit : Vous voyez, Telemaque la puissance de Pheniciens; ils sont redoutables à toutes les Nations voisines par leurs innombrables vaisseaux. Le commerce qu'ils font jusques aux Colomnes d'Hercule, leur donne des richesses qui surpassent celles des peuples les plus florissans. Le grand Roi

Sesostris, qui n'auroit jamais pû les vaincre par mer, eut bien de la peine à les vaincre par terre avec ses armées qui avoient conquis tout l'Orient ; il nous imposa un tribut que nous n'avons pas long-tems payé. Les Pheniciens se trouvoient trop riches & trop puissans pour porter patiemment le joug de la servitude. Nous reprimes notre liberté. La mort ne laissa pas à Sesostris le tems de finir la guerre contre nous. Il est vrai que nous aviõs tout à craindre de sa sagesse encore plus que de sa puissance : mais sa puissance passant entre les mains de son fils dépourvû de toute sagesse, nous conclumes que nous n'avions plus rien à craindre. En effet, les Egyptiens bien loin de rentrer les armes à la main dans notre pays, pour nous subjuguer encore une fois, ont été contraints de nous appeller à leur secours pour les délivrer de ce Roi impie & furieux. Nous avons été leurs liberateurs. Quelle gloire ajoûtée à la liberté & à l'opulence des Pheniciens!

Mais pendant que nous délivrons les autres nous sommes esclaves nous-mêmes. O Telemaque ! craignez de tomber dans les mains de Pygmalion notre Roi : il les a trempées, ses mains cruelles dans le sang de Sichée mari de Didon sa sœur. Didon pleine de desirs de la vengeance s'est sauvée de Tyr avec plusieurs vaisseaux. La plûpart de ceux qui aiment la vertu & la liberté l'ont suivie : elle a fondé sur la côte d'Affrique une superbe ville qu'on nomme Carthage. Pymalion tourmenté par une soif insatiable de richesses, se rend de plus en plus miserable & odieux à ses sujets. C'est un crime à Tyr que d'avoir de grands biens : l'avarice le rend défiant, soupçonneux, cruel, il persécute les riches & il craint les pauvres.

C'est un crime encore plus grand à Tyr, d'avoir de la vertu, car Pygmalion suppose que les bons ne peuvent souffrir ses injustices & ses infamies; la vertu le condamne, il s'aigrit & s'irrite contre elle. Tout l'agite, l'inquiete, le ronge; il a peur de son ombre, il ne dort ni nuit ni jour: les Dieux pour le confondre l'accablent de trésors, dont il n'ose joüir. Ce qu'il cherche pour être heureux, est précisément ce qui l'empêche de l'être. Il regrette tout ce qu'il donne, & craint toûjours de perdre: il se tourmente pour gagner. On ne le voit presque jamais; il est seul, triste, abatu au fond de son Palais; ses amis même n'osent l'aborder de peur de lui devenir suspects. Une garde terrible tient toûjours des épées nuës & des piques levées au-tour de sa maisõ. Trente chambres qui se communiquent les unes aux autres, & dont chacune a une porte de fer avec six gros veroüils, sont le lieu où il se renferme; on ne sçait jamais dans laquelle de ces chambres il couche, & on assure qu'il ne couche jamais deux nuits de suite dans la même, de peur d'y être égorgé. Il ne connoît ni les doux plaisirs, ni l'amitié encore plus douce; si on lui parle de chercher la joye il sent qu'elle fuit loin de lui, & qu'elle refuse d'entrer dans son cœur. Ses yeux creux sont pleins d'un feu âpre & farouche; ils sont sans cesse errans de tous côtez; il prête l'oreille au moindre bruit, & se sent tout émû, il est pâle & défait, & les noirs soucis sont peints sur son visage toûjours ridé. Il se tait, il soûpire, il tire de son cœur de profonds gemissemens, il ne peut cacher les remords qui déchirent ses entrailles. Les mets les plus exquis le dégoutent ; ses enfans loin d'être so esperance, sont le sujet de sa terreur, il en a fait ses plus dangereux ennemis, il n'a eu toute sa vie aucun moment d'assuré ; il ne se conserve qu'à force de répandre le sang de tous ceux qu'il craint. Insensé, qui ne voit pas que la cruauté à laquelle il se confie, le fera perir ! Quelqu'un de ses domestiques aussi défiant que lui, se hâtera de délivrer le monde de ce monstre.

Pour moi je crains les Dieux; quoiqu'il m'en coûte, je serai fidéle au Roi qu'ils m'ont donné. J'aimerois mieux qu'il me fit mourir que de lui ôter la vie, & même que de manquer à le défendre. Pour vous, ô Telemaque, gardes-vous de lui dire que vous êtes le Fils d'Ulisse: il esperoit qu'Ulisse retournant à Ithaque lui payeroit quelque grande somme pour vous racheter, & il vous tiendroit en prison.

Quand nous arrivâmes à Tyr, je suivis le conseil de Narbal, & je reconnus la verité de tout ce qu'il m'avoit raconté. Je ne pouvois comprendre qu'un homme se pût rendre aussi miserable que Pygmalion me le paroissoit.

Surpris d'un spectacle si affreux & si nouveau pour moi, je disois en moi-même : voilà un homme qui n'a cherché qu'à se rendre heureux ; il a sçû y parvenir par les richesses, & par une autorité absoluë ; il possede tout ce qu'il peut desirer, & cependant il est miserable par ses richesses & par son autorité même. S'il étoit Berger comme je l'étois, il seroit aussi heureux que je l'ai été ; il joüiroit des plaisirs innocens de la campagne, & en joüiroit sans remords. Il ne craindroit ni le fer ni le poison. Il aimeroit les hommes, il en seroit aimé. Il n'auroit point ces grandes richesses qui lui sont aussi inutiles que du sable, puisqu'il n'ose y toucher, mais il joüiroit librement des fruits de la terre, & ne souffriroit aucun veritable besoin. cet homme paroît faire tout ce qu'il veut, mais il s'en faut bien qu'il le fasse. Il fait tout ce que veulent ses passions feroces, il est toûjours entraîné par son avarice, par sa crainte & par ses soupçons; il paroît être maître de tous les aurres hommes, mais il n'est pas maître de lui-même, car il a autant de maîtres & de bourreaux qu'il a de desirs violens.

Je raisonnois ainsi de Pygmalion sans le voir; car on ne le voyoit point, & on regardoit seulement avec crainte ces hautes tours qui étoient nuit & jour entourées de Gardes, où il s'étoit mis lui-même comme en prison, se renfermant avec ses trésors. Je comparois ce Roi invisible avec Sesostris si doux, si accessible, si affable, si curieux de voir les étrangers, si attentif à écoûter tout le monde, & à tirer du cœur des hommes la verité qu'ō cache aux Rois. Sesostris, dis-je, ne craignoit rien, & n'avoit rien à craindre, il se montroit à tous ses Sujets comme à ses propres enfans. Celui-ci craint tout & a tout à craindre. Ce méchant Roi est toûjours exposé à une mort funeste, même dans son Palais inaccessible, au milieu de ses Gardes : au contraire le bon Roi Sesostris étoit en sûreté au milieu de la foule des peuples, comme un bon pere dans sa maison environné de sa famille.

Pygmalion donna ordre de renvoyer les troupes de l'Isle de Cypre qui étoient venuës secourir les siennes à cause de l'alliance qui étoit entre les deux peuples: Narbal prit cette occasion de me mettre en liberté: il me fit passer en revûë parmi les soldats Cypriens, car le Roi étoit ombrageux jusques dans les moindres choses. Le défaut des Princes trop faciles & inappliquez, est de se livrer avec une aveugle confiance à des favoris artificieux & corrompus. Le défaut de celui-ci étoit au contraire de se défier des plus honnêtes gens. Il ne sçavoit point discerner les homes droits & simples qui agissent sans déguisement: aussi n'avoit-il jamais vû de gens de bien, car de telles gens ne vont point chercher un Roi si corrompu. D'ailleurs, il avoit vû depuis qu'il étoit sur le trône, dans les hommes dont il s'étoit servi tant de dissimulation, de perfidie & de vices affreux déguisez sous les aparences de la vertu, qu'il regardoit tous les hommes sans exception comme s'ils eussent été masquez. Il supposoit qu'il n'y avoit aucune vertu sincere sur la terre: ainsi il regardoit tous les hommes comme étant à peu près égaux. Quand il trouvoit un homme faux & corrompu il ne se donnoit pas la peine d'en chercher un autre, comptant qu'un autre ne seroit pas meilleur. Les bons lui paroissoient pires que les méchans les plus declarez, parce qu'il les croyoit aussi méchans & plus trompeurs.

 Pour revenir à moi, je fus confondu avec les Cypriens, & j'échapai à la défiance penetrante du Roi. Narbal trembloit de crainte que je ne fusse découvert, il lui en eût coûté la vie & à moi aussi. Son impatience de nous voir partir étoit incroyable, mais les vents côtraires nous retinrent assez long-tems à Tyr.

Je profitai de ce sejour pour connoître les mœurs des Pheniciens si celebres chez toutes les nations connuës. J'admirois l'heureuse situation de cette grande Ville, qui est au milieu de la mer dans une Isle. La côte voisine est délicieuse par sa fertilité, par les fruits exquis qu'elle porte, par le nombre des Villes & Villages qui se touchent presque ; enfin, par la douceur de son climat, car les montagnes mettent cette côte à l'abri des vents brûlans du midi, elle est rafraîchie par le vent du Nord qui souffle du côté de la mer. Ce pays est au pied du Liban, dont le sommet fend les nuës & va toucher les astres ; une glace éternelle couvre son front : des fleuves pleins de neiges tombent comme des torrens des pointes des rochers qui environnent sa tête. Au-dessous on voit une vaste forêt de cedres antiques qui paroissent aussi vieux que la terre où ils sont plantez, & qui portent leurs branches épaisses jusques vers les nuës: cette forêt a sous ses pieds de gros pâturages dans la pláte de la montagne. C'est là qu'on voit errer les tauraux qui mugissent, les brebis qui bêlent avec leurs tendres agneaux qui bondissent sur l'herbe. Là coulent mille ruisseaux d'une eau claire. Enfin on voit au-dessous de ces pâturages le pied de la montagne, qui est comme un jardin : le Printems & l'Automne y regnent ensemble pour y joindre les fleurs & les fruits. Jamais ni le soufle empesté du Midy qui séche & qui brûle tout, ni le rigoureux Aquilon n'ont osé effacer les vives couleurs qui ornent ce jardin.

C'est auprés de cette belle côte que s'éleve dans la mer l'isle où est bâtie la Ville de Tyr.

Cette grande ville semble nager au-dessus des eaux, & être la Reine de toute la mer. Les Marcháds y abordent de toutes les parties du monde, & ses habitans sont eux-mêmes les plus fameux Marchands qu'il y ait dans l'univers. Quand on entre dans cette Ville, on croit d'abord que ce n'est point une Ville qui appartienne à un peuple particulier, mais qu'elle est la Ville commune de tous les peuples, & le centre de leur commerce. Elle a deux grands moles, semblables à deux bras qui s'avancent dans la mer, & qui embrassent un vaste port où les vents ne peuvent entrer. Dans ce port on voit comme une forêt de mats de navires, & ces navires sont si nombreux, qu'à peine peut-on découvrir la mer qui les porte. Tous les Citoyens s'appliquent au commerce, & leurs grandes richesses ne les dégoutent jamais du travail necessaire pour les augmenter. On y voit de tous côtez le fin lin d'Egypte, & la pourpre Tyrienne, deux fois teinte d'un éclat merveilleux: cette double teinture est si vive, que le temps ne peut l'effacer; on s'en sert pour des laines fines qu'on rehausse d'une broderie d'or & d'argent. Les Pheniciens ont le commerce de tous les peuples jusqu'au détroit des Gardes, & ils ont même penetré dans le vaste Ocean qui environne toute la terre. Ils ont fait aussi de longues navigations sur la mer rouge, & c'est par ce chemin qu'ils vont chercher dans des isles inconnuës de l'or, des parfums, & divers animaux qu'on ne voit point ailleurs.

Je ne pouvois rassasier mes yeux du spectacle magnifique de cette grāde Ville où tout étoit en mouvement. Je n'y voyois point comme dans les Villes de la Grece, des hommes oisifs & curieux, qui vont chercher des nouvelles dans la place publique, ou regarder les étrangers qui arrivent fur le port. Les hommes font occupez à décharger leurs vaisseaux, à transporter leurs marchandises, ou à les vendre, à ranger leurs magasins, & à tenir un compte exact de ce qui leur est dû par les negocians étrangers. Les femmes ne cessent jamais, ou de filer les laines, ou de faire des desseins de broderie, ou déployer les riches étoffes.

D'où vient, disois-je Narbal, que les Pheniciens se font rendus les maîtres du commerce de toute la terre, & qu'ils s'enrichissent ainsi aux dépens de tous les autres peuples ? Vous le voyez, me répondit-il, la situation de Tyr est heureuse pour le commerce, c'est notre Patrie qui a la gloire d'avoir inventé la navigation. Les Tyriens furent les premiers [s'il en faut croire ce qu'on raconte de la plus obscure antiquité] qui domterent les flots long-tems avant l'age de Typhis, & des Argonutes tant vantez dans la Grece. Ils furent, dis-je les premiers qui oserent se mettre dâs un frêle vaisseau à la merci des vagues & des tempêtes, qui sonderent les abimes de la mer, qui observerent les astres loin de la terre suivant la science des Egyptiens & de Babyloniens : enfin, qui réünirent tant de peuples que la mer avoit separez. Les Tyriens son- industrieux, patiens, laborieux, propres, sobres & ménagers: ils ont une exacte police, ils font parfaitement d'accord entr'eux; jamais peuple n'a été plus constant, plus sincere, plus fidéle, plus sûr, plus comode à tous les étrangers.

Voilà, sans aller chercher d'autre cause, ce qui leur donne l'empire de la mer, & qui fait fleurir dans leur port un si utile commerce. Si la division & la jalousie se mettoient entre-eux; s'ils commençoient à s'amolir dans les délices & dans l'oisiveté; si les premiers de la Nation méprisoient le travail & l'économie; si les arts cessoient d'être en horreur dans leur Ville; s'ils manquoient de bonne foi envers les étrangers; s'ils alteroient tant soit peu les régles d'un commerce libre; s'ils negligeoient leurs manufactures, & s'ils cessoient de faire les grandes avances qui sont necessaires pour rendre leurs marchandises parfaites chacune dans son genre, vous verriez bien-tôt tomber cette puissance que vous admirez.

Mais expliquez-moi, lui disois-je, les vrais moyens d'établir un jour à Ithaque un pareil commerce. Faites, me répondit-il, comme on fait ici; recevez bien & facilement tous les étrangers; faites-leur trouver dans vos ports la sûreté, la commodité, la liberté entiere; ne vous laissez jamais entraîner, ni par l'avarice, ni par l'orgueil. Le vrai moyen de gagner beaucoup, est de ne vouloir jamais trop gagner, & de sçavoir perdre à propos. Faites-vous aimer par tous les étrangers: Souffrez même quelque chose d'eux; craignez d'exciter la jalousie par votre hauteur: soyez constant dans les régles du commerce, qu'elles soient simples & faciles; accoûtumez vos peuples à les suivre inviolablement: punissez severement la fraude, & même la negligence ou le faste des Marchands, qui ruinent le commerce en ruinant les hommes qui le font. Sur tout n'entreprenez jamais de gêner le cōmerce pour

le

Livre III.

le tourner selon vos vûës. Il est plus convenable que le Prince ne s'en mêle point, & qu'il en laisse tout le profit à ses sujets qui en ont la peine, autrement il les découragera. Il en tirera assez d'avantages par les grandes richesses qui entreront dans ses Etats. Le commerce est comme certaines sources, si vous voulez détourner leur cours, vous les faites tarir. Il n'y a que le profit & la commodité, qui attirent les étrangers chez vous. Si vous leur rendez le commerce moins commode, & moins utile, ils se retirent insensiblement, & ne reviennent plus, parce que d'autres peuples profitant de votre imprudence, les attirent chez eux, & les accoûtument à se passer de vous. Il faut même vous avoüer que depuis quelque tems la gloire de Tyr est bien obscurcie. O! si vous l'aviez vû, mon cher Telemaque, avant le regne de Pygmalion, vous auriez été bien plus étonné. Vous ne trouvez plus ici maintenant que les tristes restes d'une grandeur qui menace ruine. O! malheureuse Tyr, en quelles mains es-tu tombée! autrefois la mer t'apportoit le tribut de tous les peuples de la terre.

Pygmalion craint tout & des étrangers, & de ses sujets. Au lieu d'ouvrir suivant notre ancienne coûtume les portes à toutes les Nations les plus éloignées dans une entiere liberté, il veut sçavoir le nombre des vaisseaux qui arrivent, leur païs, le nom des hommes qui y sont, leur genre de commerce, la nature & le prix de leurs marchandises, & le temps qu'ils doivent demeurer ici. Il fait encore pis, car il use de supercherie pour surprendre les Marchands, & pour confisquer leurs Mar-

Tome I. D

chandises. Il inquiete les Marchands qu'il croit plus opulens ; il établit sous divers prétextes de nouveaux impôts : il veut entrer lui-même dans le commerce, & tout le monde craint d'avoir affaire avec lui. Ainsi le commerce languit. Les Etrangers oublient peu à peu le chemin de Tyr qui leur étoit autrefois si connu ; & si Pygmalion ne change de conduite, notre gloire & notre puissance seront bien-tôt transportées à quelqu'autre peuple mieux gouverné que nous.

Je demandai ensuite à Narbal comment les Tyriens s'étoient rendus si puissans sur la mer, car je voulois n'ignorer rien de tout ce qui sert au gouvernement d'un Royaume. Nous avons, me repondit-il, les forêts du Liban qui nous fournissent les bois des vaisseaux & nous les reservons avec soin pour cet usage; on n'en coupe jamais que pour les besoins publics. Pour la construction des vaisseaux nous avōs l'avantage d'avoir des ouvriers habiles. Comment, lui disois-je, avez-vous pû trouver ces Ouuriers? Il me répondit : Ils se sont formez peu à peu dans le pays. Quand on recompense bien ceux qui excellent dans les Arts, on est sûr d'avoir bien-tôt des hommes qui les menent à leur derniere perfection ; car les hommes qui ont le plus de sagesse & de talent, ne manquent point de s'adonner aux Arts ausquels les grandes récompenses sont attachées. Ici on traite avec honneur tous ceux qui réüssissent dans les Arts & dans les Sciences utiles à la navigation. On considere un bon Geometre; on estime fort un habile Astronome, on comble de biens un Pilote qui surpasse les autres dans sa fonction; on ne méprise point un

LIVRE III. 57

bon Charpentier; au contraire il est bien payé & bien traité; les bons rameurs même ont des récompenses sûres & proportionnées à leur service : on les nourrit bien, on a soin d'eux quand ils sont malades ; en leur absence on a soin de leurs femmes & de leurs enfans. S'ils perissent dans un naufrage, on dédommage leur famille : on renvoye chez eux ceux qui ont servi un certain tems. Ainsi on en a autât qu'on en veut. Le pere est ravi d'élever son fils dans un si bon métier, & dès sa plus tendre jeunesse il se hâte de lui enseigner à manier la rame, à tendre les cordages & à méprifer les tempêtes. C'est ainsi qu'on mene les hommes sans contrainte par la recompense & par le bon ordre. L'autorité seule ne fait jamais bien la soûmission des inferieurs ne suffit pas ; il faut gagner les cœurs : & faire trouver aux hommes leur avantage dans les choses où l'on veut se servir de leur industrie.

Aprés ce discours, Narbal me mena visiter tous les magasins, les arsenaux & tous les métiers qui servent à la construction des navires. Je demandois le détail des moindres choses, & j'écrivois tout ce que j'avois appris de peur d'oublier quelque circonstance utile.

Cependant Narbal qui connoissoit Pygmalion & qui m'aimoit, attendoit avec impatience mon départ, craignant que je ne fusse découvert par les espions du Roi qui alloient nuit & jour par toute la ville ; mais les vents ne nous permettoient pas encore de nous embarquer. Pendant que nous étions occupez à visiter curieusement le Port, & à interroger divers Marchands, nous vimes venir à nous un Officier de Pygmalion, qui dit à Narbal : Le

D i j

Roi viens d'apprendre d'un des Capitaines des vaisseaux qui sot revenus d'Egypte avec vous, que vous avez amené un étranger qui passe pour Cyprien : le Roi veut qu'on l'arrête, & qu'on sçache certainement de quel pays il est, vous en répondrez sur votre tête. Dans ce moment je m'étois un peu éloigné pour regarder de plus prés les proportions que les Tyriens avoient gardées dans la construction d'un vaisseau presque neuf, qui étoit disoit-on, par cette proportion exacte de toutes ses parties, le meilleur voilier qu'on eût jamais vû dans le port, & j'interrogeois l'ouvrier qui avoit reglé cette proportion.

Narbal surpris & effrayé repondit ; Je vais chercher cet étranger qui est de l'Isle de Cypre. Mais quand il eut perdu de vûë cet Officier il courut vers moi pout m'avertir du danger où j'étois. Je ne l'avois que trop prévû, me dit-il, mon cher Telemaque : nous sommes perdus. Le Roi que sa défiance tourmente jour & nuit, soupçone que vous n'êtes pas de l'Isle de cypre; il ordonne qu'on vous arrête, il me veut faire perir si je ne vous mets entre ses mains. Que ferons-nous? O Dieu! donnez nous la sagesse pour nous tirer de ce peril. Il faudra, Telemaque, que je vous mene au Palais du Roi. Vous soûtiendrez que vous êtes Cyprien de la ville d'Amatonte fils d'un Statuaire de Venus. Je declarerai que j'ai connu autrefois votre pere, & peut-être que le Roi sans approfondir d'avantage vous laissera partir. Je ne vois point d'autres moyens de sauver votre vie & la mienne.

Je répondis à Narbal : Laissez perir un malheureux que le destin veut perdre, je sçai mourir, Narbal, & je vous dois trop, pour vous entrainer dans mon malheur. Je ne puis me résoudre à mentir. Je ne suis point cyprien & je ne sçaurois dire que je le suis. Les dieux voyent ma sincerité, c'est à eux à conserver ma vie par leur puissance, s'ils le veulent mais je ne veux point la sauver par un mensonge.

Narbal me répondit : Ce mensonge, Telemaque, n'a rien qui ne soit innocent ; les Dieux mêmes ne peuvent le condamner : il ne fait aucun mal à personne, il sauve la vie à deux innocens ; il ne trompe le Roi que pour l'empêcher de faire un grand crime. Vous poussez trop loin l'amour de la vertu, & la crainte de blesser la Religion.

Il suffit, lui disois-je, que le mensonge soit mensonge, pour n'être pas digne d'un homme qui parle en presence des Dieux, & qui doit tout à la verité. Celui qui blesse la verité offense les Dieux, & se blesse soi-même, car il parle contre sa conscience. Cessez, Narbal, de me proposer ce qui est indigne de vous & de moi. Si les Dieux ont pitié de nous ils sçauront bien nous délivrer. S'ils veulent nous laisser perir, nous serons en mourant les victimes de la verité, & nous laisserons aux hommes l'exemple de préferer la vertu sans tâche à une longue vie : la mienne n'est déja que trop longue, étant si malheureuse. C'est vous seul, ô mon cher Narbal, pour qui mon cœur s'attendrit ! Falloit-il que votre amitié pour un malheureux étranger vous fût si funeste ?

Nous demeurâmes long-tems dans cette espece de combat. Mais enfin nous vîmes arriver un homme qui couroit hors d'haleine : c'étoit un autre Officier du Roi qui venoit de la part d'Aſtarbé. Cette femme étoit belle comme une Déeſſe, elle joignit aux charmes du corps tous ceux de l'eſprit, elle étoit enjoüée flateuſe, inſinuante. Avec tant de charmes trompeurs, elle avoit comme les Syrennes un cœur cruel & plein de malignité, mais elle ſçavoit cacher ſes ſentimens corrompus par un profond artifice. Elle avoit ſçû gagner le cœur de Pygmalion par ſa beauté, par ſon eſprit, par ſa douce voix, & par l'harmonie de ſa lyre. Pygmalion aveuglé par un violent amour pour elle, avoit abandonné la Reine Topha ſon épouſe. Il ne ſongeoit qu'à contenter les paſſions de l'ambitieuſe Aſtarbé. L'amour de cette femme ne lui étoit guere moins funeſte que ſon infame avarice; mais quoiqu'il eût tant de paſſion pour elle, elle n'avoit pour lui que du mépris & du dégoût. Elle cachoit ſes vrais ſentimens, & elle faiſoit ſemblant de ne vouloir vivre que pour lui, dans le temps même qu'elle ne pouvoit le ſouffrir.

Il y avoit à Tyr un jeune Lydien, nommé Malachon, d'une merveilleuſe beauté; mais mou, efféminé, noyé dans les plaiſirs. Il ne ſongeoit qu'à conſerver la délicateſſe de ſon teint; qu'à peigner ſes cheveux blonds flotans ſur ſes épaules, qu'à ſe parfumer, qu'à donner un tour gracieux aux plis de ſa robe; enfin qu'à chanter ſes amours ſur ſa lyre. Aſtarbé le vit, elle l'aima, & en devint furieuſe. Il la mépriſa, parce qu'il étoit paſſionné pour une autre femme. D'ailleurs il craignit de s'expoſer à la cruelle jalouſie du Roi. Aſtarbé ſe ſentît mépriſée, s'abandonna à ſon reſſentiment. Dans ſon deſeſpoir, elle s'imagina qu'elle pouvoit faire paſſer Malacon pour l'étranger

LIVRE III, 61

que le Roi faisoit chercher, & qu'on disoit qui étoit venu avec Narbal. En effet, elle le persuada à Pygmalion & corrompit tous ceux qui auroient pû le détromper. Comme il n'aimoit point les hommes vertueux, & qu'il ne sçavoit point les discerner, il n'étoit environné que de gens interessez, artificieux, préts à executer ses ordres injustes & sanguinaires. De telles gens craignoient l'autorité d'Astarbé, & ils lui aidoient à tromper le Roy, de peur de déplaire à cette femme hautaine, qui avoit toute sa confiance. Ainsi Malachon, quoique connu pour Crétois dans toute la ville, passa pour le jeune étranger que Narbal avoit emmené d'Egypte: il fut mis en prison.

Astarbé qui craignoit que Narbal n'allât parler au Roi & ne découvrit son imposture, envoya en diligence à Narbal cet Officier qui lui dit ces paroles: Astarbé vous défend de découvrir au Roi quel est votre étranger: elle ne vous demande que le silence, & elle sçaura bien faire en sorte que le Roi soit content de vous: cependant hâtez-vous de faire embarquer avec les Cypriens le jeune étranger que vous avez amené d'Egypte, afin qu'on ne le voye plus dans la Ville. Narbal ravi de pouvoir ainsi sauver sa vie & la mienne, promit de se taire; & l'Officier satisfait d'avoir obtenu ce qu'il demandoit, s'en retourna rendre compte à Astarbé de sa commission.

Narbal & moi nous admirâmes la bonté des Dieux qui recompensoient notre sincerité, & qui ont un soin si touchant de ceux qui hazardoient tout pour la vertu. Nous regardions avec horreur un Roi livré à l'avarice & à la volupté. Celui qui craint avec tant d'excez d'être trompé, difions-nous, merite de l'être, & l'eft prefque toûjours groffierement. Il fe défie des gens de bien, & s'abandonne à des fcelerats : il eft le feul qui ignore ce qui fe paffe. Voyez Pygmalion, il eft le joüet d'une femme fans pudeur. Cependant les Dieux fe fervent du menfonge des méchans pour fauver les bons qui aiment mieux perdre la vie que de mentir.

En même-tems nous apperçumes que les vents changeoient, & qu'ils devenoient favorables aux vaiffeaux de Cypre. Les Dieux fe declarent, s'écria Narbal ; ils veulent, mon cher Telemaque, vous mettre en fûreté, fuyez cette terre cruelle & maudite. Heureux qui pourroit vous fuivre jufques dans les rivages les plus inconnus ! Heureux qui pourroit vivre & mourir avec vous ! Mais un deftin fevere m'attache à cette malheureufe Patrie : il faut fouffrir avec elle ; peut-être faudra-t'il être enfeveli dans fes ruines : n'importe, pourvû que je dife toûjours la verité, & que mon cœur n'aime que la juftice. Pour vous, ô mon cher Telemaque, je prie les Dieux qui vous conduifent, comme par la main, de vous accorder le plus précieux de tous les dons, qui eft la vertu pure & fans tâche jufqu'à la mort. Vivez, retournez en Ithaque, confolez Penelope, délivrez-la de fes temeraires Amans ; que vos yeux puiffent voir, que vos mains puiffent embraffer le fage Ulyffe, & qu'il trouve en vous un fils égal à fa fageffe. Mains dans votre bonheur fouvenez-vous du malheureux Narbal, & ne ceffez jamais de m'aimer.

Quand il eut achevé ces paroles je l'arrofai de mes larmes fans lui répondre De profonds foupirs m'empêchoient de parler. Nous nous embraffions en filence. Il me mena jufqu'au Vaiffeau : il demeura fur le rivage, & quand le Vaiffeau fut parti, nous ne ceffions de nous regarder, tandis que nous pûmes nous voir.

Fin du troifiéme Livre.

LES AVENTURES
DE
TELEMAQUE,
FILS D'ULYSSE.

LIVRE QUATRIE'ME.

SOMMAIRE.

Calypso interrompt Telemaque pour le faire reposer. Mentor le blâme en secret d'avoir entrepris le recit de ses avantures, & lui conseille de les achever puisqu'il les a commencées. Telemaque raconte que pendant sa navigation, depuis Tyr jusqu'en l'Isle de Cypre, il avoit eu un songe où il avoit vû Venus & Cupidon contre qui Minerve le protegeoit ; qu'ensuite il avoit cru voir aussi Mentor qui l'exhortoit à fuir l'Isle de Cypre : qu'à son reveil une tempête auroit fait perir le vaisseau, s'il n'eût pris lui-même le gouvernail, parce que les Cypriens étoient noyez dans le vin ; qu'à son arrivée dans l'Isle il avoit vû avec horreur les exemples les plus contagieux ; mais que le Syrien Hazaël, dont Mentor étoit devenu l'esclave, se trouvant au même lieu, avoit réüni les deux Grecs, & les avoit embarquez dans son vaisseau pour les mener en Crete ; & que dans ce trajet, ils avoient vû le beau spectacle d'Amphitrite, traînée dans son char par des chevaux marins.

CALYPSO, qui avoit été jusqu'à ce moment immobile & transportée de plaisir en écoutant les avantures de Telemaque, l'interrompit pour lui faire prendre quelque repos Il est tems, lui dit-elle, que vous alliez goûter la douceur du sommeil aprés tant de travaux. Vous n'avez rien à craindre ici : tout vous est favorable. Abandonnez-vous donc à la joye : goûtez la paix, & tous les autres dōs des Dieux dont vous allez être coblé. Demain quand l'aurore avec ses doigts de roses entrouvrira les portes dorées de l'Orient, & que les chevaux du soleil sortans de l'ombre amere, répandront les flâmes du jour, pour chasser devant eux toutes les étoiles du Ciel, nous reprendrons, mon cher Telemaque, l'histoire de vos malheurs. Jamais votre pere n'a égalé votre sagesse & votre courage. Ni Achilles vainqueur d'Hector, ni Thesée revenu des enfers, ni même le grand Alcide qui a purgé la terre de tant de monstres, n'ont fait voir autant de force & de vertu que vous. Je souhaite qu'un profond sommeil vous rende cette nuit courte. Mais helas! qu'elle sera longue pour moi! Qu'il me tardera de vous revoir, de vous entendre, de vous faire redire ce que je sçai déja, & de vous demander ce que je ne sçai pas encore! Allez, mon cher Telemaque avec le sage Mentor, que les Dieux vous ont rendu. Allez dans cette grotte écartée, où tout est preparé pour votre repos. Je prie Morphée de répandre ses plus doux charmes sur vos paupieres appesanties, de faire couler une vapeur divine dans tous vos membres fatiguez, & de vous envyrer des songes legers, qui voltigeans autour de vous flattent vos sens par les images les plus riantes, & repoussét loin de vous tout ce qui pourroit vous reveiller trop promptement.

La Déesse conduisit elle-même Telemaque dans cette grotte separée de la sienne. Elle n'étoit ni moins rustique, ni moins agréable. Une fontaine qui couloit dans un coin y faisoit un doux murmure couloit dans un coin y faisoit un doux murmure qui appelloit le sommeil. Les Nymphes y avoient preparé deux lits d'une molle verdure, sur lesquels elles avoient étendu deux grandes peaux, l'une de lion pour Telemaque, & l'autre d'ours pour Mentor.

Avant que de laisser fermer les yeux au sommeil, Mentor parla ainsi à Telemaque : Le plaisir de raconter vos histoires vous a entraîné ; vous avez charmé la Déesse en lui expliquant les dangers dont votre courage & votre industrie vous ont tiré ; par là vous n'avez fait qu'enflamer davantage son cœur, & que vous préprrer une plus dangereuse captivité. Comment esperez vous qu'elle vous laisse maintenant sortir de son isle, vous qui l'avez enchantée par le recit de vos avantures ? L'amour d'une vaine gloire vous a fait parler sans prudence: Elle s'étoit engagée à vous racoter des histoires, & à vous apprendre quelle étoit la destinée d'Ulisse ; elle a trouvé moyen de parler long-tems sans rien dire, & elle vous a engagé à vous expliquer tout ce qu'elle desire sçavoir ; tel est l'art des femmes flateuses & passionnées. Quant est-ce, ô Telemaque, que vous serez assez sage pour ne parler jamais par vanité, & que vous sçaurez taire tout ce qui vous est avantageux quand il vous est utile à dire ? Les autres admirent votre sagesse dans un âge où il est pardonnable d'en manquer : pour moi je ne puis vous pardoner rien ; je sçais

le seul qui vous connois, & qui vous aime as‑
sez pour vous avertir de toutes vos fautes.
Combien êtes-vous encore éloigné de la sa‑
gesse de votre Pere ?

Quoi donc, répondit Telemaque, pouvois-
je refuser à Calipso de lui raconter mes mal‑
heurs ? non, reprit Mentor, il falloit les lui
raconter : mais vous deviez le faire, en ne lui
disant que ce qui pouvoit lui donner de la
compassion. Vous pouviez lui dire que vous
aviez été tantôt errant, tantôt captif en Sicile
puis en Egypte. C'étoit lui dire assez, & tout
le reste n'a servi qu'à augmenter le poison qui
brûle déja son cœur. Plaise aux Dieux que le
votre puisse s'en preserver.

Mais que ferai-je donc, continua Telema‑
que d'un ton moderé & docile ? Il n'est plus
tems, repartit Mentor de lui cacher ce qui
reste de vos avantures, elle en sçait assez pour
ne pouvoir être trompée sur ce qu'elle ne sçait
pas encore: votre reserve ne serviroit qu'à l'ir‑
riter : achevez donc demain de lui raconter
tout ce que les Dieux ont fait en votre faveur
& apprenez une autre fois à parler plus sobre‑
ment de tout ce qui peut vous attirer quelque
loüange. Telemaque reçut avec amitié un si
bon conseil, & ils se coucherent.

Aussi-tôt que Phœbus eut répandu ses pre‑
miers rayons sur la terre, Mentor entendant
la voix la Déesse qui appelloit ses Nymphes
dans le bois, éveilla Telemaque. Il est tems,
lui dit-il, de vaincre le sommeil : allons, re‑
tournez à Calypso, mais défiez-vous de ses
douces paroles : ne lui ouvrez jamais votre
cœur ; craignez le poison flateur de ses
loüanges. Hier elle vous élevoit au-dessus

de votre sage pere, de l'invincible Achille du fameux Tesée, d'Hercule devenu immortel. Sentirez-vous combien cette loüange est excessive? Crutes-vous ce qu'elle disoit? Sçachez qu'elle ne le croit pas elle-même. Elle ne vous loüe qu'à cause qu'elle vous croit foible & assez vain pour vous laisser tromper par des loüanges disproportionnées à vos actions.

Aprés ces paroles ils allerent au lieu où la Déesse les attendoit. Elle soûrit en le voyant, & cacha sous une apparence de joye la crainte & l'inquiétude qui troubloient son cœur; car elle prévoyoit que Thelemaque conduit par Mentor lui échapperoit, de même qu'Ulysse. Hâtez-vous, dit-elle, mon cher Telemaque, de satisfaire ma curiosité: j'ai crû pendant toute la nuit vous voir partir de Phenicie, & chercher une nouvelle destinée dans l'Isle de Cypre: dites-nous donc quel fut ce voyage, & ne perdons pas un moment. Alors on s'assit sur l'herbe semée de violettes, à l'ombre d'un boccage épais.

Calypso ne pouvoit s'empêcher de jetter sans cesse des regards tendres & passionnez sur Telemaque, & de voir avec indignation que Mentor observoit jusqu'au moindre mouvement de ses yeux. Cependant toutes les Nymphes en silence s'épanchoient pour prêter l'oreille, & faisoient une espece de demi cercle pour mieux écoûter & pour mieux voir. Les yeux de l'Assemblée étoient immobiles & attachez sur le jeune homme. Telemaque baissant les yeux & rougissant avec beaucoup de grace, reprit ainsi la suite de son histoire: A peine le doux soufle d'un vent favorable avoit rempli nos voiles, que la terre de Phenicie disparut à nos yeux. Comme j'étois avec les Cypriens, dont j'ignorois les mœurs, je me resolus de me taire, de remarquer tout, & d'observer toutes les regles de la discretion pour gagner leur estime. Mais pendant mon silence un sommeil doux & puissant vint me saisir: mes sens étoient liez & suspendus; je goûtois une paix & une joye profonde, qui enyvroit mon cœur. Tout à coup je crus voir Venus qui fendoit les nuës dans son char volant conduit par deux colombes. Elle avoit cette éclatante beauté, cette vive jeunesse, ces graces tendres, qui parurent en elle quand elle sortit de l'écume de l'Ocean, & qu'elle ébloüit les yeux de Jupiter-même. Elle descendit tout-à-coup d'un vol rapide, jusqu'auprès de moi, me mit en soûriant la main sur l'épaule; & me nommant par mon nom, prononça ces paroles: Jeune Grec, tu vas entrer dans mon Empire, tu arriveras bientôt dans cette Isle fortunée, où les plaisirs, les ris & les jeux folâtres naissent sous mes pas. Là tu brûleras des parfums sur mes Autels, là je te plongerai dans un fleuve de délices. Ouvre ton cœur aux plus douces esperances, & garde-toi bien de resister à la plus puissante de toutes les Déesses, qui veut te rendre heureux.

En même-tems j'aperçus l'enfant Cupidon, dont les petites ailes s'agittant, le faisoient voler autour de sa mere. Quoiqu'il eût sur son visage la tendresse, les graces, & l'enjoüement de l'enfance, il avoit, je ne sçai quoi dans ses yeux perçans qui me faisoit peur. Il me rioit en me regardant, son rire étoit malin, mocqueur & cruel. Il tira de son carquois d'or la plus aiguë de ses fléches, il banda son arc, & alloit me percer, quand Minerve se montra soudainement pour me couvrir de son Egile. Le visage de cette Déesse n'avoit point cette beauté molle, & cette langueur passionnée que j'avois remarquée dans le visage & dans la posture de Venus. C'étoit au contraire une beauté simple, negligée, modeste, tout étoit grave, vigoureux, noble, plein de force & de majesté. La fléche de Cupidon ne pouvant percer l'Egide, tomba par terre, Cupidon indigné, en soûpira amerement ; il eut honte de se voir vaincu. Loin d'ici, s'écria Minerve, loin d'ici temeraires Enfans : tu ne vaincras jamais que des ames lâches, qui aiment mieux les honteux plaisirs que la sagesse, la vertu & la gloire. A ces mots l'amour irrité s'envola, & Venus remontant vers l'Olympe, je vis long-tems son char avec ses deux colombes dans une nuée d'or & d'azur, puis elle disparut. En baissant mes yeux vers la terre, je ne trouvai plus Minerve.

Il me sembla que j'étois transporté dans un jardin délicieux, tel qu'on dépeint les Champs Elisées. En ce lieu je reconnus Mentor, qui me dit ; Fuyez cette cruelle terre, cette isle empestée, où l'on ne respire que la volupté. La vertu la plus courageuse y doit trembler, & ne se peut sauver qu'en fuyant. Dès que je le vis, je me voulois jetter à son cou pour l'embrasser : mais je sentois que mes pieds ne pouvoient se mouvoir, que mes genoux se déroboient sous moi, & que mes mains s'efforçant de saisir Mentor, cherchoient une ombre vaine qui m'échappoit.

toûjours. Dans cet effort je m'évellai, & je sentis que ce songe misterieux étoit un avertissement divin. Je me sentis plein de courage contre les plaisirs, & de défiance contre moi-même, pour detester la vie molle des Cypriens. Mais ce qui me perça le cœur, fut que je crus que mentor avoit perdu la vie, & qu'ayant passé les ondes du Styx, il habitoit l'heureux sejour des ames justes.

Cette pensée me fit répandre un torrent de larmes. On me demanda pourquoi je pleurois. Les larmes, répondis-je, ne conviennent que trop à un malheureux étranger qui erre sans esperance de revoir sa patrie. Cependant tous les Cypriens qui étoient dans le vaisseau, s'abandonnoient à une folle joye. Les rameurs ennemis du travail s'endormoient sur leurs rames; le Pilote couronné de fleurs laissoit le gouvernail, & tenoit en sa main une grande cruche de vin qu'il avoit presque vuidée; lui & tous les autres troublez par la fureur de Bachus, chantoient à l'honneur de Venus & de Cupidon, des vers qui devoient faire horreur à tous ceux qui aiment la vertu.

Pendant qu'ils oublioient ainsi les dangers de la mer, une soudaine tempête troubla le Ciel & la mer. Les vents déchaînez mugissoient avec fureur dans les voiles, les ondes noires battoient les flancs du navire qui gemissoit sous leurs coups. Tantôt nous montions sur le dos des vagues enflées, tantôt la mer sembloit se dérober sous le navire, & nous précipiter dans l'abime. Nous appercevions auprés de nous des rochers contre lesquels les flots irritez se brisoient avec un bruit horrible. Alors je compris par experience ce que j'avois souvent oüi dire à Mentor que les hommes mous & abandonnez aux plaisirs manquent de courage dans les dangers Tous nos Cypriens abatus pleuroient comme des fêmes ; je n'entendois que des cris pitoyables, que des regrets sur les délices de la vie, que de vaines promesses aux Dieux pour leur faire des sacrifices, si on pouvoit arriver au port. Personne ne conservoit assez de presence d'esprit, ni pour ordonner les manœuvres ni pour les faire. Il me parut que je devois en sauvant ma vie, sauver celle des autres. Je pris le gouvernail en main, parce que le Pilote troublé par le vin, comme une Bacchante, étoit hors d'état de connoître le danger du vaisseau ; j'encourageai les matelots effrayez ; je leur fis abaisser les voiles : ils ramerent vigoureusement, nous passames au travers des écueils, & & nous vimes de prés toutes les horreurs de la mort.

Cette avanture parut comme un songe à tous ceux qui me devoient la conservation de leurs vies ; ils me regardoient avec étonement Nous arrivâmes en l'Isle de Cypres au mois du Printems qui est consacré à Venus. Cette saison, disoient les Cypriens, convient à cette Déesse, car elle semble aimer toute la nature, & faire naître les plaisirs comme les fleurs.

En arrivant dans l'Isle, je sentis un air doux qui rendoit les corps lâches & paresseux mais qui inspiroit une amour enjoüée & folâtre. Je remarquai que la campagne naturellement fertile & agreable étoit presque inculte, tant les habitans étoient ennemis du tra-

LIVRE IV. 73

vail. Je vis de tous côtez des femmes & de jeunes filles vainement parées qui alloient en chantant les loüanges de Venus, se dévoüer à son Temple: la beauté, les graces, la joye les plaisirs éclatoient également sur leurs visages; mais les graces y étoient trop affectées on n'y voyoit point une noble simplicité, & une pudeur aimable, qui fait le plus grand charme de la beauté. L'air de molesse, l'art de coposer leur visage, leur parure vaine, leur démarche languissante, leurs regard. qui sembloient chercher ceux des hommes, leurs jalousies entre elles pour allumer de grandes passions; en un mot tout ce que je voyois dans ces femmes, me sembloit vil & méprisable: à force de me vouloir plaire elles me dégoutoient.

On me conduisit au temple de la Déesse: elle en a plusieurs dans cette isle, car elle est particulierement adorée à Cithere, à Idalie, & à Paphos: C'est à Cythere que je fus conduit. Le Temble est tout de marbre; c'est un parfait Poristile: les colomnes sont d'une grosseur & d'une hauteur qui rendent cet édifice trés majestueux: au-dessus de l'architrave & de la frise, sont à chaque face de grands frontons, où l'on voit en bas relief toutes les plus agréables avantures de la Déesse. A la porte du temple est sans cesse une foule de peuple qui viennent faire leurs offrandes. On n'égorge jamais dans l'enceinte du lieu sacré aucune victime: on n'y brûle pas comme ailleurs la graisse des gelines & des taureaux, on n'y repand jamais leur sang; on presente seulement devant l'Autel les bêtes qu'on offre, & on n'en offrit aucune qui ne soit jeune, blanche, sans défaut & sans tâche: on les couvre de bandelettes de pourpre brodées d'or ; leurs cornes sont dorées & ornées de bouquets de fleurs odoriferantes. Aprez qu'elles ont été presentées devant l'Autel, on les renvoye dans un lieu écarté, où elles sont égorgées pour les festins des Prêtres de la Déesse.

On offre aussi toutes sortes de liqueurs parfumées, & du vin plus doux que le nectar. Les Prêtres sont revêtus de longues robbes blanches avec des ceintures d'or, & des franges de même au bas de leurs robes. On brûle nuit & jour sur les Autels les parfums les plus exquis de l'Orient, & ils forment une espece de nuage qui monte vers le Ciel. Toutes les colomnes du Temple sont ornées de festons pendans : tous les vases qui servent au sacrifice sont d'or, un bois sacré de mirthes environne le bâtiment. Il n'y a que de jeunes garçons & de jeunes filles d'une rare beauté, qui pissent presenter les victimes aux Prêtres & qui osent allumer le feu des Autels, mais l'imprudence & la dissolution deshonorent un Temple si magnifique.

D'abord j'eus horreur de ce que je voyois, mais insensiblement je commençois à m'y accoûtumer. Le vice ne m'effrayoit plus, toutes les compagnies m'inspiroient je ne sçai quelle inclination pour le désordre : on se mocquoit de mon innocence, ma retenuë & ma pudeur servoient de joüet à ces peuples effrontez. On n'oublioit rien pour exciter toutes mes passions, pour me tendre des piéges, & pour reveiller en moi les goût des plaisirs. Je me sentois affoiblir tous les jours, la bonne éducation que j'avois reçûë ne me foûtenoit prefque plus, toutes mes bonnes refolutions s'évanoüiffoient, & je ne me fentois plus la force de refifter au mal qui me preffoit de tous côtez; j'avois même une mauvaife honte de la vertu; j'étois comme un homme qui nage dans une riviere profonde & rapide; dabord il fend les eaux & remonte contre le torrent : mais fi les bords font efcarpez, & s'il ne peut fe repofer fur le rivage, il fe laffe enfin peu à peu, & fa force l'abandonne, fes membres épuifez s'engourdiffent, & le cours du fleuve l'entraîne : ainfi mes yeux commençoient à s'obfcurcir, mon cœur tomboit en défaillance, je ne pouvois plus rappeller ni ma raifon, ni le fouvenir des vertus de mon pere. Le fonge où je croyois avoir vû le fage Mentor defcendu aux Champs Elizées, achevoit de me décourager : une fecrette & douce langueur s'emparoit de moi. J'aimais déja le poifon flateur qui fe gliffoit de veine en veine, & qui penetroit jufqu'à la moëlle de mes os. Je pouffois neanmoins encore de profonds foupirs, je verfois des larmes ameres ; je rugiffois comme un lion dans ma fureur. O malheureufe jeuneffe, difois-je ! O Dieux, qui vous joüez cruellement des hommes, pourquoi les faites-vous paffer par cet âge qui eft un tems de folie ou de fiévre ardente ? O ! que ne fuis-je couvert de cheveux blancs, courbé & proche du tombeau comme Laërte mon ayeul ? La mort me feroit plus douce que la foibleffe honteufe où je me vois.

A peine avois-je ainfi parlé que ma douleur s'adouciffoit, & que mon cœur enyvré d'une fole paffion fecoüoit prefque toute pudeur, puis je me voyois plongé dans un abîme de remords. Pendant ce trouble je courois errāt çà & là dans le sacré boccage, semblable à une biche que le chasseur a blessée, elle court au travers des vastes forêts pour soulager sa douleur ; mais la fléche qui l'a percée dans le flanc la suit par tout ; elle porte par tout avec elle le trait meurtrier. Ainsi je courois en vain pour m'oublier moi-même, & rien n'adoucissoit la playe de mon cœur.

En ce moment j'aperçus assez loin de moi, dans l'ombre épaisse de ce bois, la figure du sage Mentor : mais son visage parut si pâle, si triste & austere, que je n'en pus ressentir aucune joye. Est-ce donc vous, ô mon cher ami, mon unique esperance : Est ce vous ? Quoi donc ! Est-ce vous-même ? une image trompeuse ne vient-elle pas abuser mes yeux ? Est-ce vous, Mentor ? N'est-ce point votre ombre encore sensible à mes maux ? N'êtes-vous point au rang des ames heureuses, qui joüissent de leur vertu, & à qui les Dieux donnent des plaisirs purs dans une éternelle paix aux Champs Elisées ? Parlez, Mentor, vivez-vous encore ? Suis-je assez heureux pour vous posseder, ou bien n'est-ce qu'une ombre de mon ami ? En disant ces paroles, je courois vers lui tout transporté jusqu'à perdre la respiration : il m'attendoit tranquillement sans faire un pas vers moi. O Dieux ! vous le sçavez, quelle fut ma joye, quand je sentis que mes mains le touchoient. Non, ce n'est pas une vaine ombre ; je le tiens, je l'embrasse, mon cher Mentor : c'est ainsi que je m'écriai ; j'arrosai son visage d'un torrent de larmes ; je demeurois attaché à son cou sans pouvoir parler. Il me regardoit tristement, avec les yeux pleins d'une tendre compassion.

Enfin je lui dis : Helas ! d'où venez-vous ? En quels dangers ne m'avez-vous point laissé pendant votre absence ? & que ferois-je maintenant sans vous ? mais sans répondre à mes questions : Fuyez me dit-il, d'un ton terrible, fuyez, hâtez-vous de fuir. Ici la terre ne porte pour fruit que du poison; l'air qu'on respire est empesté : les hommes contagieux ne se parlent pue pour se communiquer un venin mortel. La volupté lâche & infame, qui est le plus horrible des maux sorti de la boête de Pandore, amollit les cœurs, & ne souffre ici aucune vertu. Fuyez, que tardez-vous ? Ne regardez pas même derriere vous en fuyant ? effacez jusqu'au moindre souvenir de cette isle execrable.

Il dit, & aussi-tôt je sentis comme un nuage épais qui se dissipoit sur mes yeux, & qui me laissoit voir la pure lumiere : une joye douce & pleine d'un ferme courage renaissoit dans mon cœur ; cette joye étoit bien differente de cette autre joye molle & folâtre dont mes sens avoient été empoisonnez : l'une est une joye d'yvresse & de trouble, qui est entrecoupée de passions furieuses & de cuisans remords ; l'autre est une joye de raison, qui a quelque chose de bienheureux & de celeste ; elle est toûjours pure & égale, rien ne peut l'épuiser; plus on s'y plonge plus elle est douce : elle ravit l'ame sans la troubler. Alors je versai des larmes de joye, & je trouvois que rien n'étoit si doux que de pleurer ainsi. O heureux, disois-je les hommes à qui la vertu se montre dans toute sa beauté ! Peut-on la voir sans l'aimer ? Peut-on l'aimer sans être heureux ?

Mentor me dit : il faut que je vous quitte ; je pars dans ce moment : il ne m'est pas permis de m'arrêter. Où allez-vous donc, lui répondis-je ? En quelle terre inhabitable ne vous suivrai-je point ? Ne croyez pas pouvoir m'échaper, je mourai plûtôt sur vos pas. En disant ces paroles, je le tenois serré de toute ma force. C'est en vain, me dit-il, que vous esperez de me retenir. Le cruel Metophis me vendit à des Ethiopiens ou Arabes. Ceux-cy étant allez à Damas en Syrie pour leur commerce, voulurent se défaire de moi, croyant en tirer une grande somme d'un nommé Hazaël, qui cherchoit un esclave Grec, pour connoître les mœurs de la Grece, & pour s'instruire de nos sciences. En effet, Hazaël m'acheta cherement. Ce que je lui ai appris de nos mœurs, lui a donné la curiosité de passer dans l'Isle de Crete pour étudier les sages loix de Minos. Pendant notre navigation les vents nous ont contraints de relâcher dans l'Isle de Cypre; en attendant un vent favorable il est venu faire ses offrandes au Temple : le voilà qui en sort : les vents nous appellent, déja nos voiles s'enflent. Adieu, mon cher Telemaque, un esclave qui craint les Dieux, doit suivre fidélement son maître. Les Dieux ne me permettent plus d'être à moi : si j'étois à moi, ils le sçavent, je ne serois qu'à vous seul. Adieu, souvenez-vous des travaux d'Ulysse & des larmes de Penelope : souvenez-vous des justes Dieux. O Dieux, protecteurs de l'innocence en quelle terre suis-je contraint de laisser Telemaque !

Non, non, lui dis-je, mon cher Mentor, il ne dépendra pas de vous de me laisser ici
plûtôt

plûtôt mourir que de vouloir partir sans moi. Ce Maître Syrien est-il impitoyable? Est-ce une tygresse dont il a succé les mammelles dans son enfance? Voudra t'il vous arracher d'entre mes bras? Il faut qu'il me donne la mort ou qu'il souffre que je vous suive; vous m'exhortez vous-même à fuir, & vous ne voulez pas que je faye en suivant vos pas. Je vais parler à Hazaël, il aura peut-être pitié de ma jeunesse & de mes larmes: puisqu'il aime la sagesse, & qu'il va si loin la chercher, il ne peut point avoir un cœur feroce & insensible. Je me jetterai à ses pieds, j'embrasserai ses genoux, je ne le laisserai point aller qu'il ne m'ait accordé de vous suivre. Mon cher Mentor, je me ferai esclave avec vous, je lui offrirai de me donner à lui: s'il me refuse, c'est fait de moi, je me délivrerai de la vie.

Dans ce moment Hazaël appella Mentor: je me prosternai devant lui: il fut surpris de voir un inconnu en cette posture. Que voulez-vous, me dit-il? La vie, répondis-je; car je ne puis vivre si vous ne souffrez que je suive Mentor qui est à vous. Je suis le fils du grand Ulysse, le plus sage des Rois de la Grece, qui ont renversé la superbe ville de Troye, fameuse dans toute l'Asie. Je ne vous dis pas ma naissance pour me venter, mais seulement pour vous inspirer quelque pitié de mes malheurs. J'ai cherché mon pere dans toutes les mers, ayant avec moi cet homme qui étoit pour moi un autre pere; la fortune pour comble de maux me l'a enlevé; elle l'a fait votre esclave, souffrez que je le sois aussi. S'il est vrai que vous aimez la justice, & que vous alliez en Créte pour apprendre les loix du bon Roi

Tome I.   E

Minos, n'endurcissez point votre cœur contre mes soupirs & contre mes larmes. Vous voyez le fils d'un Roi qui est reduit à demander la servitude comme son unique ressource. Autrefois j'ai voulu mourir en Sicile pour éviter l'esclavage : mais mes premiers malheurs n'étoient que de foibles essais des outrages de la fortune : maintenant je crains de ne pouvoir être reçu parmi les esclaves. O Dieux ! voyez mes maux : ô Hazaël, souvenez-vous de Minos dont vous admirez la sagesse, & qui nous jugera tous deux dans le Royaume de Pluton.

Hazaël me regardant avec un visage doux & humain, me tendit la main & me releva. Je n'ignore pas, me dit-il, la sagesse & la vertu d'Ulysse : Mentor m'a raconté souvent quelle gloire il a acquise parmi les Grecs, & d'ailleurs la prompte renommée a fait entendre son nom à tous les peuples d'Orient. Suivez-moi, fils d'Ulysse, je serai votre pere jusqu'à ce que vous ayez retrouvé celui qui vous a donné la vie. Quand même je ne serois pas touché de la gloire de votre pere, de ses malheurs & des vôtres, l'amitié que j'ai pour Mentor m'engageroit à prendre soin de vous. Il est vrai que je l'ai acheté comme esclave, mais je le garde comme un ami fidéle, l'argent qu'il m'a coûté m'a acquis le plus cher & le plus précieux ami que j'aye sur la terre. J'ai trouvé en lui la sagesse ; je lui dois tout ce que j'ay d'amour pour la vertu. Dès ce moment il est libre, vour le serez aussi, je ne vous demande à l'un & à l'autre que votre cœur.

En un instant je passai de la plus amere douleur à la plus vive joïe que les mortels puissent sentir. Je me voyois sauvé d'un horrible danger ; je m'approchois de mon païs : je trouvois un secours pour y retourner ; je goûtois la cōsolation d'être auprés d'un homme qui m'aimoit déja par le pur amour de la vertu. Enfin je trouvois tout en retrouvant Mentor pour ne le plus quitter.

Hazaël s'avance sur le bord du rivage, nous le suivons, on entre dans le vaisseau, les rameurs fendent les ondes paisibles. Un zéphir leger se joüe dans nos voiles ; il anime tout le vaisseau & lui donne un doux mouvement. L'Isle de Cypre disparoit bien-tôt. Hazaël qui avoit impatience de connoître mes sentimens, me demanda ce que je pensois des mœurs de cette Isle. Je lui dis ingenûment en quels dangers ma jeunesse avoit été exposée, & le combat que j'avois souffert au-dedans de moi. Il fut touché de mon horreur pour le vice, & dit ces paroles : O Venus, je reconnois votre puissance & celle de votre fils, j'ai brûlé de l'encens sur vos Autels ; mais souffrez que je deteste l'infame molesse des habitans de votre Isle, & l'imprudence brutale avec laquelle ils celebrent vos Fêtes.

Ensuite ils s'entretenoit avec Mentor de cette premiere puissane, qui a formé le Ciel & la terre ; de cette Lumiere infinie immuable, qui se donne à tous sans se partager, de cette verité souveraine & universelle, qui éclaire tous les esprits, comme le Soleil éclaire tous les corps. Celui, ajoûtoit-il, qui n'a jamais vû cette lumiere pure, est aveugle comme un aveugle né : il passe sa vie dans une profonde nuit comme les peuples que le Soleil n'éclaire point pendant plusieurs mois de l'année. Il croit être sage, & il est insensé : il croit tout voir, & il ne voit rien : il meurt n'ayant jamais rien vû : tout au plus il apperçoit de sombres & fausses lueurs, de vaines ombres, des fantômes qui n'ont rien de réel. Ainsi sont tous les hommes entrainez par le plaisir des sens & par le charme de l'imagination. Il n'y a point sur la terre de veritables hommes, excepté ceux qui consultent, qui aiment, qui suivent cette raison éternelle. C'est elle, qui nous inspire quand nous pensons bien ; c'est elle qui nous reprend quand nous pensons mal. Nous ne tenons pas moins d'elle la raison que la vie ; elle est comme un grand Occean de lumiere : nos esprits sont comme de petits ruisseaux qui en sortent, & qui y retournent pour s'y perdre.

Quoique je ne comprisse pas encore parfaitement la sagesse de ce discours, je ne laissois pas d'y goûter je ne sçai quoi de pur & de sublime ; mon cœur en étoit échauffé, & la verité me sembloit reluire dans toutes ces paroles. Ils continuerent à parler de l'origine des Dieux, des Héros, des Poëtes, de l'âge d'or, du Déluge, des premieres Histoires du genre humain, du fleuve d'oubli où se plongent les ames des morts, des peines éternelles, preparées aux impies dans le gouffre noir du Tartare, & de cette heureuse paix dont joüissent les justes dans les Champs Elizées, sans crainte de la pouvoir perdre.

Pendant qu'Hazaël & Mentor parloient, nous apperçumes des Dauphins couverts d'une écaille qui paroissoit d'or & d'azur. En se joüant ils soûlevoient les flots avec beaucoup d'écume. Aprés eux venoient des tritons, qui sonnoient de la trompette avec leurs conques recourbées. Ils environnoient le char d'Amphitrite trainé par des chevaux marins, plus blancs que la neige, & qui fendant l'onde salée, laissoient loin derriere eux un vaste sillon dans la mer. Leurs yeux étoient enflamez, & leurs bouches étoient fumantes. Le char de la Déesse étoit une conque d'une merveilleuse figure ; elle étoit d'une blancheur plus éclatante que l'yvoire, & les rouës etoient d'or. Ce char sembloit voler sur la face des eaux paisibles. Une troupe de Nymphes couronnées de fleurs nageoient en foule derriere le char, leurs beaux cheveux pendoient sur leurs épaules, & flottoient au gré du vent. La Déesse tenoit d'une main un sceptre d'or, pour commander aux vagues, de l'autre elle portoit sur ses genoux le petit Dieu Palemon son fils pendant à sa mammelle. Elle avoit un visage serein & une douce Majesté qui faisoit fuir les vents seditieux, & toutes les noires tempêtes. Les tritons conduisoient les chevaux & tenoient les rênes dorées. Une grande voile de pourpre flottoit dans l'air, au dessus du char ; elle étoit à demi enflée par le souffle d'une multitude de petits Zéphirs qui s'efforçoient de la pousser par leurs haleines. On voyoit au milieu des airs Eole empressé, inquieté & ardent. Son visage ridé & chagrin, sa voix menaçante, ses sourcils épais & pendans, ses yeux pleins d'un feu sombre & austere tenoient en silence les fiers aquilons, & repoussoient tous les nuages. Les immenses baleines & tous les monstres marins faisoient avec leurs narrines un flux & reflux de l'onde amere, sortoient à la hâte de leurs grottes profondes pour voir la Déesse.

Fin du quatriéme Livre.

LES AVENTURES
DE
TELEMAQUE,
FILS D'ULYSSE.

LIVRE CINQUIE'ME.

SOMMAIRE.

Telemaque raconte qu'en arrivant en Créte, il apprit qu'Idomenée Roi de cette Isle avoit sacrifié son fils unique pour accomplir un vœu indiscret que les Crétois voulant venger le sang du fils, avoient reduit le pere à quitter leur pays : qu'aprés de longues incertitudes, ils étoient actuellement assemblez pour élire un autre Roi. Telemaque ajoûte qu'il fut admis dans cette assemble ; qu'il y remporta les prix pour divers jeux & qu'il expliqua les questions laissées par Minos dans le livre de ses loix : que les vieillards Juges de l'Isle & tous les peuples voulurent le faire Roi voyant sa sagesse.

APrés que nous eumes admiré ce spectacle, nous commençames à découvrir les montagnes de Créte, que nous avions encore assez de peine à distinguer des nuées du Ciel, & des flots de la mer. Bien-tôt nous vimes le sommet du Mont Ida au-dessus des autres motagnes de l'Isle, comme un vieux cerf dans une forêt porte son bois rameux au-dessus des têtes des jeunes faons, dont il est suivi. Peu à peu nous vîmes plus distinctement les côtes de cette Isle qui se presentoient à nos yeux côme un amphitéatre. Autant que la terre de Cypre nous avoit paru negligée & inculte, autant celle de Créte se montroit fertile & ornée de tous les fruits par le travail de ses habitans.

De tous côtez nous remarquions des Villages bien bâtis, des Bourgs qui égaloient des Villes, & des Villes superbes. Nous ne trouvions aucun champ où la main du Laboureur diligent ne fût imprimée ; par tout la charruë avoit laissé de creux sillons ; les ronces, les épines & toutes les plantes qui occupent inutilement la terre, sont inconnuës en ce pays. Nous considerions avec plaisir les creux vallons où les troupeaux de bœufs mugissent dans les gras herbages le long des ruisseaux, les moutons paissans sur le penchant d'une colline; les vastes campagnes couvertes de jeunes épics, les riches dons de la feconde Cerés, enfin les montagnes ornées de pampres & de grapes d'un raisin déja coloré, qui promettoit aux Vendangeurs les doux presens de Bacchus, pour charmer les soucis des hommes.

Mentor nous dit, qu'il avoit été autrefois en Créte, & il nous expliqua ce qu'il en connoissoit. Cette Isle, disoit-il, admirée de tous les étrangers, & fameuse par ses cent Villes, nourrit sans peine tous ses habitans ; quoiqu'ils soient innombrables. C'est que la terre ne se lasse jamais de répandre ses biens sur ceux qui la cultivent. Son sein fecond ne peut s'épuiser ; plus il y a d'hommes dans un païs, pourvû qu'ils soient laborieux, plus ils joüissent de l'abondance; ils n'on jamais besoin d'être jaloux les uns des autres. La terre cette bonne mere multiplie ses dons selon le nombre de ses enfans, qui meritent ses fruits par leur travail. L'ambition & l'avarice des hommes sont les seules sources de leur malheur. Les hommes veulent tout avoir, & ils se redent malheureux par le desir du superflu : s'ils vouloient vivre simplement & se contenter de setisfaire aux vrais besoins, on verroit par tout l'abondance, la joye, l'union & la paix.

C'est ce que Minos, le plus sage & le meilleur de tous les Rois avoit compris. Tout ce que vous verrez de plus merveilleux dans cette isle est le fruit de ses loix. L'éducation qu'il faisoit donner aux enfans, rend les corps sains & robustes : on les accoûtume d'abord à une vie simple, frugale & laborieuse : on suppose que toute volupté amolit le corps & l'esprit : on ne leur propose jamais d'autre plaisir que celui d'être invincible par la vertu, & d'acquerir beaucoup de gloire. On ne met pas seulement le courage à méprifer la mort dans les dangers de la guerre, mais encore à fouler aux pieds les trop grandes richesses & les plaisirs honteux. Ici on punit trois vices qui sont impunis chez les autres peuples : l'ingratitude, la dissimulation & l'avarice.

Pour le faste & la molesse, on n'a jamais besoin de les reprimer, car ils sont inconnus en Créte, tout le monde y travaille, & personne ne songe à s'y enrichir ; chacun se croit assez payé de son travail par une vie douce & reglée, où l'on joüit en paix & avec abondance de tout ce qui est veritablement neceffaire à la vie. On n'y souffre ni meubles précieux, ni habits magnifiques, ni festins délicieux, ni Palais dorez. Les habits sont de laine fine & de belles couleurs, mais tons unis & sans broderie. Les repas y sont sobres ; on y boit peu de vin : le bon pain en fait la principale partie, avec les fruits que les arbres offrent comme d'eux-mêmes, & le lait des troupeaux. Tout au plus on y mange un peu de grosse viande sans ragout, encore même a-t'on soin de reservers ce qu'il y a de meilleur dans les grands troupeaux des bœufs, pour faire fleurir l'agriculture. Les maisons y sont propres, commodes, riantes, mais sans ornemens. La superbe architecture n'y est pas ignorée : mais elle est reservée pour le Temples des Dieux, & les hommes n'oseroient avoir des maisons semblables à celle des immortels. Les grands biens des Crétois sont la santé, la force, le courage, la paix & l'union des familles, la liberté de tous les Citoyens, l'abondance des choses necessaires, le mépris des superflues, l'habitude du travail, & l'horreur de l'oisiveté, l'émulation pour la vertu, la soûmission aux loix, & la crainte des justes Dieux.

Je lui demandai en quoi consistoit l'autorité du Roi, & il me répondit : il peut tout sur les peuples, mais les loix peuvent tout sur lui. Il a une puissance absoluë pour faire le bien, & les mains liées dès qu'il veut faire le mal. Les loix lui confient les peuples comme le plus précieux de tous les dépôts, à condition qu'il sera le pere de ses sujets. Elles veulent qu'un seul homme serve par sa sagesse & par sa moderation à la felicité de tant d'hommes, &

non pas que tant d'hommes servent par leur misere & par leur servitude lâche, à flater l'orgueil & la molesse d'un seul homme. Le Roi ne doit rien avoir au-dessus des autres, excepté ce qui est necessaire ou pour le soulager dans ses penibles fonctions, ou pour imprimer aux peuples le respect de celui qui doit soûtenir les Loix. D'ailleurs le Roi doit ê replus sobre, plus ennemi de la molesse, plus exempt de faste & de hauteur qu'aucun autre. Il ne doit point avoir plus de richesses & de plaisirs, mais plus de sagesse, de vertu & de gloire que le reste des hommes. Il doit être au-dehors le défenseur de la patrie, en commandant les armées, & au-dedans le Juge des peuples pour les rêdre bons, sages & heureux Ce n'est point pour lui-même que les Dieux l'ont fait Roi, il ne l'est que pour être l'homme des peuples; c'est aux peuples qu'il doit tout son tems, tous ses soins, toute son affection : & il n'est digne de la Royauté, qu'autant qu'il s'oublie lui-même, pour se sacrier au bien public. Minos n'a voulu que ses enfans regnassent aprés luy qu'à condition qu'ils regneroient suivant ces maximes. Il aimoit encore plus son peuple que sa famille; c'est par une telle sagesse qu'il a rendu la Créte si puissante & si heureuse. C'est par cette moderation qu'il a effacé la gloire de tous les Conquerans, qui veulent faire servir les peuples à leur propre grandeur, c'est-à-dire à leur vanité. Enfin, c'est par la justice qu'il a merité d'être aux enfers le souverain Juge des morts.

Pendant que Mentor faisoit ce discours, nous abordâmes dans l'Isle. Nous vimes le fameux Labyrinthe, ouvrage des mains de l'in-

LIVRE V.

genieux Dédale, & qui étoit une imitation du grand Labyrinthe que nous avions vû en Egypte. Pendant que nous considerions ce curieux édifice nous vîmes le peuple qui couvroit le rivage & qui accouroit en foule dans un lieu assez voisin du bord de la mer : nous demandames la cause de leur empressement, & voici ce qu'un Crêtois nommé Nauficrate lui raconta.

Idomenée, fils de Deucalion, & petits fils de Minos, dit-il, étoit allé comme les autres Rois de la Crête au siége de Troye. Après la ruine de cette Ville il fit voile pour revenir en Crête ; mais la tempête fût si violente que le Pilote de son vaisseau & tous les autres qui étoient experimentez dans la navigation, crurent que leur naufrage étoit inévitable. Chacun voyoit les abimes ouverts pour l'engloutir chacun déploroit son malheur, n'esperant pas même le triste repos des ombres qui traversent le Styx après avoir reçû la sepulture. Idomenée levant les yeux & les mains vers le Ciel, invoquoit Neptune. O puissant Dieu, s'écrioit il, toi qui tient l'empire des ondes, daigne écoûter un malheureux, si tu me fais revoir l'Isle de Crête, malgré la fureur des vents, je t'immolerai la premiere tête qui se presentera à mes yeux.

Cependant son fils impatient de revoir son pere, se hâtoit d'aller au-devant de lui, pour l'embrasser : malheureux qui ne sçavoit pas que c'étoit courir à sa perte. Le pere échappé à la tempête arrivoit dans le port desiré ; il remercioit Neptune d'avoir écouté ses vœux ; mais bien-tôt il sentit combien ses vœux luy étoient funestes. Un pressentiment de son malheur lui donnoit un cuisant repentir de son vœu indiscret ; il craignoit d'arriver parmy les siens, & il apprehendoit de revoir ce qu'il avoit de plus cher au monde. Mais la cruelle Nemesis Déesse impitoyable, qui veille pour punir les hommes, & sur tout les Rois orgueilleux, poussoit d'une main fatale & invisible Idomenée. Il arrive, à peine ose-t'il lever les yeux, il voit son fils : il recule saisi d'horreur ; ses yeux cherchen, mais en vain, quelqu'autre tête moins chere qui puisse lui servir de victime. Cependant le fils se jette à son cou, & est tout étonné que son pere réponde si mal à sa tendresse : il le voit fondant en larmes.

O mon pere, dit-il, d'où vient cette tristesse ? Aprés une si longue absence, êtes-vous fâché de vous revoir dans votre Royaume, & de faire la joye de votre fils ? Qu'ai-je fait ? Vous détournez vos yeux de peur de me voir. Le pere accablé de douleur ne répondit rien. Enfin aprés de profonds soupirs, il dit : Ah ! Neptune, que t'ai-je promis ? A quel prix m'as-tu garenti du naufrage ? Rends-moi aux vagues & aux rochers, qui devoient, en me me brisant finir ma triste vie, laisse vivre mon fils. O Dieu cruel, tiens, voilà mon sang, épargne le sien. En parlant ainsi, il tira son épée pour se percer ; mais tous ceux qui étoient auprés de lui arrêterent sa main. Le vieillard Sophonyme interprête des volontez des Dieux, lui assura qu'il pourroit contenter Neptune sans donner la mort à son fils : Votre promesse, disoit-il, a été imprudente, les Dieux ne veulent point être honorez par la cruauté, gardez-vous bien d'ajoûter à la faute de votre promesse celle de l'accomplir contre les loix de la nature ; offrez cent taureaux plus blancs que la neige à Neptune ; faites couler leur sang au-tour de son Autel couronné de fleurs ; faites fumer un doux encens en l'honneur de ce Dieu.

Idomenée écoutoit ce discours la tête baissée & sans répondre, la fureur étoit allumée dans ses yeux ; son visage pâle & défiguré, changeoit à tout moment de couleur ; on voyoit ses membres tremblans. Cependant son fils lui disoit : Me voici, mon pere ; votre fils est prêt à mourir pour appaiser le Dieu de la mer : n'attirez pas sur vous sa colere : je meurs content, puisque ma mort vous aura garanti de la vôtre. Frappez, mon pere, ne craignez point de trouver en moi un fils indigne de vous, qui craigne de mourir.

En ce moment Idomenée tout hors de lui, & comme dechiré par les furies infernales, surprend tous ceux qui l'observoient de près, il enfonce son épée dans le cœur de cet enfant, il la retire toute fumante & toute pleine de sang pour la plonger dans ses propres entrailles : il est encore une fois retenu par ceux qui l'environnent. L'enfant tombe dans son sang ; ses yeux se couvrent des ombres de la mort : il es entrouvre à la lumiere, mais à peine l'a-t'il trouvée, qu'il ne peut plus la supporter. Tel qu'un beau lys, au milieu des champs coupé dans sa racine par le tranchant de la charruë, languit & ne se soûtient plus ; il n'a point encore perdu cette vive blancheur & cet éclat qui charme les yeux, mais la terre ne le nourrit plus, & sa vie est éteinte. Ainsi le fils d'Idomenée, comme une jeune & tendre fleur, est cruellement moissonné dès son premier âge. Le pere dans l'excez de sa douleur devient insensible ; il ne sçait où il est, ni ce qu'il fait, ni ce qu'il doit faire : il marche chancellant vers la Ville, & demande son fils.

Cependant le peuple touché de compassion pour l'enfant, & d'horreur pour l'action barbare du pere, s'écrie que les Dieux justes l'ont livré aux furies. La fureur leur fournit des armes, ils prennent des bâtons & des pierres, la discorde soufle dans tous les cœurs un venin mortel. Les Crétois, les sages Crétois, oublient la sagesse qu'ils ont tant aimée ; ils ne reconnoissent plus le fils du sage Minos. Les amis d'Idomenée ne trouvent plus de salut pour lui qu'en le ramenant vers ses vaisseaux : ils s'embarquent avec lui, ils fuyent à la merci des ondes. Idomenée revenant à soi, les remercie de l'avoir arraché d'une terre qu'il a arrosée du sang de son fils, & qu'il ne sçauroit plus habiter. Les vents le conduisent vers l'Hesperie, & ils vont fonder un nouveau Royaume dans les pays Salentins.

Cependant les Crétois n'ayant plus de Roi pour les gouverner, ont resolu d'en choisir un qui conserve dans leur pureté les loix établies. Voici les mesures qu'ils ont prises pour faire ce choix. Tous les principaux Citoyens des cent Villes sont assemblez ici. On a déja commencé par des sacrifices ; on a assemblé tous les sages les plus fameux des pays voisins pour examiner la sagesse de ceux qui paroîtront dignes de commander : on a preparé des jeux publics, où tous les prétendans combattent ; car on veut donner pour prix la Royauté à celui qu'on jugera vainqueur de tous les autres, & pour l'esprit & pour le corps. On veut un Roi dont le corps soit fort & adroit, & dont l'ame soit ornée de la sagesse & de la vertu. On appelle ici tous les Etrangers.

Aprés nous avoir raconté toute cette histoire étonnante, Nausicrate nous dit : Hâtez-vous donc, ô Etrangers, de venir dans notre assemblée : vous combattrez avec les autres, & si les Dieux destinent la victoire à l'un de vous il regnera en ce pays. Nous le suivîmes, sans aucun desir de vaincre, mais pour la seule curiosité de voir une chose si extraordinaire.

Nous arrivâmes à une espece de Cirque trés-vaste, environné d'une épaisse forêt ; le milieu du cirque étoit une aréne preparée pour les combattans ; elle étoit bordée par un grand amphitéatre d'un gazon frais, sur lequel étoit assis & rangé un peuple innombrable. Quand nous arrivames, on nous reçut avec honneur, car les Crétois sont les peuples du monde qui exercent le plus noblement & avec le plus de religion l'hospitalité. On nous fit asseoir, & on nous invita à combattre. Mentor s'en excuse sur son âge, & Hazaël sur sa foible santé. Ma jeunesse & ma vigueur m'ôtoient toute excuse : je jettai neanmoins un coup d'œil sur Mentor pour découvrir sa pensée, & j'aperçus qu'il souhaitoit que je combatisse. J'acceptai donc l'offre qu'on me faisoit : je me dépoüillai de mes habits ; on fit couler des flots de l'huile douce & luisante sur tous les membres de mon corps, & je me mêlai parmi les combattans. On dit de tous côtez que c'étoit le fils d'Ulysse, qui étoit venu pour tâcher de remporter le prix ; & plusieurs Crétois qui avoient été à Ithaque pendant mon enfance, me reconnurent.

Le premier combat fut celui de la lutthe : Un Rhodien d'environ trente-cinq ans surmonta tout les autres qui oserent se presenter à lui : il étoit encore dans toute la vigueur de la jeunesse; ses bras étoient nerveux & bien nourris ; au moindre mouvement qu'il faisoit, on voyoit tous ses muscles : il étoit également souple & fort. Je ne lui parus pas digne d'être vaincu, & regardant avec pitié ma tendre jeunesse, il voulut se retirer, mais je me presentai à lui. Alors nous nous saisimes l'un l'autre ; nous nous serrâmes à perdre la respiration. Nous étions épaule contre épaule, pied contre pied, tous les nerfs tendus & les bras entrelassez comme des serpens ; chacun s'efforçant d'enlever de terre son ennemi. Tantôt il essayoit de me surprendre en me poussât du côté droit, tantôt il s'efforçoit de me pancher du côté gauche. pendant qu'il me tâtoit ainsi, je le poussai avec tant de violence, que ses reins plierent : il tomba sur l'arène & m'entraîna sur lui. En vain il tacha de me mettre dessous ; je le tins immobile sous moi. Tout le peuple cria : Victoire au fils d'Ulisse, & j'aidai au Rhodien confus à se relever.

Le combat du Ceste fut plus difficile. Le fils d'un riche cytoyen de Samos avoit acquis une haute reputation dans ce genre de combat Tous les autres lui cederent : il n'y eut que moi qui esperai la victoire. D'abord il me donna dans la tête, & puis dans l'estomach des coups qui me firent vômir le sang, & qui répandirent sur mes yeux un épais nuage. Je chancelai, il me pressoit, & je ne pouvois plus respirer. Mais je fus ranimé par la voix de Mentor, qui me crioit : O fils d'Ulysse, seriez-vous vaincu ? La colere me donna de nouvelles forces ; j'évitai plusieurs coups dont j'aurois été accablé. Aussi-tôt que le Samien m'avoit porté un faux coup, & que son bras s'alongeoit en vain, je le surprenois dans cette posture panchée : déja il reculoit, quand je haussai mon Ceste pour tomber sur lui avec plus de force : il voulut s'esquiver : pendant l'équilibre, il me donna le moyen de le renverser. A peine fut-il étendu par terre, que je lui tendis la main pour le relever : il se redressa lui-même couvert de poussiere & de sang, sa honte fut extrême, mais il n'osa renouveller le combat.

Aussi-tôt on commença les courses des chariots que l'on distribua au sort. Le mien se trouva le moindre pour la legereté des roües, & pour la vigueur des chevaux. Nous partons un nuage de poussiere vole & couvre le Ciel. Au commencement je laissai les autres passer devant moi. Un jeune Lacedemonien, nommé Crantor, laissoit d'abord tous les autres derriere lui. Un Crétois nommé Policrete le suivoit de prés. Hippomaque parent d'Idomenée qui aspiroit à lui succeder, lâchant les rênes à ses chevaux fumans de sueur étoit tout panché sur leurs crins flatans, & le mouvement des roües de son chariot étoit si rapide qu'elles paroissoient immobiles côme les ailes d'une aigle qui fend les airs. Mes chevaux s'animerent & se mirent peu à peu en haleine; je laissai loin derriere moi presque tous ceux qui étoient partis avec tant d'ardeur. Hippomaque parent d'Idomenée, preſſant trop ſes chevaux, le plus vigoureux s'abbatit, & ôta par ſa chûte à ſon maître l'eſperance de regner.

Polyclete s'épanchant trop ſur ſes chevaux, ne put ſe tenir ferme dans une ſecouſſe, il tomba, les rênes lui échaperent, & il fut trop heureux de pouvoir éviter la mort. Crantor, voyant avec des yieux pleins d'indignation que j'étois tout auprés de lui, redoubla ſon ardeur tantôt il invoquoit les Dieux, & leur promettoit de riches offrandes, tantôt il parloit à ſes chevaux pour les animer : il craignoit que je ne paſſaſſe entre la borne & lui, car mes chevaux mieux ménagez que les ſiens, étoient en état de le devancer ; il ne lui reſtoit plus d'uatre reſſource que celle de me fermer le paſſage. Pour y réüſſir, il hazarda de ſe briſer contre la borne : il y briſa effectiuement ſa roüe. Je ne ſongeai qu'à faire promptement le tour, pour n'être pas engagé dans ſon déſordre ; il me vit un moment aprés au bout de la carriere. Le peuple s'écria encore une fois ; Victoire au fils d'Ulyſſe, c'eſt lui que les Dieux deſtinent à regner ſur nous.

Cependant les plus illuſtres & les plus ſages d'entre les Crétois, nous conduiſent dans un bois antique & ſacré, reculé de la vûë des hommes prophanes, où les vieillards que Minos avoit établis Juges du peuple, & gardes des loix, nous aſſemblerent. Nous étions les mêmes qui avions combattu dans les jeux, nul autre ne fut admis. Les ſages ouvrirent les livres où toutes les loix de Minos ſont recüeillies. Je me ſentis ſaiſi de reſpect & de honte, quand j'approchai de ces vieillards que l'âge rendoit venerables, sans leur ôter la vigueur de l'esprit ; ils étoient assis avec ordre, & immobiles dans leurs places : leurs cheveux étoient blancs, plusieurs n'en avoient presque plus. On voyoit reluire sur leurs visages graves une sagesse douce & tranquille : ils ne se pressoient point pour parler ; ils ne disoient que ce qu'ils avoient resolu de dire. Quand ils étoient d'avis differens, ils étoient si moderez à soûtenir ce qu'ils pensoient de part & d'autre, qu'on auroit cru qu'ils étoient tous d'une même opinion. La longue experience des choses passées, & l'habitude du travail, leur donnoit de grandes vûës sur toutes choses; mais ce qui perfectionnoit de plus leur raison étoit le calme de leurs esprits délivrez des folles passions & des caprices de la jeunesse ; la sagesse toute seule agissoit en eux & le fruit de leur lògue vertu étoit d'avoir si bien dompté leurs humeurs qu'ils goûtoient sans peine le doux & noble plaisir d'écoûter la raison. En les admirant je souhaitai que ma vie pût s'accourcir pour arriver tout-à-coup à une si estimable vieillesse. Je trouvois la jeunesse malheureuse d'être si impetueuse & si éloignée de cette vertu si éclairée & si tranquille.

Le premier d'entre ces vieillards ouvrit le livre des loix de Minos. C'étoit un grand livre, qu'on tenoit d'ordinaire renfermé dans une cassette d'or avec des parfums. Tous ces vieillards le baiserent avec respect, car ils disent qu'après les Dieux de qui les bonnes loix viennent, rien ne doit être si sacré aux hommes, que les loix destinées à les rendre bons, sages & heureux. Ceux qui ont dans leurs mains les loix pour gouverner les peuples doivent toûjours se laisser gouverner eux-mêmes par les loix. C'est la loi & non pas l'homme qui doit regner. Tel étoit le discours de ces sages. Ensuite celui qui présidoit, proposa trois questions qui devoient être décidées par les maximes de Minos.

La premiere question étoit de sçavoir quel est le plus libre de tous les hommes. Les uns répondirent, que c'étoit un Roi qui avoit sur son peuple un empire absolu, & qui étoit victorieux de tous se ennemis. D'autres soutinrent que c'étoit un homme si riche, qu'il pouvoit contenter tous ses desirs. D'autres dirent que c'étoit un homme qui ne se marioit point, & qui voyageoit pendant toute sa vie en divers pays sans être jamais assujetti aux loix d'aucune nation. D'autres s'imaginoient que c'étoit un Barbare, qui vivant de la chasse au milieu des bois, étoit indépendant de toute police de tout besoin. D'autres crurent que c'étoit un homme nouvellement affranchi; parce qu'en sortant des rigueurs de la servitude, il joüissoit plus qu'aucun autre des douceurs de la liberté. D'autres enfin s'aviserent de dire que c'étoit un homme mourant, parce que la mort le délivroit de tout, & que tous ensemble n'avoient aucun pouvoir sur lui.

Quand mon rang fut venu, je n'eus pas de peine à répondre, parce que je n'avois pas oublié ce que Mentor m'avoit dit souvent. Le plus libre de tous les hommes, répondis-je, est celui qui peut être libre dans l'esclavage-même. En quelque pays & en quelque condition qu'on soit, on est trés-libre, pourvû qu'on craigne les Dieux, & qu'on ne craigne qu'eux. En un mot, l'homme veritablement libre est celui qui dégagé de toute crainte & de tout desir, n'est soumis qu'aux Dieux & à la raison. Les vieillars s'entreregarderent en soûriant, & furent surpris de voir que ma réponse fût précisément celle de Minos.

Ensuite on proposa la seconde question en ces termes : Qui est le plus malheureux de tous les hommes ? Chacun disoit ce qui lui venoit dans l'esprit. L'un disoit C'est un homme qui n'a ni biens, ni santé, ni honneur. Un autre disoit : C'est un homme qui n'a aucun ami. D'autres soûtenoient que c'est un homme qui a des enfans ingrats & indignes de lui. Il vint un sage de l'Isle de Lesbos, qui dit : Le plus malheureux de tous les hommes est celui qui croit l'être, car le malheur dépend moins des choses qu'on souffre que de l'impatience avec laquelle on augmente son malheur A ces mots toute l'assemblée s'écria : on applaudit & chacun crut que ce sage Lesbien réporteroit le prix sur cette question. Mais on me demanda ma pensée, & je répondis suivant les maximes de Mentor : Le plus malheux de tous les hommes est un Roi qui croit être heureux en rendant les autres hommes miserables : il est doublement malheureux par son aveuglement, ne connoissant pas son malheur; il ne peut s'en guerir ; il craint même de le connoître. La verité ne peu percer la foule de flateurs pour aller jusqu'à lui. Il est tyrannisé par ses passions: il ne connoit point ses devoirs ; il n'a jamais goûté le plaisir de faire le bien ni senti les charmes de la pure vertu ; il est malheureux & digne de l'être : son malheur augmente tous les jours : il court à sa perte, &

les Dieux se preparent à le confondre par une punition éternelle. Toute l'assemblée avoüa que j'avois vaincu le sage Lesbien, & les vieillards declarerent que j'avois rencontré le vrai sens de Minos.

Pour la troisiéme question, on demanda, lequel des deux est préferable : d'un côté un Roi conquerant & invincible dans la guerre, de l'autre un Roi sans experience dans la guerre, mais propre à policer sagement les peuples dans la paix. La plûpart répondirent, que le Roi invincible dans la guerre étoi préferable. A quoi sert, disoient-ils, d'avoir un Roi, qui sçache bien gouverner en paix, s'il ne sçait pas défendre le pays quand la guerre vient? les ennemis le vaincront, & reduiron son peuple en servitude. D'autres soûtenoient au contraire, que le Roi pacifique seroit meilleur, parce qu'il craindroit la guerre, & l'éviteroit par ses soins. D'autres disoient qu'un Roy conquerant travailleroit à la gloire de son peuple aussi-bien qu'à la sienne, & qu'il rendroit ses sujets maîtres des autres Nations, au lieu qu'un Roi pacifique les tiendroit dans une honteuse lâcheté. On voulut sçavoir mon sentiment. Je répondis ainsi.

Un Roi qui ne sçait gouverner que dans la paix & dans la guerre, & qui n'est capable de conduire son peuple dans ces deux Etats, n'est qu'à demi Roi. Mais si vous comparez un Roi qui ne sçait que la guerre à un Roi sage qui sans sçavoir la guerre est capable de la soûtenir dans le besoin par ses Generaux, je le trouve préferable à l'autre. Un Roi entierement tourné à la guerre, voudroit toujours la faire, pour étendre sa domination & sa gloire propre, il ruineroit son peuple. A quoi sert-il à son peuple que son Roi subjugue d'autres nations, si on est malheureux sous son regne? D'ailleurs les longues guerres entraînent toûjours aprés elles beaucoup de désordres; les victoires mêmes se déreglent pendant les temps de confusion. Voyez ce qu'il en coûte à la Grece pour avoir triomphé de Troye; elle a été privée de ses Rois pendant plus de dix ans. Lorsque tout est en feu par la guerre, les loix, l'agriculture, les arts languissent, les meilleurs Princes-mêmes pendant qu'ils ont une guerre à soûtenir, sont contraints de faire les plus grands des maux, qui est de tolerer la licence & de se servir des méchans. Combien y a-t'il de scelerats qu'on puniroit pendant la paix, & dont on a besoin de recompenser l'audace dans les désordres de la guerre? Jamais aucun peuple n'a eu un Roi conquerant, sans avoir beaucoup à souffrir de son ambition. Un conquerant enyvré de sa gloire, ruine presque autant sa nation victorieuse que les autres nations vaincuës. Un Prince qui n'a point les qualitez necessaires pour la paix, ne peut faire gouter à ses sujets les fruits d'une guerre heureusement finie : il est comme un home qui défendroit son champ contre ses voisins, & qui usurperoit celui de son voisin-même, mais qui ne sçauroit, ni labourer, ni semer, pour recuëillir aucune moisson : un tel homme semble né pour détruire, pour ravager, pour renverser le Monde, & non pour rendre le peuple heureux par un sage gouvernement.

Venons maintenant au Roi pacifique. Il est vrai qu'il n'est pas propre à de grandes conquêtes; c'est-à-dire qu'il n'est pas né pour troubler le repos de son peuple en voulant vaincre les autres peuples que la justice ne lui a pas soûmis; mais s'il est veritablement propre à gouverner en paix, il a toutes les qualitez necessaires pour mettre son peuple en sûreté contre ses ennemis. Voici comment il est juste, moderé & commode à l'égard de ses voisins: il n'entreprend jamais contr'eux rien qui puisse troubler la paix: il est fidéle dans ses alliances. Ses alliez l'aiment, ne le craignent point, & ont une entiere confiance en lui. S'il a quelque voisin inquiet, autain & ambitieux, tous les autres Rois voisins, qui craignent ce voisin inquiet, & qui n'ont aucune jalousie du Roi pacifique, se joignent à ce bon Roi pour l'empêcher d'être oprimé. Sa probité, sa bonne foi, sa moderation, le rendent l'arbitre de tous les Etats qui environnent le sien. Pendant que le Roi entreprenant est odieux à tous les autres, & sans cesse exposé à leurs ligues, celui-ci a la gloire d'être comme le pere & le tuteur de tous les autres Rois. Voilà les avantages qu'il a au dehors. Ceux dont il joüit au-dedans sont encore plus solides. Puisqu'il est propre à gouverner en paix, je supose qu'il gouverna par les plus sages loix. Il retranche le faste, la molesse, & tous les arts qui ne servent qu'à flater les vices: il fait fleurir les autres arts qui sont utiles aux veritables besoint de la vie; sur tout il applique ses sujets à l'agriculture. Par là il les met dans l'abondance des choses necessaires. Ce peuple laborieux, simple dans ses mœurs, accoûtumé à vivre de peu, gagnant facilement sa vie par la culture de ses terres, se multiplie à l'infini.

Voilà

LIVRE V.

Voilà dans ce Royaume un peuple innombrable, mais un peuple sain, vigoureux, robuste, qui n'est point amoli par les voluptez, qui est exercé par la vertu, qui n'est point attaché aux douceurs d'une vie lâche & délicieuse, qui fait méprifer la mort, qui aimeroit mieux mourir que de perdre cette liberté qu'il goûte sous un sage Roy appliqué à ne regner que pour faire regner la raison. Qu'un conquerant voisin attaque ce peuple, il ne le trouvera peut-être pas assez accoûtumé à camper, à se renger en bataille, ou à dresser des machines pour assiéger une Ville. Mais il le trouvera invincible par sa multitude, par son courage, par sa patience dans les fatigues, par son habitude de souffrir la pauvreté, par sa vigueur dans les combats, & par une vertu que les mauvais succès même ne peuvent abatre. D'ailleurs si ce Roi n'est pas assez experimenté pour commender lui-même ses armées, il les fera commander par des gens qui en seront capables, & il sçaura s'en servir sans perdre son autorité. Cependant il tirera du secours de ses Alliez. Ses sujets aimeront mieux mourir que de passer sous la domination d'un autre Roi violent & injuste. Les Dieux mêmes combattront pour lui. Voyez quelles ressources il aura au milieu des plus grands perils. Je conclus donc que le Roi pacifique qui ignore la guerre, est un Roi très-imparfait, puisqu'il ne sçait point remplir une de ses plus grandes fonctions, qui est de vaincre ses ennemis ; mais j'ajoûte qu'il est néanmoins infiniment superieur au Roi conquerant, qui manque de qualitez nécessaires

Tome I.   F

dans la paix, & qu'il n'est propre qu'à la guerre.

J'aperçus dans l'Assemblée beaucoup de gens qui ne pouvoient goûter cet avis, car la plûpart des hommes éblouïs par les choses éclatantes comme les victoires & les conquêtes, les préferent à ce qui est simple, tranquille & solide, comme la paix & la bonne police des peuples ; Mais tous les Vieilards declarerent que j'avois parlé comme Minos.

Le premier de ces Viellards s'écria : Je vois l'accomplissement d'un Oracle d'Apollon connu dans toute notre Isle. Minos avoit consulté le Dieu pour sçovoir combien de tems sa race regneroit suivant les loix qu'il venoit d'établir. Le Dieu lui répondit : les tiens cesseront de regner quand un étranger entrera dans ton Isle pour y faire regner tes loix. Nous avions crainte que quelque étranger viendroit faire la conquête de l'Isle de Créte ; mais le malheur d'Idomenée & la sagesse du fils d'Ulysse, qui entend mieux que nul autre mortel les loix de Minos, nous montre le sens de l'Oracle. Que tardons-nous à couronner celui que les destins nous donnent pour Roy.

Fin du cinquiéme Livre.

LES AVANTURES
DE
TELEMAQUE
FILS D'ULYSSE.
LIVRE SIXIE'ME.

SOMMAIRE.

Telemaque raconte qu'il refusa la Royauté de Créte pour retourner en Ithaque : qu'il proposa d'élire Mentor, qui refusa aussi le diadéme : qu'enfin l'Assemblée pressoit Mentor de choisir par toute la Nation, il leur avoit exposé ce qu'il venoit d'apprendre d'Aristodeme, qui fut proclamé Roy au même moment : qu'en suite Mentor & lui s'étoient embarquez pour aller en Ithaque : Mais que Neptune pour consoler Venus irritée leur avoit fait faire le naufrage, après lequel la Déesse Calypso venoit de les recevoir dans son Isle.

AUSSI-TÔT les Vieillards sortent de l'enceinte du bois sacré, & le premier me prenant par la main, annonce au peuple déja impatient dans l'attente d'une décision, que j'avois remporté le prix. A peine acheve-

F ij

t'il de parler, qu'on entendit un bruit confus de toute l'assemblée. Chacun pousse des cris de joye. Tout le rivage & toutes les montagnes voisines retentirent de ce cri ; que le fils d'Ulysse semblable à Minos regne sur les Crétois.

J'attendis un moment, & je faisois signe de la main pour demander qu'on l'écoutât. Cependant Mentor me disoit à l'oreille : renoncez-vous à votre patrie? L'ambition de regner vous fera-t-elle oublier Penelope qui vous attend comme sa derniere esperance, & le grand Ulysse que les Dieux avoient resolu de vous rendre? Ces paroles percerent mon cœur, & me soutinrent comme le vain desir de regner. Cependant un profond silence de toute cette tumultueuse Assemblée me donna le moyen de parler ainsi : O illustres Crétois je ne merite pas de vous commander. L'Oracle qu'on vient d'apporter, marque bien que la race de Minos cessera de regner quand un étranger entrera dans cette Isle, & y fera regner les loix de ce sage Roy ; mais il n'est pas dit que cet étranger regnera. Je veux croire que je suis cet étranger marqué par l'Oracle. J'ai accompli la prediction ; je suis venu dans cette Isle; j'ai découvert le vrai sens des loix : & je souhaite que mon explication serve à les faire regner avec l'homme que vous choisirez. Pour moi, je préfere ma patrie, ma pauvre petite Isle d'Ithaque aux cent ville de Créte, à la gloire & à l'opulence de ce Royaume. Souffrez que je suive ce que les destins ont marqué : si j'ai combattu dans vos jeux, ce n'étoit pas dans l'esperance de regner ici, c'étoit pour meriter votre estime &

votre compassion, c'étoit afin que vous me donnassiez les moyens de retourner promptement au lieu de ma naissance. J'aime mieux obéïr à mon pere Ulysse, & consoler ma mere Penelope, que de regner sur tous les peuples de l'univers. O Crétois ! vous voyez le fond de mon cœur, il faut que je vous quitte, mais la mort seule pourra finir ma reconnoissance. Oui, jusqu'au dernier soûpir, Telemaque aimera les Crétois, & s'interessera à leur gloire comme à la sienne propre.

A peine eûs-je parlé, qu'il s'éleva un bruit sourd semblable à celui des vagues de la mer, qui s'entrechoquent dans une tempête; les uns disoient: est-ce quelque divinité sous une figure humaine ? d'autres soûtenoient qu'ils m'avoient vû en d'autres Païs me reconnoissoient. D'autres s'écrioient, il faut le contraindre de regner ici. Enfin je repris la parole, & chacun se hâta de se taire, ne sçachant si je n'allois point accepter ce que j'avois refusé d'abord. Voici les paroles que je leur dis :

Souffrez ô Crétois, que je vous dise ce que je pense. Vous êtes le plus sage de tous les peuples ; mais la sagesse demande, ce me semble, une précaution qui vous écchappe. Vous devez choisir non pas l'homme qui raisonne le mieux sur les loix, mais celui qui les pratique avec la plus constante vertu. Pour moi je suis jeune, par consequent sans esperience, exposé à la violence des passions, & plus en état de m'instruire en obéïssant pour commander un jour, que de commander maintenant. Ne cherchez donc pas un homme qui ait vaincu les autres dans les jeux d'esprit & de corps, mais qui se soit vaincu lui-même ; cherchez un homme qui ait vos loix écrites dans le fonds de son cœur, & dont toute la vie soit la pratique de ces loix : que ces actions plûtôt que ces paroles vous le fassent choisir.

Tous les Vieillards charmez de ce discours, & voyant toûjours croître les applaudissemens de l'assemblée, me dirent ; puisque les Dieux nous ôtent l'esperance de vous voir regner au milieu de nous, du moins aidez-nous à trouver un Roy qui fasse regner nos loix. Connoissez-vous quelqu'un qui puisse commander avec cette moderation? Je connois, leur dis-je d'abord, un homme de qui je tiens tout ce que vous estimez en moi, c'est la sagesse, & non pas la mienne qui vient de parler, & il m'a inspiré toutes les réponses que vous venez d'entendre.

En même tems toute l'assemblée jetta les yeux sur Mentor que je montrois le tenant par la main. Je racontois les soins qu'il avoit eus de mon enfance ; les périls dont il m'avoit delivré ; les malheurs qui étoient venus fondre sur moi, dès que j'avois cessé de suivre ses conseils. D'abord on ne l'avoit point regardé à cause de ses habits simples & negligez, de sa continénce modeste, de son silence presque continuel, de son air froid & reservé. Mais quand on s'appliqua à le regarder, on découvroit dans son visage je ne sçai quoi de ferme & d'élevé : on remarqua la vivacité de ses yeux & la vigueur avec laquelle il faisoit jusqu'aux moindres actions : on le questiona : il fut admiré, on resolut de le faire Roi. Il s'en défendit sans s'emouvoir : il dit qu'il préferoit les douceurs d'une vie privée a l'éclat de la Royauté; que les meilleurs Rois étoient malheureux, en ce qu'ils ne faisoient presque jamais les biens qu'ils vouloient faire; & qu'ils faisoient souvent, par la surprise des flateurs, les maux qu'ils ne vouloient pas. Il ajoûta que si la servitude est miserable, la Royauté ne l'est pas moins, puisqu'elle est une servitude déguisée. Quand on est Roy, disoit-il, on dépend de tous ceux dont on a besoin pour se faire obéïr. Heureux celui qui n'est point obligé de commander! Nous ne devons qu'à notre seule patrie, quand elle nous confie l'autorité, le sacrifice de notre liberté pour travailler au bien public.

Alors les Crétois ne pouvant revenir de leur surprise, lui demanderent quel homme ils devoient choisir. Un homme, répondit-il, qui vous connoisse bien, puisqu'il faudra qu'il vous gouverne, & qui craigne de vous gouverner. Celui qui desire la Royauté ne la connoît pas? & comment en remplira-t'il les devoirs ne les connoissant point? Il la cherche pour lui, & vous devez desirer un homme qui ne l'accepte que pour l'amour de vous.

Tous les Crétois furent dans un étrange étonnement de voir deux étrangers qui refusoient la Royauté recherchée par tant d'autres; ils voulurent sçavoir avec qui ils étoient venus. Nausicrates qui les avoit conduits depuis le port jusqu'au Cirque ou l'on celebroit les jeux, leur montra Hazaël, avec lequel Mentor & moi étions venus de l'Isle de Cypre. Mais leur étonnement fut encore bien plus grand, quand ils sçûrent que Mentor avoit été esclave d'Hazaël, qu'Hazaël touché de la sagesse & de la vertu de son esclave, en

F iv.

avoit fait son conseil & son meilleur ami ; que cet esclave mis en liberté étoit le même qui tenoit de refuser d'être Roi, & qu'Hazaël étoit venu de Damas en Syrie pour s'instruire des loix de Minos, tant l'amour de la sagesse templissoit son cœur.

Les Vieillards dirent à Hazaël : nous n'osons vous prier de nous gouverner, car nous jugeons que vous avez les mêmes pensées que Mentor. Vous méprisez trop les hommes pour vouloir vous charger de les conduire : d'ailleurs vous êtes trop detaché des richesses & de l'éclat de la Royauté, pour vouloir acheter cet éclat par les peines attachées au gouvernemens des peuples. Hazaël répondit : Ne croyez pas, ô Crétois, que je méprise les hommes. Non, non : je sçai combien il est grand de travailler à les rendre bons & heureux ; mais ce travail est rempli de peines & de dangers. L'éclat qui y est attaché, est faux : & ne peut éblouir que les ames vaines. La vie est courte : les grandeurs irritent plus les passions qu'elles ne peuvent les contenter : c'est pour apprendre à me passer de ces faux biens, & non pas pour y parvenir, que je suis venu de si loin. Adieu. Je ne songe qu'à retourner dans une vie paisible & retirée, où la sagesse nourrisse mon cœur, & où les esperances qu'on tire de la vertu pour une autre meilleure vie après la mort, me consolent dans les chagrins de la vieillesse. Si j'avois quelque chose à souhaiter, ce ne seroit pas d'être Roi, ce seroit de ne me separer jamais de ces deux hommes que vous voyez.

Enfin les Crétois s'écrierent, parlant à Mentor : Dites-nous, ô le plus sage & le plus grand de tous les Mortels, dites-nous donc qui est ce que nous pouvons choisir pour notre Roi ? Nous ne vous laisserons point aller, que vous ne nous ayez pris le choix que nous devons faire. Il leur répondit : Pendant que j'étois dans la foule des spectateurs, j'ai remarqué un homme qui ne témoignoit aucun empressement. C'est un Vieillard assez vigoureux ; j'ai demandé quel homme c'étoit, on m'a répondu qu'il s'apelloit Aristodeme. Ensuite j'ai entendu qu'on lui disoit que ses deux enfans étoient au nombre de ceux qui combattoient ; il a paru n'en avoir aucune joye, il a dit que pour l'un il ne lui souhaitoit point les perils de la Royauté, & qu'il aimoit trop sa patrie pour consentir que l'autre regnât jamais : Par-là je compris que ce pere aimoit d'un amour raisonnable l'un de ses enfans qui a de la vertu, & qu'il ne flatoit point l'autre dans ses déreglemens. Ma curiosité augmentant, j'ai damandé quelle a été la vie de ce Vieillard. Un de vos Citoyens m'a répondu : il a long-tems porté les armes, & il est couvert de blessures ; mais sa vertu sincere & ennemie de la flaterie, l'avoit rendu incommode à Idomenée : c'est ce qui empêcha ce Roi de s'en servir dans le siége de Troye. Il craignoit un homme qui lui donneroit des sages conseils, qu'il ne pouvoit se résoudre à suivre : il fut même jaloux de la gloire que cet homme ne manqueroit pas d'acquerir bien-tôt, il oublia tous ses services : il le laissa ici pauvre, méprisé des hommes grossiers & lâches qui n'estiment que les richesses ; mais content dans sa pauvreté, il vit gayement dans un endroit écarté de l'Isle, ou

F v

il cultive son champ de ses propres mains. Un de ses fils travaille avec lui ; ils s'aiment tendrement, ils sont heureux par leur frugalité & par leur travail ; ils se sont mis dans l'abondance des choses nécessaires à une vie simple. Le sage Vieillard donne aux pauvres malades de son voisinage tout ce qui lui reste au-delà de ses besoins & de ceux de son fils. Il fait travailler tous les jeunes gens, il les exhorte, il les instruit : il juge tous les differends de son voisinage : il est le pere de toutes les familles. Le malheur de la sienne est d'avoir un second fils, qui n'a voulu suivre aucun de ses conseils. Le pere après l'avoir long-tems souffert pour tâcher de le corriger de ses vices, l'a enfin chassé. Il s'est abandonné à une folle ambition & à tous ses plaisirs.

Voilà, ô Crétois, ce qu'on m'a raconté. Vous devez sçavoir si ce recit est veritable. Mais si cet homme est tel qu'on le dépeint, pourquoi faire des jeux ? Pourquoi assembler tant d'inconnus ? Vous avez au milieu de vous un homme qui vous connoît & que vous connoissez, qui sçait la guerre, qui a montré son courage, non seulement contre les fléches & contre les dards, mais contre l'affreuse pauvreté, qui a méprisé les richesses acquises par la flaterie, qui aime le travail, qui sçait combien l'agriculture est utile à un peuple qui deteste le faste, qui ne se laisse point amolir par un amour aveugle de ses enfans, qui aime la vertu de l'un, & qui condamne le vice de l'autre : en un mot un homme qui est déja le pere du peuple. Voilà votre Roy, s'il est vrai que vous desiriez de faire regner chez vous les loix du sage Minos.

Tout le peuple s'ecria : il est vrai, Aristodeme est tel que vous le dites : c'est lui qui est digne de regner. Les Vieillards le firent appeller : on le chercha dans la foule, ou il étoit confondu avec les derniers du peuple, il parut tranquile, on lui declara qu'on le faisoit Roy. Il répondit : je n'y puis consentir qu'à trois conditions. La premiere, que je quitterai la Royauté dans deux ans, si je ne vous rends meilleurs que vous n'êtes, & si vous resistez aux loix. La seconde, que je serai libre de continuer une vie simple & frugale. La troisiéme, que mes enfans n'auront aucun rang, & qu'après ma mort on les traitera sans distinction selon leur merite comme le reste des Citoyens.

A ces paroles, il s'éleve dans l'air mille cris de joye. Le diademe fut mis par le chef des Viellards gardes des loix, sur la tête d'Aristodeme. On fit des sacrifices à Jupiter, & aux autres grands Dieux. Aristodéme nous fit des presens, non pas avec la magnificence ordinaire aux Rois, mais avec une noble simplicité. Il donna à Hazaël les loix de Minos écrites de la main de Minos même. Il lui donna aussi un recueil de toute l'Histoire de Crête, depuis Saturne & l'âge d'or ; il fit mettre dans son vaisseau des fruits de toutes les especes qui sont bonnes en Créte, & inconnuës dans la Syrie, & lui offrit tous le secours dont il pouvoit avoir besoin.

Comme nous pressions notre départ, il nous fit preparer un vaisseau avec un grand nombre de bons rameurs & d'hommes armez : il y fit mettre des habits pour nous, & des provisions. A l'instant même il s'éleva un

F vj

vent favorable pour aller en Ithaque, ce vent qui étoit contraire à Hazaël le contraignit d'attendre. Il nous vit partir; il nous embrassa comme des amis qu'il ne devoit jamais revoir. Les Dieux sont justes, disoit-il, ils voyent une amitié qui n'est fondée que sur la vertu : un jour ils nous réüniront ; & ces Champs fortunez, où l'on dit que les justes jouïssent après la mort d'une paix éternelle, verront nos ames se rejoindre pour ne se separer jamais. O si mes cendres pouvoient ainsi être recuëillies avec les vôtres ! En prononçant ces mots, il versoit des torrens de larmes, & les soûpirs étouffoient sa voix. Nous ne pleurions pas moins que lui, & il nous conduisit au vaisseau.

Pour Aristodeme, il nous dit : C'est vous qui venez de me faire Roi, souvenez-vous des dangers où vous m'avez mis. Demandez aux Dieux qu'ils m'inspirent la vraye sagesse, & que je surpasse autant en moderation les autres hommes, que je les surpasse en autorité. Pour moi je le prie de vous conduire heureusement dans votre patrie, d'y confondre l'insolence de vos ennemis, & de vous y faire voir en paix Ulysse regnant avec sa chere Penelope. Telemaque, je vous donne un bon vaisseau plein de rameurs & d'hommes armez, ils pourront vous servir contre ces hommes injustes qui persecutent votre mere. O Mentor, votre sagesse qui n'a besoin de rien ne me laisse rien à desirer pour vous ! Allez tous deux, vivez heureux ensemble; souvenez-vous d'Aristodeme, & si jamais les Ithaciens ont besoin des Crétois, comptez sur moi jusqu'au dernier jour de ma vie. Il nous embrassa, & nous ne pûmus en le remerciant retenir nos larmes.

 Cependant le vent qui enfloit nos voiles, nous promettoit une douce navigation. Déja le Mont Ida n'étoit plus à nos yeux que comme une coline, tous les rivages disparoissoient. Les côtes de Peloponese sembloient s'avancer dans la mer pour venir au-devant de nous, Tout-à-coup une noire tempête envelopa le Ciel, & irrita toutes les ondes de la mer. Le jour se changea en nuit, & la mort se presenta à nous. O Neptune, c'est vous qui excitâtes par votre superbe Trident toutes les eaux de votre Empire! Venus pour se venger de ce que nous l'avions méprisée jusques dans son Temple de Cythere, alla trouver ce Dieu; elle lui parla avec douleur; ses beaux yeux étoient baignez de larmes; du moins c'est ainsi que Mentor instruit des choses divines me l'a assuré. Souffrez-vous Neptune, disoit-elle que ces impies se joüent impunement de ma puissance? Les Dieux mêmes la sentent, & ces temeraires mortels ont osé condamner tout ce qui se fait dans mon Isle. Ils se piquent d'une sagesse à toute épreuve, & ils traitent l'amour de folie. Avez-vous oublié que je suis née dans votre Empire? que tardez-vous à ensevelir dans vos profonds abîmes ces deux hommes que je ne puis souffrir?

 A peine avois-je parlé que Neptune souleva des flots jusqu'au Ciel, & Venus rit, croyant notre naufrage inévitable. Notre Pilote troublé s'écria qu'il ne pouvoit plus resister aux vents qui nous poussoient avec violence vers les rochers: un coup de vent rompit notre mât, & un moment après nous entendîmes les pointes des rochers qui entr'ouvroient le fond du navire. L'eau entre de tous côtez ; le navire s'enfonce, tous nos rameurs pouſſent de lamentables cris vers le Ciel J'embraſſe Mentor, & je lui dis : Voici la mort, il faut la recevoir avec courage. Les Dieux ne nous ont délivrez de tant de périls, que pour nous faire perir aujourd'hui. Mourons, Mentor, mourons. C'eſt une conſolation pour moi de mourir avec vous, il ſeroit inutile de diſputer notre vie contre la tempête,

Mentor me répondit ; le vrai courage trouve toûjours quelque reſſource. Ce n'eſt pas aſſez d'être prêt à recevoir tranquillement la mort, il faut ſans la craindre faire tous les efforts pour la repouſſer. Prenons vous & moi un de ces grands bancs de Rameur ; tandis que cette multitude d'hommes timides & troublez regrette la vie, ſans chercher les moyens de la conſerver, ne perdons pas un moment pour ſauver la notre. Auſſi tôt il prend une hache, il acheve de couper le mât qui étoit deja rompu, & qui panchant dans la mer, avoit mis le vaiſſeau ſur le côté ; il jette le mat hors du vaiſſeau, & s'élance deſſus au milieu des ondes furieuſes ; il m'appelle par mon nom, & m'encourage pour le ſuivre. Tel qu'un grand arbre que tous les vents conjurez attaquent, & qui demeure immobile ſur ſes profondes racines, en ſorte que la tempête ne fait qu'agiter ſes feüilles : de même Mentor non-ſeulement ferme & courageux, mais doux & tranquile, ſembloit commander aux vents & à la mer. Je le ſuis. Et qui auroit pû ne le pas ſuivre encouragé par lui ? Nous

LIVRE VI.

nous conduisons nous-mêmes sur ce mât flottant. C'étoit un grand secours pour nous; car nous pouvions nous asseoir dessus. S'il eût fallu nager sans relâche, nos forces eussent été bien-tôt épuisées, mais souvent la tempête faisoit tourner cette grande piece de bois, & nous nous trouvions enfoncez dans la mer; alors nous bûvions l'onde amere qui couloit de notre bouche, de nos narrines & de nos oreilles, & nous étions contraits de disputer contre les flots, pour ratraper le dessus du mât. Quelquefois aussi une vague haute comme une montagne venoit passer sur nous, & nous nous tenions fermes, de peur que dans cette violente secousse, le mât qui étoit notre unique esperance, ne nous échapât.

Pendant que nous étions dans cet état affreux, Mentor aussi paisible qu'il est maintenant sur ce siége de gazon, me disoit: croyez-vous, Telemaque, que votre vie soit abadonnée aux vents & aux flots? Croyez-vous qu'ils puissent vous faire perir sans l'ordre des Dieux? Non, non, les Dieux, decident de tout. C'est donc les Dieux, & non pas la mer qu'il faut craindre. Fussiez-vous au fond des abîmes, la main de Jupiter pourroit vous en tirer. Fussiez-vous dans l'Olympe, voyant les Astres sous vos pieds: Jupiter pourroit vous plonger au fond de l'abime, ou vous precipiter dans les flâmes du noir Tartare. J'écoûtois, & j'admirois ce discours qui me consoloit un peu; mais je n'avois pas l'esprit assez libre pour lui répondre. Il ne me voyoit point; je ne pouvois le voir Nous passames toute la nuit tremblans de froid & demi morts, sans sçavoir où la tempête nous jettoit. Enfin les vents commencerent à s'appaiser, & la mer mugissant ressembloit à une personne qui ayant été long-tems irritée, n'a plus qu'un reste de trouble & d'émotion, étant lassé de se mettre en fureur : elle grondoit sourdument, & ses flots n'étoient presque plus que comme les sillons qu'on trouve dans un champ labouré.

Cependant l'Aurore vint ouvrir au Soleil les portes du Ciel, & nous annonça un beau jour. L'Orient étoit tout en feu, & les étoiles qui avoient été si long-tems cachées, reparurent & s'enfuirent à l'arrivée de Phœbus. Nous apperçûmes de loin la terre, & le vent nous en approchoit. Alors je sentis l'esperance renaître dans mon cœur, mais nous n'apperçûmes aucun de nos compagnons. Selon les apparences ils perdirent courage, & la tempête les submergea tous avec le vaisseau. Quand nous fumes auprès de la terre, la mer nous poussoit contre des pointes de rochers qui nous eussent brisez : mais nous tâchions de leur presenter le bout de notre mât, & Mentor faisoit de ce mât ce qu'un sage Pilote fait du meilleur gouvernail. Ainsi nous évitâmes ces rochers affreux, & nous trouvâmes enfin une côte douce & unie, & nageant sans peine, nous abordâmes sur le sable. C'est-là que vous nous vîtes, ô grande Déesse qui habitez cette isle ; c'est-là que vous daignâtes nous recevoir.

Fin du sixiéme Livre.

LES AVANTURES
DE
TELEMAQUE
FILS D'ULYSSE.
LIVRE SEPTIE'ME.

SOMMAIRE.

Calypso admire Telemaque dans ses avantures, & n'oublie rien pour le retenir dans son Isle, en l'engageant dans sa passion. Mentor soûtient Telemaque par ses remontrances contre les artifices de cette Déesse, & contre Cupidon que Venus avoit amené à son secours. Néanmoins Telemaque & la Nymphe Eucharis ressentent bien-tôt une passion mutuelle qui excite d'abord la jalousie de Calypso, & ensuite sa colere contre ces deux amans. Elle jure par le Styx que Telemaque sortira de son Isle. Cupidon va la consoler & oblige ses Nymphes à aller brûler un vaisseau fait par Mentor, dans le tems que celui-ci entraine Telemaque pour s'y embarquer. Telemaque sent une joye secrete de voir brûler ce vaisseau. Mentor qui s'en apperçoit le precipite dans la mer, & s'y jette lui-même pour gagner en nageant un autre vaisseau qu'il voyoit près de cette côte.

QUAND Telemaque eut achevé ce discours, toutes les Nymphes qui avoient été immobiles, les yeux attachez sur lui, se regardoient les unes les autres. Elles se disoient avec étonnement : Quels sont donc ces deux hommes si cheris des Dieux ? A-t'on jamais oui parler d'avantures si merveilleuses ? Le fils d'Ulysse le surpasse déja en éloquence, en sagesse & en valeur. Quelle mine ! quelle beauté ! quelle douceur ! quelle modestie! mais quelle noblesse & quelle grandeur ! Si nous sçavions qu'il est le fils d'un mortel, on le prendroit aisément pour Bachus, pour Mercure, ou même pour le grand Appollon. Mais quel est ce Mentor qui paroit un homme simple, obscur, & d'une médiocre condition ? Quand on le regarde de près, on trouve en lui je ne sçai quoi au-dessus de l'homme.

Calypso écoûtoit ce discours avec un trouble qu'elle ne pouvoit cacher. Ses yeux errans alloient sans cesse de Mentor à Telemaque, & de Telemaque à Mentor. Quelquefois elle vouloit que Telemaque recommençat cette longue histoire de ses avantures ; puis tout à coup elle s'interrompoit elle-même. Enfin se levant brusquement, elle mena Telemaque seul dans un bois de myrthe, où elle n'oublia rien pour sçavoir de lui si Mentor n'étoit point une Divinité cachée sous la forme d'un homme : Telemaque ne pouvoit le lui dire : car Minerve en l'accompagnant sous la figure de Mentor, ne s'étoit point découverte à lui à cause de sa grande jeunesse. Elle ne se fioit pas encore assez à son secret pour lui confier ses desseins ; d'ailleurs elle vouloit l'éprouver par les plus grands dangers ; & s'il eût sçû que Minerve étoit avec lui, un tel secours l'eût trop soûtenu il n'auroit eu aucune peine à mépriser les accidens les plus affreux. Il prenoit donc Minerve pour Mentor, & tous les artifices de Calypso furent inutiles pour découvrir ce qu'elle desiroit sçavoir.

Cependant toutes les Nymphes autour de Mentor, prenoient plaisir à la questionner. L'une lui demandoit les circonstances de son voyage d'Ethiopie ; l'autre vouloit sçavoir ce qu'il avoit vû à Damas ; un autre lui demandoit s'il avoit connu autrefois Ulysse avant le siége de Troye. Il répondit à toutes avec douceur ; & ses paroles quoique simples étoient pleines de graces. Calypso ne les laissa pas long-tems dans cette conversation: elle revint; & pendant que les Nymphes se mirent à cuëillir les fleurs en chantant pour ameuser Telemaque, elle prit à l'écart Mentor pour le faire parler. La douce vapeur du sommeil ne coule pas plus doucement dans les yeux appesantis, & dans tous les membres fatiguez d'un homme abbatu, que les paroles flateuses de la Déesse s'insinuoient pour enchanter le cœur de Mentor: mais elle sentoit toûjours je ne sçai quoi qui repoussoit tous ses efforts, & qui se joüoit de ses charmes : Semblable à un rocher escarpé qui cache son front dans les nuës, & qui se joüe de la rage des vents ; Mentor immobile dans ses sages desseins, se laissoit presser par Calypso. Quelquefois même il lui laissoit esperer qu'elle l'embarrasseroit par ses questions, & qu'elle tireroit la verité du fond de son cœur. Mais au moment où elle croyoit satisfaire sa curiosité, ses esperances s'évanoüissoient. Tout ce qu'elle s'imaginoient tenir, lui échapoit tout à coup

& une réponse courte de Mentor la replongeoit dans ses incertitudes.

Elle passoit ainsi les journées, tantôt flatant Telemaque, tantôt cherchant les moyens de le détacher de Mentor, qu'elle n'esperoit plus de faire parler. Elle employoit les plus belles Nymphes à faire naitre les feux de l'amour dans le cœur du jeune Telemaque, & une Divinité plus puissante qu'elle vint à son secours pour y réüssir.

Venus toûjours pleine de ressentiment du mépris que Mentor & Telemaque avoient témoigné pour le culte qu'on lui rendoit dans l'isle de Cypre, ne pouvoit se consoler de voir que ces deux témeraires Mortels eussent échappé aux vents & à la mer dans la tempête excitée par Neptune. Elle en fit des plaintes ameres à Jupiter : mais le pere des Dieux soûriant sans vouloir lui découvrir que Minerve sous la figere de Mentor avoit sauvé le fils d'Ulysse, permit à Venus de chercher les moyens de se venger de ces deux hommes. Elle quitte l'Olympe : Elle oublie les doux parfums qu'on brûle sur ses Autels à Paphos, à Cythere, & à Idalie ; elle vole dans son char attelé de colombes : elle appelle son fils ; & la douleur se répandant sur son visage orné de nouvelles graces, elle parla ainsi :

Vois-tu, mon fils, ces deux hommes qui méprisent ta puissance & la mienne ? Qui voudra désormais nous adorer ? Va, perce de tes fléches ces deux cœurs insensibles ; descends avec moi dans cette isle, je parlerai à Calypso. Elle dit, & fendant les airs dans un nuage tout doré, elle se presenta à Calypso, qui dans ce moment étoit seule au bord d'une fontaine assez loin de sa grotte.

Malheureuse Déesse, lui dit-elle, l'ingrat Ulysse vous a méprisée. Son fils encore plus dur que lui vous prépare un semblable mépris : mais l'amour vient lui-même pour vous venger ; je vous laisse : il demeurera parmi vos Nymphes, comme autrefois l'enfant Bachus qui fut nourri par les Nymphes de l'Isle de Naxos. Telemaque le verra comme un enfant ordinaire, il ne pourra s'en défier, & il sentira bien-tôt son pouvoir. Elle dit, & remontant dans le nuage doré d'où elle étoit sortie, elle laissa aprés elle une odeur d'embroise dont tous les bois de Calypso furent parfumez.

L'amour demeura entre les bras de Calypso. Quoique Déesse, elle sentit la flâme qui couloit déja dans son sein. Pour se soulager elle le donna aussi-tôt à la Nymphe qui étoit auprés d'elle, nommée Eucharis. Mais hélas ! dans la suite combien de fois se repentit-elle de l'avoir fait ; d'abord rien ne paroissoit plus innocent, plus doux & plus aimable, plus ingenu & plus gracieux que cet Enfant. A le voir enjoüé, flateur, toûjours riant, on auroit crû qu'il ne pouvoit donner que du plaisir : mais à peine s'étoit-on fié à ses caresses, qu'on y sentoit je ne sçai quoi d'empoisonné. L'enfant malin & trompeur ne caressoit que pour trahir, & il ne rioit jamais que pour des maux cruels qu'il avoit faits, ou qu'il vouloit faire. Il n'osoit approcher de Mentor, dont la severité l'épouventoit ; & il sentoit que cet inconnu étoit invulnerable, en sorte qu'aucune de ses fléches n'avoit pû le percer. Pour les Nymphes elles sentirent bien-tôt les feux que cet Enfant trompeur allume; mais elles cachoient avec soin la playe profonde qui s'envenimoit dans leurs cœurs.

Cependant Telemaque voyant cet Enfant qui se joüoit avec les Nymphes, fut surpris de sa douceur & de sa beauté. Il l'embrasse, il le prend tantôt sur ses genoux, tantôt entre ses bras. Il sent en lui même une inquiétude dont il ne peut trouver la cause. Plus il cherche à se joüer innocement, plus il se trouble & s'amolit. Voyez-vous ces Nymphes, disoit il à Mentor, combien sont-elles differentes de ces femmes de l'Isle de Cypre dont la beauté étoit choquente à cause de leur immodestie; ces beautez immortelles montrent une innocence, une modestie, une simplicité qui charme. Parlant ainsi, il rougissoit sans sçavoir pourquoi: il ne pouvoit s'empêcher de parler, mais à peine avoit-il commencé, qu'il ne pouvoit continuer; ses paroles étoient entrecoupées, obscures, & quelquefois elles n'avoient aucun sens.

Mentor lui dit: O Telemaque! les dangers de l'Isle de Cypre n'étoient rien, & si on les compare à ceux dont vous ne vous défiez pas maintenant. Le vice grossier fait horreur; l'impudence brutale donne de l'indignation; mais la beauté modeste est bien plus dangereuse. En l'aimant on croit n'aimer que la vertu, & insensiblement on se laisse aller aux appas trompeurs d'une passion qu'on n'aperçoit que quand il n'est presque plus tems de l'éteindre. Fuyez, ô mon cher telemaque, fuyez ces Nymphes qui ne sont si desertes que pour vous mieux tromper. Fuyez les dangers

LIVRE VII.

de votre jeuneſſe ; mais ſur tout fuyez cet Enfant que vous ne connoiſſez pas. C'eſt l'Amour que Venus ſa mere eſt venuë apporter dans cet iſle pour ſe venger du mépris que vous avez témoigné pour le culte qu'on lui rend à Cythere, il a bleſſé le cœur de la Déeſſe Calypſo ; elle eſt paſſionnée pour vous ; il a brûlé toutes les Nymphes qui l'environnent : vous brûlez vous-même, ô malheureux jeune homme, preſque ſans le ſçavoir.

Telemaque interrompoit ſouvent Mentor, lui diſant : pourquoi ne demeurons-nous pas dans cette iſle ? Ulyſſe ne vit plus : il doit être depuis longtems enſeveli dans les ondes. Penelope ne voyant revenir ni lui ni moi, n'aura pû reſiſter à tant de prétandans. Son pere Icare l'aura contrainte d'accepter un nouvel époux. Retournerai-je à Ithaque pour la voir engagée dans de nouveaux liens, & manquant à la foi qu'elle avoit donnée à mon pere ? Les Ithaciens ont oublié Ulyſſe. Nous ne pouvons y retourner que pour chercher une mort aſſurée, puiſque les amans de Penelope ont occupé toutes les avenuës du port, pour mieux aſſurer notre perte à notre retour.

Mentor répondit : Voilà l'effet d'une aveugle paſſion. On cherche avec ſubtilité toutes les raiſons qui la favoriſent, & on ſe détourne de peur de voir toutes celles qui la condamnent. On n'eſt plus ingenieux que pour ſe tromper & pour étouffer ſes remords. Avez-vous oublié tout ce que les Dieux ont fait pour vous ramener dans votre patrie ? comment êtes-vous ſorti de la Sicile ? Les malheurs que vous avez éprouvez en Egypte ne ſe ſont-ils pas tournez tout-à-coup en profperitez ? Quelle main inconnuë vous a enlevé à tous les dangers qui menaçoient votre tête dans la ville de Tyr ? Aprés tant de merveilles, ignorez-vous encore ce que les destinées vous ont preparé ? Mais que dis-je ? vous en êtes indigne. Pour moi, je pars, & je sçaurai bien sortir de cette isle. Lâche fils d'un pere si sage & si genereux, menez ici une vie mole & sans honneur au milieu des femmes, mais malgré les Dieux ce que votre pere crut indigne de lui.

Ces paroles de mépris percerent Telemaque jusqu'au fond du cœur. Il se sentoit attendri aux discours de Mentor : sa douceur étoit mêlée de honte : il craignoit l'indignation & le départ de cet homme si sage à qui il devoit tant. Mais une passion naissante, & qu'il ne connoit pas lui-même, faisoit qu'il n'étoit plus le même homme. Quoi donc, disoit-il a Mentor les larmes aux yeux, vous ne comptez pour rien l'immortalité qui m'est offerte par la Déesse ? Je compte pour rien, répondit Mentor, tout ce qui est contre la vertu, & contre les ordres de Dieu. La vertu vous rappelle dans votre patrie pour revoir Ulysse & Penelope. La vertu vous défend de vous abandonner à une folle passion Les Dieux qui vous ont délivré de tant de périls pour vous préparer une gloire égale à celle de votre pere, vous ordonnent de quitter cette isle. L'Amour seul, cet honteux tyran, peut vous y retenir. Hé, que feriez-vous d'une vie immortelle, sans liberté, sans vertu, sans gloire ? Cette vie seroit encore plus malheureuse en ce qu'elle ne pourroit finir.

Telemaque

Livre VII.

Telemaque ne repondit à ce discours que par des soupirs. Quelquefois il auroit souhaité que Mentor l'eût arraché malgré lui de cette Isle. Quelquefois il lui tardoit que Mentor fût parti, pour n'avoir plus devant les yeux cet ami severe qui lui reprochoit sa foiblesse. Toutes ces pensées contraires agitoient tour à tour son cœur, & aucune n'y étoit constante. Son cœur étoit comme la mer qui est le joüet de tous les vents contraires. Il demeuroit souvent étendu & immobile sur le rivage de la mer ; souvent dans le fond de quelque bois sombre, versant des larmes ameres, & poussant des cris semblables aux mugissemens d'un lion. Il étoit devenu maigre ; ses yeux creux étoient pleins d'un feu devorant : à le voir pâle, abbatu & défiguré, on auroit crû que ce n'étoit point Telemaque. Sa beauté, son enjoüement, sa noble fiereté, s'enfuyoient loin de lui, il perissoit : Tel qu'une fleur, qui étant épanoüie le matin, répand ses doux parfums dans la Campagne, & se flétrit peu à peu vers le soir les vives couleurs s'effacent, elle languit, elle se desseche, & sa belle tête se panche, ne pouvant plus se soûtenir. Ainsi le fils d'Ulysse étoit aux portes de la mort.

Mentor voyant que Telemaque ne pouvoit resister à la violence de sa passion, conçût un dessein plain d'adresse pour le délivrer d'un si grand danger. Il avoit remarqué que Calypso aimoit éperdument Telemaque, & que Telemaque n'aimoit pas moins la jeune Nymphe Eucharis ; car le cruel Amour pour tourmenter les mortels, fait qu'on n'aime guere la personne dont on est aimé. Mentor resolut d'exciter la jalousie de Calypso. Eucharis devoit emmener Telemaque dans une chasse. Mentor dit à Calypso ; J'ai remarqué dans Telemaque une passion pour la chasse, que je n'avois jamais vûë en lui. Ce plaisir commence à le dégoûter de tout autre : il n'aime plus que les forêts & les montagnes les plus sauvages. Est ce vous, ô Déesse, qui lui inspirez cette grande ardeur ?

Calypso sentit un dépit cruel en écoutant ces paroles, & elle ne peut se retenir. Ce Telemaque, répondit-elle, qui a méprisé tous les plaisirs de l'Isle de Cypre, ne peut resister à la médiocre beauté d'une de mes Nymphes. Comment ose-t'il se vanter d'avoir fait tant d'actions merveilleuses, lui dont le cœur s'amolit lâchement par la volupté, & qui ne semble né que pour passer une vie obscure au milieu des femmes ? Mentor remarquant avec plaisir combien la jalousie troubloit le cœur de Calypso, n'en dit pas davantage de peur de la mettre en defience de lui. Il lui montroit seulement un visage triste & abbatu. La Déesse lui découvroit ses peines sur toutes les choses qu'elle voyoit, & elle faisoit sans cesse des plaintes nouvelles. Cette chasse dont Mentor l'avoit avertie, acheva de la mettre en fureur. Elle sçut que Telemaque n'avoit cherché qu'à se dérober aux autres Nymphes pour parler à Eucharis. On proposoit même déja une seconde chasse, où elle prévoyoit qu'il seroit comme dans la premiere. Pour rompre les mesures de Telemaque, elle declara qu'elle en vouloit être. Puis tout-à-coup ne

LIVRE VII.

pouvant plus moderer son ressentiment, elle lui parla ainsi :

Est-ce donc ainsi, ô jeune Temeraire, que tu es venu dans mon Isle pour échaper au juste naufrage que Neptune te préparoit, & à la vengeance des Dieux ? N'es-tu entré dans cette Isle, qui n'est ouverte à aucun mortel, que pour mépriser ma puissance & l'amour que je t'ai témoigné ? O Divinitez de l'Olympe & du Styx, écoutez une malheureuse Déesse ; hâtez-vous de confondre ce perfide, cet ingrat, cet impie. Puisque tu es encore plus dur & plus injuste que ton pere, puisses-tu souffrir des maux encore plus longs & plus cruels que les siens. Non, non, que jamais tu ne revoyes ta patrie, cette pauvre & miserable Ithaque, que tu n'as point eu de honte de préferer à l'immortalité ; ou plûtôt que tu perisses, en le voyant de loin au milieu de la mer, & que ton corps devenu le jouet des flots, soit rejetté sans esperance de sepulture sur le sable de ce rivage. Que mes yeux le voyent mangé par les vautours. Celle que tu aimes le verra aussi : elle le verra, elle en aura le cœur déchiré, & son desespoir fera mon bonheur.

En parlant ainsi, Calypso avoit les yeux rouges & enflâmez; ses regards ne s'arrêtoient en aucun endroit ; ils avoient je ne sçai quoi de sombre & de farouche. Ses joües tremblantes étoient couvertes de tâches noires & livides : elle changeoit à chaque moment de couleur. Souvent une pâleur mortelle se répandoit sur tout son visage ; ses larmes ne couloient plus comme autrefois avec abondance ; la rage & le desespoir sembloient en avoir tari la

G ij

source ; à peine en couloit-il quelques-unes sur ses joües. Sa voix étoit rauque, tremblante & entrecoupée. Mentor observoit tous ces mouvemens : & ne parloit plus à Telemaque. Il le traitoit comme un malade desesperé qu'on abandonne, il jettoit souvent sur lui des regards de compassion.

Telemaque sentoit combien il étoit coupable & indigne de l'amitié de Mentor. Il n'osoit lever les yeux, de peur de rencontrer ceux de son ami, dont le silence même le condamnoit. Quelquefois il avoit envie d'aller se jetter à son cou, & de lui témoigner combien il étoit touché de sa faute : mais il étoit retenu ; tantôt par une mauvaise honte, & tantôt par la crainte d'aller plus loin qu'il ne vouloit, pour se retirer du péril ; car le peril lui sembloit doux, & il ne pouvoit encore se resoudre à vaincre sa folle passion.

Les Dieux & les Déesses de l'Olympe assemblez dans un profond silence, avoient les yeux attachez sur l'Isle de Calypso, pour voir qui seroit victorieux, ou de Minerve, ou de l'Amour. L'Amour en se joüant avec les Nymphes, avoit mis tout en feu dans l'Isle. Minerve sous la figure de Mentor, se servoit de la jalousie inseparable de l'Amour contre l'Amour même. Jupiter avoit résolu d'être le spectateur de ce combat, & de demeurer neutre.

Cependant Eucharis qui craignoit que Telamaque ne lui échapât, usoit de mille artifices pour le retenir dans ses liens. Déja elle alloit partir avec lui pour la seconde chasse, & elle étoit vêtuë comme Diane. Venus & Cupidon avoient repandu sur elle de nouveaux charmes, en forte que ce jour-là fa beauté effaçoit celle de la Déeffe Calypfo même. Calypfo la regardant de loin, fe regarda en même-tems dans la plus claire de fes fontaines ; elle eut honte de fe voir. Alors elle fe cacha au fond de fa grote, & parla ainfi toute feule :

Il ne me fert donc de rien d'avoir voulu troubler ces deux Amans, en declarant que je veux être de cette chaffe. En ferai-je ? irai-je la faire triompher, & faire fervir ma beauté à relever la fienne ? Faudra-t'il que Telemaque en me voyant foit encore plus paffionné pour fon Eucharis ? O malheureufe ! qu'ai-je fait ? Non, je n'y irai pas, ils n'y iront pas eux mêmes, je fçaurai bien les empêcher. Je vais trouver Mentor, je le prierai d'enlever Telemaque, & il le ramenera en Ithaque : Mais qne dis-je ? & que devieudrai-je, quand Telemaque fera parti ? où fuis-je ? Que refte-t'il à faire, ô cruelle Venus ? Venus, vous m'avez trompée, ô perfide prefent que vous m'avez fait ! Pernicieux Enfant, Amour empefté, je ne t'avois ouvert mon cœur que dans l'efperance de vivre heureufe avec Telemaque, & tu n'as porté dans ce cœur que trouble & que defefpoir. Mes Nymphes fe font revoltées contre moi. Ma Divinité ne me fert plus qu'à rendre mon malheur éternel. O ! fi j'étois libre de me donner la mort pour finir mes douleurs ! Telemaque, il faut que tu meures, puifque je ne puis mourir. Je me vengerai de tes ingratitudes ; ta Nymphe le verra, & je te percerai à fes yeux. Mais je m'égare, ô malheureufe Calypfo ! Que veux-tu ? faire perir un innocent que tu as jetté toi-même dans cet abîme de malheurs ? C'est moi qui ai mis le flambeau dans le sein du chaste Telemaque. Quelle innocence ! quelle vertu, qu'elle horreur du vice, quel courage contre les honteux plaisirs ! Falloit-il empoisonner son cœur. Il m'eut quittée. Hé bien ne faudra-t'il pas qu'il me quitte, ou que je le voye plein de mépris pour moi, ne vivant plus que pour ma rivale ? Non, non, je ne souffre que ce que j'ai bien mérité. Pars Telemaque, va t'en au délà des mers, laisse Calypso sans consolation, ne pouvant supporter la vie, ni trouver la mort. Laissez-là inconsolable, couverte de honte, desesperée avec ton orgueïlleuse Eucharis.

Elle parloit ainsi seule dans sa grotte : mais tout-à-coup elle sort impetueusement : Où êtes-vous, ô Mentor, dit-elle ? Est-ce ainsi que vous soûtenez Telemaque contre le vice auquel il succombe ? Vous dormez pendant que l'amour veille contre vous. Je ne puis souffrir plus long-tems cette lâche indifference que vous témoignez. Verrez-vous toûjours tranquilement le fils d'Ulysse deshonorer son pere, négliger sa haute destinée ? Est-ce à vous ou à moi que ses parens ont confié sa conduite ? c'est moi qui cherche les moyens de guerir son cœur ; & vous, ne ferez vous rien ? Il y a dans le lieu le plus reculé de cette forêt de grands plupliers propres à construire un vaisseau ; c'est-là qu'Ulysse fit celui dans lequel il sortoit de cette Isle. Vous trouverez au même endroit une profonde caverne où sont tous les instrumens necessaires pour travailler & pour joindre toutes les pieces d'un vaisseau.

Livre VII.

A peine eut-elle dit ces paroles qu'elle s'en repentit ; Mentor ne perdit pas un moment ; il alla dans cette caverne, trouva les instrumens, abattit les peupliers : & mit en un seul jour un vaisseau en état de voguer. C'est que la puissance & l'industrie de Minerve n'ont pas besoin d'un grand tems pour achever les plus grands ouvrages.

Calypso se trouva dans cet horrible peine d'esprit : d'un côté elle vouloit voir si le travail de Mentor s'avançoit ; de l'autre, elle ne pouvoit se resoudre à quitter la chasse, où Eucharis auroit été en pleine liberté avec Telemaque. La jalousie ne lui permit jamais de perdre de vûë les deux amans ; mais elle tâchoit de détourner la chasse du côté où elle sçavoit que Mentor faisoit le vaisseau. Elle entendoit les coups de hâche & de marteau : elle prêtoit l'oreille ; chaque coup la faisoit fremir ; mais dans le mouvement même elle craignoit que cette riviére ne lui eût derobé quelque signe, ou quelque coup d'œil de Telemaque à la jeune Nymphe.

Cependant Eucharis disoit à Telemaque d'un ton mocqueur : Ne craignez-vous point que Mentor ne vous blâme d'être venu à la chasse sans lui ? O que vous êtes à plaindre de vivre sous un si rude maître ! Rien ne peut adoucir son austerité : il affecte d'être ennemi de tous les plaisirs, il ne peut souffrir que vous en goûtiez aucun ; il vous fait un crime des choses les plus innocentes. Vous pouviez dépendre de lui pendant que vous étiez hors d'état de vous conduire vous mêmes ; mais après avoir montré tant de sagesses, vous ne devez plus vous laisser traiter en enfant.

Ces paroles artificieuses perçoient le cœur de Telemaque, & le rempliſſoient de dépit contre Mentor, dont il vouloit ſecoüer le joug. Il craignoit de le revoir, & ne répondoit rien à Eucharis, tant il etoit troublé. Enfin vers le ſoir la chaſſe s'étant paſſée de part & d'autre dans une crainte perpetuelle, on revint par un coin de la forêt, aſſez voiſin du lieu où Mentor avoit travaillé tout le jour Calypſo apperçût de loin le vaiſſeau achevé : ſes yeux ſe couvrirent à l'inſtant d'un épais nuage ſemblable à celui de la mort. Ses genoux tremblans ſe déroboient ſous elle : une fraide ſueur courrut par tous les membres de ſon corps : elle fut contrainte de s'appuyer ſur les Nymphes qui l'environnoient ; & Eucharis lui tendant la main pour la ſoûtenir, elle la repouſſa en jettant ſur elle un regard terrible.

Telemaque qui vit ce vaiſſeau, mais qui ne vit point Mentor, parce qu'il s'étoit déja retiré, ayant fini ſon travail, demanda à la Déeſſe à qui étoit ce vaiſſeau, & à quoi on le deſtinoit. D'abord elle ne peut répondre, mais enfin elle dit : C'eſt pour renvoyer Mentor que je l'ai fait faire ; vous ne ſerez plus embaraſſé par cet ami ſevere qui s'oppoſe à votre bonheur, & qui ſeroit jaloux, ſi vous deveniez immortel. Mentor m'abandonne, c'eſt fait de moi, s'écria Telemaque, Eucharis, ſi Mentor me quitte, je n'ai plus que vous. Ces paroles lui échaperent dans le tranſport de ſa paſſion : il vit le tort qu'il avoit eu en le diſant, mais il n'avoit pas été libre de penſer au ſens de ces paroles. Toute la troupe étonnée demeura dans le ſilence. Eucharis rougissant, & baissant les yeux, demeuroit derriere toute interdite, sans oser se montrer. Mais pendant que la honte étoit sur son visage, la joye étoit au fond de son cœur: Telemaque ne se comprenoit plus lui-même, & ne pouvois croire qu'il eût parlé si indiscretement. Ce qu'il avoit fait lui paroissoit comme un songe, mais un songe dont il paroissoit confus & troublé.

Calypso plus furieuse qu'une lyonne à qui on enleve ses petits, courroit au travers de la forêt sans suivre aucun chemin, & ne sçachant où elle alloit, enfin elle se trouva à l'entrée de sa grote, où Mentor l'attendoit. Sortez de mon Isle, dit-elle, ô étrangers qui êtes venus troubler mon repos; loin de moi ce jeune insensé, & vous imprudent vieillard, vous sentirez ce que peut le couroux d'une Déesse, si vous ne l'arrachez d'ici tout à l'heure. Je ne veux plus le voir : je ne veux plus souffrir qu'aucune de mes Nymphes lui parle ni le regarde. J'en jure par les ondes du Styx, serment qui fait trembler les Dieux mêmes. Mais apprends, Telemaque, que tes maux ne sont pas finis : ingrat, tu ne sortiras de mon Isle, que pour être en proye à de nouveaux malheurs. Je serai vengée, tu regresteras Calypso, mais en vain. Neptune encore irritée contre ton pere qu'il a offensé en Sicile, & sollicité par Venus que tu as méprisée dans l'Isle de Cypre, te prepare d'autres tempêtes. Tu verras ton pere qui n'est pas mort, mais tu le verras sans le connoître. Tu ne te réüniras avec lui en Ithaque, qu'après avoir été le jouet de la plus cruelle fortune. Vas : je conjure les Puissances celestes de me venger.

G v

Puisses-tu au milieu des mers suspendu aux pointes d'un rocher, & frappé de la foudre, invoquer en vain Calypso, que ton supplice comblera de joye.

Ayant dit ces paroles, son esprit agité étoit déja prêt à prendre des résolutions contraires. L'amour rappella dans son cœur le desir de retenir Telemaque. Qu'il vive, disoit-elle en elle-même, qu'il demeure ici, peut-être qu'il sentira enfin tout ce que j'ai fait pour lui. Eucharis ne sçauroit comme moi lui donner l'immortalité. O trop aveugle Calypso ! tu t'es trahie toi-même par ton serment : te voilà engagée; & les ondes du Styx par lesquelles tu as juré ne me permettent plus aucune esperance. Personne n'entendoit ces paroles ; mais on voyoit sur son visage les Furies peintes ; & tout le venin empesté du noir Cocyte sembloit s'exhaler de son cœur.

Telemaque en fut saisi d'horreur. Elle le comprit ; (car qu'est ce que l'amour ne devine pas) & l'horreur de Telemaque redoubla les transports de la Déesse ; semblable à une Bacchante qui remplit l'air de ses hurlemens, & qui en fait retentir les hautes montagnes de Tharce, elle court au travers des bois avec un dard en main, appellant toutes ses Nymphes, & menaçant de percer toutes celles qui ne la suivront pas. Elles coururent en foule effrayées de cette menace. Eucharis même s'avance les larmes aux yeux ; & regardant de loin Telemaque à qui elle n'ose plus parler. La Déesse frémit en le voyant auprés d'elle ; & loin de s'appaiser par la soûmission de cette Nymphe, elle ressent une nouvelle.

fureur, voyant que l'affliction augmente la beauté d'Eucharis.

Cependant Telemaque étoit demeuré seul avec Mentor. Il embrasse ses genoux ; car il n'osoit l'embrasser autrement, ni le regarder ; il verse un torrent de larmes ; il veut parler, la voix lui manque. Les paroles lui manquent encore davantage ; il ne sçait ni ce qu'il doit faire, ni ce qu'il fait, ni ce qu'il veut. Enfin il s'écrie ; O mon vrai pere, ô Mentor ! délivrez-moi de tant de maux. Je ne puis ni vous abandonner, ni vous suivre. Délivrez-moi de tant de maux ; délivrez-moi de moi-même, donnez-moi la mort.

Mentor l'embrasse, le console, l'encourage, lui apprend à se supporter lui-même sans flater sa passion, & lui dit : fils du sage Ulysse, que les Dieux ont tant aimé, & qu'ils aiment encore ; c'est par un effet de leur amour que vous souffrez des maux si horribles. Celui qui n'a point senti sa foiblesse & la violence de ses passions, n'est point encore sage ; car il ne se connoît point encore, & ne sçait point se défier de soi. Les Dieux vous ont conduit comme par la main jusqu'au bord de l'abîme pour vous en montrer toute la profondeur sans vous y laisser tomber. Comprenez maintenant ce que vous n'aurez jamais compris si vous ne l'aviez éprouvé. On vous auroit parlé en vain de trahisons de l'Amour, qui flate pour perdre, & qui sous une apparence de douceur cache les plus affreuses amertumes. Il est venu cet Enfant plein de charmes parmi les ris, les jeux & les graces. Vous l'avez vû ; il a enlevé votre cœur, & vous avez pris plaisir à le lui laisser enlever. Vous cherchiez des prétextes pour ignorer la playe de votre cœur. Vous cherchiez à me tromper & à vous flater vous mêmes, vous ne craigniez rien. Voyez le fruit de votre temerité : vous demandez maintenant la mort, & c'est l'unique esperance qui vous reste. La Déesse troublée ressemble à une furie infernale. Eucharis brûle d'un feu plus cruel que toutes les douleurs de la mort. Toutes ces Nymphes jalouses sont prêtes à s'entredechirer : & voilà ce que fait le traitre amour qui paroit si doux. Rappellez tout votre courage. A quel point les Dieux vous aiment-ils, puisqu'ils vous ouvrent un si beau chemin pour fuïr l'Amour & pour revoir votre chere patrie ? Calypso elle-même est contrainte de vous chasser ; le vaisseau est tout prêt. Que tardons-nous à quitter cette Isle, où la vertu ne peut habiter ?

En disant ces paroles, Mentor le prit par la main & l'entrenoit vers le rivage. Telemaque suivoit à peine, regardant toûjours derriere lui. Il consideroit Eucharis qui s'éloignoit de lui. Ne pouvant voir son visage, il regardoit ses beaux cheveux noüez, les habits flotans, & sa noble démarche. Il auroit voulu baiser les traces de ses pas. Lors même qu'il l'a perdit de vûë, il prêtoit encore l'oreille, s'imaginant entendre sa voix, quoiqu'absente ; il la voyoit, elle étoit peinte & comme vivante devant ses yeux ; il croyoit même parler à elle, ne sçachant plus où il étoit ; & ne pouvant plus écoûter Mentor.

Enfin revenant à lui comme d'un profond sommeil, il dit à Mentor : Je suis resolu de vous suivre ; mais je n'ai pas encore dit adieu à Eucharis. J'aimerois mieux mourir que de l'abandonner ainsi avec ingratitude. Attendez que je la revoye encore une derniere fois pour lui faire un éternel adieu. Au moins souffrez que je lui dise ; O Nymphe, les Dieux cruels, les Dieux jaloux de mon bonheur me contraignent de partir ; mais ils m'empêcheront plûtôt de vivre, que de me souvenir à jamais de vous. O mon pere, ou laissez-moi cette derniere consolation qui est si juste, ou arrachez-moi la vie dans ce moment. Non, je ne veux ni demeurer dans cette isle, ni m'abandonner à l'amour. L'amour n'est point dans mon cœur, je ne sens que de l'amitié & de la reconnoissance pour Eucharis. Il me suffit de lui dire encore une fois adieu, & je pars avec vous sans retardement.

Que j'ai pitié de vous, répondit Mentor ! votre passion est si furieuse, que vous ne la sentez pas. Vous croyez être tranquille, & vous demandez la mort. Vous osez dire que vous n'étiez point vaincu par l'amour, & vous ne pouvez vous arracher à la Nymphe que vous aimez. Vous ne voyez, vous n'entendez qu'elle : vous êtes aveugle & sourd à tout le reste. Un homme que la fiévre rend frenetique, dit : Je ne suis point malade. O aveugle Telemaque, vous étiez prêt à renoncer à Penelope qui vous attend, à Ulysse que vous verrez, à Ithaque où vous devez regner, à la gloire & à la haute destinée que les Dieux vous ont promise par tant de merveilles qu'ils ont faites en votre faveur ! vous renonciez à tous ces biens pour vivre deshonoré auprés d'Eucharis. Direz-vous encore que l'amour ne vous attache point à elle ? Qu'est-ce donc qui vous trouble? Pourquoi voulez-vous mou-

est ? Pourquoi avez-vous parlé devant la Déesse avec tant de transport ? Je ne vous accuse point de mauvaise foi, mais je déplore votre aveuglement. Fuyez, Telemaque, fuyez. On ne peut vaincre l'amour qu'en fuyant. Contre un tel ennemi le vrai courage consiste à craindre & à fuïr ; mais à fuïr sans déliberer, & sans donner à soi-même le tems de regarder jamais derriere soi. Vous n'avez pas oublié les soins que vous m'avez coûtez depuis votre enfance, & les périls dont vous êtes sorti par mes conseils, ou croyez-moi, ou souffrez que je vous abandonne. Si vous sçaviez combien il m'est douloureux de vous voir courir à votre perte, si vous sçaviez tout ce que j'ai souffert pendant que je n'ai osé vous parler ; la mere qui vous mit au monde souffrit moins dans les douleurs de l'enfantement. Je me suis tû, j'ai devoré ma peine. J'ai étouffé mes soûpirs pour voir si vous reviendriez à moi. O mon fils, mon cher fils, soulagez mon cœur, rendez-moi ce qui m'est plus cher que mes entrailles. Rendez-moi Telemaque que j'ai perdu, rendez vous à vous même. Si la sagesse en vous surmonte l'amour, je vis, & je vis heureux. Mais si l'amour vous entraîne malgré la sagesse, Mentor ne peut plus vivre.

 Pendant que Mentor parloit ainsi, il continuoit son chemin vers la mer ; & Telemaque qui n'étoit pas encore assez fort pour le suivre de lui-même, l'étoit déja assez pour se laisser mener sans resistence. Minerve toûjours cachée sous la figure de Mentor, couvrant invisiblement Telemaque de son Egide, & répandant autour de lui un rayon divin, lui fit sentir un courage qu'il n'avoit point encore

LIVRE VII.

éprouvé depuis qu'il étoit dans cette Isle. Enfin ils arriverent dans un endroit de l'Isl, où le rivage de la mer étoit escarpé, c'étoit un rocher toûjours battu par l'onde écumante Ils regarderent de cette hauteur, si le vaisseau que Mentor avoit préparé étoit encore dans la même place ; mais ils apperçurent un triste spectacle.

L'amour étoit vivement picqué de voir que ce vieillard inconnu, non seulement étoit insensible à ses traits, mais encore qu'il lui enlevoit Telemaque. Il pleuroit de dépit, & alla trouver Calypso errante dans les sombres forêts ; elle ne peut le voir sans gémir, & elle sentit qu'il r'ouvroit toutes les playes de son cœur. L'Amour lui dit : vous êtes Déesse, & vous vous laissez vaincre par un foible Mortel, qui est captif dans votre Isle. Pourquoi le laissez-vous sortir ? O malheureux Amour, répondit-elle : je ne veux plus écouter tes pernicieux conseils, c'est toi qui m'as tirée d'une douce & profonde paix pour me précipiter dans un abime de malheurs. C'en est fait, j'ai juré par les ondes du Styx, que je laisserois partir Telemaque. Jupiter même, le pere des Dieux avec toute sa puissance, n'oseroit contrevenir à ce redoutable serment. Telemaque sors de mon Isle, sors aussi pernicieux Enfant, tu m'as fait plus de mal que lui.

L'Amour essuyant ses larmes, fit un soûris mocqueur & malin. En verité, dit-il, voilà un grand embarras ; laissez-moi faire, suivez votre serment, ne vous opposez point au départ de Telemaque. Ni vos Nymphes ni moi n'avons juré par les ondes du Styx de le laisser partir. Je leur inspirerai le dessein de brûler ce vaisseau que Mentor a fait avec tant de précipitation. Sa diligence qui vous a surpris, sera inutile. Il sera surpris lui même à son tour, & il ne lui restera plus aucun moyen de vous arracher Telemaque.

Ces paroles flatueuses firent glisser l'esperance & la joye jusqu'au fond des entrailles de Calypso. Ce qu'un Zephir fait par sa fraîcheur sur le bord d'un ruisseau pour délasser les troupeaux languissans que l'ardeur de l'Eté consume, ce discours se fit pour appaiser le desespoir de la Déesse. Son visage devint serein, ses yeux s'adoucirent, les noirs soucis qui rongeoient son cœur, s'enfuïrent pour un moment loin d'elle. Elle s'arrêta, elle sourit, elle flata le folâtre Amour, & en le flatant elle se prépara de nouvelles douleurs.

L'Amour content de l'avoir persuadée, alla pour persuader aussi les Nymphes qui étoient errantes & dispersées sur toutes les montagnes, comme un troupeau de moutons que la rage des loups affamez a mis en fuite loin du Berger. L'Amour les rassemble, & leur dit: Telemaque est encore en vos mains; hâtez-vous de brûler ce vaisseau que le temeraire Mentor a fait pour s'enfuïr. Aussi-tôt elles allument des flambeaux, elles accourent sur le rivage; elles frémissent, elles poussent des hurlemens, elles secoüent leurs cheveux épars comme des Baccantes. Déja la flâme vole, elle devore le vaisseau qui est d'un bois sec & enduit de resine; des tourbillons de fumée & de flâme s'élevent dans les nuës.

Telemaque & Mentor apperçoivent ce feu de dessus le rocher, & entendent les cris des Nymphes Telemaque fut tenté de s'en réjoüir car son cœur n'étoit pas encore gueri, & Mentor remarquoit que sa passion étoit comme un feu mal éteint, qui sort de tems en tems de dessous la cendre, & qui repousse de vives étincelles. Me voilà donc, dit Telemaque, rengagé dans mes liens. Il ne nous reste plus aucune esperance de quitter cette isle.

Mentor vit bien que Telemaque alloit retomber dans toutes ses foiblesses, & qu'il n'y avoit pas un seul moment à perdre. Il apperçût de loin au milieu des flots un vaisseau arrêté, qui n'osoit approcher de l'isle, parce que tous les Pilotes connoissoient que l'isle de Calypso étoit inaccessible à tous les Mortels. Aussi-tôt le sage Mentor poussant Telemaque qui étoit assis sur le bord d'un rocher, le precipita dans la mer, & s'y jette avec lui. Telemaque surpris de cette grande chute, but l'onde amere, & devint le joüet des flots. Mais revenant à lui, & voyant Mentor qui lui tendoit la main pour lui aider à nager, il ne songea plus qu'à s'éloigner de l'Isle fatale.

Les Nymphes qui avoient crû les tenir captifs, pousserent des cris pleins de fureur ne pouvant plus empêcher leur fuite. Calypso inconsolable, rentra dans sa grote qu'elle remplit de ses hurlemens. L'Amour qui vit changer son triomphe en une honteuse défaite s'éleva au milieu de l'air en sécoüant ses ailes, & s'envola dans le bocage d'Idalie où sa cruelle mere l'attendoit. L'Efant encore-plus cruel, ne se consola qu'en riant avec elle de tous les maux qu'il avoit faits.

A mesure que Telemaque s'éloignoit de l'isle, il sentoit avec plaisir renaître son courage & son amour pour la vertu. J'éprouve, s'écrioit-il, parlant à Mentor, ce que vous disiez, & que je ne pouvois croire faute d'expérience. On ne surmonte le vice qu'en le fuyant. O mon pere, que les Dieux m'ont aimé en me donnant votre secours ! Je meritois d'en être privé, & d'être abandonné à moi-même. Je ne crains plus ni mer, ni vents, ni tempête : je ne crains plus que mes passions. L'amour est lui seul plus à craindre que tous les naufrages.

Fin du septiéme Livre.

LES AVANTURES
DE
TELEMAQUE
FILS D'ULYSSE.
LIVRE HUITIE'ME.

SOMMAIRE.

Adoam frere de Narbal commande le vaisseau Tyrien, où Telemaque & Mentor sont reçûs favorablement. Ce Capitaine reconnoissant Telemaque lui raconte la mort tragyque de Pygmalion & d'Astrabé, puis l'élevation de Baleazar que le Tyran son pere avoit disgracié à la persuasion de cette femme. Pendant un repas qu'il donne à Telemaque & à Mentor, Achitoas par la douceur de son chant assemble au tour du vaisseau les Tritons, les Nereïdes & les autres Divinitez de la mer. Mentor prenant une lyre en joüe beaucoup mieux qu'Achitoas. Adoam raconte ensuite les merveilles de la Bertique. Il décrit la douce temperature de l'air & les autres beautez de ce Païs, dont les peuples menent une vie tranquille dans une grande simplicité de mœurs.

LE vaisseau qui étoit arrêté, & vers lequel ils s'avançoient, étoit un vaisseau Phenicien qui alloit dans l'Epire. Ces Pheniciens avoient vû Telemaque au voyage d'Egypte mais ils n'avoient garde de le reconnoître au milieu des flots. Quand Mentor fut assez près du vaisseau pour faire entendre sa voix, il s'écria d'une voix forte en élevant sa tête au dessus de l'eau ; Pheniciens si secourables à toutes les nations, ne refusez pas la vie à deux hommes qui l'attendent de votre humanité. Si le respect des Dieux vous touche, recevez-nous dans votre vaisseau : nous irons par tout où vous irez. Celui qui commandoit répondit : Nous vous recevrons avec joye ; nous n'ignorons pas ce qu'on doit faire pour des inconnus qui paroissent si malheureux. Aussi-tôt on les reçoit dans le vaisseau.

A peine furent-ils entrez, que ne pouvant plus respirer, ils demeurerent immobiles ; car ils avoient nagé long tems, & avec effort, pour resister aux vagues. Peu à peu ils reprirent leurs forces, on leur donna d'autres habits, parce que les leurs étoient appesantis par l'eau qui les avoit penetrez, & qui couloit de toutes parts. Lorsqu'ils furent en état de parler, tous ces Pheniciens empressez au tour d'eux vouloient sçavoir leurs avantures. Celui qui commandoit leur dit : Comment avez-vous pû entrer dans cette isle d'où vous sortez ? Elle est, dit-on, possedée par une Déesse cruelle, qui ne souffre jamais qu'on y aborde. Elle est même bordée de rochers affreux, contre lesquels la mer va follement combattre, & on ne pourroit en approcher sans faire naufrage.

Mentor répondit : Nous y avons été jettez, nous sommes Grecs: notre patrie est l'isle d'Ithaque voisine de l'Epire où vous allez. Quand même vous ne voudriez pas relâcher en Ithaque, qui eſt ſur votre route, il nous ſuffiroit que vous nous menaſſiez dans l'Epire ; nous y trouverons des amis qui auront ſoin de nous faire faire le court trajet qui nous reſtera, & nous vous devrons à jamais la joye de revoir ce que nous avons de plus cher au monde.

Ainſi c'étoit Mentor qui portoit la parole, & Telemaque gardant le ſilence, le laiſſoit parler ; car les fautes qu'il avoit faites dans l'île de Calypſo, augmenterent beaucoup ſa ſageſſe. Il ſe ſe défioit de lui-même ; il ſentoit le beſoin de ſuivre toûjours les ſages conſeils de Mentor ; & quand il ne pouvoit lui parler pour lui demander ſes avis, du moins il conſultoit ſes yeux, & tâchoit de deviner toutes ſes penſées.

Le Commandant Phenicien arrêtant ſes yeux ſur Telemaque, croyoit ſe ſouvenir de l'avoir vû ; mais c'étoit un ſouvenir confus qu'il ne pouvoit démêler. Souffrez, lui dit-il, que je vous demande ſi vous vous ſouvenez de m'avoir vû autrefois comme il me ſemble que je me ſouviens de vous avoir vû ; votre viſage ne m'eſt point inconnu, il m'a d'abord frappé ; mais je ne ſçai où je vous ai vû, votre mémoire peut-être aidera à la mienne.

Telemaque lui répondit avec un étonnement mêlé de joye : Je ſuis en vous voyant comme vous êtes à mon égard ; je vous ai vû, je vous reconnois : mais je ne puis me rappeller ſi c'eſt en Egypte ou à Tyr. Alors ce Phenicien, tel qu'un homme qui s'éveille le matin, & qui rappelle peu à peu de loin le ſonge fugitif qui a diſparu à ſon reveil, s'écria tout-à-coup : Vous êtes Telemaque, que Narbal prit en amitié lorſque nous revînmes d'Egypte. Je fuis fon frere, dont il vous aura fans doute parlé fouvent : je vous laiffai entre fes mains après l'expedition d'Egypte. Il me fallut aller au-delà de toutes les mers dans la fameufe Beltique auprès des colomnes d'Hercule. Ainfi je ne fis que vous voir ; & il ne faut pas s'étonner fi j'ai eu tant de peine à vous reconnoître d'abord.

Je vois bien, repondit Telemaque, que vous êtes Adoam, Je ne fis prefque alors que vous entrevoir, mais je vous ai connu par les entretiens de Narbal. O quelle joye de pouvoir apprendre par vous des nouvelles d'un homme qui me fera toûjours fi cher ! Eft-il toûjours à Tyr ? Ne fouffre-t'il point quelque cruel traitement du foupçonneux & barbare Pygmalion ? Adoam répondit en l'interrompant : Sçachez ; Sçachez, Telemaque, que la fortune vous confie à un homme qui prendra toutes fortes de foins de vous Je vous ramenerai dans l'Ifle d'Ithaque avant d'aller en Epire ; & le frere de Narbal n'aura pas moins d'amitié pour vous, que Narbal même. Ayant parlé ainfi, il remarqua que le vent qu'il atendoit commençoit à foufler, il fit lever les ancres, mettre les voiles, & fendre la mer à force des rames. Auffi-tôt il prit à part Telemaque & Mentor pour les entretenir.

Je vais, dit-il, regardant Telemaque, fatisfaire votre curiofité, Pymalion n'eft plus, les juftes Dieux en ont délivré la terre. Comme il ne fe fioit à perfonne, perfonne ne pouvoit fe fier à lui ; les bons fe contentoient de gémir, & de fuïr fes cruautez, fans pauvoir fe refoudre à lui faire aucun mal. Les méchans croyent ne pouvoir assurer leur vie, qu'en finissant la sienne. Il n'y avoit point de Tyrien qui ne fut chaque jour en danger d'être l'objet de ses défiances. Ses gardes mêmes étoient plus exposez que les autres. Comme sa vie étoit entre leurs mains, il les craignoit plus que tout le reste des hommes, & sur le moindre soupçon, il les sacrifioit à sa sûreté. Ainsi à force de chercher sa sûreté, il ne pouvoit plus la trouver. Ceux qui étoient les dépositaires de sa vie, étoient dans un péril continuel de sa défiance, & ils ne pouvoient se tirer d'un état si horrible, qu'en prévenant par la mort du Tyran ses cruels soupçons.

L'impie Astrabé, dont vous avez oüi parler si souvent fut la premiere à résoudre la perte du Roi. Elle aima passionnement un jeune Tyrien fort riche, nommé Joazar, elle espera de le mettre sur le trône. Pour réüssir dans ce dessein, elle persuada au Roy que l'aîné de ces deux fils, nommé Phadaël, impatient de succeder à son pere, avoit conspiré contre lui : elle trouva des faux témoins pour prouver sa conspiration. Le malheureux Roi fit mourir son fils innocent. Le second nommé Baleazar fut envoyé à Samos, sous prétexte d'apprendre les mœurs & les sciences de la Grece : mais en effet parce qu'Astarbé fit entendre au Roy qu'il falloit l'éloigner, de peur qu'il ne prit des liaisons avec les mécontens. A peine fut-il parti que ceux qui conduisoient le vaisseau, ayant été corrompus par cette femme cruelle, prirent leurs mesures pour faire noufrage pendant la nuit ; ils se sauverent en nageant jusques à des barques étrangeres qui les attendoient, & ils jetterent le jeune Prince au fond de la mer.

Cependant les Amours d'Aſtrabé n'étoient ignorez que de Pygmalion, & il s'imaginoit qu'elle n'aimeroit jamais que lui ſeul. Ce Prince ſi défiant étoit ainſi plein d'une aveugle confiance pour cette méchante femme; c'étoit l'amour qui l'aveugloit juſques à cet excés. En même tems l'avarice lui fit chercher de prétextes pour faire mourir Joazar, dont Aſtarbé étoit ſi paſſionné; il ne ſongeoit qu'à ravir les richeſſes de ce jeune homme.

Mais pendant que Pygmalion étoit à la défiance, à l'amour & à l'avarice, Aſtrabé ſe hâta de lui ôter la vie. Elle crut qu'il avoit peut-être découvert quelque choſe de ſes amours avec ce jeune homme. D'ailleurs elle ſçavoit que l'avarice ſeule ſuffiroit pour porter le Roi à une action cruelle contre Joazar: elle conclut qu'il n'y avoit pas un moment à perdre pour le prévenir. Elle voyoit les principaux Officiers du Palais prêt à tremper leurs mains dans le ſang du Roi; elle entendoit parler tous les jours de quelque nouvelle conjuration: mais elle craignoit de ſe confier à quelqu'un, par qui elle feroit trahie. Enfin il lui parut plus aiſé d'empoiſonner Pygmalion.

Il mangeoit le plus ſouvent tout ſeul avec elle, & aprêtoit lui-même tout ce qu'il devoit manger, ne pouvant ſe fier qu'à ſes propres mains. Il ſe renfermoit dans le lieu le plus reculé de ſon Palais, pour mieux cacher ſa défiance, & pour n'être jamais obſervé quand il préparoit ſes repas; il n'oſoit plus chercher

chercher aucun des plaifirs de la table. Il ne pouvoit fe refoudre à manger d'aucune des chofes qu'il ne fçavoit pas apprêter lui-même. Ainfi non-feulement toutes les viandes cuites avec des ragoûts par des cuifiniers ; mais encore le vin, le pain, le fel, l'huile, le lait, & tous les autres alimens ordinaires ne pouvoient être de fon ufage : il ne mangeoit que des fruits qu'il avoit cuëillis lui-même dans fon jardin, ou de legumes qu'il avoit femées & qu'il faifoit cuire. Au refte, il ne buvoit jamais d'autre eau que de celle qu'il puifoit lui-même dans une fontaine, qui étoit renfermée dans un endroit de fon Palais, dont il gardoit toûjours la clef. Quoi qu'il parût fi rempli de confiance pour Aftarbé, il ne laiffoit pas de fe précautionner contre elle, il la faifoit toûjours manger & boire avant lui de tout ce qui devoit fervir à fon repas, afin qu'il ne pût point être empoifonné fans elle, & qu'elle n'eût aucune efperance de vivre plus long-tems que lui. Mais elle prit du contrepoifon qu'une vieille femme encore plus méchante qu'elle, & qui étoit la confidente de fes amours, lui avoit fourni, après quoi elle ne craignit plus d'empoifonner le Roy.

Voici comment elle y parvint. Dans le moment où ils alloient commencer leur repas, cette vieille dont j'ai parlé, fit tout d'un coup du bruit à une porte. Le Roi qui croyoit toûjours qu'on alloit le tuer, fe trouble, & court à cette porte pour voir fi elle étoit affez bien fermée. La vieille fe retire. Le Roi demeure interdit, ne fçachant ce qu'il doit croire de ce qu'il a entendu. Il n'ofe pourtant ouvrir la porte pour s'éclaircir. Aftarbé le raſſure, le flate & le preſſe de manger ; elle avoit déja jetté du poiſon dans ſa coupe pendant qu'il étoit allé à la porte. Pygmalion, ſelon ſa coûtume, la fit boire la premiere : elle but ſans crainte, ſe fiant au contrepoiſon. Pygmalion but auſſi, & peu de tems après il tomba dans une défaillance. Aftarbé qui le connoiſſoit capable de la tuer ſur le moindre ſoupçon, commença à déchirer ſes habits, à arracher ſes cheveux & à pouſſer des cris lamentables ; elle embraſſoit le Roi mourant, elle le tenoit ſerré entre ſes bras ; elle l'arroſoit d'un torrent de larmes : car les larmes ne coûtoient rien à cette femme artificieuſes. Enfin quand elle vit que les forces du Roi étoient épuiſées, & qu'il étoit comme agoniſant ; dans la crainte qu'il ne revint, & qu'il ne voulût la faire mourir avec lui, elle paſſa des careſſes & des plus tendres marques d'amitiez à la plus horrible fureur ; elle ſe jetta ſur lui, & l'étouffa. Enſuite elle arracha de ſon doigt l'anneau Royal, lui ôta le Diadême, & fit entrer Joazar à qui elle donna l'un & l'autre. Elle crut que tous ceux qui avoient été attachez à elle ne manqueroient pas de ſuivre ſa paſſion, & que ſon amant ſeroit proclamé Roi. Mais ceux qui avoient été les plus empreſſez à lui plaire, étoient des eſprits bas & mercenaires qui étoient incapables d'une ſincere affection. D'ailleurs ils manquoient de courage, & craignoient les ennemis qu'Aftarbé s'étoit attirez. Enfin ils craignoient encore plus la hauteur, la diſſimulation & la cruauté de cette femme impie. Chacun pour ſa propre sûreté desiroit qu'elle pérît.

Cependant tout le Palais est plain du tumulte affreux; on entend par tout les cris de ceux qui disent : Le Roy est mort. Les uns sont effrayez, les autres courent aux armes. Tous paroissent en peine des suites, mais ravis de cette nouvelle. La renommée l'a fait voler de bouche en bouche dans toute la grande ville de Tyr, & il ne se trouve pas un seul homme qui regrette le Roy : sa mort est la délivrance & la consolation de tout le peuple.

Narbal frappé d'un coup si terrible, déplora en homme de bien le malheur de Pygmalion, qui s'étant trahi lui-même en se livrant à l'impie Astarbé, & qui avoit mieux aimé être un tyran monstrueux que d'être, selon le devoir d'un Roi, le pere de son peuple. Il songea au bien de l'Etat, & se hâta de rallier tous les gens de bien pour s'opposer à Astarbé, sous laquelle on auroit vû un regne encore plus dur que celui qu'on voyoit finir.

Narbal sçavoir que Baleazar ne fut point noyé quand on le jetta dans la mer. Ceux qui assurerent à Astarbé qu'il étoit mort, parlerent ainsi, croyant qu'il l'étoit : mais à la faveur de la nuit il s'étoit sauvé en nageant, & des Marchands de Crête touchez de compassion l'avoient reçû dans leur barque. Il n'avoit pas osé retourner dans le Royaume de son pere, soupçonnant qu'on avoit voulu le faire perir, & craignant autant la cruelle jalousie de Pymalion, que les artifices d'Astarbé. Il demeura long-tems errant & travesti sur les bords de la mer en Syrie, où les

H ij

Marchands Crétois l'avoient laiſſé ; il fut même obligé de garder un troupeau pour gagner ſa vie. Enfin il trouva moyen de faire ſçavoir à Narbal l'état où il étoit ; il crut pouvoir confier ſon ſecret & ſa vie à un homme d'une vertu ſi éprouvée. Narbal maltraité par le pere, ne laiſſa pas d'imiter le fils, & de veiller pour ſes intérêts : mais il n'en prit ſoin que pour l'empêcher de manquer jamais à ce qu'il devoit à ſon pere, & il l'engagea à ſouffrir patiemment ſa mauvaiſe fortune.

Baleazar avoit mandé à Narbal : Si vous jugés que je puiſſe vous aller trouver, envoyez moi un anneau d'or, & je comprendrai auſſi-tôt qu'il ſera temps de vous aller joindre Narbal ne jugea pas à propos pendant la vie de Pygmalion de faire venir Baleazar : il auroit tout hazardé pour la vie du Prince & pour la ſienne propre, tant il étoit difficile de ſe garantir des recherches rigoureuſes de Pygmalion. Mais auſſi-tôt que ce malheureux Roi eut fait une fin digne de ſes crimes, Narbal ſe hâta d'envoyer l'anneau d'or à Baleazar. Baleazar partit auſſi-tôt, & arriva aux portes de Tyr, dans le temps que toute la ville étoit en trouble pour ſçavoir qui ſuccederoit à Pygmalion. Il fut aiſement reconnu par les principaux Tyriens, & par tout le peuple. On l'aimoit non pour l'amour du feu Roi ſon pere, qui étoit haï univerſelement, mais à cauſe de ſa douceur & de ſa moderation. Tes longs malheurs mêmes lui donoient je ne ſçai quel éclat qui relevoit toutes ſes bonnes qualitez, & qui attendriſſoit tous les Tyriens en ſa faveur.

Narbal aſſembla les Clefs du peuple, les

Vieillards qui formoient le conseil, & les Prêtres de la grande Déesse de Phenicie. Ils saluerent Baleazar comme leur Roi, & le firent proclamer par les Heraults. Le peuple répondit par mille acclamations de joye. Astarbé les entendit du fonds du Palais, où elle étoit renfermée avec son lâche & infâme Joazar. Tous les méchans dont elle s'étoit servie pendant la vie de Pygmalion, l'avoient abandonnée; car les méchans craignent les méchans, s'en défient, & ne souhaitent pas de les voir en crédit. Les hommes corrumpus connoissent combien leurs semblables abuseroient de l'autorité, & quelle seroit leur violence. Mais pour les bons, les méchans s'en accommodent mieux, parce qu'au moins ils esperent trouver en eux de la modération & de l'indulgence. Il ne restoit plus autour d'Astarbé que certains complices de ses crimes les plus affreux, & qui ne pouvoient attendre que le supplice.

On força le Palais; ces scelerats n'oserent pas resister long-temps, & ne songerent qu'à s'enfuïr. Astarbé deguisée en esclave voulut se sauver, mais un soldat la reconnut; elle fut prise, & on eut bien de la peine à empêcher qu'elle ne fût déchirée par le peuple en fureur. Déja on avoit commencé à la traîner dans la boüe, mais Narbal la tira des mains de la populace. Alors elle demanda à parler à Baleazar, esperant de l'éblouïr par ses charmes, & de lui faire esperer qu'elle lui découvroit des secrets importans. Baleazar ne peut refuser de l'écoûter. D'abord elle montra avec sa beauté une douceur & une modestie capable de toucher les cœurs les plus irritez.

Elle flata Baleazar par les loüanges les plus délicates & les plus infinuantes; elle lui reprefenta combien Pygmalion l'avoit aimée, elle le conjura par fes cendres d'avoir pitié d'elle, elle invoqua les Dieux comme fi elle les eût fincerement adorez ; elle verfa des torrens de larmes ; elle fe jetta aux genoux du nouveau Roi; mais enfuite elle n'oblia rien pour lui rendre fufpects & odieux tous fes ferviteurs les plus affectionnez. Elle accufa Narbal d'être entré dans une conjuration contre Pymalion, & d'avoir effayé de fuborner les peuples pour fe faire Roi au préjudice de Baleazar. Elle ajoûta qu'il vouloit empoifonner ce jeune Prince ; elle inventa de femblables calomnies contre tous les autres Tyriens qui aiment la vertu ; elle efperoit de trouver dans le cœur de Baleazar la même défiance & les mêmes foupçons qu'elle avoit vûs dans celui du Roi fon pere. Mais Baleazar ne pouvoit plus fouffrir la noire malignité de cette femme, l'interrompit, & appella des gardes. On la mit en prifon, & les plus fages vieillards furent commis pour examiner toutes fes actions.

On découvrit avec horreur qu'elle avoit empoifonné & étouffé Pygmalion. Toute la fuite de fa vie parût un enchaînement continuel de crimes monftreux. On alloit la condamner au fupplice qui eft deftiné à punir les plus grands crimes dans la Phenicie, c'eft d'etre brûlé à petit feu. Mais quand elle comprit qu'il ne lui reftoit plus aucune efperance, elle devint femblable à une furie fortie de l'enfer ; elle avala du poifon qu'elle portoit toujours fur elle pour fe faire mourir, en cas qu'on voulut lui faire souffrir de longs tourmens. Ceux qui la gardoient, apperçurent qu'elle souffroit une violente douleur, ils voulurent la secourir; mais elle ne voulut jamais leur répondre, & elle fit signe qu'elle ne vouloit aucun soulagement. On lui parla des justes Dieux qu'elle avoit irritez; au lieu de témoigner la confusion & le repentir que ces fautes meritoient, elle regarda le Ciel avec mépris & arrogance, comme pour insulter aux Dieux.

La rage & l'impieté étoient peintes sur son visage mourant; on ne voyoit plus aucun reste de cette beauté qui avoit fait le malheur de tant d'hommes. Toutes ses graces étoient effacées; ses yeux éteints rouloient dans sa tête, & jettoient des regards farouches. Un mouvement convulsif agitoit ses lévres, & tenoit sa bouche ouverte d'une horrible grandeur. Tout son visage tiré & retresti faisoit des grimaces hideuses, une pâleur livide, & une froideur mortelle avoit saisi tout son corps, quelquefois elle sembloit se ranimer, mais ce n'étoit que pour pousser des hurlemens. Enfin elle expira, laissant remplis d'horreur & d'effroi tous ceux qui la virent. Ses manes impies descendirent sans doute dans ces tristes lieux où les cruelles Danaïdes puisent éternellement de l'eau dans des vases percez, où Ixion tourne à jamais sa roüe; où Tantale brulant de soif, ne peut avaler l'eau qui s'enfuit de ses lévres; où Siziphile roule inutilement un rocher qui retombe sans cesse, & où Tyrie sentira éternellement dans ses entrailles toûjour renaissantes, un vautour qui les ronge.

TELEMAQUE,

Baleazar délivré de ce monstre, rendit graces aux Dieux par d'innombrables sacrifices. Il a commencé son regne par une conduite toute opposée à celle de Pygmalion. Il s'est appliqué à faire refleurir le commerce, qui languissoit tous les jours de plus en plus, il a pris les conseils de Narbal pour les principaux affaires, & n'est pourtant pas gouverné par lui; car il veut tout voir par lui-même. Il écoute tous les differens avis qu'on veut lui donner, & décide ensuite sur ce qui lui paroît le meilleur. Il est aimé des peuples. En possédant les cœurs, il possède plus de trésors que son pere n'en avoit amassé par son avarice cruelle; car il n'y a aucune famille qui ne lui donnât tout ce qu'elle a de bien, s'il se trouvoit dans une pressante nécessité: ainsi ce qu'il leur laisse est plus à lui que s'il le leur ôtoit. Il n'a pas besoin de se précautionner pour la sûreté de sa vie, car il a toûjours autour de lui la plus sûre garde, qui est l'amour des peuples. Il n'y a aucun de ses sujets qui ne craigne de le perdre, & qui ne hazardât sa propre vie pour conserver celle d'un si bon Roi. Il vit heureux, & tout son peuple est heureux avec lui: il craint de charger trop ses peuples, ses peuples craignent de ne lui pas offrir une assez grande partie de leurs biens: il les laisse dans l'abondance, & cette abondance ne les rend ni indociles, ni insolens; car ils sont laborieux, adonnez au commerce, fermes à conserver la pureté des anciennes Loix. La Phenicie est remontée au plus haut point de sa grandeur & de sa gloire. C'est à son jeune Roi qu'elle doit tant de prosperitez.

Narbal gouverne sous lui. O Telemaque!

s'il vous voyoit maintenant, avec quelle joye vous combleroit-il de presens ? Quel plaisir feroit-ce pour lui de vous renvoyer magnifiquement dans votre patrie ? Ne suis-je pas heureux de faire ce qu'il voudroit pouvoir faire lui-même, & d'aller dans l'Isle d'Ithaque mettre sur le trône le filles d'Ulysse, afin qu'il y regne aussi sagement que Baleazar regne à Tyr ?

Après qu'Adoam eut ainsi parlé, Telemaque charmé de l'histoire que ce Phenicien venoit de raconter, & plus encore des marques d'amitié qu'il en recevoit dans son malheur, l'embrassa tendrement. Ensuite Adoam lui demanda par quelle avanture il étoit entré dans l'Isle de Calypso. Telemaque lui fit à son tour l'histoire de son départ de Tyr; de son passage dans l'Isle de Cypre; de la maniere dont il avoit trouvé Mentor; de leur voyage en Crete; des jeux publics pour l'élection d'un Roi après la fuite d'Idomenée; de la colére de Venus; de leur naufrage; du plaisir avec lequel Calypso les avoit reçûs; de la jalousie de cette Déesse contre une de ses Nymphes, & de l'action de Mentor qui avoit jetté son ami dans la mer dès qu'il vit le vaisseau Phenicien.

Après ces entretiens Adoam fit servir un magnifique repas; & pour témoigner une plus grande joye, il rassembla tous les plaisirs dont on pouvoit joüir. Pendant le repas, qui fut servi par de jeunes Pheniciens, vêtus de blanc & couronnez de fleurs, on brûla les plus exquis parfums de l'Orient. Tous les bancs des rameurs étoient pleins de joüeurs de fleutes Achitoas les interrompoit de tems en tems

H y

par les doux accords de sa voix & de sa lyre, dignes d'être entendues à la table des Dieux ? & de ravir les oreilles d'Apollon même. Les Tritons, les Nereïdes, toutes les Divinitez qui obéïssent à Neptune, les monstres marins mêmes sortoient de leurs grottes humides & profondes pour venir en foule autour du vaisseau, charmez par cette melodie. Une troupe de jeunes Pheniciens d'une rare beauté, & vêtus de fin lin plus blancs que la neige, danserent long-tems les danses de leur pays, puis celles de l'Egypte, & enfin celles de la Grece. De tems en tems des trompettes faisoient retentir l'onde jusqu'aux rivages éloignez. Le silence de la nuit, le calme de la mer, la lumiere tremblante de la lune repanduë sur la face des ondes, le sombre azur du Ciel semé de brillantes étoiles, servoient à rendre cet spectacle encore plus beau.

Telemaque d'un naturel vif & sensible goûtoit tous ces plaisirs : mais il n'osoit y livrer son cœur. Depuis qu'il avoit éprouvé avec tant de honte dans l'Isle de Calypso, combien la jeunesse est prompte à s'enflamer, tous les plaisirs mêmes les plus innocens lui faisoient peur, tout lui étoit suspect. Il regardoit Mentor, il cherchoit sur son visage & dans ses yeux, ce qu'il devoit penser de tous ces plaisirs.

Mentor étoit bien aise de le voir dans cet embarras, & ne faisoit pas semblant de le remarquer. Enfin touché de la modération de Telemaque, il lui dit en souriant : Je comprends ce que vous craignez, vous êtes loüable de cette crainte : mais il ne faut pas la pousser trop loin. Personne ne souhaitera jamais plus que moi que vous goûtiez des plaisirs, mais des plaisirs qui ne vous passionnent, ni ne vous amolissent point. Il vous faut des plaisirs qui vous délassent : & que vous goûtiez en vous possedant, mais non pas des plaisirs qui vous entraînent. Je vous souhaite des plaisirs doux & moderez, qui ne vous rendent jamais semblable à une bête en fureur. Maintenant il est à propos de vous délasser de toutes vos peines. Goûtez avec complaisance pour Adoam, les plaisirs qu'il vous offre. Rejoüissez-vous, Telemaque, réjoüissez-vous. La sagesse n'a rien d'austere ni d'affecté ; c'est elle qui donne les vrais plaisirs, elle seule les sçait assaisonner pour les rendre purs & durables, elle sçait mêler les jeux & les ris avec les occupations graves & serieuses ; elle prépare le plaisir par le travail, & elle délasse du travail par le plaisir. La sagesse n'a point de honte de paroître enjoüée quand il le faut.

En disant ces paroles, Mentor prit une lyre, & en joüa avec tant d'art, qu'Achitoas jaloux laissa tomber la sienne de dépit, ses yeux s'allumoient, son visage troublé changea de couleur : tout le monde eut apperçû sa peine & sa honte, si la lyre de Mentor n'eût enlevé l'ame de tous les assistans. A peine osoit-on respirer, de peur de troubler le silence, & de perdre quelque chose de ce chant divin, on craignoit toûjours qu'il ne finît trop tôt. La voix de Mentor n'avoit aucune douceur effeminée ; mais elle étoit flexible, forte, & elle passionnoit jusqu'aux moindres choses.

Il chanta d'abord les loüanges de Jupiter Pere & Roi des Dieux & des hommes, qui d'un signe de sa tête ébranle l'Univers. Puis

H vj

Il représenta Minerve qui sort de sa tête, c'est à dire la sagesse que ce Dieu forme au dedans de lui-même, & qui sort de lui pour instruire les hommes dociles. Mentor chanta ses veritez d'une voix si touchante, & avec tant de religion que toute l'assemblée crut être transportée au plus haut de l'Olympe à la face de Jupiter, dont les regards sont plus perçans que son tonnerre. Ensuite il chanta le malheur du jeune Narisse, qui devenant follement amoureux de sa propre beauté, qu'il regardoit sans cesse au bord d'une fontaine, se consuma lui-même de douleur, & fut changé en une fleur qui porte son nom. Enfin il chanta aussi la funeste mort du bel Adonis, qu'un sanglier déchira, & que Venus passionnée pour lui ne put ranimer en faisant au ciel des plaintes ameres.

Tous ceux qui l'écoûterent, ne purent retenir leurs larmes, & chacun sentoit je ne sçai quel plaisir en pleurant. Quand il eut cessé de chanter, les Pheniciens étonnez se regardoient les uns les autres. L'un disoit, c'est Orphée; c'est ainsi qu'avec une lyre il apprivoisoit les bêtes farouches, & enlevoit les bois & les rochers, c'est ainsi qu'il enchanta Cerbere: qu'il suspendit les tourmens d'Ixion & des Damaïdes, & qu'il toucha l'inexorable Pluton pour tirer des enfers la belle Euridice. Un autre s'écrioit : Non, c'est un Linus fils d'Apollon. Un autre répondit : Vous vous trompez, c'est Apollon lui-même. Telemaque n'étoit guère moins surpris que les autres ; car il ignoroit que Mentor sçût avec tant de perfection chanter & joüer de la lyre. Achitoas qui avoit eu le loisir de cacher sa jalousie, commença à donner des loüanges à Mentor, mais il rougit en le loüant, & il ne peut achever son discours. Mentor qui voyoit son trouble, prit la parole, comme s'il eut voulu l'interrompre, & tâcha de le consoler, en lui donnant toutes les loüanges qu'il meritoit. Achitoas ne fut point consolé ; car il sentoit que Mentor surpassoit encore plus par sa modestie, que par les charmes de sa voix.

Cependant Telemaque dit à Adoam : Je me souviens que vous m'avez parlé d'un voyage que vous fites dans la Bethique depuis que nous fumes partis d'Egypte. La Betique est un païs dont on raconte tant de merveilles, qu'à peine peut-on les croire. Daignez m'apprendre si tout ce qu'on en dit est vrai. Je serai bien aise, dit Adoam, de vous depeindre ce fameux païs digne de votre curiosité, & qui surpasse tout ce que la renommée en publie. Aussi-tôt il commença ainsi.

Le fleuve Betis coule dans un païs fertile, & sous un ciel doux, qui est toûjours serein. Le païs a pris le nom de ce fleuve qui se jette dans ce grand Occean, assez près des colomnes d'Hercule ; & de cet endroit où la mer furieuse rompant ses digues sépara autrefois la terre de Tarsis avec la grande Affrique. Ce païs semble avoir conservé les délices de l'âge d'or. Les hyvers y sont tiédes, & les rigoureux Aquillons n'y souflent jamais. L'ardeur de l'Eté y est toûjours temperée par des zephirs rafraîchissans qui viennent adocir l'air vers le milieu du jour. Ainsi toute l'année n'est qu'un heureux hymen du Printemps & de l'Automne, qui semblent se donner la main. La terre dans les vallons & dans les campagnes unies, y porte chaque année une double moisson. Les chemins y sont bordez de lauriers, de grenadiers, de jasmins, & d'autres arbres toûjours verds, & toûjours fleuris. Les montagnes sont couvertes de troupeaux qui fournissent des laines fines recherchées de toutes les nations connuës. Il y a plusieurs mines d'or & d'argent dans ce beau païs. Mais les habitans simples & heureux dans leur simplicité, ne daignent pas seulement compter l'or & l'argent parmi leurs richesses; ils n'estiment que ce qui sert veritablement aux besoins de l'homme.

Quand nous avons commencé à faire notre commerce chez ces peuples, nous avons trouvé l'or & l'argent parmi eux employez aux mêmes usages que le fer, par exemple, pour des socs de charruë. Comme ils ne faisoient aucun commerce au-dehors, ils n'avoient besoin d'aucune monnoye. Ils sont presque tous Bergers ou Laboureurs. On voit en ce païs peu d'artisans; car ils ne veulent souffrir que les arts qui servent aux veritables necessitez des hommes: encore même la plûpart des hommes en ce païs étant adonnez à l'agriculture, ou à conduire des troupeaux, ne laissent pas d'exercer les arts nécessaires à leur vie simple & frugale.

Les femmes filent cette laine, & en font des étoffes fines & d'une merveilleuse blancheur; elles font le pain, apprêtent à manger, & ce travail leur est facile; car on ne vit en ce païs que de fruits ou de lait, & rarement de viande. Elles employent le cuir de leurs moutons à faire une légere chaussûre pour elles, pour leurs maris, & pour leurs enfans; elles font des tentes, dont les unes font de peaux cirées, & les autres d'écorces d'arbres. Elles font & lavent tous les habits de la famille, tiennent les maifons dans un ordre & une propreté admirable. Leurs habits font aifez à faire ; car en ce doux climat, on ne porte qu'une piéce d'étoffe fine & legere, qui n'eft point taillée, & qre chacum met à longs plis autour de fon corps pour la modeftie, lui donnant la forme qu'il veut.

Les hommes n'ont d'autres arts à exercer, outre la culture des terres, & la conduite des troupeaux, que l'art de mettre le bois & le fer en œuvre ; encore même ne fe fervent-ils guére du fer, excepté pour les inftrumens neceflaires au labourage. Tous les arts qui regardent l'architecture leur font inutiles ; car ils ne bâtiffent jamais de maifon. C'eft, difent-ils, s'attacher trop à la terre, que de s'y faire une demeure qui dure beaucoup plus que nous ; il fuffit de fe défendre des injures de l'air. Pour tous les autres arts eftimez chez les Grecs, chez les Egyptiens, & chez tous les autres peuples bien policez, ils les deteftent comme des inventions de la vanité & de la moleffe.

Quand on leur parle des peuples qui ont l'art de faire des bâtimens fuperbes, des meubles d'or & d'argent, des étoffes ornées de broderies & de pierres précieufes, de parfums exquis, des mets délicieux, des inftrumens, dont l'harmonie charme, ils répondent en ces termes : Ces peuples font bien malheureux d'avoir employé tant de travail & d'induftrie à fe corrompre eux-mêmes ; ce fuperflu amolit, enyvre, tourmente ceux qui le poffedent ; il tente ceux qui en font privez, de vouloir d'acquerir par la justice & par la violence. Peut on nommer bien, un superflu qui ne sert qu'à rendre les hommes mauvais ? Les hommes dans ce païs sont-ils plus sains & plus robustes que nous ? Vivent ils plus longtemps ? Sont-ils plus unis entr'eux ? Menent-ils une vie plus libre, plus tranquille, plus gaye? Au contraire ils doivent être jaloux les uns des autres, rongez par une lâche & noire envie, toûjours agitez par l'ambition, par la crainte, par l'avarice, incapables de plaisirs purs & simples, puisqu'ils sont esclaves de tant de fausses nécessitez, dont ils font dépendre tout leur bonheur.

C'est ainsi, continuoit Adoam, que parlent ces hommes sages, qui n'ont appris la sagesse qu'en étudiant la simple nature. Ils ont horreur de notre politesse, & il faut avoüer que la leur est grande dans leur aimable simplicité. Ils vivent tous ensemble sans partager les terres, chaque famille est gouvernée par son chef, qui en est le veritable Roy. Le pere de famille est en droit de punir chacun de ses enfans, ou petits enfans qui fait une mauvaise action; mais avant que de le punir, il prend l'avis du reste de la famille. Ces punitions n'arrivent presque jamais, car l'innocence des mœurs, la bonne foi, l'obéïssance & l'horreur du vice habitent dans cette heureuse terre. Il semble qu'Astrée qu'on dit qui est retirée dans le Ciel, est encore ici bas cachée parmi ces hommes. Il ne faut point de Juges parmi eux; car leur propre conscience les juge. Tous les biens sont communs, les fruits des arbres, les legumes de la terre, le lait des troupeaux, sont des richesses si abondantes, que des peuples si sobres & si moderez n'ont pas besoin de les partager. Chaque famille errante dans ce beau païs transporte ses tentes d'un lieu à autre, quand elle a consumé les fruits & épuisé les pâturages de l'endroit où elle s'étoit mise. Ainsi ils n'ont point d'interêt à se soûtenir les uns contre les autres, & ils s'aiment tous d'un amour fraternel que rien ne trouble. C'est le retranchement des vaines richesses & des plaisirs trompeurs qui leur conserve cette paix, cette union & cette liberté. Ils sont tous libres, tous égaux.

On ne voit parmi eux aucune distinction, que celle qui vient de l'experience des sages vieillards, ou de la sagesse extraordinaire de quelques jeunes hommes, qui égalent les vieillards consommez en vertu. La fraude, la violence, le parjure, les procès les guerres ne font jamais entendre leur voix cruelle & empestée dans ce païs chers des Dieux. Jamais le sang humain n'a rougi cette terre; à peine y voit-on couler celui des agneaux. Quand on parle à ces peuples des batailles sanglantes, des rapides conquêtes, des renversemens d'Etat qu'on voit dans les autres Nations, ils ne peuvent assez s'étonner. Quoi, disent-ils, les hommes ne sont pas assez mortels, sans se doner encore les uns aux autres une mort précipitée? La vie est si courte, & il semble qu'elle leur paroisse trop longue. Sont-ils sur la terre pour se déchirer les uns les autres, & pour se rendre mutuellement malheureux?

Au reste, ces peuples de la Betique ne peuvent comprendre qu'on admire tant les Conquerans, qui subjugent les grands Empires. Quelle folie, disent-ils, de mettre son bonheur à gouverner les autres hommes, dont le gouvernement donne tant de peine, si on veut les gouverner avec raison, & suivant la justice! Mais pourquoi prendre plaisir à les gouverner avec raison & suivant la justice? Mais pourquoi prendre plaisir à les gouverner malgré eux? C'est tout ce qu'un homme sage peut faire, que de s'asujettir à gouverner un peuple docile, dont les Dieux l'ont chargé, ou un peuple qui le prie d'être comme son pere & son pasteur. Mais gouverner les peuples contre leur volonté, c'est se rendre très-miserable, pour avoir le faux honneur de les tenir dans l'esclavage. Un Conquerant est un homme que les Dieux irritez contre le genre humain, ont donné à la terre dans leur colere pour ravager les Royaumes, pour repandre par tout, l'effroi la misere le desespoir, & pour faire autant d'esclaves qu'il y a d'hommes libres. Un homme qui cherche la gloire, ne la trouve-t'il pas assez, en conduisant avec sagesse ce que les Dieux ont mis dans ses mains? Croit-il ne pouvoir meriter des loüanges qu'en devenant violent, injuste, hautain, usurpateur, & tyranique sur tous ses voisins? il ne faut jamais songer à la guerre, que pour défendre sa liberté. Heureux celui qui n'étant point esclave d'autrui, n'a point la folle ambition de faire d'autrui son esclave! Ces grands Conquerans qu'on nous dépeint avec tant de gloire, ressemblent à ces fleuves débordez, qui paroissent majestueux, mais qui ravageoit toutes les fertiles campagnes qu'ils devroient seulement arroser.

Après qu'Adoam eut fait cette peinture de la Bétique, Telemaque charmé lui fit diverses questions curieuses. Ces peuples, lui dit-il, boivent-ils du vin? Ils n'ont garde d'en boire, reprit Adoam, car ils n'ont jamais voulu en faire. Ce n'est pas qu'ils manquent de raisins, aucune terre n'en porte de plus délicieux; mais ils se contentent de manger le raisin comme les autres fruits, & ils craignent le vin comme le corrupteur des hommes. C'est une espece de poison, disent-ils, qui met en fureur. Il ne fait pas mourir l'homme, mais il le rend bête. Les hommes peuvent conserver leur santé & leurs forces sans vin. Avec le vin ils courent risque de ruïner leur santé & de perdre les bonnes mœurs.

Telemaque disoit ensuite : Je voudrois bien sçavoir quelles loix reglent les mariages dans cette Nation ? Chaque homme, répondit Adoam, ne peut avoir qu'une femme, & il faut qu'il la garde tant qu'elle vit. L'honeur des hommes en ce païs dépend autant de leur fidelité à l'égard de leurs femmes, que l'honneur des femmes dépend chez les autres peuples de leur fidelité pour les maris. Jamais peuple ne fut plus honête, ni si jaloux de la pureté. Les femmes y sont belles & agréables, mais simples, modestes & laborieuses. Les mariages y sont paisibles, feconds, sans tâche. Le mari & la femme semblent n'être plus qu'une seule personne en deux corps differens; le mari & la femme partagent ensemble tous les soins domestiques : le mari regle toutes les affaires du dehors : la femme se renferme dans son ménage, elle soulage son mari, elle paroît n'être faite que pour lui plaire; elle gagne sa confiance, elle charme moins par sa beauté que par sa fureur. Le vrai charme de leur societé dure autant que leur vie. La sobrieté, la moderation & les mœurs pures de ce peuple lui donnerent une vie longue & exempte de maladie. On y voit des vieillards de cent & de six vingt ans, qui ont encore de la gayeté, & de la vigueur.

Il me reste, ajoûtoit Telemaque, à sçavoir comment ils font pour éviter la guerre avec les autres peuples voisins. La nature, dit Adoam, les a seperez des autres peuples; d'un côté par la mer, & de l'autre par des hautes montagnes vers le Nord. D'ailleurs le peuples voisins les respectent à cause de leur vertu. Souvent les autres Nations ne pouvant s'acorder ensemble, les ont pris pour juger de leurs differends, & leur ont confié les terres & les villes qu'ils disputoient entr'eux. Comme cette sage nation n'a jamais fait aucune violence, personne ne se défie d'elle. Ils rient, quand on leur parle des Rois qui ne peuvent regler entr'eux les frontieres de leurs Etats. Peut-on craindre, disent-ils, que la terre manque aux hommes? il y en aura toûjours plus qu'ils n'en pourront cultiver. Tandis qu'il restera des terres libres & incultes, nous ne voudrions pas même détendre les nôtres comme des voisins qui viendroient s'en saisir. On ne trouve dans tous les habitans de la Bethique, ni orgueïl, ni auteur, ni mauvaise foi, ni envie d'étendre leur domination. Ainsi leurs voisins n'ont jamais rien à craindre d'un tel peuple, ils ne peuvent esperer de s'en faire craindre; c'est pourquoi ils les laissent en repos. Ce peuple abandonneroit son païs, ou se livreroit à la mort, plûtôt que d'accepter la servitude. Ainsi il est autant difficile à subjuguer, qu'il est incapable de vouloir subjuguer les autres. C'est ce qui fait une paix profonde entr'eux & leurs voisins.

Adoam finit ce discours, & racontant de quelle maniere les Pheniciens faisoient leur commerce dans la Betique. Ces peuples, disoit-il, furent étonnez quand ils virent venir au travers des ondes de la mer des hommes étrangers qui venoient de si loin; ils nous laisserent fonder une ville dans l'isle de Gades. Ils nous reçurent même chez eux avec bonté, & nous firent part de tout ce qu'ils avoient, sans vouloir de nous aucun payement. De plus, ils nous offrirent de nous donner liberalement tout ce qui leur resteroit de leurs laines, aprés qu'ils en auroient fait leur provision pour leur usage. En effet, ils nous envoyerent un riche present. C'est un plaisir pour eux que de donner aux étrangers leur superflu.

Pour leurs mines, ils n'eurent aucune peine à nous les abandonner; elles leur étoient inutiles. Il leur paroissoit que les hommes n'étoient guere sages d'aller chercher par tant de travaux dans les entrailles de la terre, ce qui ne peut les rendre heureux, ni satisfaire à aucun vrai besoin. Ne crusez point, nous disoient-ils, si avant dans la terre: contentez-vous de la labourer, elle vous donnera de veritables biens qui vous nourriront: vous en retirerez des fruits qui valent mieux que l'or, & que l'argent, puisque les hommes ne veulent de l'or & de l'argent que pour acheter des alimens qui soûtiennent la vie.

Nous avons souvent voulu leur apprendre le

navigation, & mener les jeunes hommes de leur païs dans la Phenicie ; mais ils n'ont jamais voulu que leurs enfans apprissent à vivre comme nous. Ils apprendroient, nous disoient-ils, à avoir besoin de toutes les choses qui vous sont devenuës necessaires. Ils voudroient les avoir ; ils abandonneroient la vertu pour les obtenir par de mauvaises industries. Ils deviendroient comme un homme qui a de bonnes jambes, & qui perdant l'habitude de marcher, s'accoûtume enfin au besoin d'être toûjours porté comme un malade. Pour la navigation, ils l'admirent à cause de l'industrie de cet art : mais ils croyent que c'est un art pernicieux. Si ces gens-là, disent-ils, ont suffisamment en leur païs ce qui est necessaire à la vie, que vont-ils chercher chez un autre. Ce qui suffit au besoin de la nature, ne leur suffit-il pas ? Ils meriteroient de faire naufrage, puisqu'ils cherchent la mort au milieu des tempêtes pour assouvir l'avarice des Marchands, & pour flater les passion des autres hommes.

Telemaque étoit ravi d'entendre ce discours d'Adoam, & se réjoüissoit qu'il y eut encore au monde un peuple, qui suivant la droite nature, fut si sage & si heureux tout ensemble. O ! combien ces mœurs, disoit-il, sont-elles des mœurs vaines & ambitieuses des peuples qu'on croit les plus sages! Nous sommes tellement gâtez, qu'à peine pouvons-nous croire que cette simplicité si naturelle puisse être veritable. Nous regardons les mœurs de ce peuple comme une belle fable, & il doit regarder les nôtres comme un songe monstrueux.

Fin du Huitiéme Livre.

LES AVANTURES DE TELEMAQUE FILS D'ULYSSE.
LIVRE NEUVIÈME.

SOMMAIRE.

Venus toûjours irritée contre Telemaque, en demande la perte à Jupiter. Mais les destinées ne permettant pas qu'il perisse, la Déesse va concerter avec Neptune les moyens de l'éloigner d'Ithaque, où Adoam le conduisoit. Ils employent une Divinité trompeuse pour surprendre le Pilote Achamas, qui croyant arriver en Ithaque, entre à pleines voiles dans le port de Salantins. Leur Roi Idomenée reçoit Telemaque dans sa nouvelle Ville, où il préparoit actuellement un sacrifice à Jupiter pour le succès d'une guerre contre les Manduriens. Le Sacrificateur consultant les entrailles des Victimes, fait tout esperer à Idomenée, & lui fait entendre qu'il devra son bonheur à ces deux nouveaux Hôtes.

PEENDANT que Telemaque & Adoam s'entretenoient de la sorte, oubliant le sommeil, & n'appercevant pas que la nuit étoit déja au milieu de sa course, une Divinité ennemie & trompeuse les éloignoit d'Ithaque, que leur Pilote Athamas cherchoit en vain. Neptune, quoique favorable aux Pheniciens, ne pouvoit supporter plus long-tems que Telemaque eut échapé à la tempête qui l'avoit jetté contre les rochers de l'Isle de Calypso. Venus étoit encore plus irritée de voir ce jeune homme qui triomphoit, ayant vaincu l'Amour & tous ces charmes. Dans le transport de sa douleur elle quitta Cythere, Paphos, Idalie & tous les honneurs qu'on lui rend dans l'isle de Cypre. Elle ne pouvoit plus demeurer dans des lieux où Telemaque avoit méprisé son Empire. Elle monte vers l'éclatant Olympe, où les Dieux étoient assemblez auprés du trône de Jupiter. De ce lieu ils aperçoivent les Astres qui roulent sous leurs pieds ; ils voyent la gloire de la terre comme un petit amas de bouë. Les mers immenses ne leur paroissent que comme des goutes d'eau dont ce morceau de bouë est un peu détrempé. Les plus grands Royaumes ne sont à leurs yeux qu'un peu de sable qui couvre la surface de cette bouë. Les peuples innombrables, & les plus puissantes armées, ne sont que comme des fourmis qui se disputent les unes aux autres un brin d'herbe sur ce morceau de bouë. Les immortels rient des affaires les plus serieuses qui agitent les foibles humains, & elles leur paroissent des jeux d'enfans. Ce que les hommes appellent grandeur, gloire, puissance, profonde politique, ne paroit à ces suprêmes Divinitez que misere & foiblesse.

C'est dans cette demeure si élevée au-dessus de la terre que Jupiter a posé son trône immobile ; ses yeux percent jusques dans l'abîme

&

& éclairent jusques dans les derniers replis des cœurs : ses regards doux & sereins répandent le calme & la joye dans tout l'Univers au contraire, quand il secouë sa chevelure, il ébranle le Ciel & la terre. Les Dieux mêmes éblouïs de rayons de gloire qui l'environnent, ne s'en approchent qu'avec tremblemens.

Toutes les Divinitez celestes étoient dans ce moment auprès de lui. Venus se presenta avec tous les charmes qui naissent dans son sein ; la robe flotante avoit plus d'éclat que toutes les couleurs dont Iris se pare au milieu des sombres nuages, quand elle vient promettre aux Mortels effrayez la fin des tempêtes, & leur annoncer le retour du beau tems Sa robe étoit noüée par cette fameuse ceinture sous laquelle paroissoit les graces. Les cheveux de la Déesse étoient attachez par derriere negligemment avec une tresse d'or. Tous les Dieux furent surpris de sa beauté, comme s'ils ne l'eussent jamais vûë, & leurs yeux en furent éblouïs, comme ceux des Mortels le font, quand Phœbus après une longue nuit vient les éclairer par ses rayons. Ils se regardoient les uns les autres avec étonnement, & leurs yeux revenoient toûjours sur Venus. Mais ils apperçûrent que les yeux de cette Déesse étoient baignez de larmes ; & qu'une douleur amere étoit peinte sur son visage.

Cependant elle s'avançoit vers le trône de Jupiter d'une démarche douce & légere, comme le vol rapide d'un oiseau qui fend l'espace immense des airs. Il la regarda avec complaisance ; il lui fit un doux soûris, & se levant il l'embrassa. Ma chere fille, lui dit-il, quelle est votre peine ? Je ne puis voir vos larmes sans en être touché : ne craignez point de m'ouvrir votre cœur, vous connoissez ma tendresse & ma complaisance.

Venus lui répondit d'une voix douce, mais entrecoupée de profonds soupirs : O pere des Dieux & des hommes ! Vous qui voyez tout, pouvez-vous ignorer ce qui fait ma peine ? Minerve ne s'est pas contenté d'avoir renversé jusqu'aux fondemens la superbe ville de Troye que je défendois, & de s'être vengée de Paris qui avoit préferé ma beauté à la sienne : elle conduit par toutes les mers le fils d'Ulysse ce cruel destructeur de Troye. Telemaque est accompagné par Minerve, c'est ce qui empêche qu'elle ne paroisse ici en son rang avec les autres Divinitez ; elle a conduit ce jeune téméraire dans l'Isle de Cypre pour m'outrager ; il a méprisé ma puissance, il n'a pas daigné seulement brûler de l'encens sur mes autels ; il a témoigné avec horreur des Fêtes que l'on celebre en mon honneur : il a fermé son cœur à tous mes plaisirs. En vain Neptune pour le punir à ma priere a irrité les vents & les flots contre lui. Telemaqe jetté par un naufrage horrible dans l'Isle de Calypso, a triomphé de l'Amour même que j'avois envoyé dans cette Isle pour attendrir le cœur de ce jeune Grec. Ni la jeunesse, ni les charmes de Calypso & de ses Nymphes, ni les traits enflamez de l'amour, n'ont pû surmonter les artifices de Minerve. Elle l'a arraché de cette Isle ; me voilà confondue, un enfant triomphe de moi.

Jupiter pour consoler Venus, lui dit : Il est vrai, ma fille, que Minerve défend le cœur de ce jeune Grec contre toutes les fléches de votre fils, & qu'elle lui prépare une gloire que jamais jeune homme n'a meritée. Je suis faché qu'il ait méprisé vos autels ; mais je ne puis le soûmettre à votre puiſſance. Je conſens pour l'amour de vous qu'il ſoit encore errant par mer & par terre, qu'il vive loin de ſa patrie, expoſé à toutes ſortes de maux & de dangers : mais les deſtins ne permettent ni qu'il periſſe, ni que ſa vertu ſuccombe dans les plaiſirs dont vous flattez les hommes. Conſolez-vous donc, ma fille, ſoyez contente de tenir dans votre empire tant d'autres Heros, & tant d'immortels.

En diſant ces paroles, il fit à Venus un soûris plein de grace & de majeſté. Un éclat de lumiere ſemblable aux plus perçans éclairs ſortir de ſes yeux. En baiſant Venus avec tendreſſe, il répandit une odeur d'embroiſie dont l'Olympe fut parfumé. La Déeſſe ne peut s'empêcher d'être ſenſible à cette careſſe du plus grand des Dieux, Malgré ſes larmes & ſa douleur on vit la joye ſe répandre ſur ſon viſage : elle baiſſa ſon voile pour cacher la rougeur de ſes joües, & l'embaras où elle ſe trouvoit. Toute l'aſſemblée des Dieux applaudit aux paroles de Jupiter, & Venus ſans perdre un moment alla trouver Neptune pour concerter avec lui les moyens de ſe venger de Telemaque.

Elle raconta à Neptune ce que Jupiter lui avoit dit ; je ſçavois déja, répondit Neptune, l'ordre immuable des deſtins: mais ſi nous ne pouvons abimer Telemaque dans les flots de la mer, du moins n'oublions rien pour le rendre malheureux & pour retarder ſon retour en Ithaque. je ne puis consentir à faire perir le vaisseau Phenicien dans lequel il est embarqué. J'aime les Pheniciens, c'est mon peuple, nulle autre nation ne cultive comme eux mon Empire. C'est par eux que la mer est devenu le lieu de la societé de tous les peuples de la terre. Ils m'honorent par de continuels sacrifices sur mes Autels, ils sont justes, sages & laborieux dans le commerce; ils répandent par tout la commodité & l'abondance. Non, Déesse, je ne puis souffrir qu'un de leurs vaisseaux fasse naufrage, mais je ferai que le Pilote perdra sa route, & qu'il s'éloignera d'Ithaque où il veut aller. Venus contente de cette promesse, rit avec malignité, & retourna dans son char volant sur les prez fleuris d'Idalie; où les graces, les jeux & les ris témoignerent leur joye de la revoir, dansans autour d'elle sur les fleurs qui parfument ce charmant séjour.

Neptune envoya aussi-tôt une Divinité trompeuse semblable aux songes, excepté que les songes ne trompent que pendant le sommeil, au lieu que cette Divinité enchante le sens de ceux qui veillent. Ce Dieu mal-faisant environné d'une foule innombrable de mensonges aîlez, qui voltigent autour de lui, vint répandre une liqueur subtile & enchantée sur les yeux du Pilote Athamas, qui consideroit attentivement la clarté de la Lune, le cours des étoiles, & le rivage d'Ithaque, dont il découvroit déja assez près de lui les rochers escarpez. Dans ce même moment les yeux du Pilote ne lui montrerent plus rien de veritable. Un faux ciel & une terre feinte se presenterent à lui. Les étoiles parurent comme si elles avoient changé leur cours &

qu'elles fussent revenuës sur leurs pas. Tout l'Olympe sembloit se mouvoir par des loix nouvelles, la terre même étoit changée. Une fausse Ithaque se presentoit toûjours au Pilote, pour l'amuser, tandis qu'il s'éloignoit de la veritable. Plus il s'avançoit vers cette image trompeuse du rivage de l'isle, plus cette image reculoit; elle fuyoit toûjours devant lui, & il ne sçavoit que croire de cette fuite. Quelquefois il s'imaginoit entendre déja le bruit qu'on fait dans un port. Déja il se préparoit selon l'ordre qu'il en avoit reçû, à aller aborder secretement dans une petite isle qui est auprès de la grande, pour derober aux amans de Penelope conjurez contre Telemaque, le retour de celui-ci. Quelquefois il craignoit les écuëls, dont cette côte de la mer est bordée, & il lui sembloit entendre l'horrible mugissement des vagues qui vont se briser contre les écueils. Puis tout-à-coup il remarquoit que la terre paroissoit encore éloignée. Les montagnes n'étoient à ses yeux dans cet éloignement, que comme des petits nuages qui obscurcissent quelquefois l'horison pendant que le soleil se couche. Ainsi Athamas étoit étonné, & l'impression de la Divinité trompeuse pui charmoit ses yeux, lui faisoit éprouver un certain saisissement qui lui avoit été jusqualors inconnu. Il étoit même tenté de croire qu'il ne veilloit pas & qu'il étoit dans l'illusion de son songe. Cependant Neptune commanda au vent d'Orient de souffler pour jetter les navires sur les côtes de l'Hesperie. Le vent obéït avec tant de violence, que le navire arriva bien-tôt sur le rivage que Neptune avoit marqué.

Déja l'Aurore annonçoit le jour; déja les

étoilés qui craignent les rayons du Soleil, & qui en font jalouses, alloient cacher dans l'Océan leur sombres feux, quand le Pilote s'écria; enfin je n'en puis plus douter, nous touchons presque à l'Isle d'Ithaque; Telemaque réjoüissez-vous, dans une heure vous pourrez revoir Penelope, & peut-être trouver Ulysse remonté sur son trône.

A ce cri, Telemaque qui étoit immobile dans les bras du sommeil, s'éveille, se leve, monte au gouvernail, embrasse le Pilote, & de ses yeux à peine encore ouverts, regarde fixement la côte voisine. Il gémit, ne reconnoissant pas les rivages de sa patrie. Hélas! où sommes-nous, dit-il? Ce n'est point à ma chere Ithaque. Vous vous êtes trompé, Athamas, vous connoissiez mal cette côte si éloignée de notre païs. Non, non, répondit Athamas, je ne puis me tromper en considerant les bords de cette Isle. Combien de fois suis-je entré dans votre port? J'en connois jusqu'aux moindres rochers; le rivage de Tyr n'est guére mieux dans ma mémoire. Reconnoissez cette montagne qui avance? voyez ce rocher qui s'éleve comme une tour, n'entendez-vous pas la vague qui se rompt contre ces autres rochers, lorsqu'ils semblent menacer la mer par leur chûte? Mais ne remarquez-vous pas ce Temple de Minerve qui fend la nuë? Voilà la forteresse & la maison d'Ulysse votre pere.

Vous vous trompez, ô Athamas, répondit Telemaque; je vois au contraire une côte assez relevée; mais unie; j'apperçois une ville qui n'est point Ithaque. O Dieux! est-ce ainsi que vous vous joüez des hommes?

Pendant qu'il difoit ces paroles, tout-à-coup les yeux d'Athamas furent changez. Le charme fe rompit, il vit le rivage tel qu'il étoit veritablement, & reconnut fon erreur. Je l'avouë, ô Telemaque s'écria-t'il: quelque Divinité ennemie avoit enchanté mes yeux: je croyois voir Ithaque, & fon image tout entiere fe prefentoit à moi; mais dans ce moment elle difparoît comme un fonge. Je vois une autre ville, c'eſt fans doute Salante, qu'Idomenée fugitif de Créte vint de fonder dans l'Hefperie; j'apperçois des murs qui s'élevent, & qui ne font pas encore achevez : je vois un port qui n'eſt pas entierement fortifié.

Pendant qu'Athamas remarquoit les divers ouvrages nouvellement faits dans cette ville naiffante, & que Telemaque déploroit fon malheur, le vent que Neptune faifoit foufler, les fit entrer à pleines voiles dans une rade où ils fe trouverent à l'abri, & tout auprés du port.

Mentor qui n'ignoroit ni la vengeance de Neptune, ni le cruel artifice de Venus, n'avoit fait que fourire de l'erreur d'Athamas. Quand ils furent dans cette rade, Mentor dit à Telemaque : Jupiter vous éprouve; mais il ne veut pas votre perte. Au contraire; il ne vous éprouve que pour vous ouvrir le chemin de la gloire. Souvenez-vous des travaux d'Hercule, ayez toûjours devant vos yeux ceux de votre pere. Quiconque ne fçait pas fouffrir n'a point un grand cœur. Il faut par votre patience & votre courage, laffer la cruelle fortune qui fe plaît à vous perfecuter. Je crains moins pour vous les plus affreufes difgraces de Neptune, que je ne craignois les careffes flatueufes de la Déeffe qui vous retenoit dans fon Ifle. Que

I iv

tardons-nous ? Entrons dans ce port, voici un peuple ami ; c'est chez les Grecs que nous arrivons ; Idomenée maltraité par la fortune aura pitié des malheureux. Aussi-tôt ils entrerent dans le port de Salante, où le vaisseau Phenicien fut reçu sans peine, parce que les Pheniciens sont en paix & en commerce avec tous les peuples de l'Univers.

Telemaque regardoit avec admiration cette ville naissante. Semblable à une jeune plante, qui ayant été nourrie par la douce rosée de la nuit, sent dès le matin les rayons du Soleil qui viennent l'embellir ; elle croit, elle ouvre ses tendres boutons, elle étend ses feüilles vertes, elle épanoüit ses fleurs odoriferantes, avec mille couleurs nouvelles. A chaque moment qu'on la voit on y trouve un nouvel éclat. Ainsi florissoit la nouvelle ville d'Idomenée sur le rivage de la mer. Chaque jour, chaque heure elle croissoit avec magnificence, & elle montroit de loin aux étrangers qui étoient sur la mer, de nouveaux ornemens d'architecture qui s'élevoient jusqu'au ciel. Toute la côte retentissoit des cris des ouvriers, & des coups de marteaux. Les prairies étoient suspendües en l'air par des grües avec des cordes. Tous les chefs animoient le peuple au travail dès que l'aurore paroissoit ; & le Roi Idomenée donnant par tout ses ordres lui-même, faisoit avancer les ouvrages avec une incroyable diligence.

A peine le vaisseau Phenicien fut arrivé, que les Crétois donnerent à Telemaque & à Mentor toutes les marques d'amitié sincere. On se hâta d'avertir Idomenée de l'arrivée du fils d'Ulysse. Le fils d'Ulysse, s'écria-t-il,

LIVRE IX.

Ulysse ce cher ami, ce sage Heros par qui nous avons enfin renversé la ville de Troye! qu'on l'amene ici, & que je lui montre combien j'ai aimé son pere. Aussi-tôt on lui presente Telemaque, qui lui demande l'hospitalité; en lui disant son nom.

Idomenée lui répondit avec un visage doux & riant: Quand même on ne m'auroit pas dit qui vous êtes, je crois que je vous aurois conu. Voilà Ulysse lui-même, voilà ses yeux pleins de feu, & dont le regard est si ferme. Voilà son air d'abord froid & reservé, qui cachoit tant de vivacité & de graces. Je reconnois même ce sourire fin, cette action negligée, cette parole douce, simple & insinuante, qui persuadoit avant qu'on eut le tems de s'en défier. Oui, vous êtes le fils d'Ulysse, mais vous serez aussi le mien. O mon fils, mon cher fils! quelle avanture vous amene sur ce rivage? Est-ce pour chercher votre pere? Hélas je n'en ai aucune nouvelle, la fortune nous a persecutez lui & moi: il a eu le malheur de ne pouvoir retrouver sa patrie, & j'ai eu celui de retrouver la mienne pleine de la colere des Dieux contre moi. Pendant qu'Idomenée disoit ces paroles, il regardoit fixement Mentor comme un homme dont le visage ne lui étoit pas inconnu; mais dont il ne pouvoit trouver le nom.

Cependant Telemaque lui répondit les larmes aux yeux: O Roi! pardonnez-moi la douleur que je ne sçaurois vous cacher dans un tems où je ne devrois vous marquer que de la joye & de la recennoissance pour vos bontéz. Par le regret que vous me témoignez de la perte d'Ulysse, vous m'aprenez vous-même à sentir le malheur de ne point trouver mon pere.

I v

Il y a déja long temps que je cherche dans toutes les mers. Les Dieux irritez ne me permettent pas de le revoir, ni sçavoir s'il a fait naufrage, ni de pouvoir retourner à Ithaque où Penelope languit dans le desir d'être délivrée de ses Amans. J'avois crû vous trouver dans l'isle de Créte ; j'y ai sçu votre cruelle destinée, & je ne croyois pas devoir jamais approcher de l'Hesperie où vous avez fondé un nouveau Royaume. Mais la fortune qui se joue des hommes, & qui me tient errant dans tous les païs loin d'Ithaque, m'a enfin jetté sur vos côtes. Parmi tous les maux qu'elle m'a fait, c'est celui que je supporte le plus volontiers. Si elle m'éloigne de ma patrie, du moins elle me fait connoitre le plus genereux de tous les Rois.

A ces mots Idomenée embrasse tendrement Telemaque, & le menant dans son Palais, il lui dit : Quel est donc ce prudent vieillard qui vous accompagne ? il me semble que je l'ai souvent vû autrefois. C'est Mentor, repliqua Telemaque, Mentor ami d'Ulysse, à qui il avoit confié mon enfance, qui pourroit vous dire tout ce que je lui dois.

Aussi-tôt Idomenée s'avance, tend la main à Mentor : Nous nous sommes vûs, dit-il, autrefois. Vous souvenez-vous du voyage que vous fites en Créte ; & des bons conseils que vous me donnâtes ? Mais alors l'ardeur de la jeunesse, & le goût des vains plaisirs m'entraînoient. Il a fallu que mes malheurs m'ayent instrît pour m'aprendre ce que je ne voulois pas croire. Plût aux Dieux que je vous eusse crû, ô sage vieillard ! Mais je remarque avec étonnement, que vous n'êtes presque point changé depuis tant d'années ; c'est la même fraîcheur de visage, la même taille droite, la même vigueur ; vos cheveux seulement sont un peu blanchis.

Grand Roi, répondit Mentor, si j'étois flateur, je vous dirois de même que vous avez conservé cette fleur de jeunesse qui éclatoit sur votre visage avant le siége de Troye. Mais j'aimerois mieux vous déplaire que de blesser la verité. D'ailleurs je vois par votre sage discours que vous n'aimez pas la flaterie, & qu'on ne hazarde rien en vous parlant avec sincerité. Vous êtes bien changé, & j'aurois eu de la peine à vous reconnoître. J'en connois clairement la cause, c'est que vous avez beaucoup souffert dans vos malheurs ; mais vous avez bien gagné en souffrant, puisque vous avez acquis la sagesse. On doit se consoler aisément des rides qui viennent sur le visage pendant que le cœur s'exerce & se fortifie dans la vertu. Au reste, sachez que les Rois s'usent toûjours plus que les autres hommes. Dans l'adversité les peines de l'esprit & les travaux du corps les font vieillir avant le temps. Dans la prosperité, les délices d'une vie mole les usent bien plus encore que tous les travaux de la guerre. Rien n'est si mal sain que les plaisirs où l'on ne peut se moderer. De là vient que les Rois en paix & en guerre ont toûjours des peines & des plaisirs qui font venir la vieillesse avant l'âge, où elle doit venir naturellement. Une vie sombre, moderée, simple, exempte d'inquietudes & de passions, reglée & laborieuse, retient dans les membres d'un homme sage la vive jeunesse, qui sans ces précautions, est toûjours prête à s'envoler sur les aîles du tems

Idomenée charmé du discours de mentor, l'eût écouté long-tems, si on ne fût venu l'avertir pour un sacrifice qu'il devoit faire à Jupiter. Telemaque & Mentor le suivirent environnez d'une grande foule de peuple qui consideroit avec empressement & curiosité ces deux Etrangers. Les Salentins se disoient les uns aux autres : Ces deux hommes sont bien differens. Le jeune a je ne sçai quoi de vif & d'aimable ; toutes les graces de la beauté & de la jeunesse sont répanduës sur son visage & sur son corps ; mais cette beauté n'a rien de mou ni d'efféminé. Avec cette fleur si tendre de la jeunesse, il paroît vigoureux, robuste, endurci au travail. Cet autre, quoique bien plus âgé, n'a encore rien perdu de sa force ; sa mine paroît d'abord moins haute, & son visage moins gracieux ; mais quand on le regarde de près, on trouve dans sa simplicité des marques de sagesse & de vertu avec une noblesse qui étonne. Quand les Dieux sont descendus sur la terre pour se communiquer aux Mortels, sans doute qu'ils ont pris de telles figures d'Etrangers & de Voyageurs.

Cependant on arrive dans le Temple de Jupiter, qu'Idomenée, du sang de ce Dieu, avoit orné avec beaucoup de magnificence. Il étoit environné d'un double rang de colomnes de marbre jaspé. Les chapiteaux étoient d'argent : le Temple étoit tout incrusté de marbre avec des bas reliefs qui representoient Jupiter changé en Taureau ; le ravissement d'Europe, & son passage en Crete au travers des flots. Ils sembloient respecter Jupiter, quoiqu'il fût sous une forme étrangere. On voyoit ensuite la naissance & la jeunesse de Minos. Enfin ce sage Roi donnant dans un âge plus avancé des loix à toute son Isle pour la rendre à jamais florissante. Telemaque y remarqua aussi les principales avantures du siége de Troye, où Idomené avoit acquis la gloire d'un grand Capitaine. Parmi ces representations de combats, il chercha son pere, il le reconnut prenant les cheveux de Rhesus que Diomede venoit de tuer; ensuite disputant avec Ajax les armes d'Achile devant tous les chefs de l'armée Grecque assemblez: enfin sortant du cheval fatal pour verser le sang de tant de Troyens.

Telemaque le reconnut dabord à ces fameuses actions dont il avoit souvent oüi parler, & que Mentor même lui avoit racontées. Les larmes coulerent de ses yeux; il changea de couleur, son visage parut troublé. Idomenée l'apperçut, quoique Telemaque se detournât pour cacher son trouble. N'ayez point de honte, lui dit Idomenée, de nous laisser voir combien vous êtes touché de la gloire & des malheurs de votre pere.

Cependant le peuple s'assembloit en foule sous ces vastes portiques formez par le double rang de colomnes qui environnoient le temple. Il y avoit deux troupes de jeunes garçons & de jeunes filles, qui chantoient des vers à la loüange du Dieu qui tient dans ses mains la foudre. Ces enfans choisis de la figure la plus agreable, avoient de longs cheveux flotans sur leurs épaules. Leurs têtes étoient couronnées de roses & parfumées, ils étoient tous vêtus de blanc. Idomenée faisoit à Jupiter un sacrifice de cent Tauraux pour se le rendre favorable dans une guerre qu'il avoit entreprise contre ses voisins. Le sang des victimes fumoit de tous côtez : on le voyoit ruisseler dans les profondes coupes d'or & d'argent.

Le vieillard Theophane ami des Dieux, & Prêtre du Temple, tenoit pendant le sacrifice sa tête couverte d'un bout de sa robe de pourpre. Ensuite il consulta les entrailles des victimes qui palpitoient encore. Puis s'étant mis sur le Trépied sacré : O Dieu ! s'écria-t'il, quels sont donc ces deux Etrangers que le Ciel envoye en ces lieux? Sans eux la guerre entreprise nous seroit funeste, & Salante tomberoit en ruine avant que d'achaver d'être élevée sur ses fondemens. Je vois un jeune Heros que la Sagesse mene par la main ; il n'est pas permis à une bouche mortelle d'en dire davantage.

En disant ces paroles, son regard étoit farouche, & ses yeux éteincelans : il sembloit voir d'autres objets que ceux qui paroissoient devant lui ; son visage étoit enflamé : il étoit troublé & hors de lui-même ; ses cheveux étoient herissez, sa bouche écumante, ses bras levez & immobiles. Sa voix émuë étoit plus forte qu'aucune voix humaine ; il étoit hors d'haleine, & ne pouvoit tenir renfermé audedans de lui l'esprit divin qui l'agitoit.

O heureux Idomenée ! s'écria-t'il encore, que vois-je ? Quels malheurs évitez ? Quelle douce paix au-dedans, mais au-dehors quels combats, quelle victoire ! O Telemaque ! tes travaux surpassent ceux de ton pere, le fier ennemi gémit dans la poussiere sous ton glaive, les portes d'airain, les inaccessibles rempars tombent à tes pieds. O grande Déesse, que son pere... O jeune homme ! tu reverras enfin....
A ces mots la parole meurt dans sa bouche, &

LIVRE IX.

il demeure comme malgré lui dans un silence plein d'étonnement.

Tout le peuple est glacé de crainte. Idomenée tremblant, n'ose lui demander qu'il acheve. Telemaque même surpris comprend à peine ce qu'il vient d'entndre ; à peine peut-il croire qu'il ait entendu ces hautes predictions Mentor est le seul que l'esprit divin n'a point étonné. Vous entendez, dit-il à Idomenée, le dessein des Dieux. Contre quelque Nation que vous avez à combattre, la victoire sera dans vos mains, & vous devrez au jeune fils de votre ami le bonheur de vos armes. N'en soyez point jaloux, profitez seulement de ce que les Dieux vous donnent par lui.

Idomenée n'étant pas encore revenu de son étonnemeet, cherchoit en vain des paroles ; sa langue demeuroit immobile. Telemaque plus prompt dit à Mentor ; tant de gloire promise ne me touche point; mais que peuvent donc signifier ces dernieres paroles : Tu reverras ? Est-ce mon pere, ou seulement Ithaque ? Hélas, que n'a-t'il achevé ? il m'a laissé plus en doute que je n'étois. O Ulysse ! ô mon pere ! seroit-ce vous-même que je dois revoir? Seroit-il vrai ? Mais je me flate, cruel Oracle, tu prens plaisir à te jouer d'un malheureux; encore une parole, & j'étois au comble du bonheur.

Mentor lui dit: Respectez ce que les Dieux découvrent, & n'entreprenez pas de découvrir ce qu'ils veulenr cacher, Une curiosité temeraire merite d'être confondue. C'est par une sagesse pleine de bonté que les Dieux cachent aux foibles hommes leurs destinée dans une nuit impenetrable. Il est utile de prevoir ce qui dépend de nous pour le bien faire; mais il n'est pas moins utile d'ignorer ce qui ne dépend pas de nos soins, & ce que les Dieux veulent faire de nous.

Telemaque touché de ces paroles, se retint avec beaucoup de peine. Idomenée qui étoit revenu de son étonnement, commença de son côté à loüer le grand Jupiter, qui lui avoit envoyé le jeune Telemaque & le sage Mentor, pour le rendre victorieux de ses ennemis. Aprés qu'on eut fait un magnifique repas qui suivit le sacrifice, il parla ainsi aux deux étrangers.

J'avouë que je ne connoissois point encore assez l'art de regner, quand je revins en Crete aprés le siége de Troye. Vous sçavez, chers amis, les malheurs qui m'ont privé de regner dans cette grande isle, puisque vous m'assurez que vous y avez été depuis que j'en suis parti. Encore trop heureux si les coups le plus cruels de la fortune ont servi à m'instruire & à me rendre plus moderé. Je traversai les mers comme un fugitif que la vengeance des Dieux & des hommes poursuit. Toute ma grandeur passée ne servoit qu'à me rendre ma chûte plus honteuse & plus insuportable. Je vins refugier mes Dieux Penates sur cette côte deserte, où je ne trouvai que des terres incultes couvertes de ronces & d'épines, des forêts aussi anciennes que la terre, des rochers presque inaccessibles où se retiroient les bêtes farouches. Je fus reduit à me rejouir de posseder avec un petit nombre de soldats & de compagnons, qui avoient bien voulu me suivre dans mes malheurs, cette terre sauvage, & d'en faire ma patrie, ne pouvant plus esperer de revoir jamais cette isle fortunée où les Dieux m'avoient fait naître pour regner. Hélas, disois-je en moi-même, quel changement ! Quel exemple terrible ne suis je point pour les Rois ! Il faudroit me montrer à tous ceux qui regnent dans le monde, pour les instruire par mon exemple. Ils s'imaginent n'avoir rien à craindre à cause de leur élevation audessus du reste des hommes. Eh ! c'est leur élevation même qui fait qu'ils ont tout à craindre : j'étois craint de mes ennemis, & aimé de mes sujets. Je commandois à une nation puissante & belliqueuse : la renommée avoit porté mon nom dans les païs les plus éloignez. Je regnois dans une isle sterile & délicieuse : cent villes me donnoient chaque année un tribut de leurs richesse; ce peuple me reconnoissoient pour être du sang de Jupiter né dans leur païs. Ils m'aimoient comme le petit-fils du sage Minos, dont les Loix les rendent si puissans & si heureux. Que manquoit-il à mon bonheur, si non d'en sçavoir joüir avec moderation? Mais mon orgueil & la flaterie que j'ai écoutée, ont renversé mon trône. Ainsi tomberont tous les Rois pui se livreront à leur desirs & aux conseils des esprits flateurs. Pendant le jour, je tâchois de montrer un visage gai & plein d'esperance, pour soutenir le courage de ceux qui m'avoient suivi. Faisons, leur disois-je, une nouvelle ville, qui nous console de tout ce que nous avons perdu. Nous sommes environnez de peuples qui nous ont donné un bel exemple pour cette entreprise. Nous voyons Tarente qui s'éleve assez prés de nous. C'est Phalante avec ses Lacedemoniens, qui a fondé ce nouveau Royaume. Philoctete donne le nom de Petilie à une grande ville, qu'il bâtit sur la même côte. Metaponte est encore un semblable colonie. Ferons-nous moins que tous ces Etrangers errans comme nous ? La foortune ne nous est pas plus rigoureuse.

Pendant que je tâchois d'adoucir par ces paroles, les peines de mes compagnons, je cachois au fond de mon cœur une douleur mortelle. C'étoit une consolation pour moi que la lumiere du jour me quittât, & que la nuit vint m'enveloper de ses ombres pour déplorer en liberté ma miserable destinée. Deux torrens de larmes ameres couloient de mes yeux, & le doux sommeil m'etoit inconnu. Le lendemain je recommençois mes travaux avec une nouvelle ardeur. Voilà, Mentor, ce qui fait que vous m'avez trouvé si vieilli.

Après qu'Idomenée eut achevé de raconter ses peines, il demanda à Telemaque & à Mentor leurs secours dans la guerre où il se trouvoit engagé. Je vous renvoyerai, leur disoit-il, à Ithaque dès que la guerre sera finie. Cependant je ferai partir des vaisseaux vers toutes les côtés les plus éloignées pour apprendre des nouvelles d'Ulysse. En quelque endroit des terres conuës que la tempête ou la colere de quelque Divinité l'ait jetté, je sçaurai bien l'en retirer. Plaise aux Dieux qu'il soit encore vivant! pour vous, je vous renvoyerai avec les meilleurs vaisseaux qui ont jamais été construits dans l'isle de Créte ; ils sont faits du bois coupé sur le veritable mont Ida, où Jupiter nâquit. Ce bois sacré ne sçauroit périr dans les flots ; les vents & les rochers les craignent & le respectent. Neptune même dans son plus grand couroux n'oseroit soulever les vagues contre lui. Assurez-vous donc que vous retournerez heureusement à Ithaque sans peine, & qu'aucune Divinité ennemie ne pourra plus vous faire errer sur tant de mers : le trajet est court & facile. Renvoyez le vaisseau Phenicien qui vous a portez jusques ici, & ne songez qu'à acquerir la gloire d'établir le nouveau Royaume d'Idomenée pour reparer tous ses malheurs. C'est à ce prix, ô fils d'Ulysse, que vous serez jugé digne de votre pere. Quand même les destinées rigoureuses l'auroient déja fait descendre dans le sombre Royaume de Pluton, toute la Grece charmée croira le revoir en vous.

A ces mots, Telemaque interrompit Idomenée : Renvoyons, dit-il, le vaisseau Phenicien. Que tardons-nous à prendre les armes pour attaquer vos ennemis ? ils sont devenus les nôtres. Si nous avons été victorieux en combattant dans la Sicile pour Aceste Troyen ennemi de la Grece, ne serons-nous pas encore plus ardens & plus favorisez des Dieux quand nous combattrons pour un des Heros Grecs qui ont renversé l'injuste ville de Priam ? L'Oracle que nous venons d'entendre ne nous permet pas d'en douter.

Fin du neuviéme Livre.

LES AVANTURES
DE
TELEMAQUE
FILS D'ULYSSE.
LIVRE DIXIEME.

SOMMAIRE.

Idomenée informe Mentor du sujet de la guerre contre les Manduriens. Il lui raconte que ces peuples lui avoient cedé d'abord la côte de l'Hespire, où il a fondé sa Ville ; qu'ils s'étoient retirez sur les montagnes voisines, où quelques-uns leurs ayant été maltraitez par une troupe de ces gens, cette Nation lui avoit deputé deux Vieillards, avec lesquels il avoit reglé des articles de paix ; qu'après une infraction de ce traité, faite par ceux des siens qui l'ignoroient ; ces peuples se préparoient à lui faire la guerre. Pendant ce recit d'Idomenée, les Manduriens qui s'étoient hâtez de prendre les armes, se presenterent aux portes de Salante. Nestor, Philoctete & Phalante, qu'Idomenée croyoit neutres, sont contre lui dans l'armée des Manduriens. Mentor sort de Salente, & va seul proposer aux ennemis des conditions de paix.

MEENTOR regardant d'un œil doux & tranquille Telemaque, qui étoit déja plein d'une noble ardeur pour les combats prit ainsi la parole. Je suis bien aise, fils d'Ulysse, de voir en vous une si belle passion pour la gloire, mais souvenez-vous que votre pere n'en a acquis une si grande parmi les Grecs au siége de Troye, qu'en se montrant le plus sage & le plus moderé d'entr'eux. Achille, quoiqu'invincible & invulnerable, quoique sûr de porter la terreur & la mort par tout où il combattoit, n'a pû prendre la ville de Troye. Il est troublé lui-même aux pieds des murs de cette ville, & elle a triomphé du vainqueur d'Hector. Mais Ulysse en qui la prudence conduisoit la valeur, a porté la flame & le fer au milieu des Troyens, & c'est à ses mains qu'on doit la chûte de ces hautes & superbes tours, qui menacerent pendant dix ans toute la guerre conjurée. Autant que Minerve est au-dessus de Mars, autant une valeur discrete & prévoyante surpasse-t'elle un courage boüillant & farouche. Commençons donc par nous instruire des circonstances de cette guerre qu'il faut soûtenir. Je ne refuse aucun péril; mais je crois, ô Idomenée, que vous devez nous expliquer premierement si votre guerre est juste, ensuite contre qui vous la faites; & enfin quelles sont vos forces pour en esperer un heureux succès.

Idomenée lui répondit: Quand nous arrivâmes sur cette côte, nous y trouvâmes un peuple sauvage qui erroit dans les forêts, vivant de sa chasse, & des fruits que les arbres portent d'eux mêmes. Ces peuples qu'on nomme les Manduriens furent épouvantez, voyant nos vaisseaux & nos armes. Ils se retirerent dans les montagnes; mais comme nos soldats furent curieux de voir le païs, & voulurent poursuivre des cerfs, ils rencontrerent ces Sauvages fugitifs. Alors le Chef de ces Sauvages leur dirent : nous avons abandonné les doux rivages de la mer pour vous les ceder : il ne nous reste que des montagnes presque innaccessibles; du moins est-il juste que vous nous y laissiez en paix & en liberté. Nous vous trouvons errans, dispersez, & plus foibles que nous: il ne tiendroit qu'à nous de vous égorger, & d'ôter même à vos compagnons la connoissance de votre malheur. Mais nous ne voulons point tremper nos mains dans le sang de ceux qui sont hommes aussi-bien que nous. Allez, souvenez-vous que vous devez la vie à nos sentimens d'humanité. N'oubliez jamais que c'est d'un peuple que vous nommez grossier & sauvage, que vous recevez cette leçon de moderation & de generosité.

Ceux d'entre les nôtres qui furent ainsi renvoyez par ces Barbares, revinrent dans le champ, & raconterent ce qui leur étoit arrivé. Nos soldats en furent émus, ils eurent honte de voir que des Crétois dûssent la vie à cette troupe d'hommes fugitifs, qui leur paroissoit ressembler plûtôt des ours qu'à des hommes; ils s'en allerent à la chasse en plus grand nombre que les premiers, & avec toutes sortes d'armes. Bien-tôt ils rencontrerent les Sauvages, les attaquerent. Le combat fut cruel. Les traits voloient de part & d'autre, comme la grêle tombe dans une campagne pendant un orage. Les sauvages furent contraints de se retirer dans leurs montagnes escarpées, où les nôtres n'oserent s'engager.

Peu de tems après ces peuples envoyerent vers moi deux de leurs plus sages vieillards qui venoient me demander la paix. Ils m'apporterent des prefens ; c'étoit des peaux de bêtes farouches qu'ils avoient tuées, & des fruits du païs. Après m'avoir donné leurs prefens, ils parlerent ainfi.

O Roy, nous tenons comme tu vois, dans une main l'épée, & dans l'autre une branche d'olivier. [En effet, ils tenoient l'un & l'autre dans leurs mains.] Voilà la paix, ou la guerre, choifis. Nous aimerons mieux la paix ; c'eft pour l'amour d'elle que nous n'avons point eu de honte de te ceder le doux rivage de la mer, où le foleil rend la terre fertile, & produit tant de fruits délicieux. La paix eft plus douce que tous ces fruits : c'eft pour elle que nous nous fommes retirez dans ces hautes montagnes toûjours couvertes de glace & de neige, où l'on ne voit jamais, ni les fleurs du Printems, ni les riches fruits de l'Automne. Nous avons horreur de cette brutalité, qui fous de beaux noms d'ambition & de gloire, va follement ravager les Provinces, & répand le fang des hommes qui font tous freres. Si cette fauffe gloire te touche, nous n'avons garde de te l'envier ; nous te plaignons, & nous prions les Dieux de nous preferver d'une fureur femblable. Si les fciences que les Grecs apprenent avec tant de foin, & fi la politeffe dont ils fe picquent ne leur infpire que cette deteftable injuftice, nous nous croyons trop heureux de n'avoir point ces avantages. Nous ferons gloire d'être toûjours ignorans & barbares, mais juftes, humains, fidéles, defintereffez, accoûtumez à nous contenter de peu, & à méprifer la vaine délicateffe qui fait qu'on a befoin d'avoit beaucoup ce que nous estimons, c'est la santé, la frugalité, la liberté, la vigueur du corps & de l'esprit. C'est l'amour de la vertu, la crainte des Dieux, le bon naturel pour nos proches, l'attachement à nos amis, la fidelité pour tout le monde, la moderation dans la prosperité, la fermeté dans les malheurs, le courage pour dire toûjours hardiment la verité, l'horreur de la flaterie. Voilà quels sont les peuples que nous t'offrons pour voisins ou pour aliez. Si les Dieux irritez t'aveuglent jusqu'à te faire refuser la paix, tu apprendras, mais trop tard, que les gens qui aiment par moderation la paix, sont les plus redoutables dans la guerre.

Pendant que ces vieillards me parloient ainsi, je ne pouvois me lasser de les regarder. Ils avoient la barbe longue & négligée, les cheveux plus courts, mais blancs, les sourcis épais, les yeux vifs, un regard & une contenance ferme, une parole grave & pleine d'autorité, des manieres simples & ingenuës. Les fourures qui leur servoient d'habit, étoint nouées sur l'épaule, & laissoient voir des bras plus nerveux & des muscles mieux nourris que ceux de nos Atletes. Je repondis à ces deux Envoyez, que je desirois la paix. Nous reglâmes ensemble de bonne foi plusieurs conditions ; nous en prîmes tous les Dieux à témoins, & je renvoyai ces hommes chez eux avec des presens. Mais les Dieux qui m'avoient chassé du Royaume de mes Ancêtres, n'étoient pas encore lassez de me persecuter. Nos chasseurs qui ne pouvoient pas être si-tôt avertis de la paix que nous venions de faire, rencontrerent le même jour une grande troupe
de

de ces barbares qui accompagnoient leurs Envoyez, lorsqu'ils revenoient de notre camp, ils les attaquerent avec fureur, en tuerent une Partie, & poursuivirent le reste dans le bois. Voilà la guerre rallumée. Ces barbares croyent qu'ils ne peuvent plus se fie ni à nos promesses, ni à nos sermens.

Pour être plus puissant contre nous, ils appellent à leurs secours les Locriens, les Apuliens, les Lucaniens, les Brutiens, les peuples de Cretone, de Nerite & de Brindes. Les Lucaniens viennent avec des chariots armez de feaux tranchantes. Parmi les Apuliens, chacun est couvert de quelque peau de bête farouche qu'il a tuée; ils portent des massuës pleines de gros nœuds, & garnies de pointes de fer; ils sont presque de la taille des geants, & leurs corps se rendent si robustes par les exercices penibles ausquels ils s'adonnent, que leur seule vûë épouvante. Les Locriens venus de la Grece sentent encore leur origine, & sont plus humains que les autres : mais ils ont joint à l'exacte discipline des troupes Grecques, la vigueur des barbares, l'habitude de mener une vie dure, ce qui les rend invincibles. Ils portent des boucliers legers qui sont faits d'un tissu d'ozier, & couverts de peaux, leurs épées sont longues. Les Brutiens sont legers à la course comme les cerfs, & comme les daims. On croiroit que l'herbe même la plus tendre n'est point foulée sous leurs pieds ; à peine laissent-ils dans le sable quelques traces de leurs pas. On les voit tout-à-coup fondre sur leurs ennemis, & puis disparoître avec une égale rapidité. Les peuples de Crotone sont adroits à tirer des fléches. Un homme ordi-

Tome I.   K

naire parmi les Grecs ne pourroit bander un arc tel qu'on en voit communément chez les Crotonois, & si jamais ils s'appliquent à nos jeux, ils y remporteront les prix. Leurs fléches sont trempées dans le suc de certaines herbes venimeuses, qui viennent, dit-on, des bords de l'Averne, & dont le poison est mortel. Pour ceux de Nerite, de Messapie & de Brindes; ils n'ont en partage que la force du corps, & une valeur sans art. Les cris qu'ils poussent jusqu'au Ciel à la vûë de leurs ennemis sont affreux. Ils se servent assez bien de la fronde, & ils obscurcissent l'air par une grêle de pierres lancées, mais ils combattent sans ordre. Voilà, Mentor, ce que vous desirez de sçavoir. Vous connoissez maintenant l'origine de cette guerre, & quels sont nos ennemis.

Aprés cet éclaircissement, Telemaque impatient de combattre, croyoit n'avoir plus qu'à prendre les armes. Mentor le retint encore, & parla ainsi à Idomenée: d'où vient donc que les Locriens mêmes, peuples sortis de la Grece, s'unissent aux barbares contre les Grecs? D'où vient que tant de Colonies fleurissent sur cette côte de la mer, sans avoir les mêmes guerres que vous à soutenir? O! Idomenée, vous dites que les Dieux ne sont pas encore las de vous persecuter? Et moi je dis qu'ils n'ont pas encore achevé de vous instruire. Tant de malheurs que vous avez soufferts ne vous ont pas encore appris ce qu'il faut faire pour prévenir la guerre. Ce que vous racontez vous-même de la bonne foi de ces barbares, suffit pour montrer que vous auriez pû vivre en paix avec eux: mais la hauteur &

la fierté attirent les guerres les plus dangereuses. Vous auriez pû leur donner des ôtages & en prendre d'eux. Il eût été facile d'envoye avec leurs Ambassadeurs quelques-uns de vos Chefs pour les reconduire avec sûreté. Depuis cette guerre renouvellée, vous auriez dû encore les appaiser en leur représentant qu'on les avoit attaquez, faute de sçavoir l'alliance qui venoit d'être jurée. Il falloit leur offrir toutes les sûretez qu'ils auroient demandées, & établir de rigoureuses peines contre ceux de vos sujets qui auroient manqué à l'alliance : mais qu'est-il arrivé depuis ce commencement de guerre ?

Je crus, répondit Idomenée, que nous n'aurions pû sans bassesse rechercher ces barbares, qui assemblerent à la hâte tous leurs hommes en âge de combattre, & qui implorerent le secours de tous les peuples voisins ausquels ils nous rendirent suspects & odieux. Il me parut que le parti le plus assuré étoit de s'emparer promptement de certains passages dans les montagnes qui étoient mal gardez. Nous les primes sans peine, & par là nous nous sommes mis en état de désoler ces barbares. J'y ai fait élever des tours, d'où nos troupes peuvent accabler de traits tous les ennemis qui viendroient des montagnes dans notre païs. Nous pouvons entrer dans le leur, & ravager quand il nous plaira leurs principales habitations. Par ce moyen nous sommes en état de resister avec des forces inégales à cette multitude inombrable d'ennemis qui nous environnent. Au reste la paix entre eux nous est devenuë trés difficile. Nous ne sçaurions leur abandonner ces tours sans nous opposer à leurs incursions, &

K ij

ils les regardent comme des Citadelles, dont nous voulons nous servir pour le rediure en servitude.

Mentor répondit ainsi à Idomenée ; Vous êtes un sage Roi, & vous voulez qu'on vous découvre la verité sans aucun adoucissement. Vous n'êtes point comme ces hommes foibles qui craignent de la voir, & qui manquant de courage pour se corriger, n'employent leur autorité qu'à soûtenir les fautes qu'ils ont faites. Sçachez donc que ce peuple barbare vous a donné une merveilleuse leçon, quand il est venu vous demander la paix. Etoit-ce par foiblesse qu'il la demandoit? Manquoit-il de courage, ou de ressource contre vous? Vous voyez que non ; puisqu'il est si aguerri & soûtenu par tant de voisins redoutables. Que n'imitez-vous sa moderation ? Mais une mauvaise honte & une fausse gloire vous ont jetté dans ce malheur. Vous avez craint de rendre l'ennemi trop fier, & vous n'avez pas craint de le rendre trop puissant, en réünissant tant de peuples contre vous par une conduite hautaine & injuste. A quoi servent ses tours que vous vantez tant, si non à mettre tous vos voisins dans la necessité de perir, ou de vous faire perir vous même pour se preserver d'une servitude prochaine. Vous n'avez élevé ces tours que pour votre sûreté ; & c'est par ces tours que vous êtes dans un si grand peril. Le rempart le plus sûr d'un Etat, est la justice, la moderation, la bonne foi, l'assurance où sont vos voisins que vous êtes incapable d'usurper leurs terres. Les plus fortes murailles peuvent tomber par divers accidens imprevûs. La fortune est capricieuse & incostante dans la guerre, mais l'amour & la confiance de vos voisins quand ils ont senti votre moderation, font que votre Etat ne peut être vaincu, & n'est presque jamais attaqué. Quand même un voisin injuste l'attaqueroit, tous les autres interessez à sa conservation prennent aussi tôt les armes pour le défendre. Cet appui de tant de peuples qui trouvent leurs veritables interêts à soutenir les vôtres, vous auroit rendu bien plus puissant que ces tours qui rendent vos maux irremediables. Si vous aviez songé d'abord à éviter la jalousie de tous vos voisins, votre Ville naissante fleuriroit dans une heureuse paix, & vous seriez l'arbitre de toutes les Nations de l'Hesperie. Retranchons-nous maintenant à examiner comment on peut reparer le passé par l'avenir. Vous avez commencé à me dire qu'il y a sur cette côte diverses colonies Grecques: Ces peuples doivent être disposez à vous secourir. Ils n'ont oublié ni le grand nom de Minos fils de Jupiter ni vos travaux au siège de Troye, où vous vous êtes signalé tant de fois entre les Princes Grecs pour la querelle commune de toute la Grece. Pourquoi ne songez-vous pas à mettre ces colonies dans votre parti?

Elles sont toutes, répondit Idomenée, résoluës à demeurer neutres. Ce n'est pas qu'elles n'eussent quelque inclination à me secourir; mais le trop grand éclat que cette ville a eu dès sa naissance, les a épouvantez. Ces Grecs aussi-bien que les autres peuples ont craint que nous n'eussions des desseins sur leur liberté. Ils ont pensé qu'après avoir subjugué les barbares des montagnes, nous pousserions plus loin notre ambition. En un mot, tout est contre nous. Ceux mêmes qui ne nous font pas une guerre ouverte, desirent notre abaissement, & la jalousie ne nous laisse aucun allié.

Etrange extremité ! reprit Mentor : Pour vouloir paroitre trop puissant, vous ruïnez votre puissance; & pendant que vous êtes au dehors l'objet de la crainte & de la haine de vos voisins, vous vous épuisez au dedans par les efforts nécessaires pour soûtenir une telle guerre. O malheureux, & doublement malheureux Idomenée, que ce malheur même n'a pû instruire qu'à demi ? Aurez-vous encore besoin d'une seconde chute pour apprendre à prévoir les maux qui menacent les plus grands Rois ? Laissez-moi faire, & racontez-moi seulement en détail quelles sont donc ces Villes Grecques.

La principale, lui répondit Idomenée, est la ville de Tarente ; Phalante l'a fondée depuis trois ans. Il ramassa en Laconie un grand nombre de jeunes hommes nés des femmes qui avoient oublié leurs maris absens pendant la guerre de Troye. Quand les maris revinrent, les femmes ne songerent qu'à les appaiser, & qu'à desavoüer leurs fautes. Cette jeunesse nombreuse, qui étoit née hors du mariage, ne connoissant plus ni pere ni mere, vécut avec une licence sans bornes. La severité des loix reprima leurs desordres. Ils se réünirent sous Phalante chef hardi, intrepide, ambitieux, & qui sçût gagner ces cœurs par ces artifices. Il est venu sur ce rivage avec ces jeunes Laconiens : ils ont fait de Tarente une seconde Lacedemone. D'un autre côté, Philoctete qui a eu une si grande gloire au siége de Troye, en y portant les fléches d'Hercule, a élevé dans ce voisinage les murs de Petilie, moins-puissante à la verité, mais plus sagement gouvernée que Tarente. Enfin nous avons ici prés la ville de Metaponte, que le sage Nestor a fondé avec les Pyliens.

Quoi, reprit Mentor, vous avez Nestor dans l'Hesperie, & vous n'avez pas sçû l'engager dans vos interêts? Nestor qui vous a vû tant de fois combattre contre les Troyens, & dont vous avez l'amitié? Je l'ai perduë, repliqua Idomenée par l'artifice de ces peuples, qui n'ont rien de barbare que le nom. Ils ont eû l'adresse de lui persuader que je voulois me rendre le Tyran de l'Hesperie. Nous le détromperons, dit Mentor ; Telemaque le vit à Pylos avant qu'il fut venu fonder la Colonie, & avant que nous eussions entrepris nos grands voyages pour chercher Ulysse. Il n'aura pas encore oublié ce Heros, ni les marques de tendresse qu'il donna à son fils Telemaque, mais le principal est de guerir sa défiance.

C'est par les ombrages donnez à tous vos voisins, que cette guerre s'est allumée, & c'est en dissipant ces vains ombrages que cette guerre peut s'éteindre. Encore un coup laissez-moi faire.

A ces mots Idomenée embrassant Mentor, s'attendrissoit & ne pouvoit parler. Enfin il prononça à peine ces paroles : sage Vieillard envoyé par les Dieux pour reparer toutes mes fautes, j'avouë que je me serois irrité contre tout autre qui m'auroit parlé aussi librement que vous. J'avouë qu'il n'y a que vous seul qui puissiez m'obliger à rechercher la paix. J'avois résolu de périr, ou de vaincre tous mes ennemis ; mais il est juste de croire vos sages conseils plûtôt que ma passion. O heureux Telemaque! qui ne pourrez jamais vous egarer comme moi, puisque vous avez un tel guide: Mentor vous êtes le maître, toute la sagesse des Dieux est en vous, Minerve même ne pourroit donner de plus salutaires conseils. Allez, promettez, concluez ; donnez tout ce qui est à moi : Idomenée approuvera tout ce que vous jugerez à propos de faire.

Pendant qu'ils raisonnoient ainsi, on entendit tout-à-coup un bruit confus de chariots, de chevaux hennissans, d'hommes qui poussoient des hurlemens épouvantables & de trompettes qui remplissoient l'air d'un son belliqueux. On s'écrie. Voilà les ennemis qui ont fait un grand détour pour éviter les passages gardez. Les voilà qui viennent assiéger Salente. Les vieillards & les femmes paroissent consternez. Helas, disoient-ils, falloit-il quitter notre chere patrie, la fertile Crete, & suivre un Roi malheureux au travers de tant de mers, pour fonder une Ville qui sera mise en cendres comme Troye. On voyoit de dessus les murailles nouvellement bâties dans la vaste campagne, briller au Soleil les casques, les cuirasses, & les boucliers des ennemis : les yeux en étoient éblouïs. On voyoit aussi les piques herissées qui couvroient la terre comme elle est couverte par une abondante moisson que Cerés prépare dans les campagnes d'Enna en Sicile pendant les chaleurs de l'Eté, pour recompenser le Laboureur de toutes ses peines. Déja on remarquoit les chariots armez de faulx tranchantes, on distinguoit facilement chaque peuple venu à cette guerre.

Mentor monta sur une haute tour pour les

mieux découvrir. Idomenée & Telemaque le suivirent de près. A peine y fut-il arrivé qu'il apperçût d'un côté Philoctete, & de l'autre Nestor avec Pisistrate son fils. Nestor étoit facile à reconnoître à sa vieillesse venerable. Quoi donc, s'écria Mentor, vous avez crû, ô Idomenée, que Philoctete & Nestor se contentoient de ne vous point secourir? Les voilà qui ont pris les armes contre vous ; & si je ne me trompe, ces autres troupes qui marchent en si bon ordre avec tant de lenteur, sont des troupes Lacedemoniennes, commondées par Phalante ; tout est contre vous. Il n'y a aucun voisin de cette côte dont vous n'ayez fait un ennemi sans vouloir le faire.

En disant ces paroles, Mentor descend à la hâte de cette tour, il marche vers une porte de la ville du côté par où les ennemis s'avançoient : il la fait ouvrir ; & Idomenée surpris de la majesté avec laquelle il fait ces choses, n'ose pas même lui demander quel est son dessein. Mentor fait signe de la main, afin que personne ne songe à le suivre. Il va au-devant des ennemis étonnez de voir un seul homme qui se presente à eux. Il leur montra de loin une branche d'olivier en signe de paix ; & quand il fut à portée de se faire entedre, il leur demanda d'assembler tous les chefs. Aussi-tôt tous les Chefs s'assemblerent, & il leur parla ainsi :

O hommes genereux assemblez de tant de Nation, qui fleurissent dans la riche Hesperie, je sçai que vous n'êtes venus ici que pour l'interêt cōmun de la liberté. Je loüe votre zele ; mais souffrez que je vous represente un moyen facile de conserver la liberté & la gloire de tous vos peuples, sans répandre le sang humain.

O Nestor, sage Nestor, que j'apperçois dans cette Assemblée. vous n'ignorez pas combien la guerre est funeste à ceux même qui l'entreprennent avec justice sous la protection des Dieux : La guerre est le plus grand des maux dont les Dieux affligent les hommes. Vous n'oublierez jamais ce que les Grecs ont souffert pendant dix ans devant la malheureuse Troye. Quelles divisions entre les Chefs! quels caprices de la fortune! quels carnages des Grecs par la main de Nestor! Quels malheurs dans toutes les villes les plus puissantes, causez par la guerre, pendant la longue absence de leurs Rois. Au retour les uns ont fait naufrage au promontoire de Capharée; les autres ont trouvé une mort funeste dans le sein même de leurs épouses. O Dieux! c'est donc dans votre colère que vous armâtes les Grecs pour cette éclatante expedition. O peuples Hesperiens! je prie les Dieux de ne vous donner jamais une victoire si funeste. Troye est en cendres, il est vrai; mais il vaudroit mieux pour les Grecs qu'elle fût encore dans toute sa gloire; & que le lâche Pâris joüit de ses infâmes amours avec Helene. Philoctete si long-tems malheureux & abandonné dans l'Isle de Lemnos, ne craignez-vous point de retrouver de semblables malheurs dans une semblable guerre? Je sçai que les peuples de la Laconie ont senti aussi les troubles causez par la longue absence des Princes, des Capitaines & des Soldats qui allerent contre les Troyens. O Grecs, qui avez passé dans l'Hesperie, vous n'y avez tous passé que par une suite des malheurs qui ont été les suites de la guerre de Troye.

Après avoir ainsi parlé, Mentor s'avança vers les Pyliens, & Nestor qui l'avoit reconnu, s'avança aussi pour le saluer. O Mentor ! lui dit il, c'est avec plaisir que je vous revois. Il y a bien des années que je vous vis pour la premiere fois dans la Phocide, vous n'aviez que quinze ans, & je prévis deslors que vous feriez aussi sage que vous l'avez été dans la suite. Mais par quelle avanture avez vous été conduit dans ces lieux ? Quels sont donc les moyens que vous avez pour finir cette guerre: Idomenée nous a contraint de l'attaquer. Nous ne demandons que la paix : chacun de nous avoit un interêt pressant de la desirer ; mais nous ne pouvions plus trouver de sûreté avec lui. Il a violé toutes ses promesses à l'égar- de ses plus proches voisins. La paix avec lui ne seroit pas une paix, elle lui serviroit seulement à dissiper une ligue, qui est notre unique ressource. Il a montré à tous les autres peuples son dessein ambitieux de les mettre dans l'esclavage ; & il ne nous a laissé aucun moyen de défendre notre liberté ; qu'en tachant de renverser son nouveau Royaume. Par sa mauvaise foi nous sommes reduits à le faire perir, ou à recevoir de lui le joug de la servitude. Si vous trouuez quelque expedient pour faire ensorte qu'on puisse se confier à lui, & s'assûrer d'une bonne paix, tous les peuples que vous voyez ici, quitteront volontiers les armes, & nous avouërons avec joye que vous nous surpassez en sagesse.

Mentor lui répondit : Sage Nestor, vous sçavez qu'Ulysse m'avoit confié son fils Telemanque. Ce jeune homme impatient de découvrir la destinée de son pere, passa chez vous à Pylos, & vous le reçûtes avec tous les soins qu'il pouvoit attendre d'un fidéle ami de son pere. Vous lui donnâtes même votre fils pour le conduire: il entreprit ensuite de longs voyages sur la mer, & il a vû la Sicile, l'Egypte, l'Isle de Cypre, celle de Créte. Les vents, ou plûtôt les Dieux l'ont jetté sur cette côte comme il vouloit retourner à Ithaque. Nous sommes arrivez ici tout à propos pour vous épargner l'horreur d'une cruelle guerre. Ce n'est plus Idomenée, c'est le fils du sage Ulysse, c'est moi qui vous repons de toutes les choses qui seront promises.

Pendant que Mentor parloit ainsi avec Nestor au mileu des Troupes confederées, Idomenée & Telemaque avec tous les Crétois armez, le regardoient du haut des murs de Salente; ils étoient attentifs pour remarquer comment les discours de Mentor seroient reçûs; & ils auroient voulu pouvoir entendre les sage entretien de ces deux vieillards. Nestor avoit toûjours passé pour le plus experimenté & le plus éloquent de tous les Rois de la Grece. C'étoit lui qui moderoit pendant le siége de Troye, le boüillant couroux d'Achile, l'orgüeil d'Agamemnon, la fierté d'Ajax, & le courage impetueux de Diomede. La douce persuasion couloit de ses lévres comme un ruisseau de miel. Sa voix seule se faisoit entendre à tous ces Heros, tous se taisoient dès qu'il ouvroit la bouche; & il n'y avoit que lui qui pouvoit appaiser dans le camp la farouche discorde. Il commençoit à sentir les injures de la froide vieillesse; mais ces paroles étoient encore pleines de force & de douceur. Il racontoit les choses passées pour instruire la jeunesse par ces experiences, mais il les racontoit avec grace, quoi qu'avec un peu de lenteur.

Ce vieillard admiré de toute la Grece, sembla avoir perdu toute son éloquence & toute sa majesté, dès que Mentor parut avec lui. Sa vieillesse paroissoit flêtrie & abatuë auprès de celle de Mentor; en qui les ans sembloient avoir respecté la force & la vigueur du temperament. Les paroles de Mentor, quoique graves & simples, avoient une vivacité & une autorité qui commençoient à manquer à l'autre. Tout ce qu'il disoit étoit court, précis & nerveux. Jamais il ne faisoit aucune redite, jamais il ne racontoit que le fait nécessaire pour l'affaire qu'il falloit decider. S'il étoit obligé de parler plusieurs fois d'une même chose, pour l'inculquer, ou pour parvenir à la persuasion, c'étoit toûjours par des tours nouveaux & des comparaisons sensibles. Il avoit même je ne sçai quoi de complaisant & d'enjoué, quand il vouloit se proportionner aux besoins des autres, & leur insinuer quelque verité. Ces deux hommes si venerables furent un spectacle touchant à tant de peuples assemblez. Pendant que tous les Alliez de Salante se jettoient les uns sur les autres pour les voir de plus près, & pour tâcher d'entendre leurs sages discours, Idomenée & tous les siens s'efforçoient de découvrir par leurs regards avides & empressez, ce que signifioient leurs gestes, & l'air de leur visage.

Fin du dixiéme Livre.

LES AVANTURES
DE
TELEMAQUE
FILS D'ULYSSE.
LIVRE ONZIE'ME.

SOMMAIRE.

Telemaque voyant Mentor au milieu des Alliez, veut sçavoir ce qui se passe entr'eux. Il se fait ouvrir les portes de Salente, va joindre Mentor, & sa presence contribuë auprès des Alliez à leur faire accepter les conditions de paix que celui-ci leur proposoit de la part d'Idomenée. Les Rois entrent comme amis dans Salante. Idomenée accepte tout ce qui a été arrêté. On se donne reciproquement des ôtages, & on fait un sacrifice commun entre la Ville & le camp, pour la confirmation de cette alliance.

CEPENDANT Telemaque impatient, se dérobe à la multitude qui l'environne, il court à la porte par où Mentor étoit sorti ; il se la fait ouvrir avec autorité. Bien-tôt Idomené qui le croit à ses côtez, s'étonne de le voir qui court au milieu de la campagne, & qui est déja auprés de Nestor. Nestor le reconnoît, & se hâte, mais d'un pas pesant & tardif, de l'aller recevoir. Telemaque saute à son

LIVRE XI.

cou, & le tient ferré entre ses bras sans parler. Enfin il s'écria : ô mon pere, (je ne crains pas de vous nommer ainsi) le malheur de ne retrouver point mon veritable pere, & les bontez que vous m'avez fait sentir, me donnent droit de me servir d'un nom si tendre. Mon pere, mon cher pere, je vous revois ! ainsi puisse-je revoir Ulysse. Si quelque chose pouvoit me consoler d'en être privé, ce seroit de trouver en vous un autre lui-même.

Nestor ne peut à ces paroles retenir ses larmes, & il fut touché d'une secrette joye, voyant celles qui couloient avec une merveilleuse grace sur les jouës de Télemaque. La beauté, la douceur, & la noble assurance de ce jeune inconnu, qui traversoit sans précaution tant de troupes ennemies, étonna tous les Alliez. N'est-ce pas, disoient-ils, le fils de ce vieillard qui est venu parler à Nestor ? Sans doute, c'est la même sagesse dans les deux âges les plus opposez de la vie. Dans l'une, elle ne fait encore que fleurir : dans l'autre elle porte avec abondance les fruits les plus murs.

Mentor qui avoit pris plaisir à voir la tendresse avec laquelle Nestor venoit de recevoir Télemaque, profita de cette heureuse disposition. Voilà, lui dit-il, le fils d'Ulysse si cher à toute la Grece, & si cher à vou-même, ô sage Nestor ! le voilà, je vous le livre comme un ôtage, & comme le gage le plus précieux qu'on puisse vous donner de la fidélité des promesses d'Idomenée. Vous jugez bien que je ne voudrois pas que la perte du fils suivit celle du pere, & que la malheureuse Penelope pût reprocher à Mentor qu'il a sacrifié son fils à l'ambition du nouveau Roi de Salente. Avec ce gage qui est venu de lui-même s'offrir, & que les Dieux amateurs de la paix vous envoyent, je commence, ô peuples assemblez de tant de Nations, à vous faire des propositions pour établir à jamais une solide paix.

A ce nom de paix, on entend un bruit confus de rang en rang. Toutes ces differentes Nations fremissoient de couroux, croyant perdre tout le tems où l'on retardoit le combat; ils s'imaginoient qu'on ne faisoit tous ces discours que pour ralentir leur fureur, & pour faire échapper leur proye. Sur tout les Manduriens souffroient impatiemment qu'Idomenée esperât de les tromper encore une fois. Souvent ils entreprirent d'interrompre Mentor, car ils craignoient que ces discours pleins de sagesse ne détachassent leurs Alliez. Ils commençoient à se défier de tous les Grecs qui étoient dans l'assemblée. Mentor qui l'apperçût, se hâta d'augmenter cette défiance pour jetter la division dans l'esprit de tous ces peuples.

J'avoüe, disoit-il, que les Manduriens ont sujet de se plaindre, & de demander quelque reparation des torts qu'ils ont soufferts; mais il n'est pas juste aussi que les Grecs qui sont sur cette côte des Colonies, soient suspects & odieux aux anciens peuples du Pays. Au contraire, les Grecs doivent être unis entr'eux & se faire bien traiter par les autres, il faut seulement qu'ils soient moderez, & qu'ils n'entreprennent jamais d'usurper les terres de leurs voisins. Je sçai qu'Idomenée a eu le malheur de vous donner des ombrages, mais il est aisé de guérir toutes vos défiances. Telemaque & moi, nous vous offrons à être des ôtages, qui vous repondent de la bonne foi d'Ieomenée. Nous demeurerons entre vos mains jufqu'à ce que les chofes qu'on vous promettra, foient fidélement accomplies. Ce qui vous irrite, ô Manduriens, s'écria-t'il; c'eſt que les troupes des Crétois ont faifi les paffages de vos montagnes par furprife, & que par là ils font en état d'entrer malgré vous aufſi fouvent qu'il leur plaira dans le païs où vous vous êtes retirez, pour leur laiffer le païs uni qui eſt fur les rivages de la mer. Ces paffages que les Crétois ont fortifiez par de hautes tours, pleines de gens armez, font donc le veritable fujet de la guerre. Répondez-moi, y en a-t'il encore quelqu'autre?

Alors le Chef des Manduriens s'avança & parla ainfi : Que n'avons-nous pas fait pour éviter cette guerre ? Les Dieux nous font témoins que nous n'avons renoncé à la paix que quand la paix nous eſt échapée fans reffource, par l'ambition inquiette des Crétois, & par l'impoffibilité où ils nous ont mis de nous fier à leurs fermons. Nation infenfée ! qui nous a reduits malgré nous à l'affreufe neceffité de prendre un parti de defepoir contre elle, & de ne pouvoir plus chercher notre fûreté que dans fa perte. Tandis qu'ils conferveront ces paffages, nous croirons toûjours qu'ils veulent ufurper nos terres & nous mettre en fervitude. S'il étoit vrai qu'ils ne fongeaffent qu'à vivre en paix avec leurs voifins, ils fe contenteroient de ce que nous leur avons cedé fans peine, & ils ne s'attacheroient pas à conferver des entrées dans un païs, contre la liberté duquel ils ne formeroient aucun deffein ambitieux. Mais vous ne les connoiffez pas, ô fage Vieillard.

C'est par un grand malheur que nous avons appris à les connoître. Cessez, ô homme aimé des Dieux, de retarder une guerre juste & necessaire, sans laquelle l'Hesperie ne pourroit jamais esperer une paix constante. O Nation ingrate, trompeuse & cruelle, que les Dieux irritez ont envoyé auprès de nous pour troubler notre paix, & pour nous punir de nos fautes! Mais après nous avoir punis, ô Dieux! vous nous vengerez. Vous ne serez pas moins justes contre nos ennemis que contre nous.

A ces paroles, toute l'assemblée parut émuë, il sembloit que Mars & Bellone alloient de rang en rang rallumans dans les cœurs la fureur des combats que Mentor tâchoit d'éteindre. Il reprit ainsi la parole.

Si je n'avois que des promesses à vous faire, vous pourriez refuser de vous y fier : mais je vous offre des choses certaines & presentes. Si vous n'êtes pas content d'avoir pour ôtage Telemaque & moi, je vous ferai donner douze des plus notables & des plus vaillans Cretois. Mais il est juste que vous donniez aussi de votre côté des ôtages; car Idomenée qui desire sincerement la paix, la desire sans crainte & sans bassesse. Il desire la paix, comme vous dites vous-même que vous l'avez desirée, par sagesse & par moderation; mais non par l'amour d'une vie molle, ou par foiblesse à la vûë des dangers dont la guerre menace les hommes. Il est prêt à perir ou à vaincre, mais il aime mieux la paix que la victoire la plus éclatante. Il auroit honte de craindre d'être vaincu; mais il craint d'être injuste, & il n'a point de honte de voir reparer ses fautes. Les armes à la main, il vous offre la paix, il ne veut

LIVRE XI.

point en impofer les conditions avec hauteur; car il ne fait aucun cas d'une paix forcée. Il veut une paix dont tous les partis foient contens, qui finifle toutes les jaloufies, qui appaife tous les reffentimens, & qui guerifle toutes les défiances. En un mot, Idomenée eft dans les fentimens où je fuis fûr que vous voudriez qu'il fût. Il n'eft queftion que de vous en perfuader. La perfuafion ne fera pas difficile, fi vous voulez m'écouter avec un efprit dégagé & tranquille.

Ecoûtez donc, ô peuples remplis de valeur; & vous ô chefs fi fages & fi unis: écoûtez ce que je vous offre de la part d'Idomenée. Il n'eft pas jufte qu'il puiffe entrer dans les terres de fes voifins : il n'eft pas jufte auffi que fes voifins puiffent entrer dans les fiennes. Il confent que les paffages que l'on a fortifiez par de hautes tours, foient gardez par des troupes neutres. Vous Neftor, & vous Philoctete, vous êtes Grecs d'origine; mais en cette occafion, vous vous êtes declarez contre Idomenée. Ainfi vous ne pouvez être fufpects d'être trop favorables à fes interêts. Ce qui vous touche, c'eft l'interêt commun de la paix & de la liberté de l'Hefperie. Soyez vous-mêmes les depofitaires & les gardiens de ces paffages qui caufent la guerre. Vous n'avez pas moins d'interêt à empêcher que les anciens peuples de l'Hefperie ne détruifent Salente nouvelle Colonie des Grecs, femblable à celle que vous avez fondée, qu'à empêcher qu'Idomenée n'ufurpe les terres de fes voifins. Tenez l'équilibre entre les uns & les autres. Au lieu de porter le fer & le feu chez un peuple que vous devez aimer, refervez-vous la gloire d'être les juges & les médiateurs. Vous me direz que ces conditions vous paroîtroient merveilleuses si vous pouviez vous assurer qu'Idoménée les accompliroient de bonne foi; mais je vais vous satisfaire.

Il y aura pour sûreté reciproque les ôtages dont je vous ai parlé, jusqu'à ce que tous les passages soient mis en dépôt dans vos mains. Quand le salut de l'Hesperie entiere, quand celui de Salente même & d'Idoménée sera à votre discretion, serez vous contens ? De qui pourrez-vous deformais vous défier ? Sera-ce de vous-même ? Vous n'osez vous fier à Idoménée, & Idoménée est si incapable de vous tromper, qu'il veut se fier à vous. Oüi, il veut vous confier le repos, la vie, la liberté de tout son peuple & de lui-même. S'il est vrai que vous ne desiriez qu'une bonne paix, la voilà qui se presente à vous, & qui vous ôte tout pretexte de reculer. Encore une fois, ne vous imaginez pas que la crainte reduise Idoménée à vous faire ces offres. C'est la sagesse & la justice qui l'engagent à prendre ce parti, sans se mettre en peine si vous imputerez à foiblesse ce qu'il fait par vertu. Dans les comencemens il a fait des fautes, & il met sa gloire à les reconnoître par les offres dont il vous prévient. C'est foiblesse, c'est vanité, c'est ignorance grossiere de son propre interêt, que d'esperer de pouvoir cacher ses fautes en affectant de les soutenir avec fierté & avec hauteur. Celui qui avouë ses fautes à son ennemi, & qui offre de les reparer, montre par-là qu'il est devenu incapable d'en commettre, & que l'ennemi à tout à craindre d'une conduite si sage & si ferme, à moins qu'il ne fasse la paix.

Gardez-vous bien de fouffrir qu'il vous mette à fon tour dans le tort. Si vous refufez la paix & la juftice qui viennent à vous, la paix & la juftice feront vengées. Idomenée qui devoit craindre de trouver les Dieux irritez contre lui, les tournera pour lui contre vous. Telemaque & moi nous combattrons pour la bonne caufe. Je prends tous les Dieux du Ciel & des Enfers à témoins, des juftes propofitions que je viens de vous faire.

En achevant ces mots, Mentor leva fon bras pour montrer à tant de peuples le rameau d'olivier qui étoit dans fa main le figne pacifique. Les Chefs qui le regarderent de près, furent étonnez & éblouïs du feu divin qui éclatoit dans fes yeux. Il parut avec une majefté & une autorité qui eft au-deffus de tout ce qu'on voit dans les plus grands d'entre les mortels. Le charme de ces paroles douces & fortes enlevoit les cœurs. Elles étoient femblables à ces paroles enchantées, qui tout à coup dans le profond filence de la nuit arrêtent la Lune & les Etoiles, calment la mer irritée, font taire les vents & les flots, & fufpendent le cours des fleuves rapides.

Mentor étoit au milieu de ces peuples furieux, comme Bachus lorfqu'il étoit environné de tygres, qui oubliant leur cruauté, venoient par la puiffance de fa douce voix lecher fes pieds, & fe foûmettre par leurs careffes. D'abord il fe fit un profond filence dans toute l'armée. Les Chefs fe regardoient les uns les autres, ne pouvant refifter à cet homme, ni comprendre qui il étoit. Toutes les troupes immobiles avoient les yeux attachez fur lui. On n'ofoit parler de peur qu'il n'eût encore quelque chose à dire, & qu'on ne l'empêchât d'être entendu. Quoiqu'on ne trouvât rien à ajoûter aux choses qu'il avoit dites, on auroit souhaité qu'il eût parlé plus long-tems. Tout ce qu'il avoit dit, demeuroit comme gravé dans tous les cœurs. En parlant il se faisoit aimer, il se faisoit croire; chacun étoit avide & comme suspendu pour recueillir jusqu'aux moindres paroles qui sortoient de sa bouche.

Enfin après un assez long silence, on entendit un bruit sourd qui se répandoit peu à peu. Ce n'étoit plus ce bruit confus des peuples qui fremissoient dans leur indignation ; c'étoit au contraire un murmure doux & favorable. On découvroit déja sur les visages je ne sçai quoi de serain & de radouci. Les Manduriens si irritez sentoient que leurs armes leur tomboient des mains. Le farouche Phalante avec les Lacedemoniens, furent surpris de trouver leurs entrailles si attendries. Les autres commencerent à soûpirer après cette heureuse paix qu'on venoit de leur montrer. Philoctete plus sensible qu'un autre par l'experience de ses malheurs ne put retenir ses larmes. Nestor ne pouvant parler dans le transport où le discours de Mentor venoit de le mettre, l'embrassa tendrement & tous les peuples à la fois, comme si c'eût été un signal, s'écrierent aussi-tôt : O sage Vieillard, vous nous desarmez ! La paix, la paix.

Nestor un moment après voulut commencer un discours ; mais toutes les troupes impatientes craignirent qu'il ne voulût representer quelque difficulté. La paix, la paix, s'écrierent-elles encore une fois. On ne peut leur imposer silence qu'en faisant crier avec eux par tous les Chefs de l'armée ; La paix, la paix.

Nestor voyant bien qu'il n'étoit pas libre de faire un discours suivi ; se contenta de dire : Vous voyez, ô Mentor, ce que peut la parole d'un homme de bien. Quand la sagesse & la vertu parlent ; elles calment toutes les passions. Nos justes ressentimens se changent en amitié & en desirs d'une paix durable. Nous l'acceptons telle que vous l'offrez. En même tems tous les Chefs tendirent les mains en signe de consentement.

Mentor courut vers la porte de Salente pour la faire ouvrir, & pour mander à Idomenée de sortir de la Ville sans precaution. Cependant Nestor embrassoit Telemaque, disan. Aimable fils du plus sage de tous les Grecs, puissiez-vous être aussi sage & plus heureux que lui : n'avez-vous rien découvert sur sa destinée ? Le souvenir de votre pere à qui vous ressemblez, a servi à étouffer notre indignation. Phalante, quoique dur & farouche, quoiqu'il n'eût jamais vû Ulysse, ne laissa pas d'être touché de ses malheurs & de ceux de son fils. Déja on pressoit Telemaque de raconter ses avantures, lorsque Mentor revint avec Idomenée & toute la jeunesse Cretoise qui les suivoit.

A la vûë d'Idomenée, les Alliez sentirent que leur couroux se rallumoit : mais les paroles de Mentor éteignirent ce feu prêt à éclater. Que tardons-nous, dit-il, à conclure cette sainte alliance, dont les Dieux seront les témoins & les défenseurs ? Qu'ils la vengent ; si jamais quelque impie ose la violer ; & que tous les maux horribles de la guerre, loin d'accabler les peuples fideles & innocens, retombent sur la tête parjure & execrable de l'ambitieux, qui foulera aux pieds les droits sacrez de cette alliance. Qu'il soit detesté des Dieux & des hommes ; qu'il ne jouisse jamais du fruit de sa perfidie ; Que les furies infernales sous les figures les plus hideuses viennent exciter sa rage & son desespoir ; Qu'il tombe mort sans aucune esperance de sépulture ; Que son corps soit la proye de chiens & des vautours ; & qu'il soit aux enfers dans le profond abîme du Tartare tourmenté à jamais plus rigouresement que Tantale, Ixion, & les Damaïdes. Mais plûtôt que cette paix soit inébranlable comme les rochers d'Atlas qui soutiennent le Ciel ; Que tous les peuples la reverent & goûtent ses fruits de generation en generation ; Que les noms de ceux qui l'auront jurée, soient avec amour & veneration dans la bouche de nos derniers neveux ; Que cette paix fondée sur la justice & sur la bonne foi, soit le modéle de toutes les paix qui se feront à l'avenir chez toutes les Nations de la terre, & que tous les peuples qui voudront se rendre heureux en se réünissant, songent à imiter les peuples de l'Hesperie.

A ces paroles Idomenée & les autres Rois jurerent la paix aux conditions marquées. On donna de par & d'autre douze ôtages. Telemaque veut être du nombre des ôtages donné par Idomenée, mais on ne peut consentir que Mentor en soit, parce que les Alliez veulent qu'il demeure auprès d'Idomenée pour répondre de sa conduite & de celle de ses Conseillers jusqu'à l'entiere execution des choses promises. On immola entre la Ville de l'armée, cent genisses blanches comme la neige, &

autant

LIVRE XI.

autant de taureaux de même couleur dont les cornes étoient dorées & ornées de festons. On entendoit retentir jusques dans les montagnes voisines les mugissemens affreux des victimes qui tomboient sous le couteau sacré. Le sang fumant ruisseloit de toutes parts. On faisoit couler avec abondance un vin exquis pour les Libations. Les Haruspices consultoient les entrailles qui palpitoient encore. Les Sacrificateurs brûloient sur l'Autel un encens qui formoit un épaix nüage, & dont la bonne odeur parfumoit toute la campagne.

Cependant les soldats des deux partis cessant de se regarder d'un œil ennemi, commençoient à s'entretenir sur leurs avantures. Ils se délassoient déja de leurs travaux, & goûtoient par avance les douceurs de la paix. Plusieurs de ceux qui avoient suivi Idomenée au siége de Troye, reconnurent ceux de Nestor qui avoient combatu dans la même guerre. Ils s'embrassoient avec tendresse, & se racontoient mutuellement tout ce qui leur étoit arrivé, depuis qu'ils avoient ruïné la superbe Ville, qui étoit l'ornemeut de toute l'Asie. Déja ils se couchoient sur l'herbe, se couronnoient de fleurs, & bûvoient ensemble le vin qu'on apportoit de la Ville dans de grands vases, pour celebrer une si heureuse journée.

Tout-à-coup Mentor dit : O Rois ! O Capitaines assemblez ! désormais sous divers noms & divers Chefs, vous ne serez plus qu'un seul peuple. C'est ainsi que les justes Dieux amateurs des hommes qu'ils ont formez, veulent être le lieu éternel de leur parfaite concorde. Tout le genre humain n'est qu'une famille dispersée sur la face de toute la terre. Tous les peuples sont freres, & doivent s'ai-

Tome I.   L

mer comme tels : Malheur à ses impies qui cherchent une gloire cruelle dans le sang de leurs freres, qui est leur propre sang. La guerre est quelquefois nécessaire, il est vrai ; mais c'est la honte du genre humain qu'elle soit inévitable en certaines occasions. O Rois! ne dites point qu'on doit la desirer pour acquerir de la gloire. La vraye gloire ne se trouve point hors de l'humanité. Quiconque prefere sa propre gloire aux sentimens de l'humanité, est un monstre d'orgueil, & non pas un homme : il ne parviendra même qu'à une fausse gloire; car la vraye gloire ne se trouve que dās la moderation & dans la bonté. On pourra le flater pour contenter sa vanité fole; mais on dira toûjours de lui en secret, quand on voudra parler sincerement ; Il a d'autant moins merité la gloire, qu'il l'a desirée avec une passion injuste. Les hommes ne doivent point l'estimer, puisqu'il a si peu estimé les hommes, & qu'il a prodigué leur sang par une brutale vanité. Heureux le Roi qui aime son peuple, qui en est aimé, qui se confie en ses voisins, & qui a leur confiance; qui loin de leur faire la guerre, les empêche de l'avoir entr'eux, & qui fait envier à toutes les Nations étrangeres le bonheur qu'ont ses Sujets de l'avoir pour Roi. Songez-donc à vous rassembler de tems en tems, ô vous qui gouvernez les plus puissantes Villes de l'Hesperie. Faites de trois ans en trois ans une assemblée generale, où tous les Rois qui sont ici presens se trouvent pour renouveller l'alliance par un nouveau serment, pour raffermir l'amitié promise, & pour deliberer sur tous les interêts communs. Tandis que vous serez unis, vous aurez au-dedans de ce beau païs la paix, la gloire & l'abondance, au dehors vous serez toûjours invincibles. Il n'y a que la discorde sortie de l'enfer pour tourmenter les hommes, qui puisse troubler la felicité que les Dieux vous préparent.

Nestor lui répondit: Vous voyez par la facilité avec laquelle nous faisons la paix, combien nous sommes éloignez de vouloir faire la guerre par une vaine gloire, ou par l'injuste avidité de nous agrandir au préjudice de nos voisins. Mais que peut-on faire quand on se trouve auprès d'un Prince violent, qui ne connoît point d'autre loi que son interêt, & qui ne perd aucune occasion d'envahir les terres des autres Etats? Ne croyez pas que je parle d'Idomenée; non je n'ai plus de lui cette pensée, c'est Adraste Roi des Dauniens, de qui nous avons tout à craindre. Il méprise les Dieux, & croit que tous les hommes qui sont nés sur la terre ne sont nés que pour servir à sa gloire par leur servitude. Il ne veut point de sujets dont il soit le Roi & le pere; il veut des esclaves & des adorateurs. Il se fait rendre les honnneurs divins. Jusqu'ici l'aveugle fortune a favorisé les plus injustes entreprises. Nous nous étions hâtez de venir attaquer Salante pour nous défaire du plus foible de nos ennemis; qui ne commençoit qu'à s'établir dans cette côte, afin de tourner ensuite nos armes contre cet autre ennemi plus puissant. Il a déja pris plusieurs Villes de nos Alliez. Ceux de Crotone ont perdu contre lui deux batailles. Il se sert de toute sorte de moyens pour contenter son ambition. La force & l'artifice, tout lui est égal, pourveu qu'il accable ses ennemis. Il a amassé de grands trésors; ses troupes sont disciplinées & aguerries; ses Capitaines sont experimentez; il est

L ij

bien servi ; il veille lui-même sans cesse sur tous ceux qui agissent par ses ordres. Il punit severement les moindres fautes, & recompense avec liberalité les services qu'on lui rend. Sa valeur soûtient & anime celle de toutes ses troupes. Ce seroit un Roi accompli, si la justice & la bonne foi regloient sa conduite; mais il ne craint ni les Dieux ni les reproches de sa conscience. Il compte même pour rien la reputation ; il la regarde comme un vain fantôme qui ne doit arrêter que les esprits foibles. Il ne compte pour un bien solide & réel, que l'avantage de posseder de grandes richesses, d'être craint, & de fouler aux pieds tout le genre humain. Bien-tôt son armée paroîtra sur nos terres ; & si l'union de tant de peuples ne nous met en état de lui resister, toute l'esperance de liberté nous sera ôtée. C'est l'interêt d'Idomenée aussi-bien que le nôtre, de s'opposer à ce voisin qui ne peut souffrir rien de libre dans son voisinage. Si nous étions vaincus, Salente seroit menacée du même malheur. Hâtons-nous donc tous ensemble de la prévenir. Pendant que Nestor parloit ainsi, on s'avançoit vers la Ville ; car Idomenée avoit prié tous les Rois & les principaux Chefs d'y entrer pour y passer la nuit.

Fin du onziéme Livre.

LES AVANTURES
DE
TELEMAQUE
FILS D'ULYSSE.
LIVRE DOUZIE'ME.

SOMMAIRE.

Nestor au nom des Alliez demande du secours à Idomenée contre les Dauniens leurs ennemis, Mentor qui veut policer la ville de Salante, & exercer le peuple à l'agriculture, fait ensorte qu'il se contente d'avoir Telemaque à la tête de cent nobles Crétois. Aprés le départ de celui-ci Mentor fait une revuë exacte dans la Ville & dans le port, s'informe de tout, fait faire à Idomenée de nouveaux reglemens pour le commerce & pour la police, lui fait partager en sept classes le peuple, dont il distingue les rangs, la naissance par la diversité des habits, lui fait retrancher le luxe & les arts inutiles, pour appliquer les Artisans au labourage qu'il met en honeur.

TOUTE l'armée des Alliez dressoit déja ses tentes, & la campagne étoit couverte de riches pavillons de toutes sortes de couleurs, où les Hasperiens fatiguez attendoient le sommeil. Quand les Rois avec leur suite furent entrez dans la Ville, ils parurent étonnez qu'en si peu de tems on eût pû faire tant de bâtimens magnifiques, & que l'embarras

L iij

TELEMAQUE,

d'une si grande guerre n'eut point empêché cette Ville naissante de croître & de s'embellir tout-à-coup.

On admira la sagesse & la vigilance d'Idomenée qui avoit fondé un si beau Royaume ; & chacun conclud que la paix étant faite avec lui, les Alliez seroient bien puissans s'il entroit dans leur ligue contre les Dauniens. On proposa à Idomenée d'y entrer, il ne put rejetter une si juste proposition, & il promit des troupes ; mais comme Mentor n'ignoroit rien de tout ce qui est nécessaire pour rendre un Etat florissant, il comprit que les forces d'Idomenée ne pourroient pas être aussi grandes qu'elles le paroissoient, il le prit en particulier, & lui parla ainsi.

Vous voyez que nos soins ne vous ont pas été inutiles. Salante est garantie des malheurs qui la menaçoient. Il ne tient plus qu'à vous d'en élever jusqu'au Ciel la gloire, & d'égaler la sagesse de Minos votre ayeul dans le gouvernement de vos peuples. Je continuë à vous parler librement, supposant que vous le voulez, & que vous detestez toute flaterie. Pendant que ces Rois ont loué votre magnificence, je pensois en moi-même à la temerité de votre conduite. A ce mot de temerité, Idomenée changea de visage, ses yeux se troublerent, il rougit, & peu s'en falut qu'il n'interrompit Mentor pour lui témoigner son ressentiment. Mentor lui dit d'un ton modeste & respectueux, mais libre & hardi. Ce mot de temerité vous choque, je le vois bien : tout autre que moi auroit eu tort de s'en servir ; car il faut respecter les Rois, & ménager leur delicatesse, même en les reprenant. La verité par elle-même les blesse assez sans y ajoûter des termes forts, mais j'ai crû que vous pouviez souffrir que je vous parlasse sans adoucissement pour vous découvrir ma faute. Mon dessein a été de vous accoûtumer à entendre nommer les choses par leur nom, & à comprendre que quand les autres vous donneront des conseils sur votre conduite, ils n'oseront jamais vous dire tout ce qu'ils penseront. Il faudra, si vous voulez n'y être pas trompé, que vous compreniez toûjour plus qu'ils ne vous diront sur les choses qui vous seront desavantageuses. Pour moi, je veux bien adoucir mes paroles selon votre besoin; mais il vous est utile qu'un homme sans interêt & sans consequence, vous parle en secret un langage dur. Nul autre n'osera jamais vous le parler. Vous ne verrez la verité qu'à demi, & sous des belles enveloppes.

A ces mots Idomenée déja revenu de sa premiere promptitude parut honteux de sa délicatesse. Vous voyez, dit-il à Mentor, ce que fait l'habitude d'être flaté: je vous dois le salut de mon nouveau Royaume. Il n'y a aucune verité que je ne me croye heureux d'entendre de votre bouche; mais ayez pitié d'un Roi que la flaterie avoit empoisonné & qui n'a pû même dans ses malheurs touver des hommes assez genereux pour lui dire la verité. Non, je n'ai jamais trouvé personne qui m'ait assez aimé; pour vouloir me déplaire, en me disant la verité toute entiere.

En disant ces paroles, les larmes lui vinrent aux yeux, & il embrassa tendrement Mentor. Alors ce sage vieillard lui dit : C'est avec douleur que je me vois contraint de vous dire des choses dures ; mais puis-je vous trahir en vous cachant la verité ? Mettez-vous en ma place : si vous avez été trompé jusqu'ici, c'est que vous avez bien voulu l'être. C'est que vous avez craint ses conseils trop sinceres. Avez-vous cherché les gens les plus desinteressez & les plus propres à vous contredire ? Avez-vous pris soin de choisir les hommes les moins empressez à vous plaire, les plus desinteressez dans leur conduite, & les plus capables de condamner vos passions & vos sentimens injustes ? Quand vous avez trouvé des flateurs, les avez-vous écartez ? Vous en êtes-vous défié ? Non, non, vous n'avez point fait ce que font ceux qui aiment la verité, & qui meritent de la connoitre. Voyons si vous aurez maintenant le courage de vous laisser humilier par la verité qui vous condamne.

Je vous disois donc, que ce qui vous attire tant de loüanges, ne merite que d'être blâmé. Pendant que vous aviez audehors tant d'ennemis qui menaçoient votre Royaume encore mal établi, vous ne songiez au dedans de votre nouvelle Ville qu'à y faire des ouvrages magnifiques. C'est ce qui vous a coûté tant de mauvaises nuits, comme vous me l'avez avoüé vous-même. Vous avez épuisé vos richesses, vous n'avez songé ni à augmenter votre peuple ni à cultiver les terres fertiles de cette côte. Ne falloit il pas regarder ces deux choses comme les deux fondemens essentiels de votre puissance, avoir beaucoup de bons hommes, & des terres bien cultivées pour les nourrir ? Il falloit une longue paix dans ces comencemens pour favoriser la multiplication de votre peuple. Vous ne deviez songer qu'à l'agriculture & à l'établissement des plus sages loix. Une vaine ambition vous a poussé jusqu'au bord du précipice. A force de vouloir paroître grand, vous avez pensé ruïner votre veritable grandeur.

Hâtes-vous de reparer ces fautes ; fufpendez tous vos grands ouvrages ; renoncez à ce fafte qui ruïneroit votre nouvelle Ville : laiffez en paix refpirer vos peuples ; apliquez-vous à les mettre dans l'abondance pour faciliter les mariages. Sçachez que vous n'êtes Roi qu'autant que vous avez des peuples à gouverner, & que votre puiffance doit fe mefurer, non par l'étenduë des terres que vous ocuperez, mais par le nombre des hommes qui habiteront ces terres, & qui feront attachez à vous obéir. Poffedez une bonne terre, quoiqueméd iocre en étenduë, couvrez-là de peuples innombrables, laborieux & difciplinez : faites que ces peuples vous aiment, vous êtes plus puiffant, plus heureux, & plus rempli de gloire, que tous les Conquerans qui ravagent tant de Royaumes.

Que ferai-je donc à l'égard de ces Rois, reprit Idomenée, leur avoüerai-je ma foibleffe? Il eft vrai que j'ai negligé l'agriculture, & même le commerce qui m'eft fi facile fur cette côte. Je n'ai fongé qu'à faire une Ville magnifique. Faudra t'il donc, mon cher Mentor, me deshonorer dans l'affemblée de tant de Rois, & découvrir mon imprudence ! S'il le faut, je le veux, je le ferai fans hefiter ; quoi qu'il m'en coûte ; car vous m'avez appris qu'un vrai Roi qui eft fait pour fes peuples, & qui fe doit tout entier à eux, doit préferer le falut de fon Royaume à fa propre reputation.

Ce fentiment eft digne du pere des peuples, reprit Mentor ; c'eft à cette bonté, & non à la vaine magnificence votre Ville, que je reconnnois en vous le cœur d'un vrai Roi. Mais il faut menager votre bonheur pour l'interêt même de votre Royaume. Laiffez-moi faire, ja vais faire entendre à ces Rois, que vous êtes

L v

engagé à retablir Ulysse s'il est encore vivant, ou du moins son fils dans la puissance Royale à Ithaque, & que vous voulez en chasser par force tous les amans de Penelope. Ils n'auront pas de peine à comprendre que cette guerre demande des troupes nombreuses. Ainsi ils consentiront que uous ne leur donniez d'abord qu'un foible secours contre les Dauniens.

A ces mots Idomenée parut comme un homme qu'on soulage d'un fard'au accablant. Vous sçaurez, cher ami, dit-il a Mentor, mon honneur & la reputation de cette Ville naissante dont vous cacherez l'épuisement à tous mes voisins. Mais quelle apparance de dire que je veux envoyer de troupes à Ithaque pour y rétablir Ulysse ou du moins Telemaque son fils, pendant que Telemaque lui-même est engagé d'aller à la guerre contre les Dauniens ? Ne soyez point en peine, repliqua Mentor; je ne dirai rien que de vrai. Les vaisseaux que vous envoyerez pour l'établissement de votre commerce, iront sur la côte de l'Epire ; ils feront deux choses à la fois; l'une de rappeller sur votre côte les Marchands étrangers, que le trop grands impôts éloignent de Salante; l'autre de chercher des nouvelles d'Ulysse. S'il est encore vivant, il faut qu'il ne soit pas loin de ces mers qui divisent la Grece d'avec l'Italie, & on assure qu'on l'a vû chez les Pheaciens. Quand même il n'y auroit plus aucune esperance de le revoir, vos vaisseaux rendront un signalé service à son fils : ils répandront dans Ithaque & dans tous les païs voisins la terreur du nom du jeune Telemaque qu'on croyoit mort comme son pere. Les Amans de Penelope seront étonnez d'aprendre qu'il est prêt à revenir avec le secours d'un puissant Allié. Les Ithaciens n'oferont secoüer le joug. Penelope sera consolée & refusera toûjours de choisir un nouvel époux. Ainsi vous servirez Telemaque pendant qu'il sera en votre place avec les Alliéz de cette côte d'Italie contre les Dauniens. A ces mots Idomenée s'écria : heureux le Roi qui est soûtenu par de sages conseils : Un ami sage & fidéle vaut mieux à un Roi que des armées victorieuses. Mais doublement heureux le Roi qui sent son bonheur, & qui sçait en profiter par le bon usage des sages conseils; car souvent il arrive qu'on éloigne de sa confiance les hommes sages & vertueux dont on craint la vertu, pour prêter l'oreille à des flateurs dont on ne craint point la trahison. Je suis moi-même tombé dans cette faute, & je vous raconterai tous les malheurs qui me sont venus par un faux ami qui flattoit mes passions dans l'esperance que je flaterois un jour les siennes.

Mentor fit aisément entendre aux Rois alliez qu'Idomenée devoit se charger des affaires de Telemaque pendant que celui-ci iroit avec eux. Ils se contenterent d'avoir dans leur armée le jeune fils d'Ulysse avec cent jeunes Crétois qu'Idomenée lui donna pour l'acompagner c'étoit la fleur de la jeune noblesse que le Roi avoit amenée de Créte; Mentor lui avoit conseillé de les envoyer dans cette guerre. Il faut disoit-il avoir soin pendant la paix de multiplier les peuples ; mais de peur que toute la Nation ne s'amolisse & ne tombe dans l'ignorance de la guerre, il faut envoyer dans les guerres étrangeres la jeune Noblesse. Ceux-là suffisent pour entretenir toute la Nation dans une émulation de gloire, dans l'amour des armes, dans le mépris des fatigues & de la mort même, enfin dans l'expérience de l'art militaire

L vj

Les Rois alliez partirent de Salante contens d'Idomenée, & charmez de la sagesse de Mentor. Ils étoient pleins de joye de ce qu'ils amenoient avec eux Telemaque. Celui-ci ne put moderer sa douleur quand il fallut se separer de son ami. Pendant que les Rois alliez faisoient leurs adieux, & juroient à Idomenée qu'ils garderoient avec lui une éternelle alliance, Mentor tenoit Telemaque serré entre ses bras, il se sentoit arrosé de ses larmes. Je suis insensible, disoit Telemaque, à la joye d'aller acquerir de la gloire; je ne suis touché que de la douleur de notre séparation. Il me semble que je vois encore ce tems infortuné où les Egyptiens m'arracherent d'entre vos bras, & m'éloignerent de vous, sans me laisser aucune esperance de vous revoir.

Mentor répondit à ces paroles avec douceur, pour le consoler: Voici, lui disoit-il, une séparation bien differente; elle est volontaire, elle sera courte, vous allez chercher la victoire. Il faut, mon fils que vous m'aimiez d'un amour moins tendre & plus courageux; accoûtumez-vous à mon absence: vous ne m'aurez pas toûjours, il faut que ce soit la sagesse & la vertu, plûtôt que la presence de Mentor qui vous inspirent ce que vous devez faire.

En disant ces mots, la Déesse cachée sous la figure de Mentor, couvrit Telemaque de son Egide; elle repandit au-dedans de lui l'esprit de sagesse & de prévoyance, la valeur intrepide, & la douce moderation qui se trouvent si rarement ensemble. Allez, disoit Mentor, au milieu des plus grands perils toutes les fois qu'il sera utile que vous y alliez; Un Prince se deshonore encore plus en évitant les dangers

LIVRE XII.

dans les combats, qu'en n'allant jamais à la guerre. Il ne faut point que le courage de celui qui commande aux autres puisse être douteux. S'il est nécessaire à un peuple de conserver son Chef ou son Roi, il lui est encore plus necessaire de ne le point voir dans une reputation douteuse sur la valeur. Souvenez-vous que celui qui commande doit être le modéle de tous les autres; son exemple doit animer toute l'armée. Ne craignez donc aucun danger, ô Telemaque ; & perissez dans les combats, plutôt que de faire douter de votre courage. Les flateur qui auront plus d'empressement pour vous empêcher de vous exposer au péril dans les occasions nécessaires, seront les premiers à dire en secret que vous manquez de cœur, s'il vous trouvent facile à arrêter dans ces occasions. Mais aussi n'allez pas chercher les périls sans utilité. La valeur ne peut être une vertu, qu'autant qu'elle est reglée par sa prudence. Autrement c'est un mépris insensé de la vie, & une ardeur brutale; la valeur emportée n'a rien de sur. Celui qui ne se possede point dans les dangers est plûtôt fougueux que brave ; il a besoin d'être hors de lui pour se mettre au dessus de la crainte. Parce qu'il ne peut la surmonter par la situation naturelle de son cœur. En cet état, s'il ne fuit point, du moins il se trouble; il perd la liberté de son esprit qui lui seroit nécessaire pour donner de bons ordres, pour profiter des occasions, pour renverser les ennemis, & pour servir sa Patrie. S'il a toute l'ardeur d'un soldat, il n'a point le discernement d'un Capitaine. Encore même n'a t'il pas le vrai courage d'un simple soldat ; car le soldat doit conserver dans le combat la presence d'esprit & la moderation necessaire pour obéïr. Celui qui s'expose témerairement trouble l'ordre de la discipline des troupes, donne un exemple de témerité, & expose souvent l'armée entiere à de grands malheurs. Ceux qui preferent leur vaine ambition à la sûreté de la cause commune, meritent des châtimens, & non des récompenses.

Gardez-vous donc bien, mon cher fils, de chercher la gloire avec impatience. Le vrai moyen de la trouver est d'attendre tranquillement l'occasion favorable. La vertu se fait d'autant plus reverer qu'elle se montre plus simple, plus modeste, plus ennemie de tout faste. C'est à mesure que la necessité de s'exposer au péril augmente, qu'il faut aussi de nouvelles ressources de prévoyance & de courage qui aile toûjours en croissant. Au reste, souvenez vous qu'il ne faut s'attirer l'envie de personne. De votre côté, ne soyez point jaloux du succès des autres; loüez-les pour tout ce qui mérite quelque loüange; mais loüez avec discernement, disant le bien avec plaisir: cachez le mal, & n'y pensez qu'avec douleur. Ne decidez point devant ces anciens Capitaines, qui ont toute l'experience que vous ne pouvez avoir; écoutez-les avec déference: consultez-lez, priez-les plus habiles de vous instruire, & n'ayez point de honte d'attribuer à leurs instructions tout ce que vous ferez de meilleur. Enfin n'écoûtez jamais des discours par lesquels on voudra exciter votre défiance ou votre jalousie contre les autres Chefs. Parlez leur avec confiance & ingenuité. Si vous croyez qu'ils ayent manqué à votre égard, ouvrez-leur votre cœur, expliquez-leur toutes vos raisons. S'ils sont capables de sentir la noblesse de cette conduite, vous les charmerez, & vous tirerez d'eux tout ce que vous aurez fujet d'en attendre. Si au contraire ils ne sont pas assez raisonnables pour entrer dans vos sentimens, vous serez instruit par vous-même de ce qu'il y aura en eux d'injuste à souffrir; vous prendrez vos mesures pour ne vous plus commettre, jusqu'à ce que la guerre finisse ; & vous n'aurez rien à vous reprocher. Mais sur-tout ne dites jamais à certains flateurs qui sement la division, les sujets de peine que vous croirez avoir contre les Chefs de l'Armée où vous serez. Je demeurerai ici, continua Mentor, pour secourir Idomenée dans le besoin où il est de travailler pour le bonheur de ses peuples, & pour achever de lui faire reparer les fautes que les mauvais conseils & les flateurs lui ont fait commettre dans l'établissement de son nouveau Royaume.

Alors Telemaque ne pût s'empêcher de témoigner à Mentor quelque surprise, & même quelque mépris pour la conduite d'Idomenée. Mais Mentor l'en reprit d'un ton severe: Etes-vous étonné, lui dit-il, de ce que les hommes les plus estimables sont encore hommes, & montrent encore quelques restes de foiblesses de l'humanité parmi les piéges innombrables, & les embarras inseparables de la Royauté ? Idomenée, il est vrai a été nourri dans des idées de faste & de hauteur. Mais quel Philosophe pourroit se défendre de la flaterie, s'il avoit été en sa place ? il est vrai qu'il s'est laissé trop prévenir par ceux qui ont eu sa confiance; mais les plus sages Rois sont souvent trompez, quelques précautions qu'ils prennent pour ne l'être pas. Un Roi ne peut se passer de Ministres qui le soulagent, & en qui il se confie, puisqu'il ne peut tout faire. D'ailleurs un Roi connoît beaucoup moins que les particuliers, les hommes qui l'environnent. On est toûjours masqué auprès de lui. On épuise toutes sortes d'artifices pour le tromper. Hélas! cher Telemaque vous ne l'éprouverez que trop ! On ne trouve point dans les hommes, ni les vertus, ni les talens qu'on y cherche. On a beau les étudier & les aprofondir, on s'y mécompte tous les jours. On ne vient même jamais à bout de faire des meilleurs hommes, ce qu'on auroit besoin d'en faire pour le public. Ils ont leurs entêtemens, leurs incompatibilitez, leurs jalousies. On ne les persuade ni les corrige gueres.

Plus on a des peuples à gouverner, plus il faut de Ministres pour faire par eux ce qu'on ne peut faire soi-même, & plus on a besoin d'hommes à qui on confie l'autorité, plus on est exposé à se tromper dans de tels choix. Tel critique aujourd'hui impitoyablement les Rois qui gouverneroit demain moins bien qu'eux, & qui feroit les mêmes fautes avec d'autres infiniment plus grandes, si on lui confioit la même puissance. La condition privée, quand on y joint un peu d'esprit pour bien parler, couvre tous les défauts naturels, relève des talens éblouïssans, & fait paroître un homme digne de toutes les places dont il est éloigné. Mais c'est l'autorité qui met tous les talens à une rude épreuve, & qui découvre de grands défauts.

La grandeur est comme certains verres qui grossissent tous les objets. Tous les défauts paroissoient croître dans ces hautes places, où les moindres choses ont de grandes consequences, & où les plus legeres fautes ont de violens contrecoups. Le monde entier est occupé à observer un seul homme à toute heure, & à le juger en toute rigueur: ceux qui le jugent n'ont aucune experience de l'état où il est. Ils n'en sentent point les difficultez, & ils ne veulent plus qu'il soit homme, tant ils exigent de perfections de lui. Un Roi quelque bon & sage qu'il soit, est encore homme. Son esprit a des bornes, & sa vertu en a aussi. Il a de l'humeur, des passions, des habitudes, dont il n'est pas tout-à-fait le maitre. Il est obsedé par des gens interessez & artificieux, il ne trouve point les secours qu'il cherche. Il tombe chaque jour dans quelque mécompte, tantôt par ses passions, & tantôt par celle de ses Ministres. A peine a-t'il reparé une faute, qu'il retombe dans une autre. Telle est la condition des Rois les plus éclairez & les plus vertuéux.

Les plus longs & les meilleurs regnes sont trop cours & trop imparfaits pour reparer à la fin de ce qu'on a gâté sans le vouloir dans le commencemens. La Royauté porte avec elle toutes ces miseres. L'impuissance humaine succombe sous un fardeau si accablant. Il faut plaindre les Rois & les excuser. Ne sont-ils pas à plaindre d'avoir à gouverner tant d'hômes, dont les besoins sont infinis, & qui donnent tant de peines à ceux qui veulent les bien gouverner? Pour parler franchement, les hommes sont fort à plaindre d'avoir à être gouvernez par un Roi qui n'est qu'homme semblable à eux; car il faudroit des Dieux pour redresser les hommes. Mais les Rois ne sont pas moins à plaindre n'étant qu'hommes; c'est à-dire foibles & imparfaits, d'avoir à gouverner cette multitude innombrable d'hommes corrompus & trompeurs.

Telemaque répondit avec vivacité: Idomenée a perdu par sa faute le Royaume de ses encêtres en Créte, & sans vos conseils, il en auroit perdu un second à Salante. J'avoüe, reprit Mentor, qu'il a fait de grandes fautes, mais cherchez dans la Grece, & dans tous les autres païs les mieux policez, un Roi qui n'en ait point fait d'inexcusables. Les plus grands hommes ont dans leur tempérament & dans le caractère de leur esprit, des défauts qui les entraînent; & les plus loüables sont ceux qui ont le courage de connoître & de réparer leur égaremens. Pensez-vous qu'Ulysse le grand Ulysse votre pere, qui est le modele des Rois de la Grece n'ait pas aussi ses foiblesses & ses défauts? Si Minerve ne l'eut conduit pas à pas, combien de fois auroit-il succombé dans les perils & dans les embarras, où la fortune s'est joüée de lui. Combien de fois Minerve l'a-t'elle retenu ou redressé pour le conduire toûjours à la gloire par le chemin de la vertu? N'attendez pas même quand vous le verrez regner avec tant de gloire à Ithaque, de le trouver sans imperfection, vous lui en verrez sans doute. La Grece, l'Asie & toutes les isles des mers l'ont admiré malgré ses défauts. Mille qualitez merveilleuses les font oublier. Vous serez trop heureux de pouvoir l'admirer aussi, & de l'étudier sans cesse comme un modéle.

Accoûtumez-vous, ô Telemaque, à n'attendre des plus grands hommes que ce que l'humanité est capable de faire. La jeunesse sans experience se livre à une critique présomptueuse qui la dégoûte de tous les modéles qu'elle a besoin de suivre, & qui la jette dans une indocilité incurable. Non-seulement vous devez aimer, respecter, imiter votre pere, quoiqu'il ne soit point parfait, mais encore vous devez avoir une haute estime pour Idomenée malgré tout ce que j'ai repris en lui. Il est naturellement sincere, droit, équitable, liberal, bienfaisant ; sa valeur est parfaite, il deteste la fraude quand il la connoît, & qu'il suit librement la veritable pente de son cœur. Tous ses talens exterieurs sont grands & proportionnez à sa place. Sa simplicité à avoüer son tort, sa douceur, sa patience pour se laisser dire par moi les choses les plus dures, son courage contre lui-mème pour reparer publiquement ses fautes, & pour se mettre par là au-dessus de toute la critique des hommes, montrent une ame veritablement grande. Le bonheur ou le conseil d'autrui peuvent preserver de certaines fautes un homme très-médiocre; mais il n'y a qu'une vertu extraordinaire qui puisse engager un Roi si long-tems séduit par la flaterie, à reparer son tort. Il est bien plus glorieux de se relever ainsi, que de n'être jamais tombé. Idomenée a fait les fautes que presque tous les Rois font, mais aucun Roi ne fait pour se corriger ce qu'il vient de faire. Pour moi, je ne pouvois me lasser de l'admirer dans les momens mêmes où il me promettoit de le contredire. Admirez-le aussi, mon cher Telemaque, c'est moins pour sa reputation que pour votre utilité que je vous donne ce conseil.

Mentor fit sentir à Telemaque par ce discours combien il est dangereux d'être injuste en se laissant aller à une critique rigoureuse contre les autres hommes, & sur tout contre ceux qui sont chargez des embarras & des dificultez du gouvernement. Ensuite il lui dit: Il est temps que vous partiez ; adieu, je vous attendrai, ô mon cher Telemaque ! Souvenez-vous que ceux qui craignent les Dieux, n'ont rien à craindre des hommes. Vous vous trouverez dans les plus extrêmes périls, mais sçachez que Minerve ne vous abandonnera point.

A ces mots Telemaque crut sentir la presence de la Déesse, & il eût même reconnu que c'étoit elle qui parloit pour le remplir de confiance, si la Déesse n'eût rapellé l'idée de Mentor, en lui disant : N'oubliez pas, mon fils, tous les soins que j'ai pris pendant votre enfance pour vous rendre sage & courageux comme votre pere. Ne faites rien qui ne soit digne de ses grands exemples, & des maximes de vertu que j'ai taché de vous inspirer.

Le Soleil se levoit déja, & doroit le sommet des montagnes, quand les Rois sortirent de Salante pour rejoindre leurs troupes. Ces troupes campées autour de la Ville se mirent en marche sous leurs commandans. On voyoit de tous côtez le fer des piques herissées, l'éclat des boucliers éblouïssoit les yeux, un nüage de poussiere s'élevoit jusqu'aux nues. Idomenée avec Mentor conduisoit dans la campagne les Rois alliez, qui s'éloignoient des murs de la Ville. Enfin ils se séparerent, après s'être donné de par & d'autre des marques d'une vraye amitié ; & les alliez douterent de plus que la paix ne fut durable, lorsqu'ils connurent la bonté du cœur d'Idomenée, qu'on leur avoit représenté bien different de ce qu'il étoit c'est qu'on jugeoit de lui, non par les sentimens naturels, mais par les conseils flateurs & injustes ausquels il s'étoit livré.

Après que l'armée fut partie, Idomenée mena Mentor dans tous les quartiers de la Ville. Voyons, disoit Mentor, combien vous avez d'hommes, & dans la Ville, & dans la campagne; faisons-en le dénombrement. Examinons aussi combien vous avez de laboureurs parmi ces hommes. Voyons combien vos terres portent dans les années médiocres de bled, de vin, d'huile, & des autres choses utiles. Nous sçaurons par cette voye, si la terre fournit de quoi nourrir tous ses habitans, & si elle produit encore de quoi faire un commerce utile de son superflu avec les païs étrangers. Examinons aussi combien vous avez de vaisseaux & de matelots : c'est par là qu'il faut juger de votre puissance. Il alla visiter le port, & entra dans chaque vaisseau. Il s'informa du païs où chaque vaisseau alloit faire le commerce, quelles marchandises il portoit ; celles qu'il prenoit au retour, quelle étoit la dépense du vaisseau pendant la navigation, les prêts que les Marchands se faisoient les uns aux autres ; les societez qu'ils faisoient entr'eux pour sçavoir si elles étoient équitables & fidélement observées, enfin les hazards du naufrage, & les autres malheurs du commerce, pour prévenir la ruïne des Marchands, qui par l'avidité du gain, souvent entreprennent des choses qui sont au-delà de leurs forces.

Il voulut qu'on punit severement toutes les banqueroutes, parce que celles qui sont exemtes de mauvaise foi, ne le sont presque jamais de témerité. En même temps il fit des régles pour faire en sorte qu'il fut aisé de ne jamais faire banqueroute. Il établit des Magistrats à qui les Marchands rendroient compte de leurs effets, de leurs profits, de leurs dépenses ; & de leurs entreprises. Il ne leur étoit jamais permis de risquer le bien d'autrui, & ils ne pouvoient même risquer que la moitié du leur. De plus ils faisoient en societé les entreprises qu'ils ne pouvoient faire seuls, & la police de ces societez étoit inviolable par la rigueur des peines imposées a ceux qui ne les suivroient pas. D'ailleurs la liberté du commerce étoit entiere. Bien loin de le géner par des impôts, on promettoit une récompense à tous les Marchands qui pourroient attirer à Salante le commerce de quelque nouvelle nation.

Ainsi les peuples y accoururent bientôt en foule de toutes parts. Le commerce de cette Ville étoit semblable aux flux & reflux de la mer. Les trésors y entroient comme les flots viennent l'un sur l'autre. Tout y étoit apporté & en sortoit librement. Tout ce qui entroit, étoit utile. Tout ce qui en sortoit, laissoit en sortant d'autres richesses en sa place. La justice severe presidoit dans le port au milieu de tant de nations. La franchise, la bonne foi, la candeur, sembloient du haut de ces superbes tours, appeller les Marchands des terres les plus éloignées ; chacun de ces Marchands, soit qu'il vînt des rives Orientales où le Soleil sort chaque jour du sein des ondes, soit qu'il fût parti de cette grande mer où le Soleil lassé de son cours va éteindre ses feux, vivoit paisible & en sûreté dans Salante comme dans sa patrie.

Pour le dedans de la Ville, Mentor visita tous les Magazins, toutes les boutiques d'artisans & toutes les places publiques. Il défendit toutes les marchandises des païs étrangers qui pouvoient introduire le luxe & la molesse. Il regla les habits, la nourriture, les meubles, les grandeurs, & l'ornement des maisons pour toutes les conditions differentes. Il bannit tous les ornemens d'or & d'argent ; & il dit à Idomenée ; Je reconnois qu'un seul moyen pour rendre votre peuple modeste dans sa dépense, c'est que vous lui en donniez vous-même l'exemple. Il est nécessaire que vous ayez une certaine majesté dans votre exterieur: mais votre autorité sera assez marquée par vos Gardes, & par les principaux Officiers qui vous environnent. Contentez-vous d'un habit de laine très-fine teinte en pourpre; que les principaux de l'Etat après vous soient vêtus de la même laine; & que toute la difference ne consiste que dans la couleur, & dans une legere broderie d'or que vous aurez sur le bord de votre habit. Les differentes couleurs serviront à distinguer les differentes conditions, sans avoir besoin d'or ni d'argent, ni de pierreries. Reglez les conditions par la naissance.

Mettez au premier rang ceux qui ont une noblesse plus ancienne & plus éclatante. Ceux qui auront le mérite & l'autorité des emplois seront assez contens de venir après ces anciennes & illustres familles, qui sont dans une si longue possession des premiers honneurs. Les hommes qui n'ont pas la même noblesse leur cedront sans peine, pourveu que vous ne les accoûtumiez pas à ne se point méconnoître dans une trop haute & trop prompte fortune, & que vous donniez des loüanges à la moderation de ceux qui sont modestes dans la prosperité. La distinction la moins exposée à l'envie, est celle qui vient d'une longue suite d'ancêtres.

Pour la vertu, elle sera assez excitée, & l'on aura assez d'empressement à servir l'Etat, pourveu que vous donniez des couronnes & des statuës aux belles actions, & que ce soit un commencement de noblesse pour les enfans de ceux qui les auront faites.

Les personnes du premier rang après vous,

seroit vêtuës de blanc avec une frange d'or au bas de leurs habits. Ils auront au doigt un anneau d'or, & au col une médaille d'or avec votre portrait. Ceux du second rang seront vêtus de bleu, ils porteront une frange d'argent avec l'anneau, & point de médaille. Les troisiémes de verd & sans anneau, sans frange, mais avec la médaille. Les quatriémes d'un jaune d'aurore. Les cinquiémes d'un rouge pâle ou de roses. Les sixiémes de gris de lin. Les septiémes qui seront les derniers du peuples, d'une couleur mêlée de jaune & de blanc.

Voilà les habits de sept condition différentes pour les hommes libres. Tous les esclaves seront habillez de gris brun. Ainsi sans aucune dépense, chacun sera distingué suivant sa condition, & on bannira de Salante tous les arts qui ne servent qu'à entretenir le faste. Tous les artisans qui seront employez à ces arts pernicieux, serviront, ou aux arts necessaires qui sont en petit nombre, ou au commerce, ou à l'agriculture. On ne souffrira jamais aucun changement, ni pour la nature des étofes, ni pour la forme des habits ; car il est indigne que des hommes destinez à une vie sérieuse & noble, s'amusent à inventer des parures affectées, ni qu'ils permettent que leurs femmes, à qui ces amusemens seroient moins honteux, tombent jamais dans cet excès.

Mentor semblable à un habile jardinier qui retranche dans les arbres fruitiers le bois inutile, tâchoit ainsi de retrancher le faste qui corrompoit les mœurs. Il ramenoit toute chose à une noble & frugale simplicité. Il regla de même la nourriture des Citoyens, & des esclavs. Quelle honte, disoit-il, que les hommes les plus élevez fassent consister leur grandeur
dans

LIVRE XII.

dans les ragoûts dans lesquels ils amolissent leur ame, & ruïnent incessamment la santé de leur corps; ils doivent faire consister leur bonheur dans leur moderation, & dans leur autorité, pour faire du bien aux autres hommes, & dans la reputation que les bonnes actions doivent leur procurer. La sobrieté rend la nourriture la plus simple très-agréable. C'est elle qui donne avec la santé la plus vigoureuse, les plaisirs les plus purs & les plus constans. Il faut donc borner nos repas aux viandes les meilleures, mais apprêtées sans aucun ragoût. C'est un art pour empoisonner les hommes, que celui d'irriter leur appetit au delà des vrais besoins.

Idomenée comprit bien qu'il avoit eu tort de laisser les habitans de sa nouvelle Ville, amolir & corrompre leurs mœurs en violant toutes les loix de Minos sur la sobrieté: mais le sage Mentor lui fit remarquer que les loix mêmes, quoique renouvellées, seroient inutiles, si l'exemple du Roi ne leur donnoit une autorité qui ne pouvoit venir d'ailleurs. Aussitôt Idomenée regla sa table, où il n'admit que du pain excellent, du vin du païs, qui est fort agréable, mais en fort petite quantité, avec des viandes simples, telles qu'il en mangeoit avec les autres Grecs au siége de Troye. Personne n'osa se plaindre d'une regle que le Roi s'imposoit lui-même; & chacun se corrigea ainsi de la profusion & de la délicatesse où l'on commençoit à se plonger pour les repas.

Mentor retrancha ensuite la musique molle & effeminée qui corrompoit toute la jeunesse. Il ne condamna pas avec une moindre séverité la musique bachique, qui n'enyvre guere moins que le vin, & qui produit des mœurs pleines d'amportemens & d'imprudence. Il borna toute la musique aux Fêtes dans les Temples, pour y chanter les loüanges des Dieux & des Heros, qui ont donné l'exemple des plus rares vertus. Il ne permit aussi que pour les Temples les grands ornemens d'architecture, tels que les colomnes, les frontons, les portiques : il donna des modéles d'une architecture simple & gracieuse, pour faire dans un médiocre espace une maison gaye & commode pour une famille nombreuse : en sorte qu'elle fut tournée à un aspect sain, que les logmens en fussent dégagez les uns des autres, que l'ordre & la propreté s'y conservassent facilement, & que l'entretien fût de peu de dépense.

Il voulut que chaque maison un peu considerable eût un salon & un petit peristyle, avec des petites chambres pour toutes les personnes libres. Mais il défendit très-severement la multitude superfluë & la magnificence des logemens. Ces divers modéles des maisons suivant la grandeur des familles, servirent à embellir à peu de frais une partie de la Ville, & à la rendre reguliere; au lieu que l'autre partie déja achevée suivant le caprice & le faste des particuliers, avoit malgré sa magnificence, une disposition moins agréable & moins commode. Cette nouvelle Ville fut bâtie en trés-peu de tems, parce que la côte voisine de la Grece fournit de bons Architectes, & qu'on fit venir un trés-grand nombre de Maçons de l'Epire, & de plusieurs autres païs, à condition qu'après avoir achevé leurs travaux, ils s'établiroient au tour de Salante, prendroient des terres à défricher, & ferviroient à peupler la campagne.

La Peinture & la Sculpture parurent à Mentor des Arts qu'il n'eſt pas permis d'abandonner ; mais il voulut qu'on fouffrit dans Salante peu d'hommes attachez à ces Arts. Il établit une Ecole où prefidoient des Maîtres d'un goût exquis, qui examinoient les jeunes éleves. Il ne faut, difoit-il, rien de bas & de foibles dans les Arts qui ne font pas abfolument neceſſaires. Par confequent on ne doit y admettre que des jeunes gens d'un genie qui promette beaucoup ; & qui tende à la perfection. Les autres font nez pour les Arts moins nobles, & ils feront employez fort utilement aux befoins ordinaires de la Republique. Il ne faut pas employer les Sculpteur & les Peintres que pour conferver la memoire des grands Hommes & de grandes actions. C'eſt dans les bâtimens publics ou dans les tombeaux, qu'on doit conferver des reprefentations de tout ce qui a été fait avec une vertu extraordinaire pour le fervice de la patrie. Au reſte, la moderation & la frugalité de Mentor n'empêcherent point qu'il n'autorifât tous ces grands bâtimens deſtinez aux courfes des chevaux & des chariots, aux combats des Luteurs, à ceux du Ceſte, & à tous les autres exercices qui cultivent les corps, pour les rendre plus adroits & plus vigoureux.

Il retrancha un nombre prodigieux de Marchands qui vendoient des etofes façonnées des païs éloignez, des broderies d'un prix exceſſif, des vaſes d'or & d'argent avec des figures des Dieux, d'hommes & d'animaux: enfin des liqueurs & des parfums. Il voulut même que les meubles de chaque maison fussent simples, & faits de maniere à durer long-temps. En sorte que les Salantins qui se plaignoient hautement de leur pauvreté, commencerent à sentir combien ils avoient de richesses superfluës. Mais c'étoit des richesses trompeuses qui les apovrissoient, & ils devenoient effectivement riches, à mesure qu'ils avoient le courage de s'en dépoüiller. C'est s'enrichir, disoient-ils eux-mêmes, que de mépriser de telles richesses, qui épuisent l'Etat; & que de diminuer ses besoins en les reduisant aux vrayes necessitez de la nature.

Mentor se hâta de visiter les Arcenaux & tous les Magazins, pour sçavoir si les armes & toutes les autres choses necessaires à la guerre, étoient en bon état. Car il faut, disoit-il être toûjours prêt à faire la guerre, pour n'être jamais reduit au malheur de la faire. Il trouva que plusieurs choses manquoient par tout. Aussi-tôt on assembla des ouvriers pour travailler sur le fer, sur l'acier & sur l'airain. On voyoit s'élever des fournaises ardentes, des tourbillons de fumée, & des flâmes semblables à ces feux soûterrains que vomit le Mont-Etna. Le marteau raisonnoit sur l'enclume, qui gemissoit sous les coups redoublez. Les montagnes voisines & les rivages de la mer en retentissoient, on eût crû être dans cette isle, où Vulcain animant les Cyclopes, forge des foudres pour le Pere des Dieux; & par une sage prévoyance, on voyoit dans une profonde paix tous les preparatifs de la guerre.

LIVRE XII.

Enſuite Mentor ſortit de la Ville avec Idoménée, & trouva une grande étenduë de terres fertiles qui demeuroient incultes: d'autres n'étoient cultivées qu'à demi par la négligence & la pauvreté des laboureurs, qui manquant d'hommes, manquoient auſſi de courage & de force de corps pour metre l'agriculture dans ſa perfection. Mentor voyant cette campagne déſolée, dit au Roi; la terre ne demande ici qu'à enrichir les habitans: mais les habitans manquent à la terre. Prenons donc tous ces artiſans ſuperflus qui ſont dans la Ville, & dont les métiers ne ſerviroient qu'à déregler les mœurs, pour leur faire cultiver ſes plaines & ces colines. Il eſt vrai que c'eſt un malheur que tous ces hommes exercez à des Arts qui demandent une vie ſedentaire, ne ſoient point exercez au travail: mais voici un moyen d'y remedier. Il faut partager entr'eux les terres vacantes, & appeller à leur ſecours des peuples voiſins, qui feront ſous eux le plus rude travail. Ces peuples le feront, pourvû qu'on leur promette des récompenſes convenables ſur les fruits des terres mêmes qu'ils défricheront; ils pourront dans la ſuite en poſſeder une partie, & être ainſi incorporez à votre peuple, qui n'eſt pas aſſez nombreux. Pourveu qu'ils ſoient laborieux & dociles aux loix, vous n'aurez point de meilleurs ſujets, & ils acroîtront votre puiſſance. Vos Artiſans de la Ville, tranſplantez dans la campagne, éleveront leurs enfans au travail & au joug de la vie champêtre. De plus, tous les Maçons des païs étrangers, qui travaillent à bâtir votre Ville; ſe ſont engagez à défricher une partie de vos terres, & à ſe faire Laboureurs: incorporez les à votre peuple, dès qu'ils auront achevé leurs ouvrages de la Ville. Ces Ouvriers sont ravis de s'engager à passer leur vie sous une domination qui est maintenant si douce. Comme ils sont robustes & laborieux, leur exemple servira pour exciter au travail les Artisans transplantez de la Ville à la Campagne avec lesquels ils seront mêlez. Dans la suite tout le monde sera peuplé de familles vigoureuses, & adonnées à l'agriculture.

Au reste, ne soyez pas en peine de la multiplication de ce peuple, il deviendra bientôt innombrable, pourveu que vous facilitiez les mariages. La maniere de les faciliter est bien simple, puisque tous les hommes ont de l'inclination pour se marier: il n'y a que la misere qui les en empêche. Si vous ne les chargez point d'impôts, ils vivent sans peine avec leurs femmes & leurs enfans; car la terre n'est jamais ingrate; elle nourrit toujours de ses fruits ceux qui la cultivent soigneusement. Elle ne refuse de bien qu'à ceux qui craignent de lui donner leurs peines. Plus les Laboureurs ont d'enfans, plus ils sont riches, si le Prince ne les apauvrit pas; car leurs enfans dès leur plus tendre jeunesse, comencent à les secourir. Les plus jeunes conduisent les moutons dans le pâturage; les autres qui sont plus avancez en âge, menent déja les grands troupeaux: enfin les plus âgez labourent avec leur pere. Cependant la mere & toute la famille prepare un repas simple à son époux & ses chers enfans, qui doivent revenir fatiguez du travail de la journée; elle a soin de traire ses vaches & ses brebis, & on voit courir des ruisseaux de lait; elle fait un grand feu, autour duquel toute la famille innocente & paisible prend plaisir à chanter tous les soirs en attendant le doux sommeil; elle prepare des fromages, des chataignes, & des fruits conservez dans la même fraîcheur que si on venoit de les cueillir.

Le Berger revient avec sa flute, & chante à la famille assemblée les nouvelles chansons qu'il a aprises dans les hameaux voisins. Le Laboureur rentre avec sa charrue, & ses bœufs fatiguez marchent, le cou panché, d'un pas lent & tardif, malgré l'aiguillon qui les presse. Tous les maux du travail finissent avec la journée. Les pavots que le sommeil par l'ordre des Dieux répand sur la terre, appaisent tous les noirs soucis par leurs charmes, & tiennent toute la nature dans un doux enchantement; chacun s'endord sans prévoir les peines du lendemain. Heureux ces hommes sans ambition, sans défiance, sans artifice, pourveu que les Dieux leur donnent un bon Roi, qui ne trouble point leur joye innocente; mais quelle horrible inhumanité, que de leur arracher par des desseins plains de faste & d'ambition, les doux fruits de la terre, qu'ils ne tiennent que de la liberale nature & de la sueur de leur front. La nature seule tireroit de son sein fecond tout ce qu'il faudroit par un nombre infini d'hommes moderez & laborieux; mais c'est l'orgueil & la molesse de certains hommes qui en mettent tant d'autres dans une affreuse pauvreté.

Que ferois-je, disoit Idomenée, si ces peuples que je répandrai dans ces fertiles campagnes, négligent de les cultiver? Faites, lui répondit Mentor, tout le contraire de ce qu'on fait communement. Les Princes avides & sans prévoyance, ne songent qu'à charger d'impôts ceux d'entre leurs sujets qui sont les plus vigilans & les plus industrieux pour faire valoir leurs biens ; c'est qu'ils esperent en être payez plus facilement, en même tems ils chargent moins ceux que la nature rend plus miserable. Renversez ce mauvais ordre, qui accable les bons, qui recompense le vice, & qui introduit une negligence aussi funeste au Roi même qu'à tout l'Etat. Mettez des taxes, des amendes, & même s'il le faut d'autres peines rigoureuses sur ceux qui négligent leurs champs, comme vous puniriez des Soldats qui abandonneroient leur poste dans la guerre. Au contraire, donez des graces & des exemptions aux familles qui se multiplient ; augmentez à proportion la culture de leur terre. Bien-tôt leurs familles se multiplieront, & tout le monde s'animera au travail, il deviendra même honorable. La profession de Laboureur ne sera plus meprisée, n'étant plus accablée de tant de maux. On revera en honeur la charuë maniée par des mains victorieuses qui auront défendu la patrie. Il ne sera pas moins beau de cultiver l'héritage de ces ancêtres pendant une heureuse paix, que de l'avoir défenduë genereusement pendant les troubles de la guerre ; toute la campagne refleurira. Cerés se couronnera d'épics dorez. Bachus foulant à ses pieds les raisins, fera couler du penchant des montagnes, des ruisseaux de vin plus doux que le nectar. Les creux valons retentiront des concerts des Bergers, qui le long des ruisseaux joindront leurs voix avec leurs flûtes, Pendant que leurs troupeaux bondissans paîtront sur l'herbe & parmi les fleurs, sans craindre les loups.

Ne serez-vous pas trop hexreux, ô Idomenée d'être la source de tant de biens, & de

LIVRE XII.

faire vivre à l'ombre de votre nom tant de peuples dans un si aimable repos? Cette gloire n'est-elle pas plus touchante que celle de ravager la terre, de répandre tout, & presque autant chez soi, au milieu même des victoires, que chez les étrangers vaincus, le carnage, le trouble, l'horreur la langueur, la consternation, la cruelle faim & le desespoir?

O heureux le Roi assez aimé des Dieux, & d'un cœur assez grand, pour entreprendre d'être ainsi les delices des peuples, & de montrer à tous les siécles dans son regne un si charmant spectacle! La terre entiere, loin de se défendre de sa puissance par des combats, viendroit à ses pieds le prier de regner sur elle. Idomenée lui répondit; Mais quand les peuples seront ainsi dans la paix & dans l'abondance, les délices les corrompront, & ils tourneront contre moi les forces que je leur aurai données. Ne craignez point, dit Mentor, cet inconvenient. C'est un pretexte qu'on allegue toûjours pour flater les Princes prodigues, qui veulent accabler leur peuple d'impôts; le remede est facile. Les loix que nous venons d'établir pour l'agriculture, rendront leur vie laborieuse & dans leur abondance, ils n'auront que le nécessaire, parce que nous retranchons tous les Arts qui fournissent le superflu. Cette abondance même sera diminuée par la facilité des mariages, & par la grande multiplication des familles. Chaque famille étant nombreuse, & ayant peu de terre, aura besoin de la cultiver par un travail sans relâche. C'est la molesse & l'oisiveté, qui rendent les peuples insolens & rebelles. Ils auront du pain à la verité, & assez legerement; mais ils n'auront que du pain & des fruits de leur propre terre, gagnez à la sueur de leur visage.

Pour tenir votre peuple dans cette moderation, il faut regler dès à present l'étendue de la terre que chaque famille pourra posseder. Vous sçavez que nous avons divisé tout votre peuple en sept classes, suivant leurs differentes conditions; il ne faut permettre à chaque famille dans chaque classe, de pouvoir posseder que l'étendue de terre absolument necessaire pour nourrir le nombre de personnes dont elle sera composée. Cette regle étant inviolable, les nobles ne pourront faire d'acquisition sur les pauvres, tous auront des terres; mais chacun en aura fort peu, & sera excité par là à la bien cultiver. Si dans une longue suite de temps les terres manquoient ici, on feroit des Colonies qui augmenteroient cet Etat.

Je croi même que vous devez prendre garde à ne laisser jamais devenir le vin trop commun dans votre Royaume. Si on a planté trop de vignes, il faut qu'on les arrache, le vin est la source des plus grands maux parmi les peuples : il cause les maladies, les querelles, les séditions, l'oisiveté, le dégoût du travail, le desordre des familles. Que le vin soit donc conservé comme un espece de remede, ou comme une liqueur très-rare, qui n'est employée que pour les Sacrifices, ou pour les fêtes extraordinaires ; mais n'esperez point de faire observer une regle si importante, si vous n'en donnez vous même l'exemple. D'ailleurs, il faut faire garder inviolablement les Loix de Minos pour l'éducation des enfans Il faut établir des écoles publiques, où l'on enseigne la crainte des Dieux, l'amour de la patrie, le respect des loix, la préference de l'honneur aux plaisirs & à la vie même.

Il faut avoir des Magistrats qui veillent sur les familles & sur les mœurs des particuliers. Veillez vous-même, vous qui n'êtes Roi, c'est-à-dire, Pasteur du peuple, que pour veiller nuit & jour sur votre troupeau. Par là vous préviendrez un nombre infini de desordres & de crimes. Ceux que vous ne pourrez prevenir, punissez-les d'abord severement. C'est une clémence que de faire d'abord des exemples qui arrêtent le cours de l'iniquité. Par un peu de sang répandu à propos, on en épargne beaucoup, & on se met en état d'être craint sans user souvent de rigueur. Mais quelle détestable maxime de ne croire trouver sa sûreté que dans l'opression des peuples! Ne les point faire instruire, ne les point conduire à la vertu, ne s'en faire jamais aimer, les pousser par la terreur jusqu'au desespoir, les mettre dans l'affreuse necessité, ou de ne pouvoir jamais respirer librément, ou de secoüer le joug de votre tyrannique domination; est-ce là le vrai moyen de regner sans trouble? Est-ce là le vrai chemin qui mene à la gloire?

Souvenez-vous que les païs où la domination du Souverain est plus absoluë, sont ceux où les Souverains sont moins puissans. Ils prennent, ils ruïnent tout, ils possedent seuls tout l'Etat; mais aussi tout l'Etat languit, les campagnes sont en friche & presque desertes, les Villes diminuent chaque jour, le commerce tarit. Le Roi qui ne peut être Roi tout seul, & qui n'est grand que par ses peuples, s'anéantit lui-même peu à peu par l'anéantissemnnt insensible des peuples dont il tire ses richesses & sa puissance. Son Etat s'épuise d'argent & d'hommes; cette derniere perte est la plus grande & la plus irreparable; son pouvoir absolu fait autant d'esclaves qu'il a de sujets. On le flate, on fait semblant de l'adorer, on tremble au moindre de ses regards. Mais attendez la moindre revolution, cette Puissance monstreuse poussée jusqu'à un excès trop violent, ne sçauroit durer : elle n'a aucune ressource dans les cœurs des peuples, elle a lassé & irrité tous les corps de l'Etat; elle contraint tous les membres de ce corps de soûpirer après un changement. Au premier coup qu'on lui porte, l'Idole se renverse, se brise & est foulée aux pieds. Le mépris, la haine, la crainte, le ressentiment, la défiance, en un mot toutes les passions se réünissent contre une autorité si odieuse. Le Roi, qui dans sa vaine prosperité ne trouvoit pas un seul homme assez hardi pour lui dire la verité, ne trouvera dans son malheur aucun homme qui daigne ni l'excuser, ni le défendre contre ses ennemis.

Après ce discours, Idomenée persuadé par Mentor, se hâta de distribuer les terres vacantes, de les remplir de tous les Artisans inutiles, & d'executer tout ce qui avoit été resolu. Il reserva seulement pour les Maçons les terres qu'il leur avoit destinées, & qu'ils ne pouvoient cultiver qu'après la fin de leurs travaux dans la Ville.

Fin du douziéme Livre.

LES AVANTURES
DE
TELEMAQUE
FILS D'ULYSSE.
LIVRE TREIZIEME.

SOMMAIRE.

Idomenée raconte à Mentor sa confiance en Protesilas, & les artifices de ce favori, qui étoit de concert avec Timocrate pour faire périr Philoclès & pour le trahir lui-même. Il lui avouë que prévenu par ces deux hommes contre Philoclès, il avoit chargé Timocrate de l'aller tuer dans une expedition où il commandoit sa flote ; que celui-ci ayant manqué son coup, Philoclès l'avoit épargné, & s'étoit retiré en l'Isle de Samos, après avoir remis le commandement de la flote à Polimene, que lui Idomenée avoit nommé dans son ordre par écrit ; que malgré la trahison de Protesilas il n'avoit pû se resoudre à se défaire de lui.

DEJA la réputation du gouvernement doux & moderé d'Idomenée attire en foule de tous côtez, des peuples qui viennent s'incorporer au sien, & chercher leur bonheur sous une si aimable domination.

TELEMAQUE,

Déja ces campagnes, qui avoient été si long-tems couverts de ronces & d'épines, promettent de riches moissons & des fruits jusqu'alors inconnus. La terre ouvre son sein au tranchant de la charrue, & prépare ses richesses pour recompenser le Laboureur; l'esperance reluit de tous côtez. On voit dans les valons & sur les colines, les troupeaux de moutons qui bondissent sur l'herbe, & les grands troupeaux de bœufs & de genisses qui font retentir les hautes montagnes de leurs mugissemens: ces troupeaux servent à engresser les campagnes. C'est Mentor qui a trouvé le moyen d'avoir ces troupeaux. Mentor conseille à Idomenée de faire avec les Peucetes, Peuples voisins, un échange de toutes les choses superflues qu'on ne vouloit plus souffrir dans Salante, avec ces troupeaux qui manquoient aux Salantins.

En même tems la ville & les villages d'alentour étoient pleins d'une belle Jeunesse qui avoit languit long-tems dans la misere, & qui n'avoit osé se marier de peur d'augmenter les maux. Quand ils virent qu'Idomenée prenoit des sentimens d'humanité, & qu'il vouloit être leur pere, ils ne craignirent plus la faim & les autres fleaux par lesquels le Ciel afflige la terre. On n'entendoit plus que des cris de joye, que les chansons des Bergers & des Laboureurs qui celebroient leur Hymenées. On auroit crû voir le Dieu Pan avec une foule de Satyres que de Faunes mêlez parmi les Nymphes, & d'ansant au son de la flute à l'ombre des bois. Tout étoit tranquille & riant; mais la joye étoit moderée, & ces plaisirs ne servoient qu'à delasser des longs travaux: ils en étoient plus vifs & plus purs.

LIVRE XIII.

Les vieillards étonnez de voir ce qu'ils n'auroient osé esperer dans la suite d'un si long âge, pleuroient par un excès de joye mêlée de tendresse; ils levoient leurs mains tremblantes vers le Ciel. Benissez, disoient-ils, ô grand Jupiter, le Roi qui vous ressemble, & qui est le plus grand don que vous nous ayez fait. Il est né pour le bien des hommes, rendez-lui tout le bien que nous recevons de lui. Nos arrieres néveux venus de ces mariages qu'il favorise, lui devront tout jusqu'à leur naissance, & il sera veritablement le pere de tous ses sujets. Les jeunes hommes & les jeunes filles qui s'épousoient, ne faisoient éclater leur joye qu'en chantant les loüanges de celui de qui cette joye si douce leur étoit venuë. Les bouches & encore plus les cœurs étoient sans cesse remplis de son nom. On se croyoit heureux de le voir ; on craignoit de le perdre : sa perte eût été la désolation de chaque famille.

Alors Idomenée avoüa à Mentor qu'il n'avoit jamais senti de plaisir aussi touchant que celui d'être aimé, & de rendre tant de gens heureux. Je ne l'aurois jamais crû, disoit-il, il me sembloit que toute la grandeurs des Princes ne consistoit qu'à se faire craindre ; que le reste des hommes étoit fait pour eux ; & tout ce que j'avois oüi dire des Rois, qui avoient été l'amour & les délices de leurs peuples, me paroissoit une pure fable ; j'en reconnois maintenant la verité. Mais il faut que je vous raconte comment on avoit empoisonné mon cœur, dès ma plus tendre enfance sur l'autorité des Rois. C'est ce qui a causé tous les malheurs de ma vie. Alors Idomené

A ij

commença cette narration.

Protesilas qui est un peu plus âgé que moi, fut celui de tous les jeunes gens que j'aimois le plus, son naturel vif & hardi étoit selon mon goût : il entra dans mes plaisirs, il flata mes passions, il me rendit suspect à un autre jeune homme que j'aimois aussi, & qui se nommoit Philocles. Celui-ci avoit la crainte des Dieux & l'ame grande ; mais moderée ; il mettoit la grandeur non à s'élever, mais à se vaincre, & à ne rien faire de bas. Il me parloit librement sur mes défauts ; & lors même qu'il n'osoit me parler, son silence & la tristesse de son visage me faisoient assez entendre ce qu'il vouloit me reprocher.

Dans les commencemens cette sincerité me plaisoit, je lui protestois souvent que je l'écoûterois avec confiance toute ma vie, pour me preserver des flateurs. Il me disoit tout ce que je devois faire pour marcher sur les traces de Minos, & pour rendre mon Royaume heureux. Il n'avoit pas une aussi profonde sagesse que vous, ô Mentor ; mais ses maximes étoient bonnes, je le reconnois maintenant. Peu à peu les artifices de Protesilas qui étoit jaloux & plein d'ambition, me dégoûterent de Philocles. Celui-ci étoit sans empressement, & laissoit l'autre prévaloir ; il se contenta de me dire toûjours la verité lorsque je voulois l'entendre. C'étoit mon bien & non sa fortune qu'il cherchoit.

Protesilas me persuada insensiblement que c'étoit un esprit chagrin & superbe, qui critiquoit toutes mes actions, qui ne me demandoit rien, parce qu'il avoit la fierté de ne vouloir rien tenir de moi, & d'aspirer à la réputation d'un homme qui est au-dessus de tous les honneurs : il ajoûta que ce jeune homme qui me parloit si librement sur mes defauts, en parloit aux autres avec la même liberté ; qu'il faisoit assez entendre qu'il ne m'estimoit guéres, & qu'en rabaissant ainsi ma reputation, il vouloit par l'éclat d'une vertu austere s'ouvrir le chemin à la Royauté.

D'abord je ne veux croire que Philocles voulût me détrôner. Il y a dans la veritable vertu une candeur & une indignité que rien ne peut contrefaire, & à laquelle on ne se méprend point pourveu qu'on y soit atentif. Mais la fermeté de Philocles contre mes foiblesses commençoit à me lasser. Les complaisances de Protesilas & son industrie inépuisable pour m'inventer de nouveaux plaisirs, me faisoit sentir encore plus impatiemment l'austerité de l'autre. Cependant Protesilas ne pouvant souffrir que je ne crusse pas tout ce qu'il me disoit contre son ennemi, prit le parti de ne m'en plus parler, & de me persuader par quelque chose de plus fort que toutes ces paroles. Voici comment il acheva de me tromper : il me conseilla d'envoyer Philocles commander les vaisseaux qui doivent attaquer ceux de Carpathie, & pour m'y determiner, il me dit : Vous sçavez que je ne suis pas suspect dans les loüanges que je lui donne. J'avoüe qu'il a du courage & du génie pour la guerre; il vous servira mieux qu'un autre, & je préfere l'interêt de votre service à tous mes ressentimens contre lui.

Je fus ravi de trouver cette droiture & cette équité dans le cœur de Protesilas, à qui j'avois confié l'administration de mes plus grandes affaires. Je l'embrassai dans un transport de joye

A iij

& je me crus trop heureux d'avoir donné toute ma confiance à un homme qui me paroissoit ainsi au dessus de toute passion & de tout interet. Mais hélas ! que les Princes sont dignes de compassion ! Cet homme me connoissoit mieux que je ne me connoissoit moi-même : Il sçavoit que les Rois sont d'ordinaire défians & inapliquez ; défians, par l'experiance continuelle qu'ils ont de l'artifice des hommes corrompus dont ils sont environnez ; inapliquez, parce que les plaisirs les entrainent, & qu'ils sont acoutumés à voir des gens chargez de penser pour eux, sans qu'ils en prenent eux-mêmes la peine. Il comprit donc qu'il ne lui feroit pas difficille de me mettre en défiance & en jalousie contre un homme qui ne manqueroit pas de faire des grandes actions, sur tout l'absence lui donnant une entiere facilité de lui tendre des piéges.

Philocle en partant prévit ce qui lui pouvoit arriver. Souvenez vous, me dit-il, que je ne pourrai plus me défendre ; que vous n'écouterez plus mon que ennemi ; & qu'en vous servant au peril de ma vie, je courrai risque de n'avoir d'autre recompense que votre indignation. Vous vous trompez, lui dis-je, Protesilás ne parle point de vous comme vous parlez de lui : il vous loüe, il vous estime, il vous crois digne des plus importans emplois ; s'il commençoit à me parler contre vous, il perdroit ma confiance, ne craignez rien, allez, & ne songez qu'à me bien servir. Il partit, & me laissa dans une étrange situation.

Il faut l'avoüer, Mentor, je voyois clairement combien il m'étoit necessaire d'avoir plusieurs hommes que je consultasse, & que rien

LIVRE XIII.

n'étois plus mauvais, ni pour ma reputation, ni pour le succès des affaires, que de me livrer à un seul. J'avois éprouvé que les sages conseils de Philoclès m'avoient garantit de plusieurs fautes dangereuses, où la hauteur de Protesilas m'auroit fait tomber. Je sentois bien qu'il y avoit dans Philoclès un fond de probité & de maximes équitables qui ne se faisoient point sentir de même dans Protesilas; mais j'avois laissé prendre à Protesilas un ton décisif auquel je ne pouvois presque plus resister. J'étois fatigué de me trouve toujours entre deux hommes, que je ne pouvois accorder & dans cette lassitude j'aimois mieux par foiblesse hazarder quelque chose aux dépens des affaires, & respirer en liberté Je n'eusse osé me dire à moi-même une si honteuse raison du parti que je venois de prendre: mais cette honteuse raison que je n'osois déveloper, ne laissoit pas d'agir secretement au fond de mon cœur, & d'être le vrai motif de tout ce que je faisois.

Philoclès surprit les ennemis, remporta une pleine victoire, & se hâta de revenir pour prévenir les mauvais offices qu'il avoit à craindre mais Protesilas qui n'avoit pas encore ou le temps de me tromper, lui écrivit que je desirois qu'il fit une descente dans l'Isle de Carpathie, pour profiter de la victoire. En effet il m'avoit persuadé que je pourrois facilement faire la conquête de cette Isle: mais il fit en sorte que plusieurs choses necessaires manquerent à Philoclès dans cette entreprise, & il assujetit à certains ordres qui causerent divers contre-tems dans l'execution.

Cependant il se servit d'un domestique trèscorrompu que j'avois auprès de moi, & qui observoit jusqu'aux moindres choses pour lui en rendre compte, quoiqu'ils parussent ne sa voir guéres, & n'être jamais d'accord de rien.

Ce domestique, nommé Timocrate, me vint dire un jour un grand secret, qu'il avoit découvert une affaire très-dangereuse. Philocles, me dit-il, veut se servir de votre armée navale pour se faire Roi de l'isle Carpathie. Les Chefs des troupes sont attachez à lui ; tous les soldats sont gagnez par ses largesses, & plus encore par la licence pernicieuse où il les laisse vivre, il est enflé de sa victoire. Voilà une lettre qu'il a écrite à un de ses amis sur son projet de se faire Roi : on n'en peut plus douter après une preuve si évidente.

Je lus cette lettre, & elle me parut de la main de Philocles. On avoit parfaitement imité son écriture, & c'étoit Protesilas qui l'avoit faite avec Timocrate. Cette lettre me jetta dans une étrange surprise : je la relisois sans cesse, & ne pouvois me persuader qu'elle fût de Philocles ; repassant dans mon esprit troublé toutes les marques touchantes qu'il m'avoit données de son desinteressement & de sa bonne foi. Cependant que pouvois-je faire ? Quel moyen de resister à une lettre, où je croyois être sûr de reconnoître l'écriture de Philocles. Quand Timocraté vit que je ne pouvois plus resister à son artifice, il le poussa plus loin. Oserai-je, me dit-il, en hesitant, vous faire remarquer un mot qui est dans cette lettre ? Philocles dit à son ami qu'il peut parler en confiance à Protesilas sur une chose qu'il ne désigne que par un chiffre ; assûrement Protesilas est entré dans le dessein de Philocles, &

LIVRE XIII.

ils se sont accommodez à vos dépens. Vous sçavez que c'est Protesilas qui vous a pressé d'envoyer Philocles contre les Carpathiens. Depuis un certain tems il a cessé de vous parler contre lui, comme il le faisoit souvent autrefois. Au contraire il le louë, il l'excuse en toute occasion; ils se voyent depuis quelque tems avec assez d'honnêteté. Sans doute Protesilas a pris avec Philocles des mesures pour partager avec lui la conquête de Carpathie. Vous voyez même qu'il a voulu qu'on fît cette entreprise contre toutes les regles, & qu'il s'exposât à faire perir votre armée navale, pour contenter son ambition. Croyez-vous qu'il voulût ainsi servir à celle de Philocles, s'ils étoient encore mal ensemble? Non, on ne peut plus douter que ces deux hommes ne soient réünis pour s'élever ensemble à une grande autorité, & peutêtre pour renverser le Trône où vous regnez. En vous parlant ainsi, je sçai que je m'expose à leurs ressentimens, si malgré mes avis sinceres vous leur laissez encore votre autorité dans les mains. Mais qu'importe, pourveu que je vous dise la verité.

Ces dernieres paroles de Timocrate firent une grande impression sur moi; je ne doutai plus de la trahison de Philocles, & me défiai de Protesilas comme son ami. Cependant Timocrate me disoit sans cesse; Si vous attendez que Philocles ait conquis l'Isle de Carpathie, il ne sera plus tems d'arêter ses desseins; hâtez-vous de vous en assurer pendant que vous le pouvez. J'avois horreur de la profonde dissimulation des hommes, je ne sçavois plus à qui me fier. Après avoir découvert la trahison de Philocles, je ne voyois plus d'hommes

A v

sur la terre dont la vertu me pût rassurer. J'étois résolu de faire perir au plutôt ce perfide, mais je craignois Protesilas, je ne sçavois comment faire à son égard. Je craignois de le trouver coupable, & je craignois aussi de me fier à lui.

Enfin dans mon trouble, je ne pûs m'empêcher de lui dire que Philocles m'étoit devenu suspect. Il en parut surpris, il me representa sa conduite droite & moderée, il n'éxagera ses services ; en un mot, il fit tout ce qu'il falloit pour me persuader qu'il étoit trop bien avec lui. D'un autre côté, Timocrate ne perdit pas un moment pour me faire remarquer cette intelligence, & pour m'obliger à perdre Philocles pendant que je pouvois encore m'assurer de lui. Voyez, mon cher Mentor, combien les Rois font malheureux & exposé à être le joüet des autres hommes, lors même qu'ils paroissent tremblans à leurs pieds.

Je crus faire un coup d'une profonde politique, & déconcerter Protesilas, en envoyant secretêment à l'armée navale Timocrate pour faire mourir Philocles. Protesilas poussa jusqu'au bout sa dissimulation & me trompa d'autant mieux ; qu'il parut plus naturellement comme un homme qui se laissoit tromper. Timocrate partit donc, trouva Philocles assez embarrassé dans la descente ; il manquoit de tout car protesilas ne sçachant si la Lettre supposée pourroit faire perir son ennemi, vouloit avoir en même tems une autre ressource prête, par le mauvais succès d'une entreprise dont il m'avoit fait tant esperer, & qui ne manqueroit pas de m'irriter contre Philocles. Celui-ci soûtenoit cette guerre si dificile, par son courage, par son genie, & par l'amour que les troupes avoient pour lui. Quoique tout le monde reconnut dans l'armée que cette descente étoit temeraire & funeste pour les Crétois, chacun travailloit à la faire réüssir, comme s'il eut eu sa vie & son bonheur attaché au succès. Chacun étoit content de hazarder sa vie à toute heure sous un Chef si sage & si appliqué à se faire aimer.

Timocrate avoit tout à craindre en voulant faire perir ce Chef au milieu d'une armée qui l'aimoit avec tant de passion. Mais l'ambition furieuse est aveugle. Timocrate ne trouvoit rien de difficile pour contenter Protosilas, avec lequel il s'imaginoit gouverner absolument après la mort de Philocles. Protosilas ne pouvoit souffrir un homme de bien, dont la seule vûë étoit un reproche secret de ses crimes, & qui pouvoit en m'ouvrant les yeux renverser ses projets.

Timocrate s'assura de deux Capitaines qui étoient sans cesse auprès de Philocles, il leur promit de ma part de grandes recompenses, & ensuite il dit à Philocles qu'il étoit venu pour lui dire par mon ordre des choses secrettes, qu'il ne devoit lui confier qu'en presence de ces deux Capitaines. Philocles se renferma avec eux & avec Timocrate. Alors Timocrate donna un coup de poignard à Philocles: le coup glissa & n'enfonça guerre avant. Philocles sans s'étonner lui arracha le poignard & s'en servit contre lui & contre les deux autres. En même tems il cria; on accourut, on enfonça la porte on dégagea Philocles des mains de ces trois hommes, qui étant troublez l'avoient attaqué foiblement; ils furent pris, & on les auroit

A vi

d'abord déchirez, tant l'indignation de l'armée étoit grande, si Philocles n'eût arrêté la multitude. Ensuite il prit Timocrate en particulier, & lui demanda avec douceur, qui l'avoit obligé à commencer une action si noire. Timocrate qui craignoit qu'on ne le fit mourir, se hâta de montrer l'ordre que je lui avois donné par écrit de tuer Philocles; & comme les traîtres sont toujours lâches, il songea à sauver sa vie en découvrant à Philocles toute la trahison de Protesilas.

Philocles effrayé de voir tant de malice dans les hommes, prit un parti plein de moderation; il declara à toute l'armée que Timocrate étoit innocent, il le mit en sûreté, & le renvoya en Crete; il ceda le commandement de l'armée à Polimene, que j'avois nommé dans mon ordre écrit de ma main, pour commander quand on auroit tué Philocles. Enfin il exhorta les troupes à la fidelité qu'ils me devoient; & passa pendant la nuit dans une legere barque, qui le conduisit dans l'Isle de Samos, où il vit tranquillement dans la pauvreté & dans la solitude, travaillant à faire des statuës pour gagner sa vie, ne voulant plus entendre parler des hommes trompeurs & injustes, mais sur-tout des Rois, qu'il croit les plus malheureux & les plus aveugles de tous les hommes.

En cet endroit Mentor arrêta Idomenée: Hé bien, dit-il, fûtes-vous long-tems à découvrir la verité? Non, répondit Idomenée; je compris peu à peu les artifices de Protesilas & de Timocrate; ils se broüillerent même, car les méchans ont bien de la peine à demeurer unis; leur division acheva de me montrer le fond de l'abîme où ils m'avoient jetté. Hé bine, répondit Mentor, ne prîtes-vous point le parti de vous défaire de l'un & de l'autre ? Hélas ! répondit Idomenée, est-ce que vous ignorez la foiblesse & l'embarras des Princes ? Quand ils sont une fois livrez à des hommes qui ont l'art de se rendre nécessaires, ils ne peuvent plus esperer aucune liberté Ceux qu'ils méprisent le plus, sont ceux qu'ils traitent le mieux, & qu'ils comblent de bienfaits ; j'avois horreur de Protesilas ; & je lui laissois toute l'autorité. Etrange illusion ! Je me sçavois bon gré de le connoître, & je n'avois pas la force de reprendre l'autorité que je lui avois abandonnée. D'ailleurs je la trouvois commode : complaisant, industrieux pour flater mes passions, ardent pour mes interêts. Enfin j'avois une raison pour m'excuser en moimême de ma foiblesse, c'est que je ne connoissois pas de veritable vertu, faute d'avoir sçû choisir des gens de bien qui conduisissent mes affaires : Je croyois qv'il n'y en avoit pas sur la terre, & que la probité étoit un beau fantôme. Qu'importe, disois-je, de faire un grand éclat pour sortir des mains d'un homme corrompu, & pour tomber dans celles de quelqu'autre qui ne sera ni plus desinteressé, ni plus sincere que lui. Cependant l'armée navale commandée par Polimene revint. Je ne songeai plus à la conquête de l'isle de Carpathie, & Protesilas ne put dissimuler si profondement que je ne découvrisse combien il étoit affligé de sçavoir que Philocles étoit en sûreté dans Samos.

Mentor interrompit encore Idomenée pour lui demander s'il avoit continué, après une si forte trahison, à confier toutes ses affaires à

Protofilas. J'étois, lui repondi-Idomenée trop ennemi des affaires, & trop inapliqué pour pouvoir me tirer de ses mains? il auroit fallu renverser l'ordre que j'avois établi pour ma commodité, & instruire un nouvel homme: C'est ce que je n'eu jamais la force d'entreprendre. J'aimai mieux fermer les yeux pour ne pas voir les artifices de Protesilas. Je me consolois seulement en faisant entendre à certaines personnes de confiance, que je n'ignorois pas sa mauvaise foi. Ainsi je m'imaginois n'y être trompé qu'à demi, puisque je sçavois que j'étois trompé. Je faisois même de tems en tems sentir à Protofilas que je supportois son joug avec impatience. Je prenois souvent plaisir à le contredire, à blâmer publiquement quelque chose qu'il avoit faite, & à décider contre son sentiment; mais comme il connoissoit ma lenteur & ma paresse, ils ne s'embarassoit point de tous mes chagrins. Il revenoit opiniatrement à la charge; il usoit tantot de manieres pressantes, tantot de souplesse & d'insinuation, sur-tout quand il s'apercevoit que j'étois peiné contre lui, il redoubloit ses soins pour me fournir de nouveaux amusemens propres à m'amolir, ou pour m'embarquer en quelque affaire où il eût occasion de se rendre necessaire, & de faire valoir son zéle pour ma reputation.

 Quoique je fusse en garde contre lui, cette maniere de flater mes passions m'entrainoit toujours il sçavoit mes secrets, il me soulageoit dans mes embarras; il faisoit trembler tout le monde par mon autorité. Enfin je ne pûs me resoudre à le perdre; mais en le maintenant dans sa place, je mis tous les gens de bien hors d'état de me representer mes veritables interêts. Depuis ce moment on n'endit plus dans mes conseils aucune parole libre. La verité s'éloigna de moi, l'erreur qui prepare la chûte des Rois, me punit d'avoir sacrifié Philocles à la cruelle ambition de Protesilas. Ceux mêmes qui avoient le plus de zéle pour l'Etat & pour ma personne, se crurent dispensez de me d'étromper. Après un si terrible exemple moi-même, mon cher Mentor, je craignois que la verité ne perçat le nuage, & qu'elle ne parvint jusqu'à moi malgré les flateurs ; car n'ayant plus la force de la suivre, sa lumiere m'étoit importune. Je sentois en moi-même qu'elle m'eut causé de cruels remords, sans pouvoir me tirer d'un si funeste engagement. Ma molesse & l'ascendant que Protesilas avoit pris insensiblement sur moi, me jettoient dans une espece de désespoir de rentrer jamais en liberté. Je ne voulois ni voir un si honteux état ni le laisser voir aux autres. Vous sçavez, cher Mentor, la vaine hauteur & fausse gloire dans laquelle on éleve les Rois : ils ne veulent jamais avoir tort. Pour couvrir une faute, il en faut faire cent. Plutôt que d'avoüer qu'on s'est trompé, & que de se donner la peine de revenir de son erreur, il faut se laisser tromper toute sa vie. voilà l'état des Princes foibles & inapliquez, c'étoit précisément le mien, lorsqu'il fallut que je partisse pour le siége de Troye

En partant, je laissai Protesilas maître des affaires: il les conduisoit en mon absence avec hauteur & inhumanité. Tout le Royaume de Créte gemissoit sous sa tyrranie ; mais personne n'osoit me mander l'oppression des peuples On sçavoit que je craignois de voir la verité,

& que j'abandonnois à la cruauté de Protesilas tous ceux qui entreprenoient de parler contre lui ; mais moins on ofoit éclater, plus le mal étoit violent. Dans la suite il me contraignit de chasser le vaillant Merion, qui m'avoit suivi avec tant de gloire au siége de Troye. Il en étoit devenu jaloux ; comme de tous ceux que j'aimois & qui montroient quelque vertu.

Il faut que vous sçachiez, mon cher Mentor que tous mes malheurs sont venus de-là. Ce n'est pas tant la mort de mon fils qui causa la revolte des Crétois, que la vengeance des Dieux irritez contre mes foiblesses, & la haine des Peuples que Protesilas m'avoit attirée. Quand je repandis le sang de mon fils, les Crétois lassez d'un gouvernement rigoureux, avoient épuisé toute leur patience, & l'horreur de cette derniere action ne fit que montrer au dehors ce qui étoit depuis long-tems dans le fond des cœurs

Timocrate me suivit au siége de Troye, & rendoit compte secretement par ses lettres à Protesilas de tout ce qu'il pouvoit découvrir. je sentois bien que j'étois en captivité, mais je tâchois de n'y penser pas, desesperant d'y remedier. Quand les Crétois à mon arrivée se revolterent, Protesilas & Timocrate furent les premiers à s'enfuïr. Ils m'auroient sans doute abandonné si je n'eusse été contraint de m'enfuïr presque aussi-tôt qu'eux. Comptez, cher Mentor, que les hommes insolens pendant la prosperité, sont toûjours foibles & tramblans dans la disgrace. La tête leur tourne aussi-tôt que l'autorité absoluë leur échape. On les voit aussi rampans qu'ils ont été hautains, & c'est en un moment qu'ils passent d'une extrémité à l'autre.

LIVRE XIII.

Mentor dit à Idomenée : Mais d'où vient que connoissant à fond ces deux méchans hommes, vous les gardez encore auprés de vous comme je le vois ? Je ne suis pas surpris qu'ils vous ayent suivi, n'ayant rien de meilleur à faire pour leurs interêts. Je comprens même que vous avez fait une action genereuse de leur donner un azile dans votre nouvel établissement : mais pourquoi vous livrer encore à eux aprés tant de cruelles experiences ?

Vous ne sçavez pas repondit Idomenée combien toutes les experiences sont inutiles aux Princes amollis & inapliquez qui vivent sans reflexion. Ils sont mécontens de tout, & ils n'ont pas le courage de rien redresser. Tant d'années d'habitude étoient des chaines de fer qui me lioient a ces deux hommes & ils m'obsedoient à toute heure. Depuis que je suis ici, ils m'ont jetté dans toutes les dépenses excessives que vous avez vûës. Ils ont épuisé cet état naissant, ils m'ont attiré cette guerre qui m'alloit accabler sans vous. J'aurois bientot éprouvé à Salante les mêmes malheurs que j'ai senti en Crête : mais vous m'avez enfin ouvert les yeux, & vous m'avez inspiré le courage qui me manquoit pour me mettre hors de servitude. Je ne sçai ce que vous avez fait en moi mais dépuis que vous êtes ici, je me sens un autre homme.

Mentor demanda ensuite à Idomenée quelle étoit la conduite de Protesilas dans ce changement des affaires. Rien n'est plus artificieux, répondit Idomenée, que ce qu'il a fait dépuis votre arrivée. D'abord il n'oublia rien pour jetter indirectement quelque défiance dans mon esprit. Il ne disoit rien contre vous :

mais je voyois diverses gens qui venoient m'avertir que ces deux étrangers étoient fort à craindre. L'un, disoient-ils, est le fils du trompeur Ulysse ; l'autre est un homme caché & d'un esprit profond ; ils sont accoûtumez à errer de Royaume en Royaume ; qui sçait s'ils n'ont point formé quelque dessein sur celui-ci? Ces avanturiers racontent eux-mêmes qu'ils ont causé de grands troubles dans tous les païs où ils ont passé. Voici un Etat naissant & mal affermi, les moindres mouvemens pourroient le renverser.

Protesilas ne disoit rien, mais il tâchoit de me faire entrevoir le danger & l'excès de toutes ces reformes que vous me faisiez entreprendre, il me prenoit par mon propre interêt. Si vous mettez, disoit-il, les peuples dans l'abondance, ils ne travailleront plus, ils deviendront fiers indociles, & seront toujours prêts à se revolter : il n'y a que la foiblesse & la misere qui les rend souples & qui les empêchent de resister à l'autorité. Souvent il tâchoit de reprendre son ancienne autorité pour m'entrainer, & il la couvroit d'un prétexte de zèle pour mon service. En voulant soulager les peuples, me disoit-il, vous rabaissez la puissance Royale, & par là vous faites au peuple même un tort irreparable ; car il a besoin qu'on le tienne pas à pas pour son propre repos.

A tout cela je repondois que je sçaurois bien tenir les peuples dans leur devoir en me faisant aimer d'eux, en ne relâchant rien de mon autorité, quoique je les soulageasse ; en punissant avec fermeté tous les coupables. Enfin en donnant aux enfans une bonne éducation & à tout le peuple une exacte discipline pour le tenir dans une vie simple, sobre & laborieuse. Eh, quoi, disois-je, ne peut-on pas soûmettre un peuple sans le faire mourir de faim? Quelle inhumanité ! quelle politique brutale! Combien voyons-nous de peuples traitez doucement & très-fidéles à leurs Princes ! Ce qui cause les revoltes, c'est l'ambition & l'inquiétude des Grands d'un Etat, quand on leur a donné trop de licence, & qu'on a laissé leur passion s'étendre sans bornes. C'est la multitude des grands & des petits qui vivent dans la mollesse & dans le luxe, & dans l'oisiveté; c'est la trop grande abondance d'hommes adonnez à la guerre, qui ont negligé toutes les occupations utiles dans le tems de paix. Enfin c'est le desespoir des peuples maltraitez, c'est la dureté, la hauteur des Rois, & leur mollesse qui les rend incapables de veiller à tous les membres de l'Etat pour prévenir les troubles. Voila ce qui cause les revoltes, & non pas le pain qu'on laisse manger en paix au Laboureur après qu'il l'a gagné à la sueur de son visage. Quand Protesilas a vû que j'étois inébranlable dans ces maximes, il a pris un parti tout opposé à sa conduite passée ; il a commencé à suivre les maximes qu'il n'avoit pû détruire : il a fait semblant de les goûter, d'en être convaincu, de m'avoir obligation de l'avoir éclairé là-dessus. Il va au-devant de tout ce que je pourrois souhaiter pour soulager les pauvres; il est le premier à me representer leurs besoins & à crier contre les dépenses excessives. Vous sçavez même qu'il vous loüe, qu'il vous témoigne de la confiance, & qu'il n'oublie rien pour vous plaire. Pour Timocrate, il commence à n'être plus si bien avec Protesilas : il a songé à se rendre indépendant. Protesilas en est jaloux, & c'est en partie par leurs differens que j'ai découvert leur perfidie.

Mentor souriant, repondit ainsi à Idomenée Quoi donc ! vous avez été foible jusqu'à vous laisser tiranniser pendant tant d'années par deux traitres dont vous connoissez la trahison Ah ! vous ne sçavez pas, repondit Idomenée, ce que peuvent les hommes artificieux sur un Roi foible & inapliqué, qui s'est livré à eux pour toutes ses affaires: D'ailleurs je vous ai déja dit que Protesilas entre maintenant dans toutes vos vûes pour le bien public.

Mentor reprit ainsi le discours d'un air grave : Je ne voi que trop combien les méchans prévalent sur les bons auprès des Rois : vous en êtes un terrible exemple. Mais vous dites que je vous ai ouvert les yeux sur Protesilas, & ils sont encore fermés pour laisser le gouvernement de vos affaires à cet homme indigne de vivre. Sçachez que les méchans ne sont point des hommes incapables de faire le bien ils le font indifferemment de même que le mal quand il peut servir à leur ambition. Le mal ne leur coûte rien à faire, parce qu'aucun sentiment de bonté, ni aucun principe de vertu ne les retient; mais aussi ils font le bien sans peine, parce que leur corruption les porte à le faire pour paroitre bons ; & pour tromper le reste des hommes. A proprement parler, ils ne sont pas capables de la vertu, quoiqu'ils paroissent la pratiquer : mais ils sont capables d'ajoûter à tous les autres vices le plus horrible des vices, qui est l'ypocrisie. Tant que vous voudrez absolument faire le bien, Protesilas sera prêt à le faire avec vous pour conserver l'autorité. Mais si peu qu'il sente en vous de facilité à vous relâcher, il n'oubliera rien pour vous faire retomber dans l'égarement, & pour reprendre en liberté son naturel trompeur & feroce. Pouvez-vous vivre avec honneur & en repos, pendant qu'un tel homme vous obsede à toute heure, & que vous sçavez le sage & le fidéle Philocles pauvre & deshonoré dans l'isle de Samos ?

Vous reconnoissez bien, ô Idomenée, que les hommes trompeurs & hardis qui sont presens, entraînent les Princes foibles. Mais vous devez ajoûter que les Princes ont encore un autre malheur qui n'est pas moindre, c'est celui d'oublier facilement la vertu & les services d'un homme éloigné. La multitude des hommes qui environnent les Princes, est cause qu'il n'y en a aucun qui fasse une impression profonde sur eux; ils ne sont frappez que de ce qui est present & qui le flate; tout le reste s'efface bien-tôt. Sur tout la vertu les touche peu, parce que la vertu loin de les flater, les contredit & les condamne dans leurs foiblesses. Faut-il s'étonner s'ils ne sont point aimez, puisqu'ils n'aiment rien que leur grandeur & leurs plaisirs ?

Fin du treiziéme Livre.

LES AVANTURES DE TELEMAQUE FILS D'ULYSSE.

LIVRE QUATORZIEME.

SOMMAIRE.

Mentor oblige Idomenée à faire conduire Protesilas & Timacrate en l'Isle de Samos, & à rappeller Philocles pour le remettre en honneur auprès de lui. Hegesippe qui est chargé de cet ordre, l'execute avec joye. Il arive avec ces deux hommes à Samos, où il revoit son ami Philocles content d'y mener une vie pauvre & solitaire. Celui-ci ne consent qu'avec beaucoup de peine à retourner parmi les siens ; mais après avoir reconnu que les Dieux le veulent, il s'embarque avec Hegesippe, & arrive à Salante, où Idomenée qui n'est plus le même homme, le reçoit avec amitié.

Après avoir dit ces paroles, Mentor persuada à Idomenée qu'il falloit au plutôt chasser Protesilas & Timocrate, pour rappeller Philocles. L'unique difficulté qui arrêteroit le Roi, c'est qu'il craignoit la severité de Philocles J'avoüe, disoit-il, que je ne puis m'empêcher de craindre

LIVRE XIV.

peu son retour, quoique je l'aime & que je l'estime. Je suis depuis ma tendre jeunesse, accoutumé à des loüanges, à des empressemens, à des complaisances, que je ne sçaurois esperer de trouver dans cet homme. Dès que je faisois quelque chose qu'il n'aprouvoit pas, son air triste me marquoit assez qu'il me condamnoit. Quand il étoit en particulier avec moi, ses manieres étoient respectueuses & moderés, mais séches.

Ne voyez-vous pas, lui répondit Mentor, que les Princes gâtez par la flaterie, trouvent sec & austere tout ce qui est libre & ingenu: Ils vont même jusqu'à s'imaginer qu'on n'est pas zelé pour leur service, & qu'on n'aime pas leur autorité, dès qu'on n'a point l'ame servile & qu'on n'est pas prêt à les flâter dans l'usage le plus injuste de leur puissance. Toute parole libre & genereuse leur paroit hautaine, critique & séditieuse. Ils deviennent si délicats, que tout ce qui n'est point flaterie, les blesse & les irrite, mais allons plus loin. Je suppose que Philocles est effectivement sec & austere; son austerité ne vaut-elle pas mieux que la flaterie pernicieuse de vos Conseillers? Où trouverez-vous un homme sans défauts? Et le défaut de vous dire trop hardiment la verité, n'est-il pas celui que vous devez le moins craindre? Que dis-je? N'est-ce pas un défaut necessaire pour corriger les vôtres, & pour vaincre le dégoût de la verité, où la flaterie vous a fait tomber? Il vous faut un homme qui n'aime que la verité, & qui vous aime mieux que vous ne sçavez vous aimer vous-même; qui vous dise la verité malgré vous, qui force tous vos retranchemens; & cet homme necessaire, c'est Philocles. Souvenez-vous qu'un Prince est trop heureux, quand il n'ait un seul homme sous son regne avec cette generosité, qui est le plus precieux tresor de l'Etat; & que la plus grande punition qu'il doit craindre des Dieux, est de perdre un tel homme s'il s'en rend indigne faute de sçavoir s'en servir. Pour les défauts des gens de bien il faut les sçavoir connoitre, & ne laisser pas de se servir d'eux. Redressez-les; ne vous livrez jamais aveuglement à leur zele indiscret, mais écoutés les favorablement honnorés leur vertu montrez au public que vous sçaviez la distinguer; & surtout gardez vous bien d'être plus long-tems comme vous avez été jusqu'ici. Les Princes gâtez comme vous l'étiez se contentant de mépriser les hommes corrompus, ne laissent pas de les employer avec confiance, & de les combler de bienfaits. D'un autre côté, ils se piquent de connoitre aussi les hommes vertueux, mais ils ne leur donnent que de vains éloges, n'osant ni leur confier les emplois, ni les admettre dans leur commerce familier, ni repandre des bienfaits sur eux.

Alors Idomenée dit qu'il étoit honteux d'avoir tant tardé à délivrer l'innocence opprimée, & à punir ceux qui l'avoient trompé. Mentor n'eut même aucune peine à déterminer le Roi à perdre son favori; car aussi-tôt qu'on est parvenu à rendre les favoris suspects & importuns à leurs maitres, les Princes lassez & embarrassez ne cherchent plus qu'à s'en défaire; leur amitié s'évanoüit, les services sont oubliez; la chute des Favoris ne leur coûte rien, pourvû qu'ils ne les voyent plus. Aussi-tôt le Roi ordonna en secret à Hegesippe, pe., qui étoit un des principaux Officiers de sa Maison, de prendre Protesilas & Timocrate & de les conduire en sureté dans l'Isle de Samos, de les y laisser, & de ramener Philocles de ce lieu d'exil. Hegesippe surpris de cet ordre, ne peu s'empêcher de pleurer de joye. C'est maintenant, dit-il au Roi, que vous allez charmer vos sujets. Ces deux hommes ont causé tous vos malheurs, & tous ceux de vos peuples. Il y a vingt ans qu'ils font gemir tous les gens de bien, & qu'à peine ose t'on même gemir, tant leur tyrannie est cruelle. Ils accablent tous ceux qui entreprenent d'aller à vous par un autre canal que le leur.

Ensuite Hegesippe découvrit au Roi un grand nombre de perfidies & d'inhumanitez commises par ces deux hommes, dont le Roi n'avoit jamais entendu parler, parce que personne n'osoit les accuser. Il lui raconta même ce qu'il avoit découvert d'une conjuration secrette pour faire périr Mentor. Le Roi eut horreur de tout ce qu'il entendit.

Hegesippe se hâta d'aller prendre Protesilas dans sa Maison : elle étoit moins grande, mais plus commode & plus riante que celle du Roi. L'architecture étoit de meilleur goût. Protesilas l'avoit ornée avec une dépense tirée du sang des miserables : il étoit alors dans un salon de Marbre auprès de ses bains, couché negligemment sur un lit de pourpre avec une broderie d'or ; ils paroissoit las & épuisé de ses travaux : ses yeux & ses sourcils montroient je ne sçais quoi d'agité, de sombre & de farouche. Les plus grands de l'État étoient autour de lui rangez sur des tapis, composant leurs visages sur celui de Protesilas, dont ils observoient jusqu'au moindre clin d'œil. A peine ouvroit-il la bouche que tout le monde se récrioit pour admirer ce qu'il alloit dire. Un des principaux de la troupe lui racontoit avec des exagerations ridicules, ce que Protesilas lui-même avoit fait pour le Roi. Un autre lui assuroit que Jupiter ayant trompé sa mere, lui avoit donné la vie, & qu'il étoit fils du pere des Dieux. Un Poëte venoit lui chanter des vers, où il disoit que Protesilas instruit par les Muses, avoit égalé Appollon pour tous les ouvrages d'esprit. Un autre Poëte encore plus lâche & plus impudent, l'appelloit dans ses vers l'inventeur des beaux arts & le pere des peuples qu'il rendoit heureux. Il le depeignoit tenant en main la corne d'abondance.

Protesilas écoutoit toutes ses loüanges d'un air sec, distrait & dédaigneux, comme un homme qui sçait bien qu'il en merite encore de plus grandes, & qui fait trop de graces de se laisser flatter. Il y avoit un flateur qui prit la liberté de lui parler à l'oreille, pour lui dire quelque chose de plaisant contre la police que Mentor tâchoit d'établir. Protesilas sourit: toute l'assemblée se mit à rire, quoique la plupart ne pussent point encore sçavoir ce qu'on avoit dit; mais Protesilas reprenant bien-tôt son air severe & hautain, chacun entra dans la crainte & dans le silence. Plusieurs Nobles cherchoient le moment que Protesilas pourroit se tourner vers eux & les écouter, ils paroissoient émus & embarrassez. C'est qu'ils avoient à lui demander des graces; leurs postures suppliantes parloient pour eux: ils paroissoient aussi soumis qu'une mere aux pieds des Autels, lorsqu'elle demande aux Dieux la

LIVRE XIV.

guérison de son fils unique. Tous paroissoient contens & attendris, pleins d'admiration pour Protesilas, quoique tous eussent contre lui dans le cœur une rage implacable.

Dans ce moment Hegesippe entre, saisit l'épée de Protesilas, & lui déclare de la part du Roi, qu'il va l'ammener dans l'Isle de Samos. A ces paroles, toute l'arogance de ce favori tomba comme un Rocher qui se détache du sommet d'une montagne escarpée. Le voilà qui se jette en tremblant aux pieds d'Hegesippe, il pleure, il hesite, il begaye, il tremble, il embrasse les genoux de cet homme qu'il ne daignoit pas une heure auparavant honorer d'un de ses regards. Tous ceux qui l'encensoient, le voyant sans ressource, changerent leurs flateries en des insultes sans pitié.

Hegesippe ne voulut lui laisser le tems, ni de faire ses derniers adieux à sa famille, ni de prendre certains écrits secrets, tout fut saisi & porté au Roi. Timocrate fut arrêté en même tems, & sa surprise fut extrême, car il croyoit qu'étant broüillé avec Protesilas, il ne pouvoit être envelopé dans sa ruine. Ils partent dans un vaisseau qu'on avoit préparé; on arrive à Samos. Hegesippe y laisse ces deux malheureux, & pour mettre le comble à leur malheur, il les laisse ensemble. Là ils se reprochent avec fureur l'un à l'autre les crimes qu'ils ont fait, & qui sont cause de leur chûte: ils se trouvent sans esperance de revoir Salante, condamnez de vivre loin de leurs femmes & de leurs enfans; je ne dis pas loin de leurs amis, car ils n'en avoient point. On les menoit dans une terre inconnuë, où ils ne devoient plus avoir d'autre ressource pour vivre,

B ij

que leur travail ; eux qui avoient paſſé tant d'années dans les délices, & dans le faſte : ſemblables à deux bêtes feroces, ils étoient toujours prêts à ſe déchirer l'un l'autre.

Cependant Hegeſippe demanda en quel lieu de l'Iſle ſe tenoit Philocles. On lui dit qu'il demeuroit aſſez loin de la Ville, ſur une montagne où une grotte lui ſervoit de maiſon.

Tout le monde lui parla avec admiration de cet Etranger. Depuis qu'il eſt dans cette Iſle, lui diſoit-on, il n'a offenſé perſonne. Chacun eſt touché de ſa patience, de ſon trvail, & de ſa tranquillité : n'ayant rien, il paroit toujours content. Quoiqu'il ſoit ici loin des affaires, ſans biens & ſans autorité il ne laiſſe pas d'obliger ceux qui le meritent, & il a mille induſtries pour faire plaiſir à tous ſes voiſins.

Hegeſippe s'avance vers cette grotte, il la trouve vuide & ouverte ; car la pauvreté & la ſimplicité des mœurs de Philocles faiſoit qu'il n'avoit en ſortant aucun beſoin de fermer ſa porte ; une natte de jonc groſſiere lui ſervoit de lit. Rarement il allumoit du feu, parce qu'il ne mangeoit rien de cuit, il ſe nourriſſoit pendant l'été de fruits nouvellement cueillis, & en hyver de dattes & de figues ſéches. Une claire fontaine qui faiſoit une nappe d'eau en tombant d'un rocher le déſalteroit : il n'avoit dans ſa grotte que les inſtrumens neceſſaires à la ſculpture, & quelques Livres qu'il liſoit à certaines heures, non pour orner ſon eſprit, ni pour contenter ſa curioſité, mais pour s'inſtruire en ſe délaſſant de ſes travaux, & pour apprendre à être bon. Pour la ſculpture, il ne s'y appliquoit que pour éxercer ſon corps fuïr l'oiſiveté, & gagner ſa vie, ſans avoir beſoin de perſonne.

LIVRE XIV.

Hegesippe en entrant dans la grotte, admira les ouvrages qui étoient commencez, il remarqua un Jupiter dont le visage serain étoit si plein de majesté, qu'on le reconnoissoit aisément pour le pere des Dieux.

D'un autre côté paroissoit Mars avec une fierté rude & menaçante, mais ce qui étoit de plus touchant étoit une Minerve, qui animoit ces Arts, son visage étoit noble & doux, sa taille grande & libre: elle étoit dans une action si vive, qu'on auroit pû croire qu'elle alloit marcher. Hegesippe ayant pris plaisir à voir les statuës, sortit de la grotte & vit de loin sous un grand arbre Philocles qui lisoit sur le gazon il va vers lui & Philocles qui l'apperçoit, ne sçait que croire. N'est-ce point-là, dit-il en lui même, Hegesippe avec qui j'ai si long-tems vécu en Créte? Mais quelle esperance qu'il vienne dans une isle si éloignée? Ne seroit-ce point son ombre qui viendroit après sa mort des rives du Styx?

Pendant qu'il étoit dans ce doute, Hegesippe arriva si proche de lui, qu'il ne put s'empêcher de le reconnoitre & de l'embrasser. Est-ce donc vous, dit-il, mon cher & ancien ami? Quel hazard, quelle tempête vous à jetté sur ce rivage? Pourquoi avez-vous abandonné l'Isle de Créte? Est ce une disgrace semblable à la mienne qui vous arrache à notre patrie?

Hegesippe lui répondit: Ce n'est point une disgrace, au contraire, c'est la faveur des Dieux qui m'amene ici. aussi-tôt il lui raconta la longue tyrannie de Protesilas, ses intrigues avec Timocrate, les malheurs où ils avoient précipité Idomenée, la chûte de ce Prince, sa fuite sur les côtes de l'Hesperie, la fondation de Salante, l'arrivée de Mentor & de Telemaque, les sages maximes dont Mentor avoit remplit l'esprit du Roi, la disgrace des deux traitres. Il ajouta qu'ils les avoit menez à Samos pour y souffrir l'exil qu'ils avoient fait souffrir à Philocles, & il finit en lui disant qu'il avoit ordre de le conduire à Salante, où le Roi qui connoissoit son innocence, vouloit lui confier ses affaires, & le combler de biens.

Voyez-vous, lui répondit Philocles, cette grotte plus propre à cacher des bêtes sauvages qu'à être habitée par les hommes? J'y ait gouté depuis tant d'années plus de douceur & de repos, que dans les Palais dorez de l'Isle de Créte. Les hommes ne me tropent plus; car je ne vois plus les hommes, & je n'entends plus leurs discours flateurs & empoisonnez. Je n'ai plus besoin d'eux; mes mains endurcies au travail, me donnent facilement la nourriture simple qui m'est necessaire : il ne me faut, comme vous voyez, qu'une legere étoffe pour me couvrir, n'ayant plus de besoin, joüissant d'un calme profond & d'une douce liberté dont la sagesse de mes Livres m'apprend à faire un bon usage. Qu'irai-je encore chercher parmi les hommes jaloux, trompeurs & inconstans? Non, non mon cher Hegesippe, ne m'enviez point mon bonheur. Protesilas s'est trahi lui-même, voulant trahir le Roi, & me perdre: mais il ne m'a fait aucun mal. Au contraire il m'a fait le plus grands des biens ; il m'a délivré du tumulte & de la servitude des affaires: je lui dois ma chere solitude ; & tous les plaisirs innocens que j'y goute. Retournez, ô Hegesippe; retournez vers le Roi; aidez lui à supporter les miseres de sa gran-

LIVRE XIV.

deur, & faites auprès de lui ce que vous voudriez que je fisse. Puisque ses yeux si long-tems fermez à la verité, ont été enfin ouverts par cet homme sage que vous nommez Mentor, qu'il le retienne auprès de lui. Pour moi, après mon naufrage, il ne me convient pas de quitter le port où la tempête m'a heureusement jetté, pour me remettre à la merci des vents. O que les Rois sont à plaindre! O que ceux qui les servent, sont dignes de compassion! S'ils sont méchans, combien font-ils souffrir les hommes? quels tourmens leurs sont préparez dans le noir Tartare? S'ils sont bons, qu'elles difficultez n'ont-ils pas à vaincre! quels piéges à éviter! que de maux à souffrir! Encore une fois, Hegesippe, laissez-moi dans mon heureuse pauvreté.

Pendant que Philocles parloit ainsi avec beaucoup de vehemêce; Hegesippe le regardoit avec étonnement: il l'avoit vû autrefois en Créte pendant qu'il gouvernoit les plus grandes affaires, maigre, languissant, épuisé. C'est que son naturel ardent & austere le consomoit dans le travail; il ne pouvoit voir sans indignation le vice impuni: il vouloit dans les affaires une certaine exactitude qu'on n'y trouve jamais. Ainsi ses emplois détruisoient sa santé délicate; mais à Samos Hegesippe le voyoit gras & vigoureux. Malgré ses ans, la jeunesse fleurie s'étoit renouvellée sur son visage. Une vie sobre, tranquille & laborieuse lui avoit fait comme un nouveau temperament.

Vous êtes surpris de me voir si changé, dit alors philocles en souriant. C'est ma solitude qui m'a donné cette fraicheur & cette santé parfaite. Mes ennemis m'ont donné ce que je n'auroit jemais pû trouver dans la plus grande fortune. Voulez-vous que je quitte les vrais biens pour courir après les faux, & pour me replonger dans mes anciennes miseres? Ne soyez pas plus cruel que Protesilas, du moins ne m'enviez pas le bonheur que je tiens de lui.

Alors Hegesippe lui representa, mais inutilement, tout ce qu'il crut propre à le toucher. Etes-vous donc, lui disoit-il, insensible au plaisir de revoir vos proches & vos amis, qui soupirent après votre retour, & que la seule esperance de vous embrasser comble de joye? Mais vous qui craignez les Dieux, & qui aimez votre devoir, comptez-vous pour rien de servir votre Roi, de l'aider dans tous les biens qu'il veut faire & de rendre tant de peuple heureux? Est-il permis de s'abandonner à une philosophie sauvage, de se préferer à tant de genre humain, & d'aimer mieux son repos que le bonheur de ses Concitoyens? Au reste on croira que c'est par ressentiment que vous ne voulez plus voir le Roi; s'il vous a voulu faire du mal, c'est qu'il ne vous a point connu. Ce n'est pas le veritable, le bon, le juste Philocles qu'il a voulu faire perir; c'étoit un homme bien different qu'il vouloit punir. Mais maintenant qu'il vous connoit, & qu'il ne vous prend plus pour un autre, il sent toute son amitié revivre dans son cœur. Il vous attend. Déja il vous tend les bras pour vous embrasser. Dans son impatience, il compte les jours & les heures. Aurez-vous le cœur assez dur pour être inexorable à votre Roi & à tous vos plus tendres amis

Philocles qui avoit d'abord été attendri en reconnoissant Hegesippe, reprit son air austere en écoutant ce discour. Semblable à un rocher

LIVRE XIV.

contre lequel les vents combattent en vain, & où toutes les vagues vont se briser en gémissant, il demeuroit immobile, & les prieres ni les raisons ne trouvoient aucune ouverture pour entrer dans son cœur. Mais au moment où Hegesippe commençoit à desesperer de le vaincre, Philocles ayant consulté les Dieux, il découvrit par le vol des oiseaux, par les entrailles des victimes, & par divers autres présages, qu'il devoit suivre Hegesippe.

Alors il ne resista plus, il se prépara à partir, mais ce ne fut pas sans regretter le désert où il avoit passé tant d'années. Helas, disoit-il, faut il que je vous quitte, ô aimable grotte, où le sommeil paisible venoit toutes les nuits me délasser des travaux du jour! Ici les Parques me filoient au milieu de ma pauvreté, des jours d'or & de soye. Il se prosterna en pleurant pour adorer la Najade qui l'avoit si longtems desalteré par son onde claire, & les Nymphes qui habitoient dans toutes les montagnes voisines. L'Echo entendit ses regrets, & d'une triste voix les repeta à toutes les Divinitez champêtres.

Ensuite Philocles vint à la ville avec Hegesippe pour s'embarquer: & il crut que le malheureux Protesilas plein de honte & de ressentiment, ne voudroit point le voir, mais il se trompoit. Car les hommes corrompus n'ont aucune pudeur, & ils sont toujours prêts à toute sortes de bassesses. Philocles se cachoit modestement de peur d'être vû par ce miserable: Il craignoit d'augmenter sa misere en lui montrant la prosperité d'un ennemi qu'on alloit élever sur ses ruines. Mais Protesilas cherchoit avec empressement Philocles, il vouloit lui

B v

faire pitié, & l'engager à demander au Roi qu'il pût retourner à Salante. Philocles étoit trop sincere pour lui promettre de travailler à le faire rappeler; car il sçavoit mieux que personne combien son retour eût été pernicieux. Mais il lui parla fort doucement, lui témoigna de la compassion, tâcha de le consoler, l'exhorta à apaiser les Dieux par des mœurs pures & par une grande patience dans ses maux. Comme il avoit apris que le Roi avoit ôté à Protesilas tous ses biens injustement acquis, il lui promit deux choses qu'il executa fidelement dans la suite. L'une fut de prendre soin de sa femme & de ses enfans qui étoient demeurez à Salante dans une extrême pauvreté exposez à l'indignation publique: l'autre étoit d'envoyer à Protesilas dans cette Isle éloignée quelque secours d'argent pour adoucir sa misere.

Cependant les voiles s'enflent d'un vent favorable. Hegesippe impatient se hâte de faire partir Philocles. Protesilas les voit embarquer ses yeux demeurent attachez & immobiles sur le rivage; ils suivent le vaisseau qui fend les ondes, & que le vent éloigne toujours. Lors même qu'il ne peut plus les voir, il en repeint encore l'image dans son esprit. Enfin troublé, furieux, livré à son désespoir, il s'arrache les cheveux, il se roule sur le sable, reproche aux Dieux leur rigueur, apelle en vain à son secours la cruelle mort, qui sourde à ses prieres ne daigne pas le délivrer de tant de maux, & qu'il n'a pas le courage de se donner lui-même.

Cependant le Vaisseau favorisé de Neptune & des vents, arriva bien-tôt à Salante. On vint dire au Roi qu'il entroit déja dans le port,

LIVRE XIV.

Aussi-tôt il court au devant de Philocles avec Mentor; il l'embrassa tendrement, lui témoigna un sensible regret de l'avoir persecuté avec tant d'injustice. Ce aveu bien loin de paroitre une foiblesse dans un Roi, fut regardé par tous les Salantins comme l'effort d'une grande ame qui s'éleve au-dessus de ses propres fautes en les avouant avec courage pour les reparer. Tout le monde pleuroit de joye de revoir l'homme de bien qui avoit aimé le peuple, & d'entendre le Roi parler avec tant de sagesse & de bonté.

Philocles avec un air respectueux & modeste recevoit les caresses du Roi, & avoit impatience de se derober aux acclamations du peuple; il suivit le Roi au Palais. Bien-tôt Mentor & lui furent dans la même confiance que s'ils avoient été toute leur vie ensemble, quoiqu'ils ne se fussent jamais vûs, c'est que les Dieux qui ont refusé aux méchans des yeux pour connoitre les bons, ont donné aux bons de quoi se connoitre les uns les autres. Ceux qui ont le gout de la vertu, ne peuvent être ensemble, sans être unis par la vertu qu'ils aiment. Bien-tôt Philocles demanda au Roi à se retirer auprès de Salante dans une solitude où il continua à vivre pauvrement, comme il avoit vêcu à Samos. Le Roi alloit avec Mentor le voir presque tous les jours dans son désert. C'est là qu'on examinoit les moyens d'affermir les loix, & de donner une forme solide au gouvernement pour le bonheur public.

Les deux principales choses qu'on examina, fut l'education des enfans, & la maniere de vivre pendant la paix. Pour les enfans Mentor disoit qu'ils appartiennent moins à leur parens qu'à la République, ils sont les enfans du peuple, ils en sont l'esperance & la force; il n'est pas tems de les corriger, quand ils se sont corrompus. C'est peu que de les exclure des emplois, lorsqu'on voit qu'ils s'en sont rendus indignes; il vaut mieux prevenir le mal que d'être reduit à le punir. Le Roi ajoutoit-il, qui est le pere de tout son peuple, est encore plus particulierement le pere de toute la jeunesse, qui est la fleur de toute la Nation. C'est dans la fleur qu'il faut preparer les fruits. Que le Roi ne dedaigne donc pas de veiller & de faire veiller sur l'éducation qu'on done aux enfans. Qu'il tienne ferme pour faire observer les Loix de Minos, qui ordonnent qu'on éleve les enfans dans le mépris de la douleur & de la mort, qu'on mette l'honneur à fuïr les délices & les richesses, que l'injustice, le mensonge, l'ingratitude, la molesse passent pour des vices infames ? qu'on leur apprene dès leur plus tendre enfance à chanter les loüanges des Heros qui ont fait des actions genereuses pour leur patrie, & qui ont fait éclater leur courage dans les combats, que le charme de la musique saisisse leurs ames pour rendre leurs mœurs douces & pures; qu'ils apprennent à être tendres pour leurs amis, fidelles à leurs alliez, équitables pour tous les hommes, même pour leurs plus cruels ennemis, qu'ils craignent moins la mort & les tourmens, que le moindre reproche de leurs consciences. Si de bonne heure on remplit les enfans de ces grandes maximes, & qu'on les fasse entrer dans leur cœur par la douceur du chant, il y en aura peu qui ne s'enflament de l'amour, de la gloire & de la vertu.

Mentor ajoutoit qu'il étoit capital d'établir

des Ecoles publiques pour acoutumer la jeuneſſe aux plus rudes exercices du corps & pour éviter la moleſſe & l'oiſiveté qui corrompent les plus beaux naturels : il vouloit une grande varieté de jeux & de ſpectacles qui animaſſent tout le peuple, mais ſur tout qui exerçaſſent les corps pour les rendres adroits, ſouples & vigoureux. Il ajoutoit des prix pour exciter une noble émulation. Mais ce qu'il ſouhaitoit le plus pour les bonnes mœurs, c'eſt que les jeunes gens ſe mariaſſent de bonne heure & que leurs parens ſans aucune vûë d'intereſt leur laiſſaſſent choiſir des femmes agréables de corps & d'eſprit auſquelles ils puſſent s'attacher.

Mais pendant qu'on preparoit ainſi les moyens de conſerver la jeuneſſe pure, innocente, laborieuſe, docile & paſſionnée pour la gloire. Philocles qui aimoit la guerre, diſoit à Mentor : En vain vous occuperez les jeunes gens à tous ces exercices, ſi vous les laiſſez languir dans une paix continuelle, où ils n'auront aucune experience de la guerre, ni aucun beſoin de s'éprouver par la valeur : Par là vous affoiblirez inſenſiblement la Nation, les courages s'amoliront, les délices corrompront les mœurs. D'autres peuples beliqueux n'auront aucune peine à les vaincre ; & pour avoir voulu éviter les maux que la guerre entraine après elle, ils tomberont dans une affreuſe ſervitude.

Mentor lui repondit. Les maux de la guerre ſont encore plus horribles que vous ne penſez. La guerre épuiſe un Etat, & le met toujours en danger de perir, lors même qu'on emporte les plus grandes victoires. Avec quelques avantages qu'on la commence, on n'eſt jamais ſûr de la finir ſans être expoſé aux plus tragiques renversement de fortune. Avec quelque superiorité de forces qu'on s'engage dans un combat, le moindre mécompte, une terreur panique, un rien vous arrache la victoire qui étoit déja dans vos mains, & la transporte chez vos ennemis. Quand même on tiendroit dans son camp la victoire comme enchaînée, on se détruiroit soi même en détruisant ses ennemis. On dépeuple son païs; on laisse les terres presque incultes; on trouble le commerce: mais ce qui est bien pis, on affoiblit les meilleures loix, on laisse corrompre les mœurs. La jeunesse ne s'adonne plus aux Lettres Le pressant besoin fait qu'on souffre une licence pernicieuse dans les troupes. La justice, la police, tout souffre de ce desordre. Un Roi qui verse le sang de tant d'hommes, & qui cause tant de malheurs pour acquerir un peu de gloire, ou pour étendre les bornes de son Royaume, est indigne de la gloire qu'il cherche, & merite de perdre ce qu'il possede pour avoir voulu usurper ce qui ne lui apartenoit pas.

Mais voici le moyen d'exercer le courage d'une Nation en tems de paix. Vous avez vû déja les exercices du corps que nous établissons, les prix qui exciterons l'émulation, les maximes de gloire & de vertu dont on remplira les ames des enfans presque dès le berceau par le chant des grandes actions des Heros: ajoûtez à ces discours celui d'une vie sobre & laborieuse Mais ce n'est pas tout: aussi-tot qu'un peuple alliez de votre Nation aura guerre, il faut y envoyer la fleur de votre jeunesse, sur-tout ceux en qui on remarquera le genie de la guerre, & qui seront les plus propres à profiter de l'experiance. Par là vous conserverez une haute reputation chez vos alliez. Votre alliance sera recherchée, on craindra de la perdre sans avoir la guerre chez vous & à vos dépens vous aurez toujours une jeunesse aguerie & intrepide. Quoique vous ayez la paix chez vous, vous ne laisserez pas de traiter avec de grands honneurs ceux qui auront le talent de la guerre ; car le vrai moyen d'éloigner la guerre, & de conserver une longue paix, est de cultiver les armées, c'est d'honnorer les hommes excellens dans cette profession ; c'est d'en avoir toujours qui s'y soient exercez dans les païs étrangers, qui connoissent les forces, la discipline & les manieres de faire la guerre des peuples voisins, c'est d'être également incapable de faire la guerre par ambition, & de la craindre par molesse. Alors étant toujours prêt à la faire pour la necessité, on parvint à ne l'avoir presque jamais.

Pour les alliez, quand ils sont prêts à se faire la guerre les uns aux autres, c'est à vous à vous rendre médiateur. Par là vous acquerez une gloire plus solide & plus sûre que celle des Conquerans ; vous gagnez l'amour & l'estime des étrangers : ils ont tous besoin de vous, vous regnez sur eux par la confiance, comme vous regnez sur vos sujets par l'autorité. Vous demeurez le depositaire des secrets l'arbitre des traitez, le maitre des cœurs. Votre reputation vole dans tous les païs les plus éloignez, votre nom est comme un parfum délicieux qui s'exhale de païs en païs chez les peuples les plus reculez. En cet état, qu'un peuple voisin vous ataque contre les regles de la justice, il vous trouve aguerri, preparé; mais ce qui est bien plus fort, il vous trouve aimé, & secouru : tous vos voisins s'allarment pour vous, & sont persuadez que votre conservation fait la sureté publique. Voilà un rempart bien plus asseuré que toutes les murailles des Villes & que toutes les places les mieux fortifiées. Voilà la veritable gloire. Mais qu'il y a peu de Rois qui sçachent la chercher, & qui ne s'en éloignent point! ils courent après une ombre trompeuse, & laissent derriere eux le vrai honneur, faute de le connoitre.

Après que Mentor eut parlé ainsi, Philocles étonné le regardoit, puis il jettoit les yeux sur le Roi, & étoit charmé de voir avec quelle avidité Idomenée recueilloit au fond de son cœur toutes les paroles qui sortoient comme un fleuve de la bouche de cet étranger.

Minerve sous la figure de Mentor établissoit ainsi dans Salente toutes les meilleures loix & les plus utiles maximes de gouvernement, moins pour faire fleurir le Royaume d'Idomenée, que pour montrer à Telemaque quand il reviendroit, un exemple sensible de ce qu'un sage gouvernement peut faire pour rendre les peuples heureux, & pour donner à un Roi une gloire durable.

Fin du quatorziéme Livre.

LES AVANTURES DE TELEMAQUE FILS D'ULYSSE.
LIVRE QUINZIE'ME.

SOMMAIRE.

Telemaque au Camp des Alliez gagne l'inclination de Philoctete, d'abord indisposé contre lui à cause d'Ulysse son Pere. Philoctete lui raconte ses avantures, où il fait entrer les particularitez de la mort d'Hercule causée par la tunique empoisonnée que le Centaure Nessus avoit donnée à Dejanire. Il lui explique comment il obtint de cet Heros ses fléches fatales, sans lesquelles la Ville de Troye ne pouvoit être prise; comment il fut puni d'avoir trahit son secret, par tous les maux qu'il souffrit dans l'Isle de Lemnos; comment Ulysse se servit de Neoptoleme pour l'engager à aller au siege de Troye, où il fut guerit de sa blessure par le fils d'Esculape.

Cependant Telemaque montroit son courage dans les perils de la guerre. En partant de Salante il s'apliqua à gagner l'affection des vieux Capitaines, dont la reputation & l'experiance étoient au comble. Nestor, qui l'avoit déja vû à Pylos, & qui avoit toujours aimé Ulysse, le traitoit comme s'il eût été son propre fils. Il lui donnoit des instructions qu'il appuyoit de divers exemples; il lui racontoit toutes les avantures de sa jeunesse, & tout ce qu'il avoit vû faire de plus remarquable aux Heros de l'âge passé. La memoire de ce sage Vieillard qui avoit vêcu trois âges d'hommes, étoit comme une Histoire des anciens tems gravée sur le marbre & sur l'airain.

Philoctete n'eut pas d'abord la même inclination pour Telemaque, que Nestor. La haine qu'il avoit nourrie si long-tems dans son cœur contre Ulysse, l'éloignoit de son fils; & il ne pouvoit voir qu'avec peine tout ce qu'il sembloit que les Dieux preparoient en faveur de ce jeune homme pour le rendre égal aux Heros qui avoient renversé la Ville de Troye. Mais enfin la moderation de Telemaque vainquit tous les ressentimens de Piloctete: il ne put se défendre d'aimer cette vertu douce & modeste. Il prenoit souvent Telemaque, lui disoit: Mon fils, [car je ne crains plus de vous nommer ainsi] votre pere & moi, je l'avoüe nous avons été long-tems ennemis l'un de l'autre: j'avoüe même qu'après que nous eûmes fait tomber la superbe Ville de Troye, mon cœur n'étoit pas encore appaisé; & quand je vous ai vû, j'ai senti de la peine à aimer la vertu dans le fils d'Ulysse. Je me le suis souvent reproché. Mais enfin la vertu, quand elle est douce, simple, igenuë & modeste, surmonte tout. Ensuite Philoctete s'engagea insensiblement à lui raconter ce qui avoit allumé dans son cœur tant de haine contre Ulysse.

Il faut, dit il, reprendre mon histoire de plus haut. Je suivis par tout le grand Hercule qui a delivré la terre de tant de monstres, & devant qui les autres Heros n'étoient que comme sont les foibles roseaux auprès d'un grand chêne, ou comme les moindres oiseaux en presence de l'aigle. Ses malheurs & les miens vinrent d'une passion qui cause tous les desastres les plus affreux, c'est l'amour. Hercule qui avoit vaincu tant de monstres, ne pouvoit vaincre cette passion honteuse, & le cruel enfant Cupidon se joüoit de lui. Il ne pouvoit se ressouvenir sans rougir de honte, qu'il avoit autrefois oublié sa gloire jusqu'à filer auprès d'Omphale Reine de Lydie comme le plus lâche & le plus efféminé de tous les hommes, tant il avoit été entrainé par un amour aveugle. Cent fois il m'a avoüé que cet endroit de sa vie avoit terni sa vertu, & presque effacé la gloire de tous ses traveaux. Cependant, ô Dieux! telle est la foiblesse & l'inconstance des hommes, ils se promettent tout d'eux-mêmes, & ne resistent à rien. Helas! le grand Hercule retomba dans les pieges de l'amour qu'il avoit si souvent detesté: il aima Dejanire. Trop heureux s'il eut été constant dans cette passion pour une femme qui fut son épouse. Mais bien tot la jeunesse d'Iole, sur le visage de laquelle les graces étoient peintes, ravirent son cœur. Dejanire brûla de jalousie, elle se ressouvint de cette fatale tunique que le Centaure Nessus lui avoit laissé en mourant, comme un moyē assuré de reveiller l'amour d'Hercule, toutes les fois qu'il paroitroit la négliger pour en aimer quelqu'autre. Cette tunique pleine du sang venimeux du Centaure renfermoit le poison des fléches dont ce monstre avoit été percé. Vous sçavez que les fléches d'Hercule qui tua ce perfide Centaure, avoient été trempées dans le sang de l'Hydre de Lerne, & que ce sang empoisonnoit ces fléches, en sorte que toutes les blessures quelles faisoient étoient incurables.

Hercule s'étant revêtu de cette tunique, sentit bien-tôt le feu dévorant qui se glissoit jusques dans la moëlle de ses os : poussoit des cris horibles dont le Mont Oeta raisonnoit, & faisoit retentir toutes les profondes valées : la mer même en paroissoit émuë : les taureaux les plus furieux qui auroient mugi dans leurs combats, n'auroient pas fait un bruit aussi affreux. Le malheureux Lychas qui lui avoit porté de la part de Déjanire cette tunique, ayant osé s'approcher de lui, Hercule dans le transport de sa douleur le prit, le fit piroüter comme un Frondeur fait avec sa fronde tourner la pierre qu'il veut jetter loin de lui. Ainsi Lychas lancé du haut de la montagne par la puissante main d'Hercule, tomba dans les flots de la mer, où il fut changé tout à-coup en Rocher qui garde écore la figure humaine, & qui étant toujours battu par les vagues irritées, épouvante de loin les sages Pilotes. Après ce malheur de Lychas, je crus que je ne pouvois plus me fier à Hercule ; je songeois à me cacher dans les cavernes les plus profondes. Je le voyois déraciner sans peine d'une main les hauts sapins & les vieux chênes qui depuis plusieurs siécles avoient méprisé les vents & les tempêtes. De l'autre main il tâchoit en vain d'arracher de dessus son dos la fatale tunique ; elle s'étoit colée sur sa peau, &

comme incorporée à ses membres. A mesure qu'il la déchiroit, il déchiroit aussi sa peau & sa chair ; son sang ruisseloit & trempoit la terre. Enfin sa vertu surmontant sa douleur, il s'écria Tu vois ? ô mon cher Philoctete, les maux que les Dieux me font souffrir ; ils sont justes : c'est moi qui les ait offensez ; j'ai violé l'amour conjugal. Aprés avoir vaincu tant d'ennemis, je me suis lachement laissé vaincre par l'amour d'une beauté étrangere ? je peris, & suis content de perir pour apaiser les Dieux. Mais helas ! cher ami, où est-ce que tu fuïs ? L'excès de la douleur m'a fait commettre, il est vrai, contre ce miserable Lychas une cruauté que je me reproche ; Il n'a sçu quel poison il me presentoit, il n'a point merité ce que je lui ai fait souffrir : mais crois-tu que je puisse oublier l'amitié que je te dois, & que je veuille t'arracher la vie ? Non, non je ne cessairai point d'aimer Philoctete. Philoctete receyra dans son sein mon ame prête à s'envoler. C'est lui qui recueïllira mes cendres. Où es-tu donc ô mon cher Philoctete, Philoctete, la seule esperance qui me reste ici bas ?

A ces mots je me hate de courir vers lui : il me tend les bras, & veut m'embrasser ? mais il se retient dans la crainte d'allumer dans mon sein le feu cruel dont il est lui-même brûlé. Helas ! dit-il, cette consolation même ne m'est plus permise. En parlant ainsi il assemble tous les arbres qu'il vient d'abattre ; il en fait un bucher sur le sommet de la montagne ; il monte tranquillement sur le bucher ; il étand la peau du Lion de Nemée, qui avoit si long-tems couvert ses épaules, lorsqu'il alloit d'un bout de la terre à l'autre pour abattre les monst tres, & delivrer les malheurs, il s'appuyé sur sa massuë, & il m'ordonne d'allumer le feu du bucher.

Mes mains tremblantes & saisies d'horreur, ne purent lui refuser ce cruel office : car la vie n'étoit plus pour lui un present des Dieux, tant elle lui étoit funeste. Je craignis même que l'excez de ses douleurs ne le transportat jusqu'à faire quelque chose indigne de cette vertu qui avoit étonné l'Univers. Comme il vit que la flame commençoit à prendre au bucher : C'est maintenant, s'écria t'il, mon cher Philoctete, que j'éprouve ta veritable amitié; car tu aime mon honneur plus que ma vie; que les Dieux te le rendent; je te laisse ce que j'ai de plus précieux sur la terre, ces fleches trempées dans le sang de l'Hydre de Lerne. Tu sçais que les blessures qu'elles font sont incurables; par elles tu sera invincible comme je l'ai été, aucun mortel n'osera combattre contre toi. Souviens-toi que je meurt fidéle à notre amitié, & n'oublie jamais combien tu m'a été cher, mais s'il est vrai que tu sois touché de mes maux, tu peux de même me donner une derniere consolation : promet moi de ne découvrir jamais à aucun mortel ni ma mort, ni le lieu où tu aura caché mes cendres. Je le lui promis, Helas ! je le jurai même en arrosant son bucher de mes larmes : un rayon de joye parut dans ses yeux. Mais tout-à-coup un tourbillon de flames qui l'envelopa étouffa sa voix, & le deroba presque à ma vûe. Je le voyois encore néanmoins à travers des flames, avec un visage aussi serain que s'il eut été couronné de fleurs, & couvert de prrfums dans la joye d'un festin délicieux au milieux de ses amis.

Le feu consuma bientôt tout ce qu'il y avoit de terrestre & de mortel en lui. Bien-tôt il ne lui resta rien de tout ce qu'il avoit reçu dans sa naissance de sa mere Alcmene : mais il conserva par ordre de Jupiter cette nature subtille & immortelle, cette flame céleste qui est le vrai principe de vie, & qu'il avoit reçu du pere des Dieux. Ainsi il alla avec eux sous les voutes dorée du brillan Olimpe, boire le Nectar, où les Dieux lui donnerent pour épouse l'aimable Hebé, qui est la Déesse de la jeunesse, & qui versoit le Nectar dans la coupe du grand Jupiter, avant que Ganimede eût reçu cet honneur.

Pour moi je trouvai une source inépuisable de douleurs dans ses fleches qu'il m'avoit données pour m'élever au dessus des Heros. Bientôt les Rois liguez, entreprirent de venger Menelas de l'infame Pâris, qui avoit enlevé Helene, & de renverser l'Empire de Priam. L'Oracle d'Appollon leur fit entendre qu'ils ne devoient point esperer de finir heureusement cette guerre, à moins qu'ils n'eussent les fleches d'Hercule.

Ulysse votre pere qui étoit toujours le plus éclairé & le plus industrieux dans tous les conseils, se chargea de me persuader d'aller avec eux au siege de Troye d'y apporter les fleches qu'il croyoit que j'avois. Il y avoit déja longtems qu'Hercule ne paroissoit plus sur la terre, On n'entendoit plus parler d'aucun nouvel exploit de cet Heros : les monstres & les scelerats recommençoient à paroitre impunement les Grecs ne sçavoient que croire de lui : les uns disoient qu'il étoit mort, d'autres soutenoient qu'il étoit allé jusques sous l'Ourse glacée dompter les Scythes ; mais Ulysse soutint qu'il étoit mort, & entreprit de me le faire avoiër. Il me vint trouger dans un tems où je ne pouvois encore me consoler d'avoir perdu le grand Alcide : il eut une peine extrême à m'aborder, car je ne pouvois plus voir les hommes ; je ne pouvois souffrir qu'on m'arrachat du Mont Oeta, où j'avois vû perir mon ami ; je ne songeois qu'à me repeindre l'image de cet Heres, & qu'à pleurer à la vûë de ces tristes lieux ; mais la douce & puissante persuasion étoit sur les levres de votre pere ; il parut presque aussi affligé que moi : il versa des larmes, il sçut gagner insensiblement mon cœur & attirer ma confiance : il m'attendrit pour les Rois Grecs qui alloient combattre pour une juste cause, & qui ne pouvoit reüssir sans moi ; il ne put jamais neanmoins m'arracher le secret de la mort d'Hercule, que j'avois juré de ne dire jamais ; mais il ne doutoit plus qu'il ne fut mort, & il me pressoit de lui découvrir le lieux ou j'avois caché ses cendres.

Helas ! j'eus horreurs de faire un parjure, en lui disant un secret que j'avois promis aux Dieux de ne dire jamais. j'eus la foiblesse d'éluder mon sentiment, n'osant le violer ; les Dieux m'en ont puni, je frappai du pied la terre à l'endroit où j'avois mis les cendres d'Hercule ; ensuite j'aillai joindre les Rois liguez, qui me reçurent avec la même joye qu'ils auroient reçu Hercule même. Comme je passois dans l'Isle de Lemnos, je voulois montrer à tous les Grecs ce que mes fléches pouvoient faire, me preparent à percer un daim qui se lançoit dans un bois, je laissai tomber par

par mégarde la fleche de l'arc sur mon pied, & elle me fit une blessure que je ressent encore. Aussi tot j'éprouvai ces mêmes douleurs qu'Hercule avoit souffertes; je remplissoit nuit & jour l'Isle de mes cris ; un sang noir & corrompu coulant de ma playe infectoit l'air, & repandoit dans le camp des Grecs une puanteur capable de suffoquer les hommes les plus vigoureux. Toute l'armée eut horreur de me voir dans cette extremité, chacun conclut que c'étoit un supplice qui m'étoit envoyé par les justes Dieux.

Ulysse qui m'avoit engagé dans cette guerre, fut le premier à m'abandonner. J'ai reconnu depuis qu'il l'avoit fait, parce qu'il préferoit l'interet commun de la Grece, & la victoire, à toutes les raisons d'amitié où de bienséance particuliere. On ne pouvoit plus sacrifier dans le camp, tant l'horreur de ma playe, son infection, & la violence de mes cris troubloient toute l'armée. Mais au moment que je me vis abandonné de tous les Grecs par les conseils d'Ulysse ; cette politique me parut pleine de la plus horrible inhumanité, & de la plus noire trahison. Hélas ! j'étois aveuglé & ne voyois pas qu'il étois juste que les plus sages hommes fussent contre moi, de même que les Dieux que j'avois offensez.

Je demeurai presque pendant tout le siege de Troye seul, sans secours, sans esperance, sans soulagement, livré à d'horribles douleurs dans cette Isle deserte & sauvage, où je n'entendois que le bruit des vagues de la mer qui se brisoient contre les rochers. Je trouvai au milieu de cette solitude une caverne vuide dans un rocher qui élevoit vers le Ciel deux pointes semblable à deux têtes. De ce rocher sortoit une fontaine claire. Cette caverne étoit la retraite des bêtes farouches à la fureur desquelles j'étois exposé nuit & jours. j'amassai quelques feuilles pour me coucher ; il ne me restoit pour tout bien qu'un pot de bois grossiérement travaillé, & quelques habits déchirez dont j'envelopois ma playe pour arréter le sang, & dont je me servois aussi pour la netoyer. Là abandonné des hommes, & livré à la colere des Dieux, je passois mon tems à percer de mes fléches les colombes & les autres oiseaux qui voloiēt autour de ce rocher. Quād j'avois tué quelque oiseau pour ma nourriture, il falloit que je me trainasse contre terre avec douleur pour aller ramasser ma proye : ainsi mes mains preparoient dequoi me nourrir.

Il est vrai que les Grecs en partant me laisserent quelques provisions; mais elles durerent peu. J'alumois du feu avec des cailloux. Cette vie, toute affreuse qu'elle étoit, m'auroit paru douce, loin des hommes ingrats & trompeurs, si la douleur ne m'eût accablé, & si je n'eusse sans cesse repassé dans mon esprit ma triste avanture. Quoi ! disois-je, tirer un homme de sa patrie, comme le seul homme qui puisse venger la Grece, & puis l'abandonner dans cette Isle deserte pendant son sommeil ! Car ce fut pendant mon sommeil que les Grecs partirent. Jugez qu'elle fut ma surprise, & combien je versai de larmes à mon reveil, quand je vis les Vaisseaux fendre les ondes. Helas ! cherchant de tous côtez dans cette Isle sauvage & horrible, je n'y trouvai que la douleur.

En effet, il n'y a ni port ni commerce, ni hospitalité, ni homme qui y aborde volontairement. On n'y voit que les malheureux que les tempêtes y ont jettés, & on n'y peut esperer de societé que par des naufrages; encore même ceux qui venoient en ce lieu, n'osoient me prendre pour me ramener; ils craignoient la colere des Dieux & celle des Grecs. Depuis dix ans je souffroit la douleur la faim: je nourrissois une playe qui me devoroit; l'esperance même étoit éteinte dans mon cœur.

Tout-à-coup revenant de chercher des plates médecinales pour ma playe, j'apperçus dans mon antre un jeune homme beau & gracieux, mais fier d'une taille de Heros. Il me sembla que je voyois Achille, tant il en avoit les traits les regards & la démarche; son âge seul me fit comprendre que ce ne pouvois être lui, Je remarquai sur son visage tout ensemble la compassion & l'embaras; il fut touché de voir avec quelle peine & quelle lenteur je me trainois. Les cris perçans & douleureux dont je faisois retentir les échos de tout le rivage, attendrirent son cœur.

O Etranger, lui disois-je dassez loin, quel malheur t'a conduit dans cette Isle inhabitée? Je reconnoit l'habit de Grec, cet habit qui m'est encore si cher! O qu'ie me tarde d'entendre ta voix, & de trouver sur tes levres cette langue que j'ai aprise dés l'enfance, & que je ne puis parler à personne depuis si long-tems dans cette solitude! Ne soit point effrayé de voir un homme si malheureux, tu dois en avoir pitié.

A peine Neoptoleme m'eut dit: Je suis Grec que je m'ecriai: O douce parole aprés tant d'années de silence & de douleur sans consolation! ô mon fils! quel malheur, quelle tenpête, ou plutôt quel vent favorable t'a conduit ici pour finir mes maux ! Il me repondit je suis de l'Isle de Scytos, j'y retourne; on dit que je suis fils d'Achille, tu sçais tout.

Des paroles si courtes ne contentoient pas ma curiosité, je lui dis; O fils d'un pere que j'ai tant aimé ! cher nourisson de Lycomede, comment viens-tu donc ici ? d'où viens tu ? Il me repondit qu'il venoit du siege de Troye. Tu n'étois pas lui dis je, de la premiere expedition ? Et toi, me dit-il, en étoit tu? Alors je lui repondis : Tu ne connois, je le vois bien ni le nom de Philoctete, ni ses malheurs. Helas ! infortuné que je suis, mes persecuteurs m'insultent dans ma misere ! la Grece ignore que je souffre, ma douleur augmente, les Atrides m'ont mit en cet état; que les Dieux le leur rendent.

Ensuite je lui contai de quelle maniere les Grecs m'avoient abandonné. Aussi-tot qu'il eut écouté mes plaintes, il fit les siennes. Après la mort d'Achille, me dit-il..... [Dabord je l'interompit, en lui disant : Quoi ! Achille est mort ? Pardonne-moi, mon fils, si je trouble ton recit par les larmes que je doit à ton pere.] Neoptoleme me repondit : Vous me consolez en m'interrompant ; qu'il est doux de voir Philoctete pleurer mon pere !

Neoptoleme reprenant son discours, me dit: Après la mort d'Achille, Ulysse & Phenix me vinrent chercher, assurant qu'on ne pouvoit sans moi renverser la Ville de Troye. Ils n'eurent aucune peine à m'amener, car la douleur de la mort d'Achille, & le desir d'heriter de sa gloire dans cette celebre guerre, m'engageoit assez à les suivre. J'arive au siege, l'armée s'assemble autour de moi, chacun jure qu'il revoit Achille, mais helas! il n'étoit plus. Jeune & sans experiance, je croyois pouvoir tout esperer de ceux qui me donnoient tant de loüanges. D'abord je demande aux Atrides les armes de mon Pere: ils me repondirent cruellement: Tu auras le reste de ce qui lui appartenoit; mais pour ses armes, elles sont destinées à Ulysse.

Aussi tot je me trouble, je pleure, je m'emporte: mais Ulysse sans s'émouvoir, me disoit Jeune homme, tu n'étois pas avec nous dans les perils de ce long siege; tu n'a pas merité de telles armes, & tu parle déja trop fierement: jamais tu ne les auras. Depouillé injustement par Ulysse, je m'en retourne dans l'Isle de Scytos, moins indigné contre Ulysse que contre les Atrides. Que quiconque est leur enemi, puisse être l'ami des Dieux! O Philoctete! j'ai tout dit.

Alors je demandai à Neoptoleme comment Ajax Telamonien n'avoit pas empêché cette injustice. Il est mort, me repondit-il, il est mort, m'écriai je! Ulysse ne meurt pas, au contraire il fleurit dans l'armée. Ensuite je lui demandai des nouvelles d'Antiloque fils du sage Nestor, & de Patrocle si cheri par Achille; ils sont morts aussi, me dit-il. Aussitot je m'écriai encore: Quoi morts! Hélas! que me dit tu? Ainsi la cruelle guerre moissonne les bons, & épargne les méchans. Ulysse est donc en vie, Tersite l'est aussi sans doute. Voilà ce que font les Dieux; & nous loüerions encore?

Pendant que j'étois dans cette fureur contre votre pere Neoptoleme, continuoit à me tromper. Il ajouta ces tristes paroles ; loin de l'armée Grecque, où le mal prévaut sur le bien, je vais vivre content dans la sauvage Isle de Scytos. Adieu, je pars que les Dieux vous gueriffent.

Auſſi-tot je lui dit ; Ô mon fils, je te conjure par les manes de ton pere, par ta mere, par tout ce que tu as de plus cher ſur la terre, de ne me pas laiſſer ſeul dans les maux que tu vois. Je n'ignore pas combien je te ferai à charge, mais il y auroit de la honte à m'abandonner, jette moi à la proue, à la poupe, dans la ſentine même, par tout où je t'incommoderai le moins. Il n'y a que les grands cœurs qui ſçachent combien il y a de gloire à être bon ; ne laiſſe point en un deſert où il n'y a aucune veſtige d'homme : mene moi dans ta patrie où dans l'Eubée qui n'eſt pas loin du Mont Oeta, de trachine, & des bords agréables du fleuve Sperchius : renvoye moi à mon pere. Hélas ! que je craint qu'il ne ſoit mort ! je lui avoit mandé de m'envoyer un vaiſſeau : où il eſt mort, ou bien ceux qui m'avoient promis de lui dire ma miſere, ne l'ont point fait. J'ai recours à toi, ô mon fils ! ſouviens-toi de la fragilité des choſes humaines. Celui qui eſt dans la proſperité, doit craindre d'en abuſer, & ſecourir les malheureux.

Voilà ce que l'excez de la douleur me faiſoit dire à Neoptoleme : il me promit de m'amener. Alors je m'écriai encore : ô heureux jour ô aimable Neoptoleme, digne de la gloire de ton pere ! Cher compagnon de ce voyage, ſouffrez que je diſe adieu à cette triſte demeure

Voyez ou j'ai vêcu, comprenez ce que j'ai ſouffert ; nul autre n'eût pû le ſouffrir ; mais la nécessité m'avoit instruit, & elle apprend aux hommes ce qu'ils ne pourroient jamais sçavoir autrement. Ceux qui n'ont jamais souffert ne sçavent rien, ils ne connoissent ni le bien ni le mal, ils ignorent les hommes, ils s'ignorent eux-mêmes. Après avoir parlé ainsi je prit mon arc & mes fleches.

Neoptoleme me pria de souffrir qu'il baisat mes armes si celebres & consacrées par l'invincible Hercule. Je lui repondit : Tu peux tout, c'est-toi mon fils, qui me rend aujourd'huy la lumiere, ma patrie, mon pere accablé de vieillesse, mes amis, moi-même, tu peux toucher ces armes, & te vanter d'être seul d'entre les Grecs qui ait merité de les toucher. Aussi-tot Neoptoleme entre dans ma grotte pour admirer mes armes.

Cependant une douleur cruelle me saisit, elle me trouble, je ne sçai plus ce que je fait, je demande un glaive tranchant pour couper mon pied, je m'écrie : ô mort tant desirée, que ne viens tu ! ô jeune homme brûle-moi tout à l'heure comme je brulai le fils de Jupiter ! ô terre, reçois un mourant qui ne peut plus se relever ! De ce transport de douleur, je tombe soudainement selon ma coutume dans un assoupissement profond, une grande sueur commença à me soulager; un sang noir & corrompu coula de ma playe. Pendant mon sommeil il eut été facile à Neoptoleme d'emporter mes armes & de partir ; mais il étoit fils d'Achille, & n'étoit pas né pour tromper.

En m'éveillant je reconnu son embaras : il soûpiroit comme un homme qui ne sçais pas dissimuler, & qui agit contre son cœur. Me veux tu surprendre, lui dis-je ? Qu'y a-t'il donc ? Il faut, me repondit-il, que vous me suiviez au siége de Troye. Je repris aussi-tot : Ah ? qu'à tu dit, mon fils ? Rends moi cet arc ? si je suis trahi, ne m'arrache pas la vie. Helas ! il ne repondit rien, il me regarde tranquillement, rien ne le touche. O rivages ! ô promontoirs de cette Isle ! ô betes farouches ! ô rochers escarpez ! c'est à vous que je me plains, car je n'ai que vous à qui je puisse me plaindre : vous êtes accoutumez à mes gemissemens. Faut-il que je sois trahi par le fils d'Achille ? Il m'enleve l'arc sacré d'Hercule ? il veut me trainer dans le camp des Grecs pour triompher de moi : il ne voit pas que c'est triompher d'un mort, d'une ombre, d'une image vaine. O s'il m'eut attaqué dans ma force ? Mais encore à present ce n'est que par surprise ? que ferai-je ? Rends, mon fils ; sois semblable à ton pere, semblable à toi-même. Que dit tu ? Tu ne dit rien ! O rocher sauvage, je viens à toi, nud, miserable, abandonné, sans nourriture : Je mourai seul dans cet entre, n'ayant plus mon arc pour tuer les bêtes, les bêtes me dévoreront, n'importe. Mais, mon fils, tu ne parois pas méchand, quelque conseil te pousse rends-moi mes armes, va t'en.

Neoptoleme les larmes aux yeux, disoit tout bas Plut aux Dieux que je ne fusse jamais parti de Scytos ! Cependant je m'écrie Ah ! que vois-je ? N'est-ce pas Ulysse ? Aussi-tot j'entends sa voix, & il me repond : Oui, c'est moi. Si le sombre Royaume de Pluton se fut entr'ouvert, & que j'eusse vû le noir Tartare que les Dieux même craignent d'entrevoir ; je n'aurois pas été saisi ? je l'avoüe, d'une plus grande horreur. Je m'écrïai encore : O terre de Lemnos, je te prends à témoin ! O Ciel tu le vois, & tu le souffre ! Ulysse me repondit sans s'émouvoir : Jupiter le veut, & je l'execute. Ose-tu, lui disois-je nommer Jupiter ? Vois-tu ce jeune homme qui n'étois point né pour la fraude, & qui souffre en executant ce que tu l'oblige de faire ? Ce n'est pas pour vous tromper, me dit Ulysse, ni pour vous nuire que nous venons, c'est pour vous delivrer, vous guerir, vous donner la gloire de renverser Troye, & vous ramener dans votre patrie. C'est vous & non pas Ulysse, qui êtes l'ennemi de Philoctete.

Alors je dit à votre pere tout ce que la fureur pouvoit m'inspirer ; Puisque tu m'a abandonné sur ce rivage, lui disois je, que ne m'y laisse-tu en paix ? Va chercher la gloire des combats & de tous les plaisirs, joüis de ton bonheur avec les Atrides ; laisse moi ma misere & ma douleur. Pourquoi m'enlever ? Je ne suis plus rien, je suis déja mort. Pourquoi ne crois-tu pas encore aujourd'hui, comme tu le croyois autrefois, que je ne sçaurois partir ; que mes cris & l'infection de ma playe troubleroient les sacrifices ? O Ulysse, auteur de mes maux, que les Dieux puissent te... Mais les Dieux ne m'écoutent point, au contraire ils excitent mon ennemi. O terre de ma patrie, que je ne reverrai jamais ! O Dieux ! s'il en reste encore quelqu'un d'assez juste pour avoir pitié de moi ; punissez, punissez Ulysse, alors je me croirai gueri.

Pendant que je parloit ainsi, votre pere tranquille me regardoit avec un air de compassion comme un homme qui loin d'être fâché, supporte & excuse le trouble d'un malheureux

C v.

que la fortune a aigri. Je le voyois semblable à un rocher, qui sur le sommet d'une montagne se joüe de la fureur des vents, laisse épuiser leur rage, pendant qu'il demeure immobile. Ainsi votre pere demeura dans le silence, attendoit que ma colere fut épuisée: car il sçavoit qu'il ne faut attaquer les passions des hommes pour les reduire à la raison, que quand elles commencent à s'affoiblir par une espece de lassitude. Ensuite il me dit ces paroles : ô Philoctete ! qu'avez-vous fait de votre raison & de votre courage ? Voici le moment de s'en servir. Si vous refusez de nous suivre pour remplir les grands desseins de Jupiter sur vous adieu, vous êtes indigne d'être le liberateur de la Grece, & le destructeur de Troye. Demeurez à Lemnos, ces armes que j'emporte, me donneront une gloire qui vous étoit destinée. Neoptoleme partons ; il est inutile de lui parler, la compassion pour un seul homme ne doit pas nous faire abandonner le salut de la Grece entiere.

Alors je me sentit comme une lione à qui on vient d'arracher ses petits, elle remplit les forêts de ses gemissemens. O caverne ! disois-je, jamais je ne te quitterai, tu seras mon tombeau ! O sejour de ma douleur ! plus de nourriture, plus d'esperance ! qui me donnera un glaive pour me percer ? O si les oiseaux de proye pouvoient m'enlever ! Je ne les percerai plus de mes fleches. O arc precieux ! arc consacré par les mains du fils de Jupiter ! O cher Hercule ! s'il te reste encore quelque sentiment n'es-tu pas indigné ? Cet arc n'est plus dans les mains de ton fidelle ami, il est dans les mains impures & trompeuses d'Ulysse. Oiseaux de proye, bêtes farouches, ne fuyez plus cette caverne, mes mains n'ont plus de flèches. Miserable! je ne puis vous nuire, venez me devorer, ou plutot que la foudre de l'impitoyable Jupiter m'écrase!

Votre pere ayant tenté tous les autres moyens pour me persuader, jugea enfin que le meilleur étoit de me rendre mes armes; il fit signe à Neoptoleme, qui me les rendit aussitot. Alors je lui dit: Digne fils d'Achille, tu montre que tu l'es: laisse moi percer mon ennemi. J'allois tirer une fleche contre votre pere: Mais Neoptoleme m'arrêta, en me disant: La colere vous trouble, & vous empêche de voir l'indigne action que vous voulez faire.

Pour Ulysse, il paroissoit aussi tranquille contre mes fleches que contre mes injures. Je me sentit touché de cette intrepidité & de cette patience. J'eus honte d'avoir voulu dans ce premier transport me servir de mes armes pour tuer celui qui me les avoit faites rendre: mais comme mon ressentiment n'étoit pas encore appaisé, j'étois inconsolable de voir mes armes à un homme que je haissoit tant. Cependant Neoptoleme me disoit: Sçachez que le divin Helenus fils de Priam, étant sortit de la ville de Troye par l'ordre & par l'inspiration des Dieux, nous a dévoilé l'avenir. La malheureuse Troye tombera, a-t'il dit; mais elle ne peut tomber qu'après qu'elle aura été attaquée par celui qui tient les fleches d'Hercule. Cet homme ne peut guerir que quand il sera devant les murailles de Troye, les enfans d'Esculape le gueriront

En ce moment je sentis mon cœur partagé j'étois touché de la naiveté de Neoptoleme,

C vj

& de la bonne foi avec laquelle il m'avoit rendu mon arc ; mais je ne pouvois me refoudre à voir encore le jour, s'il falloit ceder à Ulyſſe & une mauvaiſe honte me tenoit en ſuſpens. Me verra-on, diſois-je en moi-même, avec Ulyſſe, & avec les Atrides ; que croira t'on de moi !

Pendant que j'étois dans cette incertitude, tout à-coup j'entens une voix plus qu'humaine ; je vois Hercule dans un nuage éclatant, il étoit environné de rayons de gloire. Je reconnu facilement ſes traits un peu rudes ; ſon corps robuſte, & ſes manieres ſimples ; mais il avoit une hauteur & une majeſté qui n'avoit jamais paru ſi grande en lui quand il domptoit les monſtres. Il me dit.

Tu entends, tu vois Hercule. J'ai quitté le haut Olympe pour t'annoncer les ordres de Jupiter. Tu ſçais par quels traveaux j'ai acquis l'immortalité. Il faut que tu aille avec le fils d'Achille, pour marcher ſur mes traces dans le chemin de la gloire. Tu gueriras, tu perceras de mes fléches Pâris auteur de tant de maux. Après la priſe de Troye ; tu envoyeras de riches dépouilles à Pœan ton pere ſur le Mont Oeta : ces dépouilles ſeront miſes ſur mon tombeau comme un monument de la victoire dûë à mes fleches. Et toi, ô fils d'Achille ! je te déclare que tu ne peux vaincre ſans Philoctete, ni Philoctete ſans toi. Allez donc comme deux lions qui cherchent enſemble leur proye. J'envoyerai Eſculape à Troye pour guerir Philoctete. Sur tout, ô Grecs ; aimez & obſervez la Religion ; le reſte meurt, elle ne meurt jamais.

Après avoir entendu ces paroles, je m'écriai :

O heureux jour, douce lumiere, tu te montre enfin après tant d'années ! Je t'obeis je part après avoir salué ces lieux. Adieu, cher antre. Adieu, Nymphe de ces prez humides ; je n'entendrai plus le bruit sourd des vagues de cette mer. Adieu rivage, où tant de fois j'ai souffert les injures de l'air. Adieu promontoire, où l'Echo repeta tant de fois mes gemissemens. Adieu douces fontaines qui me fûtes si ameres. Adieu ô terre de Lemnos, laisse moi partir heureusement, puisque je vais où m'apelle la volonté des Dieux & mes amis.

Ainsi nous partimes, nous arrivames au siége de Troye. Machaon & Podalyre par la divine science de leur pere Esculape me guerirent, où du moins me mirent dans l'état où vous me voyez. Je ne souffre plus; j'ai retrouvé toute ma vigueur : mais je suis un peu boiteux. Je fit tomber Pâris comme un timide faon de Biche, qu'un chasseur perce de ses traits. Bien-tot Ilion fut reduit en cendre, vous sçavez le reste. J'avois néanmoins encore je ne sçais quelle aversion pour le sage Ulysse, par le souvenir de mes maux : & sa vertu ne pouvoit appaiser ce ressentiment : mais la vûë d'un fils qui lui ressemble, & que je ne puis m'enpecher d'aimer, m'attendri le cœur pour le pere même.

Fin du quinziéme Livre.

LES AVANTURES DE TELEMAQUE FILS D'ULYSSE.

LIVRE SEIZIE'ME.

SOMMAIRE.

Telemaque entre en different avec Phalante pour des prisonniers qu'ils se disputent. Il combat & vainc Hippias, qui meprisent sa jeunesse, prend de hauteur ces prisonniers pour son frere Phalante. Mais étant peu content de sa victoire, il gemit en secret de sa temerité & de sa faute qu'il voudroit reparer. Au même tems Adraste Roi des Dauniens étant informé que les Rois alliez ne songent qu'à pacifier le different de Telemaque & d'Hippias, va les attaquer à l'improviste. Après avoir surpris cent de leur Vaisseaux pour transporter ses troupes dans leur camp, il y met d'abord le feu, commence l'attaque par le quartier de Phalante, tue son frere Hippias & Phalante luimême est tout percé de ses coups.

PEndant que Philoctete avoit raconté ainsi ses avantures, Telemaque étoit demeuré comme suspendu & immobile. Ses yeux étoient attachés sur ce grand homme qui parloit. Toutes les passions differentes qui avoient agité Hercule, Philoctete, Ulysse, Neoptoleme paroissoient tour à tour sur le visage naïf de Telemaque, à mesure qu'elles étoiét representées. Dans la suite de cette narration, quelquefois il s'écrioit & interompoit Philoctete sans y penser: quelquefois il paroissoit rêveur comme un homme qui pense profondement à la suite de ses affaires. Quand Philoctete dépeignoit l'embaras de Neoptoleme, qui ne sçavoit point dissimuler, Telemaque paroissoit dans le même embaras : & dans ce moment on l'auroit pris pour Neoptolémé.

L'armée des Alliez marchoit en bon ordre contre Adraste Roi des Dauniens, qui meprisoit les Dieux, & qui ne cherchoit qu'à tromper les hommes. Telemaque trouva de grandes difficultez pour le menager parmi tant de Rois jaloux les uns des autres. Il falloit ne se rendre suspect à aucun, & se faire aimer de tous. Son naturel étoit bon & sincere, mais peu caressant; il ne s'avisoit gueres de ce qui pouvoit faire plaisirs aux autres: il n'étoit point attaché aux richesses, mais il n'en sçavoit point doner. Ainsi avec un cœur noble & porté au bien, il ne paroissoit ni obligeant, ni sensible à l'amitié, ni liberal, ni reconnnoissant des soins qu'on prenoit pour lui, ni attentif à distinguer le merite. Il suivoit son gout sans reflexion; sa mere Penelope l'avoit nourrit malgré Mentor dans une hauteur & dans une fierté qui ternissoient tout ce qu'il y avoit de plus aimable en lui. Il se regardoit comme étant d'une autre nature que le reste des hommes; les autres ne lui sembloient mis sur la terre par les Dieux, que pour lui plaire, pour le servir, pour prevenir tous

TELEMAQUE,

ses désirs & pour rapporter tout à lui comme à une Divinité. Le bonheur de le servir étoit, selon lui, une assez haute recompense pour ceux qui le servoient. Il ne falloit jamais rien trouver d'impossible, quand il s'agissoit de le contenter ; & les moindres retardemens irritoient son naturel ardent.

Ceux qui avoient vû ainsi dans son naturel, auroient jugé qu'il étoit incapable d'aimer aucune autre chose que lui-même ; qu'il n'étoit sensible qu'à sa gloire & à son plaisir. Mais cette indifference pour tous les autres, & cette attention continuelle sur lui même, ne venoient que du transport continuel où il étoit jetté par la violence de ses passions. Il avoit été si flaté par sa mere dès le berceau, & il étoit un grand exemple du malheur de ceux qui naissent dans l'élevation. Les rigueurs de la fortune qu'il sentit dès sa premiere jeunesse, n'avoient pû moderer cette impetuosité & cette hauteur. Dépourvû de tout, abandonné, exposé à tant de maux, il n'avoit rien perdu de sa fierté. Elle se relevoit toujours comme la palme souple se releve sans cesse d'elle-même, quelque effort qu'on fasse pour l'abaisser.

Pendant que Telemaque étoit avec Mentor, ces défauts ne paroissoient point : ils diminuoient tous les jours. Semblable à un coursier fougueux qui bondit dans les vastes prairies, que ni les rochers escarpez, ni les précipices, ni les torens n'arrêtent, qui ne connoit que la voix & la main d'un seul homme capable de le dompter, Telemaque plein d'une noble ardeur ne pouvoit être retenu que par le seul Mentor : mais aussi un seul de ses regards l'arrêtoit tout à coup dans sa plus grande impetuofité, il entendoit d'abord ce que fignifioit ce regard. Il rappelloit aufli-tot dans fon cœur tous les fentimens de vertu. Sa fageffe rendoit en un moment fon vifage doux & ferain. Neptune quand il éleve fon trident, & qu'il menace les foulevez, n'appaife point plus foudainement les noires tempêtes.

Quand Telemaque fe trouva feul, toutes fes paffions fufpenduës comme un torrent arrêté par une forte digue, reprirent leur cours ; il ne peut fouffrir l'arogance des Lacedemoniens, & de Phalante qui étoit à leur tête. Cette Colonie qui étoit venuë fonder Tarente, étoit compofée de jeunes hommes nez pendant le fiége de Troye, qui n'avoient eu aucune éducation : leur naiffance illegitime, le dereglement de leurs meres, la licence dans laquelle ils avoient été élevez, leur donnoit je ne fçais quoi de farouche & de barbare. Ils reffembloient plûtot à une troupe de brigands, qu'à une Colonie Grecque.

Phalante en toute occafion cherchoit à contredire Telemaque. Souvent il l'interrompoit dans les affemblées, méprifant fes confeils comme ceux d'un jeune homme fans experience. Il en faifoit des railleries, le traitant de foible & d'effeminé ; il faifoit remarquer aux Chefs de l'armée fes moindres fautes. Il tâchoit de femer par tout la jaloufie, & de rendre la fierté de Telemaque odieufe à tous les Alliez.

Un jour Telemaque ayant fait fur les Dauniens quelques prifonniers, Phalante prétendis que ces captifs lui appartenoient, parce que c'étoit lui, difoit-il, qu'à la tete de ces Lacedemoniens avoit défait cette troupe d'ennemis, & que Telemaque trouva les Dauniens déja vaincus & mis en fuite, n'avoit eu d'autre peine que celle de leur donner la vie, & de les mener dans le camp. Telemaque soutenoit au contraire, que c'étoit lui qui avoit empêché Phalante d'être vaincu, & qui avoit remporté la victoire sur les Dauniens. Ils alloient tous deux défendre leur cause dans l'assemblée des Rois alliez. Telemaque s'y emporta jusqu'à menacer Phalante; ils se fussent battu sur le champ, si on ne les eut arrêtez.

Phalante avoit un frere nommé Hippias, celebre dans toute l'armée par sa valeur, par sa force & par son adresse. Pollux, disoient les Tarentins, ne combattoit pas mieux du ceste; Castor n'eut pû le surpasser pour conduire un cheval; il avoit presque la taille & la force d'Hercule. Toute l'armée le craignoit, car il étoit encore plus quereleux & plus brutal qu'il n'étoit fort & vaillant.

Hippias ayant vû avec quelle hauteur Telemaque avoit menacé son frere, va à la hate prendre les prisonniers pour les mener à Tarente sans attendre le jugement de l'assemblée. Telemaque à qui on vint le dire en secret, sortit en fremissant de rage; tel qu'un sanglier écumant qui cherche le chasseur par lequel il a été blessé, on le voyoit entrer dans le camp cherchant des yeux son ennemi; & branlant le dard dont il le vouloit percer. Enfin il le rencontre & en le voyant, la fureur se redouble.

Ce n'étoit plus ce sage Telemaque instruit par Minerve sous la figure de Mentor, c'étoit un phrenetique, ou un lion furieux. Aussi-tot il crie à Hippias: Arrête, ô le plus lache de tous les hommes! Arrete, nous allons voir si tu pourra m'enlever les dépoüilles de ceux que j'ai vaincus. Tu ne les conduiras point à Tarente ; va, descend tout à l'heure dans les rives sombres du Stix. Il dit, & il lança son dard ; mais il le lança avec tant de fureur, qu'il ne put mesurer son coup ; le dard ne toucha point Hippias. Aussi-tôt Telemaque prend son épée, dont la garde étoit d'or, & que Laërte lui avoit donnée, quand il partit d'Ithaque, comme un gage de sa tendresse. Laërte s'en étoit servi avec beaucoup de gloire pendant qu'il étoit jeune, & elle avoit été teinte du sang de plusieurs fameux Capitaines des Epirotes, dans une guerre ou Laërte fut victorieux. A peine Telemaque eut tiré cette épée qu'Hippias qui vouloit profiter de l'avantage de sa force, se jetta pour l'arracher des mains du jeune fils d'Ulysse. L'épée se rompt dans leurs mains, ils se saisirent, se sererent l'un l'autre. Les voilà comme deux bêtes cruelles qui cherchent à se déchirer : le feu brille dans leurs yeux, ils se racourcissent, ils s'allongent, ils se baissent, ils se relevent, ils s'élancent, ils son alterez de sang. Les voilà aux prises, pieds contre pieds, mains contre mains; ces deux corps entrelassez paroissoiét n'en faire qu'un. Mais Hippias d'un age plus avancé, sembloit devoir accabler Telemaque, dont la tendre jeunesse étoit moin n'erveuse. Déja Telemaque hors d'halaine sentoit ses genoux chanceler. Hippias le voyant ébranlé, redouble ses efforts. C'étoit fait du fils d'Ulysse, il alloit porter la peine de sa temerité & de son emportement, si Minerve qui veilloit de loin sur lui & qui ne le laissoit dans cette extremité de peril, que pour l'instruire, n'eut d'éterminé la victoire en sa faveur.

Elle ne quitta point le Palais de Salante, Mais elle envoya Iris la prompte Meſſagere des Dieux. Celle cy volant d'une aile legere, fendoit les espaces immenses des airs, laiſſant après elle une longue trace de lumiere qui peignoit un nuage de mille couleurs : elle ne se repoſa que ſur les rivages de la mer où étoit campée l'armée innombrable des Alliez : elle voit de loin la querelle, l'ardeur & les efforts de deux combattans ; elle frémit à la vûe du danger où étoit le jeune Telemaque ; elle s'approche envelopée d'un nuage clair qu'elle avoit formé de vapeurs ſubtiles, dans le moment où Hippias ſentant toute ſa force ſe crut victorieux ; elle couvrit le jeune nourriſſon de Minerve, de l'Egide que la ſage Déeſſe lui avoit confié. Auſſi-tôt Telemaque, dont les forces étoient épuiſées, commence à ſe ranimer A meſure qu'il ſe ranime, Hippias ſe trouble il ſent je ne ſçai quoi de divin qui l'étonne, & qui l'accable. Telemaque le preſſe & l'attaque tantôt dans une ſituation, tantôt dans une autre : il l'ébranle, il ne lui laiſſe aucun moment pour ſe raſſurer ; enfin il le jette par terre & il tombe ſur lui. Un grand chêne du Mont Ida, que la hache a coupé par mille coups dont toute la forêt a retenti, ne fait pas un plus horrible bruit en tombant ; la terre en gemit : tout ce qui l'environne en eſt ébranlé.

Cependant la ſageſſe étoit revenue avec la force au-dedans de Telemaque. A peine Hippias fut-il tombé ſous lui, que le fils d'Ulyſſe comprit la faute qu'il avoit faite d'attaquer ainſi le frere d'un des Roi alliez qu'il étoit venu ſecourir ; il rappella lui-même avec confusion les sages conseils de Mentor. Il eut honte de sa victoire, & vit bien qu'il avoit merité d'etre vaincu. Cependant Phalante transporté de fureur, accouroit au secours de son frere; il eut percé Telemaque d'un dard qu'il portoit, s'il n'eut craint de perser Hippias que Telemaque tenoit sous lui dans la poussiere. Le fils d'Ulysse eût pu sans peine ôter la vie à son ennemi; mais sa colere étoit appaisée; il ne songeoit plus qu'à reparer sa faute en montrant de la moderation. Il se leve en disant : O Hippias ! il me suffit de vous avoir appris à ne mepriser jamais ma jeunesse. Vivez, j'admire votre force votre courage. Les Dieux m'ont protegé, cedez à leur puissance : ne songeons plus qu'à combattre ensemble contre les Dauniens Pendant que Telemaque parloit ainsi, Hippias se relevoit couvert de poussiere & de sang, plein de honte & de rage. Phalante n'osoit ôter la vie à celui qui venoit de la donner si genereusement à son frere ; il étoit en suspens & hors de lui-même. Tous les Rois alliez accoururent ils menerent d'un côté Telemaque, & de l'autre Phalante & Hippias, qui ayant perdu sa fierté n'osoit lever les yeux. Toute l'armée ne pouvoit assez s'étonner que Telemaque dans un age si tendre, où les hommes n'ont point encore toute leur force, eût pu renverser Hippias, semblable en force & en grandeur à ces Geans enfans de la terre, qui tenterent autrefois de chasser de l'Olympe les imortels.

Mais le fils d'Ulysse étoit bien éloigné de joüir du plaisir de cette victoire. Pendant qu'on ne pouvoit se lasser de l'admirer, il se retira dans sa tente honteux de sa faute : & ne pouvant plus se supporter lui-même il gemis soit de sa promptitude. Il reconnoissoit combien il étoit injuste & déraisonnable dans ses emportemens : il trouvoit je ne sçai quoi de vain, de foible & de bas dans cette hauteur démesurée. Il reconnoissoit que la veritable grandeur n'est que dans la moderation, la justice, la modestie & l'humanité il le voyoit mais il n'osoit esperer de se corriger après tant de rechûtes ; il étoit aux prises avec lui-même, on l'entendoit rugir comme un lion furieux.

Il demeura deux jours renfermé seul dans sa tente, ne pouvant se resoudre à se rendre dans aucune societé, & se punissant soi-même. Helas ! disoit-il, oserai-je te voir Mentor ? Suis-je le fils d'Ulysse, le plus sage & le plus patient des hommes ? Suis-je venu porter la division & le desordre dans l'armée des alliez ? Est ce leur sang ou celui des Dauniens leurs ennemis que je suis venu repandre ? J'ai été temeraire : je n'ai pas sçu lancer mon dard ; je me suis exposé avec Hippias à des forces inégales : je n'en devois attendre que la mort avec la honte d'être vaincu. Mais qu'importe ? je ne serois plus : non je ne serois plus ce temeraire Telemaque, ce jeune insensé qui ne profite d'aucun conseil, ma honte finiroit avec ma vie. Helas ! si je pouvois au moins esperer de ne plus faire ce que je suis desolé d'avoir fait ! trop heureux ! Mais peut-être qu'avant la fin du jour je ferai & voudrai faire encore les mêmes fautes dont j'ai maintenant tant de honte & d'horreur. O funeste victoire ! ô loüanges que je ne puis souffrir ; & qui sont de cruels reproches de ma folie !

Pendant qu'il étoit seul & inconsolable

Nestor & Philoctete le vinrent trouver. Nestor voulut lui montrer le tort qu'il avoit ; mais ce sage vieillard reconnoissant bien-tot la désolation du jeune homme, changea ses graves remontrances en des paroles de tendresse pour adoucir son desespoir.

Les Princes alliez étoient arrêtez par cette querelle, & ils ne pouvoient marcher vers les ennemis qu'après avoir reconcilié Telemaque avec Phalante & Hippias. On craignoit à toute heure que les troupes des Tarentins n'attaquassent les cent jeunes Crétois qui avoient suivi Telemaque dans cette guerre : tout étoit dans le trouble par la faute du seul Telemaque ; & Telemaque qui voyoit tant de maux presens & de perils pour l'avenir dont il étoit l'auteur, s'abandonnoit à une douleur amere. Tous les Princes étoient dans un extrême embarras. Ils n'osoient faire marcher l'armée, de peur que dans la marche les Crétois de Telemaque & les Tarentins de Phalante ne combattissent les uns contre les autres. On avoit bien de la peine à les retenir au dedans du camp ôù ils étoient gardée de près. Nestor & Philoctete alloient & revenoient sans cesse de la tente de Telemaque à celle de l'implacable Phalante, qui ne respiroit que la vengeance. La douce éloquence de Nestor, & l'autorité du grand Philoctete, ne pouvoient moderer ce cœur farouche, qui étoit encore sans cesse irrité par les disputes plein de rage de son frere Hippias. Telemaque étoit bien plus doux : mais il étoit abbattu par une douleur que rien ne pouvoit consoler.

Pendant que les Princes étoient dans cette agitation, toutes les troupes étoient consternées : tout le camp paroissoit comme une maison désolée qui vient de perdre un pere de famille, l'appui de tous ses proches & la douce esperance de ses petits enfans.

Dans ce désordre & cette consternation de l'armée, on entend tout à coup un bruit effroyable de chariots, d'armes de hennissemens de chevaux, de cris d'hommes ; les uns vainqueurs & animés au carnage, les autres ou fuyans, ou mourans, ou blessez. Un tourbillon de poussiere forme un épais nuage qui couvre le Ciel, qui enveloppe tout le camp. Bien-tôt à la poussiere se joint une fumée épaisse qui troubloit l'air, & qui ôtoit la respiration. On entendit un bruit sourd semblable à celui des tourbillons de flame que le Mont-Etna vomit du fond de ses entrailles embrasées, lorsque Vulcain avec ses Cyclopes y forge des foudres pour le pere des Dieux. L'épouvante saisit les cœurs.

Adraste vigilant & infatigable, avoit surpris les Alliez : il leur avoit caché sa marche, & il étoit instruit de la leur. Il avoit fait une incroyable diligence pour faire le tour d'une montagne presque innacessible, dont les Alliez avoient saisi presque tous les passages ; tenant ces défilez, ils se croyoient en pleine sûreté, & prétendoient même pouvoir par ses passages qu'il occupoient ; tomber sur l'ennemi derriere la montagne, quand quelques troupes qu'ils attendoient, leur seroient venus. Adraste, qui répandoit l'argent à pleines mains pour sçavoir le secret de ses ennemis, avoit appris leur resolution : Nestor & Philoctete, ces deux Capitaines d'ailleurs si sages & exprimentez, n'étoient pas assez secrets dans leurs entreprises.

LIVRE XVI.

tes. Nestor dans ce declin de l'age se plaisoit trop à raconter ce qui pouvoit lui attirer quelque louange. Philoctete naturellement parloit moins, mais il étoit prompt : & si peu qu'on excita sa vivacité, on lui faisoit dire ce qu'il avoit resolu de taire. Les gens artificieux avoient trouvé la clef de son cœur pour en tirer les plus importans secrets. On n'avoit qu'à l'irriter : alors fougueux & hors de lui-même, il éclatoit par des menaces, il se vantoit d'avoir des moyens surs de parvenir à ce qu'il vouloit. Si peu qu'on parut douter de ses moyens, il se hatoit de les expliquer inconsiderement & le secret le plus intime échapoit du fond de son cœur. Semblable à un vase precieux, mais zelé, d'où s'écoulent toutes les liqueurs les plus delicieuses, le cœur de ce grand Capitaine ne pouvoit rien garder.

Les traitres corrompus par l'argent d'Adraste, ne manquoient pas de se joüer de la foiblesse de ces deux Rois. Ils flattoient sans cesse Nestor par des vaines loüanges, ils lui rappelloient ses victoires passées, admiroient sa prévoyance, ne se lassoient jamais de l'applaudir. D'un autre coté ils tendoient des pieges continuels à l'humeur impatiente de Philoctete, ils ne lui parloient que des difficultez, de contre tems, de dangers, d'inconveniens, de fautes irremediables. Aussitot que ce naturel prompt étoit enflamé, sa sagesse l'abandonnoit, & il n'étoit plus le même homme.

Telemaque malgré les défauts que nous avons vûs, étoit bien plus prudent pour garder le secret. Il y étoit acoutumé par les malheurs, & par la necessité où il avoit

Tome II. D

été dès son enfance de se cacher aux amans de Penelope. Il sçavoit taire un secret sans dire aucun mensonge. Il n'avoit point même cet air reservé & mysterieux qu'ont d'ordinaire les gens secrets. Il ne paroissoit point chargé du secret qu'il devoit garder : on le trouvoit toujours libre, naturel ouvert, comme un homme qui a son cœur sur ses levres. Mais en disant tout ce que l'on pouvoit dire sans consequence, il sçavoit s'arrêter precisement & sans affectation aux choses qui pouvoient donner quelque soupçon, & entamer son secret. Par là son cœur étoit impenetrable & inaccessible ; ses meilleurs amis même ne sçavoient que ce qu'ils croyoient utile de leur découvrir pour en tirer de sages conseils, & il n'y avoit que le seul Mentor pour lequel il n'avoit aucune reserve. Il se confioit à d'autres amis, mais à divers degrez, & à proportion de ce qu'il avoit éprouvé leur amitié & leur sagesse.

Telemaque avoit souvent remarqué que les résolutions du conseil se rependoient un peu trop dans le camp. Il en avoit averti Nestor & Philoctete : mais ces deux hommes si experimentez ne firent pas assez d'attention à un avis si salutaire. La vieillesse n'a plus rien de souple, la longue habitude la tint comme enchainée : elle n'a plus de ressource contre ses défauts. Semblable aux arbres donc le tronc rude & noueux s'est endurci par le nombre des années, & ne peut plus se redresser, les hommes à un certain age ne peuvent presque plus se plier eux-mêmes contre certaines habitudes qui ont vieilli avec eux, & qui sont entrées jusque dans la moële de leurs os.

Souvent ils le connoissoient, mais trop tot; ils gemissent en vain; & la tendre jeunesse est le seul age où l'homme peut encore tout sur lui même pour se corriger.

Il y avoit dans l'armée un Dolope nommé Eurimaque, flatteur insinuant, sçachant s'accommoder à tous les gouts & à toutes les inclinations des Princes, inventif & industrieux pour trouver de nouveaux moyens de leur plaire. A l'entendre rien n'étoit jamais difficille. Lui demandoit-on son avis, il devinoit celui qui seroit le plus agreable. Il étoit plaisant railleur contre les foibles, complaisant pour ceux qu'il craignoit, habille pour assaisonner une loüange délicate qui fut bien reçue des hommes les plus modestes. Il étoit grave avec les graves, enjoué avec ceux qui étoient d'une humeur enjouée. Il ne lui coutoit rien de prendre toutes sortes de formes. Les hommes sinceres & vertueux qui sont toujours les mêmes, & qui s'assujettissent aux regles de la vertu, ne sçauroient jamais être aussi agréables aux Princes, que ceux qui flatent leurs passions dominantes. Eurimaque sçavoit la guerre, il étoit capable d'affaires; c'étoit un avanturier qui s'étoit donné à Nestor & qui avoit gagné sa confiance. Il étoit du fond de son cœur un peu vain & sensible aux loüanges, tout ce qu'il en vouloit sçavoir.

Quoique Philoctete ne se confiat point à lui, la colere & l'impatience faisoient en lui ce que la confiance faisoit dans Nestor. Eurimaque n'avoit qu'à le contredire en l'irritant il découvroit tout. Cet homme avoit reçu de grandes sommes d'Adraste, pour lui mander tous les desseins des Alliez. Ce Roi des Dauniens avoit dans l'armée un certain nombre de

D ij

Transfuges qui devoient l'un après l'autre s'échaper du camp des Alliez, & retourner au sien. A mesure qu'il y avoit quelques affaires importante à faire sçavoir à Adraste, Eurimaque faisoit partir un de ces Transfuges. La tromperie ne pouvoit pas être facilement découverte, parce que ces Transfuges ne portoient point de lettres. Si on les surprenoit, on ne trouvoit rien qui pû rendre Eurimaque suspect.

Cependant Adraste prévenoit toutes les entreprises des Alliez. A peine une resolution étoit elle prise dans le Conseil, que les Dauniens faisoient precisement ce qui étoit necessaire pour en empêcher le succès. Telemaque ne laissoit point d'en chercher la cause, & d'exiter la défiance de Nestor & de Philoctete; mais son soin étoit inutile. Ils étoiët aveuglez.

On avoit resolu dans le Conseil d'attendre les troupes nombreuses qui devoient arriver, & on avoit fait avancer secretement pendant la nuit les cent vaisseaux pour conduire plus promptement ces troupes depuis une côte de la mer très-rude où elle devoient arriver, jusqu'au lieu où l'armée campoit. Cependant on se croyoit en sureté, parce qu'on tenoit avec des troupes les détroits de la montagne voisine qui est une cote presque inacessible de l'Apennin. L'armée étoit campée sur les bords du fleuve Galese, assez près de la mer. Cette campagne delicieuse est abondante en paturages, & en tous les fruits qui peuvent nourrir une armée. Adraste étoit derriere la montagne, & on comptoit qu'il ne pouvoit passer, mais comme il sçu que les alliez étoient encore foibles, qu'il leur venoit un grand secours, que les vaisseaux attendoient des troupes qui devoient arriver, & que l'armée étoit divisée par la querelle de Telemaque avec Phalante, il se hata de faire un grand tour. Il vint en diligence jour & nuit sur le bord de la mer, & passa par des chemins qu'on avoit toûjours crû absolument impraticables. Ainsi la hardiesse & le travail surmontent les plus grands obstacles : ainsi il n'y a presque rien d'impossible à ceux qui sçavent oser & souffrir, ainsi ceux qui s'endorment comptent que les choses difficiles sont impossibles, meritent d'être surpris & accablez. Adraste surprit au point du jour les cent vaisseaux qui appartenoient aux Alliez. Comme ces vaisseaux étoient mal gardez, & qu'on ne se défioit de rien, il s'en saisit sans resistance, & s'en servit pour transporter ses troupes avec une incroyable diligence à l'embouchure du Galese, puis il remonta très promptement sur les bords du fleuve. Ceux qui étoient dans les postes avancez autour du camp vers la riviere crurent que ces vaisseaux leur amenoient les troupes qu'on attendoit ; on poussa d'abord de grands cris de joye. Adraste & ses soldats descendirent avant qu'on put les reconnoitre. Ils tombent sur les Alliez qui ne se défient de rien, il les trouve dans un camp tout ouvert, sans ordre, sans chef, sans armes.

   Le coté du camp qu'il attaqua d'abord, fut celui des Tarentins où commandoit Phalante. Les Dauniens y entrent avec tant de vigueur, que cette jeunesse Lacedomnienne étant surprise ne put resister. Pendant qu'ils cherchent leurs armes, & qu'il s'embarassent les uns les autres dans cette confusion, Adraste fait mettre le feu au camp. Auſſi-tot la flame s'éleve des pavillons, & monte juſqu'aux nues; le bruit du feu eſt ſemblable à celui d'un torent qui innonde une campagne, & qui entraine par ſa rapidité les grandes chaines avec leurs profondes racines, les moiſſons, les granges, les étables, & les troupeaux. Le vent pouſſe impetueuſement la flame de pavilon en pavilon, & bien-tot tout le camp eſt comme une vieille forêt, qu'une étincelle de feu a embraſée. Phalante qui voit le peril de plus près qu'un autre, ne peut y remedier. Il comprend que toutes ſes troupes vont perir dans cet incendie, ſi on ne ſe hate d'abandonner le camp: mais il comprend auſſi combien cette retraite eſt à craindre devant un ennémi victorieux; il commence à faire ſortir ſa jeuneſſe Lacedomnienne encore à demi deſarmée: mais Adraſte ne les laiſſe point reſpirer. D'un coté une troupe d'Archers adroits perce de fleches innombrables les ſoldats de Phalante; de l'autre les Frondeurs jettent une grêle de groſſes pierres. Adraſte lui-même l'épée à la main marchant à la tête d'une troupe choiſie des plus intrepides Dauniens, pourſuit à la lueur du feu les troupes qui s'enfuyent. Il moiſſonne par le fer tranchant tout ce qui a échapé au feu, il nage dans le ſang, il ne peut s'aſſouvir de carnage; les lions & les tygres n'égalent point ſa furie quand ils égorgent les Bergers avec leurs troupeaux. Les troupes de Phalante ſuccombent, & le courage les abandonne. La pale mort conduite par une furie infernale, dont la tête eſt heriſſée de ſerpens, glace le ſang de leur vaines, leurs membres engourdis ſe roidiſſent, & leurs genoux chancelans leur otent même l'esperance de la fuite. Phalante a qui la honte & le desespoir donne encore un reste de force & de vigueur, éleve les mains & les yeux vers le Ciel : il voit tomber à ses pieds son frere Hippias sous les coups de la main foudroyante d'Adraste. Hippias étendu par terre se roule dans la poussiere ; un sang noir & bouillonnant sort comme un ruisseau de la profonde blessure qui lui traverse le côté ; ses yeux se ferment à la lumiere ; son ame furieuse s'enfuit avec tout son sang. Phalante lui même tout couvert du sang de son frere, & ne pouvant le secourir, se voit envelopé par une foule d'ennemis qui s'éforcent de le renverser ; son bouclier est percé de mille traits. Il est blessé en plusieurs endroits de son corps ; il ne peut plus railler ses troupes fugitives. Les Dieux le voyent, & ils n'en ont aucune pitié.

Fin du seisiéme Livre.

LES AVANTURES DE TELEMAQUE FILS D'ULYSSE.
LIVRE DIX-SEPTIE'ME.

SOMMAIRE.

Telemaque s'étant revêtu de ses armes divines court au secours de Phalante, renverse d'abord Ipiclès fils d'Adraste, repousse l'ennemi victorieux, & remporteroit sur lui une victoire complette, si une tempête survenant ne faisoit finir le combat. Ensuite Telemaque fait emporter les blessez, prend soin d'eux, & principalement de Phalante. Il fait l'honneur des obseques de son frere Hippias, dont il lui va presenter les cendres qu'il a recueillies dans une urne d'or.

JUPITER au milieu de toutes les Divinitez celestes, regardoit du haut de l'Olympe ce carnage des Alliez. En même tems il consultoit les immuables destinées, & voyoit tous les Chefs dont la trame devoit ce jour-là être tranchée par le cizeau de la Parque. Chacun des Dieux étoit attentif pour découvrir sur le visage de Jupiter qu'elle seroit sa volanté. Mais

LIVRE XVII. 81

le pere des Dieux & des hommes leur dit d'une voix douce & majestueuse : Vous voyez en quelle extremité sont reduits les Alliez, vous voyez Adraste qui renverse tous ses ennemis ; mais ce spectacle est bien trompeur, la gloire & la prosperité des méchans est courte ; Adraste impie & odieux par sa mauvaise foi, ne remportera point une entierre victoire. Ce malheur n'arrive aux alliez que pour leur aprendre à se corriger, & à mieux garder le secret de leur entreprises. Ici la sage Minerve prépare une nouvelle gloire à son jeune Telemaque, dont elle fait ses délices. Alors Jupiter cessa de parler. Tous les Dieux en silence continuoient à regarder le combat.

Cependant Nestor & Philoctete furent avertis qu'une partie du camp étoit déja brûlée, que la flame poussée par les vents, s'avançoit toujours : que leurs troupes étoient en désordre ; que Phalante ne pouvoit plus soutenir les efforts des ennemis. A peine ces funestes paroles frappent leurs oreilles, qu'ils courent aux armes, assemblant les Capitaines, & ordonnent qu'on se hate de sortir du camp pour éviter cet incendie.

Telemaque qui étoit abbatu & inconsolable, oublie sa douleur. Il prend ses armes, don precieux de la sage Minerve, qui paroissant sous la figure de Mentor, fit semblant de les avoir reçues d'un excellent ouvrier de Salante; mais qui les avoit fait faire à Vulcain dans les cavernes fumantes du Mont Etna.

Ces armes étoient polies comme une glace, & brillantes comme les rayons du Soleil. On y voyoit Neptune & Pallas qui disputoient entr'eux à qui auroit la gloire de donner son

D v

nom à une ville naissante. Neptune de son trident frappoit la terre, on en voyoit sortir un cheval fougueux. Le feu sortoit de ses yeux & l'écume de sa bouche. Ses cris flottoient au gré du vent: ses jambes souples & nerveuses se replioient avec rigueur & legereté. Il ne marchoit point, il alloit à force de reins, mais avec tant de vitesse, qu'il ne laissoit aucune trace de ses pas: on croyoit l'entendre hennir.

De l'autre coté Minerve donnoit aux habitans de sa nouvelle ville l'olive, fruit de l'arbre qu'elle avoit planté. Le rameau auquel pendoit son fruit, representoit la douce paix avec l'abondance, préferable aux troubles de la guerre, dont ce cheval étoit l'image. La Déesse demeuroit victorieuse par ses dons simples & utiles, & la superbe Athenes portoit son nom.

L'on voyoit aussi Minerve assemblant autour d'elle tous les beaux arts, qui étoient des enfans tendres & aîlez. Ils se refugioient autour d'elle, étant épouvantez des fureurs brutales de Mars, qui ravage tout : comme les agneaux bélans se refugient autour de leur mere, à la vuë d'un loup affamé, qui d'une gueule beante & enflamée, s'élance pour les devorer. Minerve d'un visage dedaigneux & irrité, confondoit par l'excellence de ses ouvrages la folle temerité d'Arachné, qui avoit osé disputer avec elle pour la perfection des tapisseries. On voyoit cette malheureuse, dont tous les membres extenuez se defiguroient, & se changeoient en arraignée.

Auprès de cet endroit paroissoit encore Minerve, qui dans la guerre des Geans, servoit de conseil à Jupiter même, & soutenoit tous les autres Dieux étonnez. Elle étoit aussi representée avec sa lance & son Egide sur les bord du Xanthe & du Simoïs, menant Ulysse par la main, ranimant les troupes fugitives des Grecs, soutenant les efforts des plus vaillants Capitaines Troyens, & du redoutable Hector même : enfin introduisant Ulysse dans cette fatale machine, qui devoit dans une seule nuit renverser l'Empire de Priam.

D'un autre côté le bouclier representoit Cerés dans les fertiles campagnes d'Enne qui sont au milieux de la Sicile. On voyoit la Déesse qui rassembloit les peuples épars çà & là cherchans leur nourriture par la chasse, ou cueillans les fruits sauvages qui tomboient des arbres. Elle montroit à ces hommes grossiers l'art d'adoucir la terre, & de tirer de son sein fécond leur nouriture. Elle leur presentoit une charuë, & y faisoit atteller des Bœufs. On voyoit la terre s'ouvrir en sillons par le tranchant de la charuë, puis on appercevoit les moissons dorées qui couvroient ces fertiles campagnes. Le moissonneur avec la faulx coupoit les doux fruits de la terre, & se payoit de toutes ses peines. Le fer destiné ailleurs à tout détruire, ne paroissoit employé en ce lieu qu'à préparer l'abondance, & à faire naitre tous les plaisirs.

Les Nimphes couronées de fleurs dansoient ensemble dans une prairie sur le bord d'une riviere auprès d'un boccage. Pan joüoit de la flute : les Faunes & les Satyres folatres sautoient dans un coin. Bacchus y paroissoit aussi couronné de lierre, appuyé d'une main sur son thyrse, & tenant de l'autre une vigne ornée

D vj

de pampres, & de plusieurs grapes de raisins. C'étoit une beauté molle, avec je ne sçai quoi de noble, de passionné, & de languissant. Il étoit tel qu'il parut à la malheureuse Arradné, lorsqu'il la trouva seule, abandonnée & abimée dans la douleur sur un rivage inconnu.

Enfin on voyoit de toute part un peuple nombreux, des vieillards qui aloient porter dans les temples les prémices de leurs fruits; de jeunes hommes qui revenoient vers leurs épouses, lassez du travail de la journée. Les femmes alloient au-devant d'eux, menant par la main leurs petits enfans, quelles caressoient. On voyoit aussi des Bergers qui paroissoient chanter, quelques-uns dansoient au son du chalumeau. Tout representoit la paix, l'abondance des délices; tout paroissoit riant & heureux. On voyoit même dans les paturages les loups se joüer au milieux des moutons Le Lion & le Tygre ayant quitté leur ferocité paissoient avec les tendres agneaux. Un petit Berger les menoit ensemble sous sa houlette, & cette aimable peinture rapelloit tous les charmes de l'âge d'or.

Telemaque s'étant revêtu de ces armes divines, au lieu de prendre son bouclier ordinaire, prit la terrible Egide que Minerve lui avoit envoyée, en la confiant à Iris, prompte messagere des Dieux. Iris lui avoit enlevé son bouclier sans qu'il s'en apperçut, & lui avoit donné en la place cette Egide redoutable aux Dieux mêmes.

En cet état, il court hor du camp pour en éviter les flâmes, il appelle à lui d'une voix forte tous les Chefs de l'armée, & cette voix ranime déja tous les Alliez éperdus. Un feu divin étincelle dans les yeux du jeune guerrier. Il paroit toujours doux, toujours libre & tranquille, toujours appliqué à donner des ordres comme pourroit faire un sage vieillard attentif à regler sa famille, & à instruire ses enfans: mais il est prompt & rapide dans l'execution. Semblable à un fleuve impetueux qui non seulement roule avec precipitation ses flots écumeux, mais qui entraine encore dans sa source les plus pesans vaisseaux dont il est chargé.

Philoctete, Nestor, & les Chefs des Manduriens & des autres Nations, sentent dans le fils d'Ulisse je ne sçais quelle autorité à laquelle il faut que tous cedent. L'experience des vieillards leurs manque, le conseil & la sagesse sont ôtez à tous les commandans, la jalousie même si naturelle aux hommes s'éteint dans tous les cœurs; tous se taisent, tous admirent Telemaque, tous se rengent pour lui obéir sans y faire de reflexion, & comme s'ils y eussent été acoutumés. Il s'avance & monte sur une colline, d'où il observe la disposition des ennemis. Puis tout-à-coup il juge qu'il faut se hater de les surprendre dans le desordre où ils se sont mis en brûlant le camp des Alliez. Il fait le tour en diligence; & tous les Capitaines les plus experimentez le suivent. Il attaque les Dauniens par derriere, dans un tems où ils croyent l'armée des Alliez envelopée dans les flames de l'embrasement. Cette surprise les trouble: ils tombent sous la main de Telemaque, comme les feuilles dans les derniers jours de l'Automne tombent dès forets, quand un fier Aquilon ramenant l'hyver, fait gemir les troncs des vieux arbres & en agite toutes les branches. La terre est couverte des hommes que Telemaque renverse. De son dard il perce le cœur d'Iphicles, le plus jeune des enfans d'Adraste. Celui-cy osa se presenter contre lui au combat pour sauver la vie de son pere, qui pensa être surpris par Telemaque. Le fils d'Ulysse & Iphycles étoient tous deux beaux, vigoureux, pleins d'adresse & de courage, de la même taille, de la même douceur, du même age, tous deux cheris de leurs parens: mais Iphycles étoit cõme une fleur qui s'épanoüit dans un champ, qui doit être coupée par le tranchant de la faulx du moissonneur. Ensuite Telemaque renverse Euphorion, le plus celebre de tous les Lydiens venus en Etrurie. Enfin son glaive perce Cleomenes nouveau marié, qui avoit promis à son épouse de lui porter les riches dépoüilles des ennemis; mais qui ne devoit jamais la revoir.

Adraste fremit de rage voyant la mort de son fils, celle de plusieurs Capitaines, & la victoire qui échape de ses mains. Phalante presque abatu à ses pieds est comme une victime à demi égorgée qui se derobe au couteau sacré, & qui s'enfuit loin de l'Autel. Il ne falloit plus à Adraste qu'un moment pour achever la perte du Lacedomonien.

Phalante noyé dans son sang, & dans celui des Soldats qui combattent avec lui, entend les cris de Telemaque qui s'avance pour le secourir. En ce moment la vie lui est renduë, un nuage qui couvroit déja ses yeux se dissipe Les Dauniens sentent cette attaque imprevuë abandonnerent Phalante pour aller repousser un plus dangereux ennemi. Adraste est tel qu'un tygre, à qui des Bergers assemblés arrachent la proye qu'il étoit prêt à dévorer. Telemaque le cherche dans la mêlée, & veut finir tout à coup la guerre, en délivrant les Alliez de leur implacable ennemi.

Mais Jupiter ne voulant pas donner au fils d'Ulysse une victoire si prompte & si facile; Minerve même vouloit qu'il eût à souffrir des maux plus longs, pour mieux apprendre à gouverner les hommes. L'impie Adraste fut donc conservé par le pere des Dieux, afin que Telemaque eût le tems d'acquerir plus de gloire & plus de vertu. Un nuage épais que Jupiter assembla dans les airs, sauva les Dauniens; & un tonnere effroyable déclara la volonté des Dieux. On auroit cru que les voutes éternelles du haut Olympe alloient s'écouler sur les têtes des foibles mortels; les éclairs fendoient la nuë de l'un à l'autre Pole; & dans le moment où ils éblouïssoient les yeux par leurs feux perçans, on retomboit dans les affreuses tenebres de la nuit. Une pluye abondante qui tomba dans l'instant, servit encore à separer les deux armées.

Adraste profita du secours des Dieux, sans être touché de leur pouvoir, & merita par cette ingratitude d'être reservé à une plus cruelle vengeance. Il se hata de faire passer ses troupes entre le camp à demi brulé, & un marais qui s'étendoit jusqu'à la riviere; il le fit avec tant d'industrie & de promptitude que cette retraite montra combien il avoit de ressource & de presence d'esprit. Les Alliez animez par Telemaque, vouloient le poursuivre, mais à la faveur de cet orage, il leur échappa, comme un oiseau d'une aile legere échappe aux filets des chasseurs Les Alliez ne songerent plus qu'à rentrer dans leur camp, & à reparer leur perte. En y entrant, ils virent ce que la guerre à de plus lamantable; les malades & les blessez manquent de force pour se treiner hors des tentes, n'avoient pû se garentir du feu : ils paroissoient à demi brûlez, poussant vers le Ciel d'une voix plaintive & mourante des cris douloureux. Le cœur de Telemaque en fut percé, il ne pû retenir ses larmes, il détourna plusieurs fois ses yeux, étant saisi d'horreur & de compassion : il ne pouvoit voir sans fremir ces corps encore vivans & dévoüez à une longue & cruelle mort ils paroissoient semblables à la chair des victimes qu'on a brulées sur les autels, & dont l'odeur se repand de tous côtez.

Helas ! s'écrioit Telemaque, voilà donc les maux que la guerre entraine aprés elle ! Quelle fureur aveugle pousse les malheureux mortels ! ils ont si peut de jours à vivre sur la terre, ces jours sont si miserables ! pourquoi précipiter une mort déja si prochaine ? pourquoi ajouter tant de désolation affreuses à l'amertume dont les Dieux ont remplit cette vie si courte ? Les hommes sont tous freres & ils s'entredechirent ; les bêtes farouches sont moins cruelles qu'eux. Les lyons ne font point la guerre aux lyons, ni les tygres aux tygres ; ils n'attaquent que les animaux d'espece differente. L'homme seul, malgré sa raison, fait ce que les animaux sans raison ne firent jamais. Mais encore pouquoi ces guerres ? N'y a t'il pas assez de terre dans l'Univers pour en donner à tous les hommes plus qu'ils n'en peuvent cultiver ? Combien y a t'il de terres desertes ? Le genre humain ne sçauroit les remplir. Quoi ! donc une fausse gloire, un vain titre de Conquerant qu'un Prince veut acquerir, allume la guerre dans des païs immenses : Ainsi un seul homme donné au monde par la colere des Dieux, en sacrifie brutalement tant d'autres à sa vanité. Il faut que tout perisse, que tout nage dans le sang, que tout soit devoré par les flames : que tout ce qui échape au fer & au feu, ne puisse échaper à la faim encore plus cruelle, afin que cet homme, qui se joüe de la nature humaine entiere, trouve dans cette destruction generale son plaisir & sa gloire. Quelle gloire monstreuse ! Peu on trop abhorer & trop mépriser des hommes qui ont tellement oublié l'humanité ? Non, non, bien loin d'être des demi-Dieux, ce ne sont pas même des hommes : ils doivent être même en execration dans tous les siécles, dont ils ont cru être admirez. Oh ! que les Rois doivent bien prendre garde aux guerres qu'ils entreprenent ! Elles doivent être justes ; ce n'est pas assez ; il faut qu'elles soient necessaires pour le bien public. Le sang du peuple ne doit être versé que pour sauver ce même peuple dans les besoins extrêmes. Mais les conseils flateurs, les fausses idées de gloire, les vaines jalousies, l'injuste avidité qui se couvre de beaux pretextes ; enfin les engagemens insensibles entrainent presque toujours les Rois dans des guerres qui les rendent malheureux, où ils hazardent tout sans necessité, & où ils font autant de mal à leurs sujets qu'à leurs ennemis. Ainsi raisonnoit Telemaque.

Mais ils ne se coutentoit pas de déplorer les

maux de la guerre ; il tachoit de les adoucir. On le voyoit aller dans les tentes secourir lui même les malades & les mourans ; il leur donnoit de l'argent & des remedes, il les consoloit & les encourageoit par des discours pleins d'amitié, & envoyoit visiter ceux qu'il ne pouvoit visiter lui-même.

Parmi les Crétois qui étoient avec lui, il y avoit deux vieillards, dont l'un se nommoit Traumaphile, & l'autre Nozophuge. Traumaphile avoit été au siege de Troye avec Idomenée, & avoit apris des enfans d'Esculape l'art divin de guérir les playes. Il repandoit dans les blessures les plus profondes & les plus anvenimées, une liqueur odoriferente qui consumoit les chairs mortes & corrompues, sans avoir besoin de faire aucune incision, & qui formoit promptement de nouvelles chairs plus saines & plus belles que les premieres. Pour Nozophuge, il n'avoit jamais vû les enfans d'Esculape : mais il avoit eu par le moyen de Merione un livre sacré & mysterieux qu'Esculape avoit donné à ses enfans. D'ailleurs Nozophuge étoit ami des Dieux ; il avoit composé des Hymnes en l'honneur des enfans de Latona ; il offroit tous les jours le sacrifice d'une brebis blanche & sans tache à Apollon, par lequel il étoit souvent inspiré. A peine avoit-il vû un malade, qu'il connoissoit à ses yeux, à la couleur de son tein, à la conformité de son corps, & à sa respiration, la cause de sa maladie. Tantot il donnoit des remedes qui faisoient suer, & il montroit par le succès des sueurs, combien la transpiration facilite ou diminuë ; ou deconcerte ou retablit toute la machine du corps :

tantôt il donnoit pour les maux de langueur certains breuvages qui fortifioient peu à peu les parties nobles, & qui rajeunissoit les hommes en adoucissant leur sang. Mais il assuroit que c'étoit faute de vertu & de courage que les hommes avoient si souvent besoin de la médecine. C'est une honte, disoit-il, pour les hommes qu'ils ayent tant de maladies; car les bonnes mœurs produisent la santé: leur intemperance, disoit-il encore, change en poisons mortels les alimens destinez à conserver la vie. Les plaisirs pris sans moderation abregent plus les jours des hommes, que les remedes ne peuvent les prolonger. Les pauvres sont moins souvent malades faute de nouriture, que les riches ne le deviennent pour en prendre trop. Les alimens qui flatent trop le goût, & qui font menger au dela du besoin empoisonnent au lieu de nourir. Les remedes sont eux-mêmes de veritables maux qui ruinent la nature, & dont il ne faut se servir que dans les pressans besoin. Le grand-remede qui est toujours innocent, & toujours d'un usage utile, c'est la sobrieté, c'est la temperence dans tous les plaisirs, c'est la tranquillité de l'esprit, c'est l'exercice du corps. Par là on fait un sang doux & temperé, on dissipe toutes les humeurs superfluës. Ainsi le sage Nozophuge étoit moins admirable par ses remedes, que par le regime qu'il conseilloit pour prevenir les maux, & pour rendre les remedes inutiles.

Ces deux hommes furent envoyez par Telemaque, pour visiter tous les malades de l'armée; ils en guerirent beaucoup par leurs remedes, mais ils en guerirent bien davantage par le soin qu'ils prirent pour les faire servir à propos ; car ils s'appliquoient à les tenir proprement, à empêcher le mauvais air par cette propreté, à leur faire garder un regime de sobrieté exacte dans leur convalescence. Tous les Soldats touchez de ces secours, rendoient graces aux Dieux d'avoir envoyé Telemaque dans l'armée des alliez.

Ce n'est pas un homme, disoient-ils ; c'est sans doute quelque Divinité bienfaisante sous une figure humaine. Du moins si c'est un homme, il ressemble moins au reste des hommes qu'aux Dieux ; il n'est sur la terre que pour faire du bien. Il est encore plus aimable par sa douceur & par sa bonté que par sa valeur. O si nous pouvions l'avoir pour Roi! mais les Dieux le reservent pour quelque peuple plus heureux qu'ils cherissent, & chez lequel il veulent renouveller l'age d'or.

Telemaque, pendant qu'il alloit la nuit visiter les quartiers du camp par precaution contre les ruses d'Adraste, entendoit ces loüanges qui n'étoient point suspectes de flaterie, comme celle que les flatteurs donnent souvent en face aux Princes, supposent qu'ils n'ont ni modestie, ni délicatesse, & qu'il n'y a qu'à les loüer sans mesure pour s'emparer de leur faveur. Le fils d'Ulysse ne pouvoit gouter que ce qui étoit vrai. Il ne pouvoit souffrir d'autres loüanges que celle qu'on lui donnoit en secret loin de lui, & qu'il avoit veritablement méritées. Son cœur n'étoit pas insensible à celles-là ; il sentoit ce plaisir si doux & si pur, que les Dieux ont attaché à la seule vertu, & les méchans, faute de l'avoir éprouvé, ne pouvoit ni concevoir, ni croire : mais il ne s'abandonnoit point à ce plaisir ; aussi-tôt revenoient en foule dans son esprit toutes les fautes qu'il avoit faites ; il n'oublioit point sa hauteur naturelle & son indifference pour les hommes : il avoit une honte secrete d'être né si dur, & de paroitre si inhumain. Il renvoyoit à la sage Minerve toute la gloire qu'on lui donnoit, & qu'il ne croyoit pas meriter.

C'est vous, disoit-il, ô grande Déesse, qui m'avez donné Mentor pour m'instruire & pour corriger mon mauvais naturel. C'est vous qui me donnez la sagesse de profiter de mes fautes pour me défier de moi-même, c'est vous qui retenez mes passions impetueuses ; c'est vous qui me faites sentir le plaisir de soulager les malheureux ; sans vous je serois haï & digne de l'être ; sans vous je ferois des fautes irreparables ; je serois comme un enfant, qui ne sentant pas sa foiblesse, quitte sa mere, & tombe dès le premier pas.

Nestor & Philoctete étoient étonnez de voir Telemaque devenu si doux, si attentif à obliger les hommes, si officieux, si secourable, si ingenieux pour prevenir tous les besoins ; ils ne sçavoient que croire ; ils ne reconnoissoient plus en lui le même homme. Ce qui les surprit davantage, fut le soin qu'il prit des funerailles d'Hippias ; il alla lui-même retirer son corps sanglant & défiguré, de l'endroit où il étoit caché sous un monceau de corps morts il versa sur lui des larmes pieuses ; il dit : O grande ombre ! tu le sçais maintenant combien j'ai estimé ta valeur. Il est vrai que ta fierté m'avoit irrité ; mais tes défauts venoient d'une jeunesse ardente. Je sçai combien cet âge a besoin qu'on lui pardonne : nous eussions dans la suite été sincerement unis : j'avois tort de mon coté, ô Dieux pourquoi! me le ravir, avant que j'aye pû le forcer de m'aimer.

Ensuite Telemaque fit laver le corps dans des liqueurs odoriferentes ; puis on prepara par son ordre un bucher. Les plus grands pins gémissent sous les coups des haches, tombent en roulant du haut des montagnes. Les chênes, ces vieux enfans de la terre qui sembloient menacer le Ciel ; les hauts peupliers, les ormeaux, dont les têtes sont si vertes & si ornées d'un épais feüillage, les hêtres qui font l'honneur des forêts, viennent tomber sur le bord du fleuve Galese. Là s'éleve avec ordre un bucher qui ressemble à un batiment regulier, la flame commence à paroitre, un tourbillon de fumée monte jusqu'au Ciel. Les Lacedemoniens s'avancent d'un pas lent & lugubre, tenant leurs picques renversées & leurs yeux baissez : la douleur amere est peinte sur ces visages farouches, & les larmes coulent abondamment, puis on voyoit venir Pherecide, vieillard moins abbatu par le nombre des années, que par la douleur de survivre à Hippias qu'il avoit élevé depuis son enfance. Il levoit vers le ciel ses mains, & ses yeux noyez de larmes. Depuis la mort d'Hippias il se refusoit toute nourriture ; le doux sommeil n'avoit pû appesantir ses paupieres, ni suspendre un moment sa cuissante peine, il marchoit d'un pas tremblant, suivant la foule, & ne sçachant où il alloit. Nulle parole ne sortoit de sa bouche, car son cœur étoit trop serré; c'étoit un silence de desespoir & d'abattement. Mais quand il vit le bucher allumé, il parut tout à coup serieux, & il s'écria : O Hippias, Hippias! je ne te verrai plus: Hippias n'est plus, & je vis encore ! O mon cher Hippias ! C'est moi cruel, moi impitoyable qui t'ai appris à mépriser la mort ; je croyois que tes mains fermeroient mes yeux, & que tu recueillirois mon dernier soupir. Dieux cruels ! vous prolongez ma vie pour me faire voir la fin de celle d'Hippias ! O cher enfant que j'ai nourri, & qui m'a couté tant de soins, je ne te reverrai plus, mais je verrai ta mere qui mourra de tristesse en me reprochant ta mort ! je verrai ta jeune épouse frappant sa poitrine, arrachant ses cheveux, & j'en serai cause. O chere ombre, appelle-moi sur les rives du Styx, la lumiere m'est odieuse ; c'est toi seul mon cher Hippias, que je veux revoir. Hippias ! Hippias ! ô mon cher Hippias ! je ne vis encore que pour rendre à tes cendres le dernier devoir.

Cependant on voyoit le corps du jeune Hippias étendu, qu'on portoit dans un cercueil orné de pourpre d'or & d'argent : la mort qui avoit éteint ses yeux, n'avoit pû effacer toute sa beauté, les graces étoient encore à demi peintes sur son visage pâle ; on voyoit floter au tour de son cou plus blanc que la neige, mais panché sur l'épaule, ses longs cheveux noirs plus beaux que ceux d'Atys ou de Ganimede, qui alloient être reduits en cendres : on remarquoit dans le coté la blessure profonde par où tout son sang s'étoit écoulé, & qui l'avoit fait descendre dans le sombre Royaume de Pluton.

Telemaque triste & abatu suivoit de près le corps, & lui jettoit des fleurs. Quand on fut arrivé du bucher, le fils d'Ulysse ne peut voir la flame penetrer les étoffes qui envelopoient le corps, sans rapendre de nouvelles larmes. Adieu, dit-il ô magnanime Hippias; car je n'ose te nommer mon ami; appaise-toi, ô ombre, qui a merité tant de gloire, si je ne t'aimois, j'envierois ton bonheur: tu es delivré des miseres où nous sommes encore, & tu es sortit par le chemin le plus glorieux. Helas! que je serois heureux de finir de même! que le Styx n'arrête point ton ombre; que les Champs Elisées lui soient ouverts; que la renommée conserve ton nom dans tous les siécles, & que tes cendres reposent en paix.

A peine eut il dit ces paroles entremêlées de soupirs, que toute l'armée poussa un cri: on s'attendrissoit sur Hippias, dont on racontoit les grandes actions; la douleur de sa mort rappellant toutes ses bonnes qualitez, faisoit oublier les défauts qu'une jeunesse impetueuse & une mauvaise éducation lui avoient donnée: mais on étoit encore plus touché des sentimens tendres de Telemaque. Est ce donc là disoit-on, ce jeune Grec si fier, si hautain, si dédaigneux, si intraitable? Le voilà devenu doux, humain, tendre; sans doute Minerve qui a tant aimé son pere, l'aime aussi; sans doute Elle lui a fait les plus precieux dons que les Dieux puissent faire aux hommes, en lui donnant avec la sagesse un cœur sensible à l'amitié.

Le corps étoit déja consumé par les flames Telemaque lui-même arosa de liqueur parfumée ces cendres encore fumantes, puis il les mit dans une urne d'or qu'il couronna de fleurs

& il porta cette urne à Phalante: celui-ci étoit étendu, percé de diverses blessures, & dans son extreme foiblesse, il entrevoyoit prés de lui les portes sombres des enfers.

 Déja Traumaphile & Nozophuge, envoyé par le fils d'Ulysse, lui avoit donné tous les secours de leur art: il rapelloient peu à peu son ame prête à s'envoler: de nouveaux esprits le ranimoient insensiblement: une force douce & pénétrante, un baume de vie s'insinuoit de veine en veine jusqu'au fond de son cœur; une chaleur agréable le déroboit aux mains glacée de la mort. En ce moment la défaillance cessant la douleur succeda; il commença à sentir la perte de son frere, qu'il n'avoit point été jusqu'alors en état de sentir. Hélas! disoit-il, pourquoi prend-on de si grands soins de me faire vivre? Ne vaudroit-il pas mieux mourir & suivre mon cher Hippias? Je l'ai vû perir tout auprès de moi: O Hippias! la douceur de ma vie, mon frere, mon cher frere, tu n'es plus, je ne pourrai donc plus ni te voir, ni t'entendre, ni t'embrasser, ni te dire mes peines, ni te consoler dans les tiennes. O Dieux! ennemis des hommes, il n'y a plus d'Hippias pour moi. Est-il possible! Mais n'est-ce point un songe? Non il n'est que trop vrai, ô Hippias! Je t'ai perdu je t'ai vû mourir, & il faut que je vive encore autant qu'il sera necessaire pour te venger, je veux immoler à tes manes le cruël Adraste teint de ton sang.

 Pendant que Phalante parloit ainsi, les deux hommes divins tachoient d'apaiser sa douleur, de peur qu'elle n'augmenta ses maux, & n'empêchat l'effet des remedes. Tout-à-coup il apperçoit Telemaque qui se presente à lui. D'abord son cœur fut combattu par deux passions contraires ; il conservoit un ressentiment de tout ce qui s'étoit passé entre Telemaque & Hippias: la douleur de la perte d'Hippias rendoit ce ressentiment encore plus vif. D'un autre côté il ne pouvoit ignorer qu'il devoit la conservation de sa vie à Telemaque, qui l'avoit tiré sanglant & à demi mort des mains d'Adraste. Mais quand il vit l'urne d'or, où étoient renfermées les cendres si cheres de son frere Hippias, il versa un torent de larmes, il embrassa d'abord Telemaque sans pouvoir lui parler, & lui dit enfin d'une voix languissante & entrecoupée de sanglots.

Digne fils d'Ulysse, votre vertu me force à vous aimer, je vous doit ce reste de vie qui va s'éteindre ; mais je vous dois quelque chose qui m'est bien plus cher. Sans vous le corps de mon frere auroit été la proye des vautours, sans vous son ombre privée de la sepulture, seroit malheureusement érante sur les rives du Styx, toujours repoussée par l'impitoyable Caron. Faut-il que je doive tant à un homme que j'ai tant haï ? O Dieux ! récompensez le, & délivrez-moi d'une vie si malheureuse. Pour vous, ô Telemaque, rendez-moi les derniers devoir que vous avez rendus à mon frere, afin que rien ne manque à votre gloire.

A ces paroles Phalante demeura épuisé & abattu d'un excez de douleur. Telemaque se tint auprès de lui sans oser lui parler, & attendant qu'il reprit ses forces. Bien-tot Phalante revenant de cete défaillance, prit l'urne des mains de Telemaque, la baisa plusieurs fois, l'arrosa de ses larmes, & dit : O cheres, ô précieuses cendres ! quand est-ce que les miennes seront renfermées avec vous, dans cette même urne ? O ombre d'Hippias ! je te suis dans les enfers : Telemaque nous vangera tous deux.

Cependant le mal de Phálante diminua de jour en jour par les soins des deux hommes qui avoient la science d'Esculape. Telemaque étoit sans cesse avec eux auprès du malade, pour les rendre plus attentifs à avancer sa guérison : & toute l'armée admiroit bien plus la bonté de cœur avec laquelle il secouroit son plus grand ennemi, que la valeur & la sagesse qu'il avoit montré en sauvant dans la bataille l'armée des Alliez. En même tems Telemaque se montroit infatigable dans les plus rudes traveaux de la guerre; il dormoit peu & son sommeil étoit souvent interrompu, ou par les avis qu'il recevoit à toutes les heures de la nuit, comme du jours, ou par la visite de tous les quartiers du camp qu'il ne faisoit jamais deux fois de suite aux mêmes heures, pour mieux surprendre ceux qui n'étoient pas assez vigilans. Il revenoit souvent dans sa tente couvert de sueur & de poussiere ; sa nourriture étoit simple ; il vivoit comme les Soldats pour leur donner l'exemple de la sobrieté & de la patience.

L'armée ayant peu de vivres dans ce campement, il jugea à propos d'arrêter les murmures des Soldats, en souffrant lui-même volontairement les mêmes incommoditez qu'eux Son corps loin de s'affoiblir dans une vie si penible, se fortifioit & s'endurcissoit chaque jour : il commençoit à n'avoir plus ces graces si tendres, qui sont comme la fleur de

E ij

la premiere jeuneſſe, ſon teint devenoit plus brun & moins délicat ; ſes membres moins mols & plus nerveux.

Fin du dix-ſeptiéme Livre.

LES AVANTURES
DE
TELEMAQUE
FILS D'ULYSSE.
LIVRE DIX-HUITIE'ME.

SOMMAIRE.

Telemaque persuadé par divers songes que son pere Ulysse n'est plus sur la terre, execute son dessein de l'aller chercher dans les Enfers. Il se dérobe du Camp, étant suivi de deux Crétois jusqu'à un Temple près de la fameuse Caverne d'Acherontia. Il s'y enfonce au milieu des tenebres, arrive au bord du Styx, & Caron le reçoit dans sa barque. Il se va présenter devant Pluton, qu'il trouve preparé à lui permetre de chercher son pere. Il renverse la Tartare, où il voit les tourmens que souffrent les ingrats, les parjures, les hypocrites, & sur tout les mauvais Rois.

ADRASTE dont les troupes avoient été considerablement affoiblies dans le combat, s'étoit retiré derriere la montagne d'Aulon pour attendre divers secours & pour tacher de surprendre encore une fois ses ennemis. Semblable à un lion affamé qui ayant été repoussé d'une bergerie, s'en retourne dans les sombres forêts, & rentre dans sa caverne, où il éguise ses dents & ses griffes, attendant le moment favorable pour égorger tous les troupeaux.

Telemaque ayant pris soin de mettre une exacte discipline dans tout le camp: ne songea plus qu'à executer un dessein qu'il avoit conçu, & qu'il cacha à tous les Chefs de l'armée. Il y avoit déja long-tems qu'il étoit agité pendant toutes les nuits par des songes qui lui representoient son pere Ulysse. Cette chere image revenoit toujours sur la fin de la nuit avant que l'aurore vint chasser du Ciel par ses feux naissans les inconstâtes étoiles, & dedessus la terre le doux sommeil suivi des songes voltigeans. Tantot il croyoit voir Ulysse nud dans une Isle fortunée, sur la rive d'un fleuve, dans une prairie ornée de fleurs, & environné de Nymphes qui lui jettoient des habits pour se couvrir. Tantôt il croyoit l'entendre parler dans un Palais tout éclatant d'Or & d'Yvoire, où des hommes couronnez de fleurs l'écoutoient avec plaisir & admiration. Souvent Ulysse lui apparoissoit tout-à coup dans des festins où la joye éclatoit parmi les délices, & où l'on entendoit les tendres acords d'une voix avec une lyre plus douce que la lyre d'Apollon, & que les voix de toutes les Muses.

Telemaque en s'éveillant s'attristoit de ces songes si agréables. O mon pere! ô mon cher pere Ulysse! s'écrioit-il, les songes les plus affreux me seroient plus doux. Ces images de felicité me font comprendre que vous êtes déja descendu dans le sejour des ames bien-heureuses, que les Dieux recompensent de leurs vertus par une éternelle tranquillité. Je crois voir les Champs Elisées. O qu'il est cruel de n'esperer plus! Quoi donc, ô mon cher pere! je ne vous verrai jamais? jamais je n'embrasserai celui qui m'aimoit tant, & que je cherche avec tant de peine: jamais je n'entendrai parler cette bouche d'où sortoit la sagesse: jamais je ne baiserai ces mains, ces cheres mains, ces mains victorieuses qui ont abbatu tant d'ennemis! elle ne puniront point les insensez amans de Penelope, & Ithaque ne se relevera jamais de sa ruine. O Dieux ennemis de mon pere! vous m'envoyez ces songes funestes pour arracher toute esperāce de mon cœur; c'est m'arracher la vie. Non je ne puis plus vivre dans cette incertitude. Que dis-je! hélas! je ne suis que trop certain que mon pere n'est plus; je vais chercher son ombre jusques dans les enfers. Thesée y est bien descendu; Thesée, cet impie, qui vouloit outrager les Divinitez infernales: & moi j'y vais conduit par la pieté. Hercule y descendit. Je ne suis pas Hercule: mais il est beau d'oser l'imiter. Orphée a bien touché par le recit de ses malheurs le cœur de ce Dieu, qu'on dépeint comme inexorable: il obtint de lui qu'Euridice retourneroit parmi les vivās. Je suis plus digne de compassion qu'Orphée; car ma perte est plus grande. Qui pourra comparer une jeune fille semblable à tant d'autres; avec le sage Ulysse admiré de toute la Grece? Allons, mourons s'il le faut. Pourquoi craindre la mort, quand on souffre dans la vie? O Pluton! ô Proserpine! j'éprouverai bien-tot si vous êtes aussi impitoyables qu'on le dit. O mon pere! après avoir parcouru envain les terres & les mers pour vous trouver, je vais voir si vous n'êtes

E iv

point dans les sombres demeures des morts. Si les Dieux me refusent de vous posseder sur la terre, & de joüir de la lumiere du Soleil, peut-être ne me refuseront ils pas de voir au moins votre ombre dans le Royaume de la nuit.

En disant ces paroles, Telemaque arosoit son lit de ses larmes ; auſſi tot il se levoit, & cherchoit par la lumiere à soulager la douleur cuisante que ces songes lui avoient causé. Mais c'étoit une fléche qui avoit percé son cœur, & qu'il portoit par tout avec lui. Dans cette peine il entreprit de descendre aux enfers par un lieu celebre qui n'étoit pas éloigné du camp, on l'appelloit *Acherontia*, à cause qu'il y avoit en ce lieu une caverne affreuse de laquelle on descendoit sur les rives de l'Acheron, par lequel les Dieux mêmes craignent de jurer. La Ville étoit sur un rocher, posé comme un nid sur le bord d'un arbre. Au pied de ce rocher, on trouvoit la caverne, de laquelle les timides mortels n'osoient aprocher. Les Bergers avoient soin d'en détourner leurs troupeaux ; la vapeur souffrée du marais Stygien, qui s'éxhaloit sans cesse par cette ouverture, empestoit l'air. Tout autour il ne croissoit ni herbe ni fleurs : on n'y sentoit jamais les doux Zéphirs, ni les graces naissantes du Printems, ni les riches dons de l'Automne. La terre aride y languissoit : on y voyoit seulement quelques arbustres dépoüilles & quelques cyprès funeste. Au loin même tout à lentour. Cerés refusoit aux laboureurs ses moissons dorées. Bachus sembloit envain y promettre ses doux fruits; les grapes du Raisins se déſſechoient au lieu de se meurir. Les Nagades tristes, ne faisoient point couler une onde pure, leurs flots étoient toujours amers & troubles. Les oiseaux ne chantoient jamais dans cette terre herissée de ronces & d'épines, & n'y trouvoient aucun bacage pour se retirer. Ils alloient chanter leurs amours sous un Ciel plus doux. Là on n'entendoit pas le croassement des Corbeaux, & la voix lugubre des hiboux : l'herbe même y étoit amere, & les troupeaux qui la paissoient ne sentoient point la douce joye qui les faits bondir. Le Taureau fuyoit la genisse, & le Berger tout abbattu oublioit sa musette & sa flute.

De cette caverne sortoit de tems en tems une fumée noire & épaisse, qui faisoit une espece de nuit au milieu du jour. Les Peuples voisins redoubloient alors les sacrifices pour appaiser les Divinitez infernales : mais souvent les hommes à la fleur de leur âge, & dès leur plus tendres jeunesse, étoient les seules victimes que ces Divinitez cruelles prenoient plaisir à immoler par une funeste contagion.

C'est là que Telemaque resolut de chercher le chemin de la sombre demeure de Pluton. Minerve qui veilloit sans cesse sur lui, & qui le couvroit de son Egide, lui avoit rendu Pluton favorable. Jupiter même, à la priere de Minerve, avoir ordonné à Mercure qui descend chaque jour aux enfers pour livrer à Caron certain nombre de morts, de dire au Roi des ombres qu'il laissat entrer le fils d'Ulysse dans son empire.

Telemaque se dérobe du camp pendant la nuit ; il marche à la clarté de la Lune, & il invoque cette puissante divinité, qui étant

E v.

dans le Ciel l'astre brillant de la nuit, & sur la terre la chaste Diane, & aux enfers la redoutable Hecate. Cette Divinité écouta favorablement ses vœux, parce que son cœur étoit pur, & qu'il étoit conduit par l'amour pieux qu'un fils doit à son pere.

A peine fut-il auprès de l'entrée de la caverne, qu'il entendit l'Empire souterain mugir. La terre trembloit sous ses pas; le Ciel s'arma d'éclairs & de feux, qui sembloient tomber sur la terre. Le jeune fils d'Ulysse sentit son cœur ému, & tout son corps étoit couvert d'une sueur glacée; mais son courage le soutint: il leva les yeux & les mains au Ciel. Grands Dieux! s'écria-t'il, j'accepte ces présages, que je crois heureux: achevez votre ouvrage; & redoublant ses pas, il se présenta hardiment.

Aussi-tot le fumée épaisse, qui rendoit l'entrée de la caverne funeste à tous les animaux, dès qu'ils en approchoient, se dissipa; l'odeur empoisonnée cessa pour un peu de tems, Telemaque entra seul, car quel autre mortel eût osé le suivre? Deux Crétois qui l'avoient accompagné jusqu'à une certaine distance de la caverne, & ausquels il avoit confié son dessein, demeurerent tremblans & à demi morts assez loin de là, dans un Temple faisant des vœux & n'esperant plus de voir Telemaque.

Cependant le fils d'Ulysse l'épée à la main, s'enfonce dans ces tenebres horribles. Bientot il apperçoit une foible & sombre lueur, telle qu'on la voit pendant la nuit sur la terre il remarque les ombres légeres qui voltigent autour de lui; il les écarte avec son épée, ensuite il voit les tristes bords du fleuve marécageux, dont les eaux bourbeuses & dormantes ne font que tournoyer : il decouvre sur ce rivage une foule innombrable de morts privez de la sepulture, qui se presentent en vain à l'impitoyable Caron. Ce Dieu, dont la vieillesse éternelle est toujours triste & chagrine, mais pleine de vigueur, les menace, les repousse, & admet d'abord dans sa barque le jeune Grec. En entrant, Telemaque entend les gemissemens d'une ombre qui ne pouvoit se consoler.

Quel est donc, lui dit-il, votre malheur, qui étiez vous sur la terre ? J'étois lui répondit cet ombre ; Nabopharzan, Roi de la superbe Babylone : Tous les Peuples de l'Orient trembloient au seul bruit de mon nom ; je me faisoit adorer par les Babyloniens dans un Temple de marbre, où j'étois representé par une Statuë d'or, devant laquelle on brûloit nuit & jour les plus précieux parfums de l'Ethiopie ; jamais personne n'osa me contredire sans être aussi-tôt puni; on inventoit chaque jours de nouveaux plaisirs pour me rendre la vie plus délicieuse ; j'étois encore jeune & robuste. Helas ! que de prosperitez ne me restoit-il pas encore à goûter sur le Trône ! Mais une femme que j'aimois, & qui ne m'aimoit pas, m'a bien fait sentir que je n'étois pas Dieu; elle m'a empoisonné, je ne suis plus rien ; on mit hier avec pompe mes cendres dans une urne d'or : on pleura on s'arrache les cheveux : on fit semblant de vouloir se jetter dans les flames de mon bucher, pour mourir avec moi : on va encore gemir au pied du superbe tombeau où l'on a mis mes cendres : mais personne ne me regrette, ma memoire est en horreur, même dans ma famille; & ici bas je souffre d'éja d'horribles traitemens.

Telemaque touché de cet spectacle, lui dit, Etiez-vous veritablement heureux pendant votre regne: Sentiez-vous cette douce paix, sans laquelle le cœur demeure toujours serré & flétri au milieu des délices? Non, répondit le Babilonien, je ne sçai même ce que vous voulez dire. Les sages vantant cette paix comme l'unique bien; pour moi je ne l'ai jamais sentie: mon cœur étoit sans cesse agité de désirs nouveaux, de crainte & d'esperance. Je tâchois de m'étourdir moi-même par l'ébranlement de mes passions: j'avois soin d'entretenir cette yvresse pour la rendre continuelle; le moindre intervale de raison tranquille m'eût été trop amer. Voilà la paix dont j'ai joüi, tout autre me paroit une fable & un songe. Voilà les biens que je regrette.

En parlant ainsi, le Babilonien pleuroit comme un homme lâche qui a été amoli par les prosperiez, & qui n'est point accoutumé à suporter constamment un malheur. Il avoit auprès de lui quelques esclaves qu'on avoit fait mourir pour honnorer ses funerailles. Mercure les avoit livrez à Caron avec leur Roi, & leur avoit donné une puissance absoluë sur ce Roi qu'il avoient servi sur la terre. Ces ombres d'esclaves ne craignoient plus l'ombre de Nabopharzan, elle là tenoient enchainée, & lui faisoient les plus cruelles indignitez. L'un lui disoit: N'étions nous pas hommes aussi-bien que toi? Comment étoit-tu assez insensé pour te croire un Dieu? & ne falloit-pas te souvenir que tu étois de la race des autres hommes ? Un autre pour lui insulter, disoit: Tu avois raison de ne vouloir pas qu'on te prît pour un homme; car tu étois un monstre sans humanité. Un autre lui disoit: Hé bien! où sont maintenant tes flateurs? Tu n'as plus rien à donner, malheureux; tu ne peux plus faire aucun mal; te voilà devenu esclave de tes esclaves mêmes. Les Dieux sont lens à faire justice, mais enfin ils la font.

A ces dures paroles, Nabopharzan se jettoit le visage contre terre, arrachant ses cheveux dans un excez de rage & de desespoir. Mais Caron disoit aux esclaves : Tirez-le par sa chaîne : relevez le malgré lui, il n'aura pas même la consolation de cacher sa honte : il faut que toutes les ombres de Styx en soient témoins, pour justifier les Dieux qui ont souffert si long temps que cet impie regnat sur la terre. Ce n'est encore là, ô Babylonien que le commencement de tes douleurs; prépare-toi à être jugé par l'inflexible Minos Juge des enfers.

Pendant ce discours du terrible Caron, la barque touchoit déja le rivage de l'Empire de pluton; toutes les ombres accouroient pour considerer cet homme vivant, qui paroissoit au milieu de ces morts dans la barque; mais dans le moment où Telemaque mit pied à terre, elles s'enfuirent; semblable aux ombres de la nuit, que la moindre clarté du jour dissipe. Caron montrant au jeune Grec un front moins ridé & des yeux moins farouches qu'à l'ordinaire, il lui dit : Mortel cheri des Dieux puisqu'il t'est donné d'entrer dans le Royaume de la nuit, inacessible aux autres vivans, hâte toi d'aller où les destins t'appellent : va par ce chemin sombre au Palais de Pluton, que tu trouveras sur son Trône, il te permetra d'entrer dans les lieux dont il m'est defendu de te découvrir le secret.

Aussi-tot Telemaque s'avance à grand pas : il voit de tous côtez voltiger des ombres plus nombreuses que les grains de sable qui couvrent les rivages de la mer, & dans l'agitation de cette multitude infinie, il est saisi d'une horreur divine, observant le profond silence de ces vastes lieux. Ses cheveux se dressent sur sa tête, quand il aborde le noir sejours de l'impitoyable Pluton, ils sent ses genoux chancelans, la voix lui manque ; & c'est avec peine qu'il peut pronôcer au Dieu ces paroles: Vous voyez, ô terrible Divinité, le fils du malheureux Ulysse ; je viens vous demander si mon pere est descendu par votre Empire, où s'il est encore errant sur la terre.

Pluton étoit sur un Trône d'Ebene, son visage étoit pale & severe, ses yeux creux & éteincellans, son front ridé & ménaçant. La vûë d'un homme vivant lui étoit odieuse, comme la lumiere offense les yeux des animaux qui ont acoutumé de ne sortir de leurs retraites que pendant la nuit. A son côté paroissoit Proserpine, qui attendoit seule les regards, & & qui sembloit un peu adoucir son cœur ; elle joüissoit d'une beauté toujours nouvelle, mais elle paroissoit avoir joint à ses graces divines je ne sçai quoi de dur & de cruel de son épouse.

Aux pieds du Trone étoit la mort pale & dévorante avec sa faulx tranchante qu'elle aiguisoit sans cesse. Autour d'elle voloient les noirs soucis, les cruelles défiances, les vengeances toutes dégoûtantes de sang, & couvertes de playes ; les haines injustes, l'avarice qui se ronge elle même ; le desespoir qui se déchire de ses propres mains ; l'ambition forcenés qui renverse tout ; la trahison qui veut se repaître de sang, & qui ne peut jouïr des maux qu'elle a faits : l'envie qui verse son venin mortel autour d'elle, & qui se retourne en rage dans l'impuissance où elle est de nuire ; l'impiété qui se creuse elle même un abime sans fond, où elle se précipite sans esperance ; les spectres hidieux, les fantômes qui representent les morts pour epouvanter les vivans : les songes affreux, les insomnies aussi cruelles que les tristes songes. Toutes ces images funestes environnoient le fier Pluton ; & remplissoient le Palais où il habite. Il repondit à Telemaque d'une voix basse, qui fit mugir le fond de l'Erebe : Jeune mortel, le destin t'a fait violer cet azile sacré des hombres, suis ta haute destinée, je ne te dirai point où est ton pere ; il suffit que tu sois libre de le chercher, puisqu'il a été Roi sur la terre ; tu n'as qu'à parcourir d'un côté l'endroit du noir Tartare où les mauvais Rois sont punis, & de l'autre les Champs Elisées où les bons Rois sont recompensez. Mais tu ne peux aller d'ici dans les Champs Elisées, qu'après avoir passé par le Tartare. Hâte-toi d'y aller, & de sortir de mon Empire.

A l'instant Telemaque semble voler dans ces espaces vuides & immenses ; tant il lui tarde de sçavoir s'il verra son pere, & de s'éloigner de la présence horrible du Tyran qui tient en crainte les vivans & les morts : il apperçoit bien-tôt assez près de lui le noir Tartare. il en sortoit une fumée noire & épaisse, dont l'odeur empeftée donneroit la mort, fi elle fe repandoit dans la demeure des vivans : cette fumée couvroit un fleuve de feu, & des tourbillons de flame, dont le bruit femblable à celui des torrens les plus impetueux quand ils s'élancent des plus hauts rochers dans le fond des abimes, faifoient qu'on ne pouvoit rien entendre diftinctement dans ces triftes lieux.

Telemaque secretement animé par Minerve, entre fans crainte dans ce gouffre. D'abord il apperçut un grand nombre d'hommes qui avoient vêcu dans les plus baffes conditions, & qui étoient punis pour avoir cherché les richeffes par des fraudes, des trahifons & des cruautez : il y remarqua beaucoup d'impies hypocrites, qui faifoient femblant d'aimer la Religion, s'en étoient fervis comme d'un beau pretexte pour contenter leur ambition, & pour fe joüer des hommes credules. Ces hommes qui avoient abufé de la vertu même, quoiqu'elle foit le plus grand don des Dieux, étoiét punis comme les plus fcelerats de tous les hommes. Les enfans qui avoient égorgé leurs peres & meres ; les époufes qui avoient trempé leurs mains dans le fang de leurs maris ; les traitres qui avoient livré leur patrie après avoir violé tous les fermens, fouffroient des peines moins cruelles que ces hypocrites. Les trois Juges des enfers l'avoient ainfi voulu, & voici leurs raifons. C'eft que les hypocrites ne fe contentent pas d'être méchans comme le refte des impies, ils veulent encore paffer pour bons, & font par leur fauffe vertu que les hommes n'ofent plus fe fier à la veritable. Les Dieux dont ils fe font joüez, & qu'ils ont rendus méprifables aux hommes, prennent plaisir à employer toute leur puissance pour se vanger de leur insulte.

Auprès de ceux-ci paroissoient d'autres hommes que le vulgaire ne croit guerre coupables & que la vengeance divine poursuit impitoyablement : ce sont les ingrats, les menteurs, les flateurs qui ont loué le vice ; les critiques malins qui ont tâché de flétrir la plus pure vertu. Enfin ceux qui ont jugé temerairement des choses sans les connoitre à fond, & qui par-là ont nui à la réputation des innocens.

Mais parmi toutes les ingratitudes, celle qui étoit punie comme la plus noire, c'est celle qui se commet envers les Dieux. Quoi donc, disois Minos, on passe pour un monstre, quand on manque de reconnoissance pour son pere ou pour son ami de qui on a reçu quelques secours, & on fait gloire d'être ingrat envers les Dieux de qui on tient la vie & tous les biens qu'elle renferme ! Ne leur dit-on pas sa naissance plus qu'au pere & à la mere de qui on est né. Plus les crimes sont impunis & excusez sur la terre, plus ils sont dans les enfans l'objet d'une vengeance implacable à qui rien n'échappe.

Telemaque voyant les trois Juges qui étoiet assis, qui condamnoient un homme, osa leur demander quels étoient ses crimes. Aussi-tôt le comdamné prenant la parole, s'écria ; Je n'ai jamais fait aucun mal ; j'ai mis tout mon plaisirs à faire du bien ; j'ai été magnifique, liberal, juste, compatissant ; que peut-on donc me reprocher ? Alors Minos lui dit : On ne te reproche rien à l'égard des hommes : mais ne devois-tu pas moins aux hommes qu'aux Dieux ? Quelle est donc cette justice dont tu te vantes ? Tu n'a manqué à aucun devoir envers les hommes, qui ne sont rien; Tu as été vertueux ; mais tu as rapporté toute ta vertu à toi même, & non aux Dieux qui te l'avoient donnée ; car tu voulois jouir du fruit de ta propre vertu, & te renfermer en toi-même. Tu as été ta divinité ; mais les Dieux qui ont tout fait, & qui n'ont rien fait que pour eux mêmes, ne peuvent renoncer à leurs droits, tu les a oubliés, ils t'oublieront : ils te livreront à toi même, puisque tu a voulu être à toi, & non pas à eux. Cherche donc maintenant, si tu le peux, ta consolation dans ton propre cœur. Te voilà à jamais separé des hommes ausquels tu a voulu plaire ; te voilà seul avec toi-même, qui étoit ton Idole : apprends qu'il n'y a point de veritable vertu, sans le respect & l'amour des Dieux à qui tout est dû. Ta fausse vertu qui à long-tems éblouit les hommes facile à tromper, va être confondue : les hommes ne jugeant des vices & des vertus, que parce qui les choque ou les accommode, son aveugles & sur le bien & sur le mal. Ici une lumiere divine renverse tous leurs jugemens superficiels, elle comdamne souvent ce qu'ils admirent, & justifie ce qu'ils condamnent.

A ces mots ce Philosophe comme frappé d'un coup de foudre, ne pouvoit se supporter soi-même. La complaisance qu'il avoit euë autrefois à comtempler sa moderation son courage & ses inclinations genereuses, se changent en desespoir : La vûë de son propre cœur ennemi des Dieux devint son supplice. Il se voit, & ne peut cesser de se voir : il voit la vanité des jugemens des hommes, ausquels

LIVRE XVIII.

a voulu plaire dans toutes ses actions. Il se fait une revolution universelle de tout ce qui est au-dedans de lui, comme si on bouleversoit toutes ses entrailles : il ne se trouve plus le même ; tout appui lui manque dans son cœur. Sa conscience, dont le temoignage lui avoit été si doux, s'éleve contre lui, & lui reproche amerement l'égarement & l'illusion de toutes ses vertus, qui n'ont point eu le culte de la divinité pour principe & pour fin ; il est troublé, consterné, plein de honte, de remords & de desespoir. Les furies ne le tourmentent point, parce qu'il leur suffit de l'avoir livré à lui-même, & que son propre cœur venge assez les Dieux méprisez : il cherche les lieux les plus sombres pour se cacher aux autres morts, ne pouvant se cacher à lui-même, il cherche les tenebres ; & ne peut les trouver : une lumiere importune le suit par tout ; par tout les rayons perçans de la verité vont venger la verité qu'il a negligé de suivre. Tout ce qu'il a aimé lui devient odieux, comme étant la source de ses maux qui ne peuvent jamais finir. Il dit en lui-même : O insensé ! je n'ai donc connu ni les Dieux, ni les hommes, ni moi-même. Non je n'ai rien connu, puisque je n'ai jamais aimé l'unique & veritable bien ; tous mes pas ont été des égaremens : ma sagesse n'étoit que folie ; ma vertu n'étoit qu'un orgueil impie & aveugle ; j'étois moi-meme mon Idole.

Enfin Telemaque apperçut les Rois qui étoient condamnez pour avoir abusé de leur puissance. D'un côté une furie vengeresse leur presentoit un miroir qui leur montroit toute la difformité de leurs vices. Là il regardoient,

& ne pouvoient s'empêcher de voir leur vanité grossiere & avide des plus ridicules loüanges : leur dureté pour les hommes, dont ils avoient dû faire la felicité ; leur insensibilité pour la vertu, leur crainte d'entendre la verité : leur inclination pour les hommes lâches & flateurs, leurs inaplication, leur molesse, leur indolence, leur défiance déplacée, leur faste, leur excessives magnificences fondée sur la ruine des peuples, leur ambition pour acheter un peu de vaine gloire par le sang de leurs Citoyens ; enfin leur cruauté qui cherche chaque jour de nouvelles délices parmi les larmes, & le désespoir de tant de peuples malheureux. Ils se voyoient sans cesse dans ce miroir : ils se trouvoient plus horribles & plus monstreux, que n'est la Chimere vaincuë par Bellerophon, ni l'Hydre de Lerne abbatuë par Hercule, ni Cerbere même, quoiqu'il vomisse de ses trois gueules béantes un sang noir & venimeux qui est capable d'empester toute la race des mortels vivant sur la terre.

En même tems d'un autre côté, une autre furie leur repetoit avec insulte toutes les loüanges que les flateurs leur avoient données pendant leur vie, & leur presentoit un autre miroir, où ils se voyoient tels que la flaterie les avoit dépeins ; l'opposition de ces deux peintures si contraires étoit le supplice de leur vanité. On remarquoit que les plus méchans d'entre ces Rois étoient ceux à qui on avoit donné les plus magnifiques loüanges pendant leur vie, parce que les méchans font plus craints que les bons, & qu'ils exigent sans pudeur les lâches flateries des Poëtes & des Orateurs de leur tems.

LIVRE XVIII.

On les entend gémir dans ces profondes ténebres, où ils ne peuvent voir que des insultes & les dérisions qu'ils ont à souffrir : ils n'ont rien au tour deux qui ne les repousse, qui ne les contredise, qui ne les confonde ; au lieu que sur la terre ils se joüoient de la vie des hommes & prétendoient que tout étoit fait pour les servir. Dans Tartare ils sont livrez à tous les caprices de certains esclaves qui leur font sentir à leur tour une cruelle servitude : ils servent avec douleur, & il ne leur reste aucune esperance de pouvoir jamais adoucir leur captivité : ils sont sous les coups de ces esclaves devenus leurs tyrans impitoyables, comme une enclume est sous les coups des marteaux des Cyclopes quand Vulcain les presse de travailler dans les fournaises ardentes du Mont-Etna.

Là Telemaque apperçut des visages pâles, hideux & contristez. C'est une tristesse noire qui ronge ces criminels : ils ont horreur d'eux-mêmes, & ne peuvent non plus se delivrer de cette horreur, que de leur propre nature : ils n'ont point de besoin d'autre châtimens de leurs fautes que leurs fautes mêmes ; ils les voyent sans cesse dans toute leur énormité ; elle se presente à eux comme des spectres horribles; elles les poursuivent. Pour s'en garentir, ils cherchent une mort plus puissâte que celle qui les a separez de leur corps. Dans le desespoir où ils sont ils appellent à leur secour une mort qui puisse éteindre tout sentiment & toute connoissance en eux : ils demandent aux abimes de les engloutir, pour se dérober aux rayons vengeurs de la verité qui les persecute ; mais ils sont reservez à la vengeance qui distille sur eux goute à goute, & qui ne tarira jamais. La verité qu'ils ont craint de voir, fait leur supplice; ils la voyent, & n'ont des yeux que pour la voir s'élever contr'eux; sa vuë les perce, les déchire, les arrache à eux-mêmes; elle est comme la foudre: sans rien détruire au dehors, elle penêtre jusqu'au fond des entrailles. Semblable à un métail dans une fournaise ardente, l'ame est comme fonduë par ce feu vengeur: il ne laisse aucune consistance, & il ne consume rien: il dissout jusqu'aux premiers principes de la vie, & on ne peut mourir. On est arraché à soi-même; on n'y peut plus trouver ni appui n'y repos pour un seul instant; on ne vit plus que par la rage qu'on a contre soi-même, & par une perte de toute esperance qui rend forcené

Parmi ces objets qui faisoient dresser les cheveux de Telemaque sur sa tête, il vit plusieurs des anciens Rois de Lydies qui étoient punis pour avoir preferé les delices d'une vie molle au travail pour le soulagement des peuples, qui doit être inseparable de la Royauté.

Ces Rois se reprochoient les uns aux autres leur aveuglement. L'un disoit à lautre qui avoit été son fils: Ne vous avois je pas recommandé souvent pendant ma vieillesse & avant ma mort, de reparer les maux que j'avois faits par ma negligence? Ah! malheureux pere, disoit le fils, c'est vous qui mavez perdu; c'est votre exemple qui m'a inspiré le faste, l'orgüeil, la volupté, & la dureté pour les hommes. En vous voyant regner avec tant de molesse, & avec tant de lâches flateurs autour de vous, je me suis accoutumé à aimer la flaterie & les plaisirs. J'ai cru que le reste des hommes étoit à l'égard des Rois, ce que les chevaux & les autres bêtes de charge son à l'égard des hommes; c'est-à-dire, des animaux dont on ne fait cas qu'autent qu'ils rendent de services, & qu'ils donnent de commoditez. Je l'ai crû, c'est vous qui me l'avez fait croire, & maintenant je souffre tant de maux pour vous avoir imité. A ces reproches il ajoûtoient les plus affreuses maledictions, & paroissoient animez de rage pour s'entredechirer.

Au tour de ces Rois voltigeoient encore comme des hiboux dans la nuit, les cruels soupçons, les vaines alarmes, les défiances qui vengent les peuples de la dureté de leurs Rois, la faim insatiable des richesses, la fausse gloire toujours tyrannique, & la molesse lâche qui redouble tous les maux qu'on souffre, sans pouvoir jamais donner de solides plaisirs.

On voyois plusieurs de ces Rois severerement punis, non pour les maux qu'il avoient faits, mais pour le bien qu'ils auroient dû faire. Tous les crimes des peuples qui viennent de la négligence avec laquelle on fait observer les loix, étoient imputez aux Rois, qui ne doivent regner qu'afin que les loix regnent par leur ministere. On leur imputoit aussi tout les desordres qui viennent du faste, du luxe, & de tous les autres excès qui jettent les hommes dans un état violent, & dans la tentation de violer les loix pour acquerir du bien. Sur tout on traitoit rigoureusement les Rois, qui au lieu d'êtres bons & vigilans Pasteurs des peuples, n'avoient songé

TELEMAQUE, Liv. XVIII.

qu'à ravager le troupeau comme des loups devorans.

Mais ce qui consterna davantage Telemaque, ce fut de voir dans cet abime de tenebres & de maux un grand nombre de Roi, qui ayant passé sur la terre pour des Rois assez bons, avoient été condamnez aux peines du Tartare, pour s'être laissez gouverner par des hommes méchans & artificieux. Ils étoient punis pour les maux qu'ils avoient laissé faire par leur autorité. La plupart de ces Rois n'avoient été ni bons ni méchans, tant leur foiblesse avoit été grande : ils n'avoient jamais craint de ne pas connoitre la vérité : ils n'avoient point mis leur plaisir à faire du bien.

Fin du dix-huitiéme Livre.

LES

LES AVANTURES
DE
TELEMAQUE
FILS D'ULYSSE.
LIVRE DIX-NEUVIE'ME.

SOMMAIRE.

Telemaque entre dans les Champs Elisées, où il est reconnu par Acrise son grand pere, qui l'assure qu'Ulysse est vivant, qu'il le reverra à Itaque & qu'il y regnera après lui. Acrise lui dépeint la felicité dont joüissent les hommes justes sur tout les bons Rois, qui pendant leur vie ont servi les Dieux, & fait le bonheur des peuples qu'ils ont gouvernez. Il lui fait remarquer que les Heros qui ont seulement excellé dans l'art de faire la guerre, sont beaucoup moins heureux dans un lieu separé. Il donne des instructions à Telemaque ; puis celui-ci s'en va pour rejoindre en diligence le Camp des Alliez.

Lorsque Telemaque sortit de ces lieux, il se sentit soulagé comme si on avoit ôté une montagne de dessus sa poitrine, il comprit par ce soulagement les malheurs de ceux qui y étoient enfermez sans esperence d'en sortir jamais : il étoit effrayé de voir combien les Rois étoient plus rigoureusement tourmentez que les autres coupables. Quoi ? disoit il, tant de devoirs, tant de perils, tant de piéges, tant de difficultez de connoitre la verité pour se defendre contre les autres & contre soi-même, enfin tant de tourmens horribles dans les enfers, après avoir été si envié, si agité, si traversé dans une vie si courte ! O insensé celui qui cherche à regner ! Heureux celui qui se borne à une condition privée & paisible, où la vertu lui est moins difficile !

En faisant ces reflexions il se troubloit au-dedans de lui même, il frémit & tomba dans une consternation qui lui fit sentir quelque chose du desespoir de ces malheureux qu'il venoit de considerer : mais à mesure qu'il s'éloignoit de ce triste sejour des tenebres de l'horreur & du desespoir, son courage commença peu à peu à renaitre : il respiroit, & entrevoyoit déja de loin la douce & pure lumiere du sejour des Heros.

C'est dans ce lieu qu'habitoient tous les bons Rois qui avoient jusqu'alors gouverné les hommes : ils étoient separez du reste des justes. Comme les méchans Princes souffroient dans le Tartare des supplices infiniment plus rigoureux que les autres coupables d'une condition privée ; aussi les bons Rois joüissent dans les Champs Elisées d'un bonheur infiniment plus grand que celui du reste des hommes qui avoient aimé la vertu sur la terre.

Telemaque s'avança vers ces Rois, qui étoient dans des boccages oderiferens, sur des gazons toujours renaissans & fleuris; mille pe-

LIVRE XIX.

tits ruiſſeaux d'une onde pure aroſoient ces beaux lieux, & y faiſoient ſentir une delicieuſe fraicheur : un nombre infini d'oiſeaux faiſoient raiſonner ces boccages de leurs doux chants. On voyoit tout enſemble les fleurs du Printems qui naiſſoient ſous les pas, avec les plus riches fruits de l'Automne qui pendoient des arbres. Là jamais on ne reſſentit les ardeurs de la canicule ; là jamais les noirs aquilons n'oſerent ſoufler ni faire ſentir les rigueurs de l'hyver. Ni la guerre alterée de ſang, ni la cruelle envie qui mord d'une dent venimeuſe, & qui porte des viperes entortillez dans ſon ſein & au tour de ſes bras, ni les jalouſies, ni les défiances, ni la crainte, ni les vains défirs n'approchent jamais de cet heureux ſejour de la paix. Le jour n'y finit point, & la nuit avec ſes ſombres voiles y eſt inconuë ; une lumiere pure & douce ſe repand au tour du corp de ces hommes juſtes, & les environne de ſes rayons comme d'un vêtement: Cette lumiere n'eſt point ſemblable à la lumiere ſombre qui éclaire les yeux des miſerables mortels, & qui n'eſt que tenebres ; c'eſt plûtot une gloire celeſte qu'une lumiere : elle penetre plus ſubtilement les corps les plus épais, que les rayons du Soleil ne penetrent le plus pur criſtal ; elle n'éblouït jamais : au contraire ; elle fortifie les yeux, & porte dans le fond de l'ame je ne ſçai quelle ſerenité. C'eſt d'elle ſeule que les hommes bienheureux ſont nourris: elle ſort d'eux, & elle y entre : elle les penetre, & s'incorpore à eux comme les alimens s'incorporent à nous, ils la voyent, ils la ſentent, ils la reſpirent ; elle fait naitre en eux une ſource intarissable de paix & de joye : ils sont plongez dans cet abime de delices comme les poissons dans la mer : ils ne veulent plus rien ; ils ont tout sans rien avoir ; car le goût de lumiere pure appaise la faim de leur cœur. Tous leurs desirs sont rassasiez, & leur plenitude les éleve audessus de tout ce que les hommes avides & affammez cherchent sur la terre : tous les délices qui les environnent ne leur font rien, parce que le comble de leur felicité, qui vient du dedans, ne leur laisse aucun sentiment pour tout ce qu'il voyent de délicieux au déhors : ils sont tels que les Dieux rassasiez d'ambroisie, ne dedaigneroient pas de s'en nourir plûtot que de viandes grossieres qu'on leur presenteroit à la table la plus exquise des hommes mortels. Tous les maux s'enfuyent loin de ces lieux tranquilles ; la mort, la maladie, la pauvreté, la douleur, les regrets, les remords les craintes les sperances même qui coutent souvent autant de peine que les craintes, les divisions ; les dégouts, les dépits, n'y peuvent avoir aucune entrée.

Les hautes montagnes de Thrace, qui de leurs fronts couverts de neige & de glace depuis l'origine du monde, fendent les nuës, seroient renversées de leurs fondemens posez au centre de la terre, que les cœurs des hommes justes ne pouroient pas mêmes être emus : seulement ils ont pitié des miseres qui accablent les hommes vivans dans le monde : mais c'est une pitié douce & paisible qui n'altere en rien leur immuable felicité. Une jennesse éternelle, une felicité sans fin, une gloire toute divine est peinte sur leur visages, mais leur joye n'a rien de folâtre ni d'indecent, c'est une joye douce, noble, pleine de majesté ; c'est un goût sublime de la verité & de la vertu qui les transporte ; ils sont sans interuption à chaque moment dans le même saisissement de cœur où est une mere qui revoit son cher fils qu'elle avoit crû mort ; cette joye qui échappe bientot à la mere, ne s'enfuit jamais du cœur de ces hommes. Jamais elle ne languit un instant elle est toujours nouvelle pour eux ; ils ont transport de lyvresse sans en avoir le trouble & l'aveuglement. Ils s'entretiennent ensemble de ce qu'ils voyent & de ce qu'ils goûtent : ils foulent à leurs pieds les molles délices, & les vaines grandeurs de leurs anciennes conditions qu'ils déplorent ; ils repassent avec plaisir ces tristes, mais courtes années, où ils ont eu besoin de combattre contr'eux-mêmes, & contre le torent des hommes corrompus pour devenir bons ; ils admirent le secours des Dieux qui les ont conduits ; comme par la main, à la vertu au milieux de tant de perils. Je ne sçai quoi de Divin coule sans cesse au travers de leurs cœurs comme un torent de la Divinité même qui s'unit à eux : ils voyent ils goûtent qu'il sont heureux, & sentent qu'ils le feront toujours. Ils chantent les loüanges des Dieux, & ils ne font tous ensemble qu'une seule voix, une seule pensée, un seul cœur. Une même felicité fait comme un flux & reflux dans ces ames unies. Dans ce ravissement divin, les siecles coulent plus rapidement que les heures parmi les mortels : & cependant mille & mille siecles écoulez n'ôtent rien à leur felicité toujours nouvelle & toujours entiere. Ils regnent tous ensemble, non sur

F iij

des trônes que la main des hommes peut renverser, mais en eux-mêmes avec une puissance immuable; car ils n'ont plus besoin d'être redoutables par une puissance empruntée d'un peuple vil & miserable, ils ne portent plus ces vains diadêmes, dont l'éclat cache tant de craintes & de noirs soucis. Les Dieux mêmes les ont couronnez de leurs propres mains avec des couronnes que rien ne peut fletrir.

Telemaque qui cherchoit son pere, & qui avoit esperé de le trouver dans ces beaux lieux, fut si saisi de ce goût de paix & de felicité, qu'il eût voulu y trouver Ulysse, & qu'il s'affligeoit d'être contraint lui-même de retourner ensuite dans la societé des mortels. C'est ici, disoit-il que la veritable vie se trouve, & la notre n'est qu'une mort. Mais ce qui l'étonnoit c'étoit d'avoir vû tant de Rois punis dans le Tartare, & d'en voir si peu dans les Champs Elisées: il comprit qu'il y a peu de Rois assez fermes & assez courageux pour resister à leur propre puissance, & pour rejetter la flaterie de tant de gens qui excitent toutes leurs passions. Ainsi les bons Rois sont très-rares, & la plupart si méchans, que les Dieux ne seroient pas justes, si après avoir souffert qu'ils ayent abusé de leur puissance pendant la vie, ils ne les punissoient après leur mort.

Telemaque ne voyent point son pere Ulysse parmi tous ces Rois, chercha du moins des yeux le divin Laërte son grand pere. Pendant qu'il le cherchoit inutilement, un vieillard venerable & plein de majesté, s'avança vers lui. Sa vieillesse ne ressembloit point à celle des hommes, que le poids des années accable sur la terre. On voyoit seulement qu'il avoit été vieux avant sa mort, c'étoit un mélange de tout ce que la vieillesse a de grave avec toutes les graces de la jeunesse ; car les graces renaissent même dans les vieillards les plus caduques, au moment où ils sont introduit dans les Champs Elisées. Cet homme s'avançoit avec empressement, & regardoit Telemaque avec complaisance comme une personne qui lui étoit fort chere. Telemaque qui ne le reconnoissoit point, étoit en peine & en suspens.

Je te pardonne, ô mon cher fils, lui dit ce vieillard, de ne me point reconnoitre, je suis Arcessius pere de Laërte. J'avois fini mes jours un peu avant qu'Ulysse mon petit fils partit pour aller au siége de Troye : Alors tu étois encore petit enfant entre les bras de ta nourrice ; dès lors j'avois conçu de toi de grandes esperances : elles n'ont point été trompeuses puisque je te vois descendu dans le Royaume de Pluton pour chercher ton pere, & que les Dieux te soutiennent dans cette entreprise. O heureux enfant ! les Dieux t'aiment, & te preparent une gloire égale à celle de ton pere ? O heureux moi même de te revoir ! Cesse de chercher Ulysse en ces lieux, il vit encore, il est reservé pour relever notre maison dans l'Isle d'Ithaque, Laërte même, quoique le poids des années l'ait abattu, joüit encore de la lumiere, & attend que son fils revienne lui fermer les yeux. Ainsi les hommes passent comme les fleurs qui s'épanoüissent le matin, & qui le soir sont fletries & foulées aux pieds. Les generations des hommes s'écoulent comme les ondes d'un fleuve rapide ; rien ne peut arrêter le tems qui entraine aprés lui tout ce qui paroit le plus immobile. Toi-même, ô m'on fils, mon cher fils ! toi même qui joüit maintenant d'une jeunesse si vive & si feconde en plaisirs, souviens-toi que le bel age n'est qu'une fleur, qui sera presque aussi-tot sechée qu'éclose : tu te verras changé insensiblement les graces riantes, les doux plaisirs qui t'accompagnent, la force, la santé, la joye, s'évanoüiront comme un beau songe : il ne t'en restera qu'un triste souvenir, la vieillesse languissante & ennemie des plaisirs viendra rider ton visage, courber ton corps, affoiblir tes membres, faire tarir dans ton cœur la source de la joye, te dégouter du present, te faire craindre l'avenir, te rendre insensible à tout excepté à la douleur. Ce tems te paroit éloigné. Hélas ! tu te trompe, mon fils ; il se hâte, le voilà qui arrive, ce qui vient avec tant de rapidité n'est pas loin de toi, & le present qui s'enfuit est deja bien loin, pusqu'il s'aneantit dans le moment que nous parlons, & ne peut plus se rapprocher. Ne conte donc jamais, mon fils, sur le present ; mais soutiens toi dans le chemin rude & apre de la vertu par la vuë de l'avenir. Prepare-toi par des mœurs pures & par l'amour de la justice, une place dans l'heureux sejour de la paix. Tu reverras enfin bien-tôt ton pere reprendre l'autorité dans Ithaque. Tu es né pour regner aprés lui : mais hélas ! ô mon fils, que la Royauté est trompeuse ! quand on la regarde de loin, on ne voit que grandeur éclat & délices : mais de près tout est épineux. Un particulier peut sans deshonneur mener une vie douce & obscure. Un Roi ne peut sans se deshonnorer preferer une vie douce & oisive aux fonctions pénibles du gouvernement ; il se doit à tous les hommes qu'il gouverne, & il ne lui est jamais permis d'être à lui même. Ses moindres fautes sont d'une consequence infinie, parce qu'elles causent le malheur des peuples, & quelquefois pendant plusieurs siécles il doit reprimer l'audace des méchans, soutenir l'innocence, disciper la calomnie. Ce n'est pas assez pour lui de ne faire aucun mal, il faut qu'il fasse tous les biens possibles dont l'Etat a besoin. Ce n'est pas assez de faire le bien pour soi-même : il faut encore empecher tous les maux que les autres feroient, s'ils n'étoient retenus. Crains donc mon fils ; crains donc une condition si perilleuse : arme toi de courage contre toi-même, contre les passions, & contre les flateurs.

En disant ces paroles, Arcessius paroissoit animé d'un feu divin, & montroit à Telemaque un visage plein de compassion pour les maux qui accompagnent la Royauté. Quand elle est prise, disoit-il, pour se contenter soimême, c'est une monstreuse tyrannie. Quand elle est prise pour remplir ses devoirs & pour conduire un peuple innombrable, comme un pere conduit ses enfans, c'est une servitude accablante qui demende un courage & une patience heroïque. Aussi il est certain que ceux qui ont regné avec une sincere vertu, possedent ici tout ce que la puissance des Dieux peut rendre pour rendre une felicité complette.

Pendant qu'Arcessius parloit de la sorte, ses paroles entroient jusqu'au fond du cœur de Telemaque ; elles s'y gravoient comme un habile ouvrier avec son burin grave sur l'airain les figures qu'il veut montrer aux yeux

F v

de la plus reculée posterité. Ces sages paroles étoient comme une flame subtile qui penetroit dans les entrailles du jeune Telemaque : il se sentoit ému & embrasé : je ne sçai quoi de divin sembloit fondre son cœur au dedans de lui. Ce qu'il portoit dans la partie la plus intime de lui même, le consumoit secrettement : il ne pouvoit ni le contenir, ni le supporter, ni resister à une si violente impression. C'étoit un sentiment vif & delicieux, qui étoit melé d'un tourment capable d'arracher la vie.

Ensuite Telemaque commença à respirer plus librement : il reconnut dans le visage d'arcessius une grande ressemblance avec Laërte : il croyoit même se ressouvenir confusement d'avoir vû en Ulysse son pere des traits de cette même ressemblance, lorsqu'Ulysse partit pour le Siege de Troye.

Ce ressouvenir attendrit son cœur, des larmes douces & melées de joye coulerent de ses yeux, il voulut embrasser une personne si chere; plusieurs fois il essaya inutilement. Cette ombre vaine échapa à ses embrassemens, comme un songe trompeur se derobe à l'homme qui croit en jouir, tantot la bouche alterée de cet homme dormant, poursuit une eau fugitive, tantot ses levres s'agitent pour former des paroles que sa langue engourdie ne peut proferer; ses mains s'étendent avec effort, & ne prenent rien. Ainsi Telemaque ne put contenter sa tendresse : il voit Arcessius, il l'entend, il lui parle, il ne peut le toucher. Enfin il lui demande qui sont ces hommes qu'il voit au tour de lui.

» Tu vois, mon fils, lui repondit le sage vieillard, ces hommes qui ont été l'ornement de

Livre XIX.

leur siécle ; la gloire & le bonheur du genre humain. Tu vois le petit nombre des Rois qui ont été dignes de l'être, & qui ont fait avec fidelité la fonction des Dieux sur la terre. Ces autres que tu vois assez près d'eux; mais separez par ce petit nuage, ont une gloire beaucoup moindre : ce sont des Heros à la verité : mais la recompense de leur valeur & de leur expeditions millitaires, ne peut être comparée avec celle des Rois sages justes & bien faisans.

Parmi ces Heros tu vois Tesée qui a le visage un peu triste : il a ressenti le malheur d'être trop credule pour une femme artificieuse, & il est encore affligé d'avoir si injustement demandé à Neptune la mort cruelle de son fils Hypolite. Heureux s'il n'eut point été si prompt & si facile à irriter ! Tu vois aussi Achille appuyé sur sa lance, à cause de cette blessure qu'il reçu au talon de la main du lâche Páris, & qui finit sa vie. S'il eut été aussi sage, juste & moderé, qu'il étoit intrepide, les Dieux lui auroient accordé un long regne ; mais ils ont eu pitié des Phtiotes & des Dolopes, sur lesquels il devoit naturellement regner après Pelée ; ils n'ont pas voulu livrer tant de Peuples à la mercy d'un homme fougueux, plus facile à irriter que la mer la plus orageuse. Les parques ont accourci le fil de ses jours, & il a été comme une fleur à peine éclose, que le tranchant de la charruë coupe, & qui tombe avant la fin du jour, où on l'avoit vû n'aitre. Les Dieux n'ont voulu s'en servir que comme des torrens & des tempêtes, pour punir les hommes de leurs crimes : ils ont fait servir Achille à abbattre les murs de Troye, pour véger le parjure de Laomedon, & les injustes amours de Pâris. Après avoir ainsi employé cet instrument de leurs vengeances, ils se sont appaisez, & ils ont refusé aux larmes de Thetis de laisser plus long tems sur la terre ce jeune Heros qui n'y étoit propre qu'à troubler les hommes, qu'à renverser les Villes & les Royaumes.

Mais vois-tu cet autre avec ce visage farouche ? C'est Ajax, fils de Telamon, & cousin d'Achille: Tu n'ignore pas sans doute quelle fut sa gloire dans les combats. Après la mort d'Achille il pretendit qu'on ne pouvoit donner ses armes à nul autre qu'à lui; ton pere ne crut pas les lui devoir ceder; les Grecs jugerent en faveur d'Ulysse. Ajax se tua de desespoir; l'indignation & la fureur sont encore peintes sur son visage. N'aproche pas de lui, mon fils, car il croiroit que tu voudrois lui insulter dans son malheur, & il est juste de le plaindre. Ne remarque tu pas qu'il nous regarde avec peine, & qu'il entre brusquement dans ce sombre boccage, parce que nous lui sommes odieux ? Tu vois de cet autre côté Hector, qui eut été invincible, si le fils de Thetis n'eût point été au monde dans le même tems. Mais voilà Agamenon qui passe, & qui porte encore sur lui les marques de la perfidie de Clitemnestre. O mon fils! je fremis en pensant aux malheurs de cette famille de l'impie Tantale. La division des deux freres Atrée & Thyeste, a rempli cette maison d'horreur & de sang. Helas! combien un crime en attire d'autres! Agamenon revenant à la tête des Grecs du Siege de Troye, n'a pas eu le tems de jouir en paix de la gloire qu'il avoit aquise ; telle est la destinée de presque tous les Con-

LIVRE XIX.

querans. Tous ces hommes que tu vois ont été redoutables dans la guerre, mais ils n'ont point été aimables & vertueux. Auſſi ne ſont ils que dans la ſeconde demeure des champs Eliſées.

Pour ceux-ci, ils ont regné avec juſtice, & ont aimé leurs peuples: ils ſont les amis des Dieux; pendant qu'Achille & Agamenon pleins de leurs querelles & de leurs combats, conſervent encore ici leurs peines & leurs défauts naturels; pendant qu'ils regrettent en vain la vie qu'il ont perduë, & qu'ils s'affligent de n'être plus que des ombres impuiſſantes & vaines: ces Rois juſtes étant purifiez par la lumiere divine dont-ils ſont nourris, n'ont plus rien à déſirer pour leur bonheur: ils regardent avec compaſſion les inquietudes des mortels; & les plus grandes affaires qui agitent les hommes ambitieux, leur paroiſſent comme des jeux d'enfans: leurs cœurs ſont raſſaſiez de la verité & de la vertu qu'ils puiſent dans la ſource. Ils n'ont plus rien à ſouffrir, ni d'autrui, ni d'eux-mêmes: plus de déſirs, plus de beſoins, plus de crainte, tout eſt fini pour eux, excepté leur joye, qui ne peut finir.

Conſidere, mon fils, cet ancien Roi Inachus, qui fonda le Royaume d'Argos. Tu le vois avec cette vieilleſſe ſi douce & ſi majeſtueuſe: les fleurs naiſſent ſous ſes pas. Sa démarche legere reſſemble à un vol d'oiſeau: il tient dans ſa main une lyre d'yvoire; & dans un tranſport éternel il chante les merveilles des Dieux. Il ſort de ſon cœur & de ſa bouche un parfum exquis; l'harmonie de ſa lyre & de ſa voix raviroit les hommes & les Dieux. Il eſt ainsi recompensé pour avoir aimé le peuple qu'il assembla dans l'enceinte de ses nouveaux murs, & auquel il donna des loix.

De l'autre côté tu peux voir entre ces Mirthes, Cecrops Egyptien, qui le premier regna dans Hatenes, Ville consacrée à la sage Déesse dont elle porte le nom. Cecrops apportant des Loix utiles de l'Egypte, qui a été pour la Grece la source des lettres & des bonnes mœurs, adoucit les naturels farouches des Bourgs de l'Attique, & les unit par les liens de la société. Il fut juste, humain, compatissant : il laissa les peuples dans l'abondance, & sa famille dans la mediocrité, ne voulant point que ses enfans eussent l'autorité après lui parce qu'il jugeoit que d'autres en étoient plus dignes.

Il faut que je te montre aussi dans cette petite valée Ericthon, qui inventa l'usage de l'argent pour la monnoye : il le fit en vûe de faciliter le commerce entre les Isles de la Grece ; mais il previt l'inconvenient attaché à cette invention. Appliquez-vous, disoit-il à tous ses peuples, à multiplier chez-vous les richesses naturelles, qui sont les veritables ; cultivez la terre pour avoir une grande abondance de bled, de vin, d'huile & de fruits. Ayez des troupeaux innombrables qui vous nourrissent de leur lait, & qui vous couvrent de leur laine ; par là vous vous mettrez en état de ne craindre jamais la pauvreté. Plus vous aurez d'enfans plus vous serez riches, pourveu que vous les rendiez laborieux : car la terre est inepuisable, & elle augmente sa fecondité à proportion du nombre de ses habitans, qui ont soin de la cultiver : elle les paye tous librement de leur peine, au lieu qu'elle se rend avare & ingrate pour ceux qui la cultivent negligemment. Attachez vous donc principalement aux veritables richesses qui satisfont aux vrais besoins des hommes. Pour l'argent monnoyé, il ne faut en faire aucun cas, qu'autant qu'il est necessaire, ou pour les guerres inevitables qu'on a à soutenir au dehors : ou pour le commerce des marchandises necessaires qui manquent dans votre païs : encore seroit il à souhaiter qu'on laissat tomber le commerce à l'égard de toutes les choses qui ne servent qu'à entretenir le luxe, la vanité & la molesse. Le sage Ericthon disoit souvent : Je crains bien, mes enfans, de vous avoir fait un present funeste, en vous donnant l'invention de la monnoye. Je prévois qu'elle excitera l'avarice, l'ambition, le faste; qu'elle entretiendra une infinité d'arts pernicieux qui ne vont qu'à amolir & qu'à corrompre les mœurs, qu'elle vous dégoutera de l'heureuse simplicité, qui fait tout le repos & toute la sureté de la vie : qu'enfin elle vous fera mépriser l'agriculture qui est le fondement de la vie humaine, & la source de tous les vrais biens : mais les Dieux me sont témoins que j'en ait le cœur pur en vous donnant cette invention utile en elle-même. Enfin quand Ericthon apperçut que l'argent corompoit les Peuples, comme il avoit prévû, il se retira de douleur sur une montagne sauvage, où il vécut pauvre & éloigné des hommes jusqu'à une extrême vieillesse, sans vouloir se mêler du gouvernement des villes. Peu de tems après, on vit paroitre dans la Grece le fameux Triptoleme, à qui Ceres avoit enseigné l'art de cultiver les terres ; & de les couvrir tous les ans d'une moisson dorée. Ce n'est pas que les hommes ne connoissent déja le bled, & la maniere de le multiplier en le sément : mais ils ignorent la perfection du labourage, & Triptoleme envoyé par Cerés vint la charruë en main, offrir les dons de la Déesse à tous les peuples qui auroient assez de courage pour vaincre leur paresse naturelle, & pour s'adonner à un travail assidu. Bien-tot Triptoleme aprit aux Grecs à fendre la terre & à la fertilliser en déchirant son sein. Bientot les moissonneurs ardens & infatigables, firent tomber sous leurs faucilles tranchantes tous les jeunes épics qui couvroient les campagnes. Les peuples même sauvages & farouches qui couroient épars çà & là dans les forêts d'Epire & d'Etolie pour se nourrir de glands, adoucirent leurs mœurs, & se soumirent à des loix, quand ils eurent appris à faire croitre des moissons, & à se nourir du pain. Triptoleme fit sentir aux Grecs le plaisir qu'il y a de ne devoir ses richesses qu'à son travail, & à trouver dans son champ tout ce qu'il faut pour rendre la vie commode & heureuse ; cette abondance si simple & si innocente, qui est attachée à l'âgriculture, les fit souvenir des sages conseils d'Ericton ; ils mépriserent l'argent & toutes les richesses artificielles qui ne sont richesses que par l'imagination des hommes, qui le tentent de chercher des plaisirs dangereux, & qui les détournent du travail où ils trouveroient tous les biens réels avec des mœurs pures dans une pleine liberté. On comprit donc qu'un champ fertile & bien cultivé est le vrai trésor d'une famille assez sage pour vouloir vivre frugalement comme ses peres ont vêcu : Heureux les Grecs, s'ils étoient demeurez fermes dans ces maximes si propres à les rendre puissans, libres, heureux & dignes de l'être par une solide vertu ! Mais helas ! il commençoient à admirer les fausses richesses, ils negligent peu à peu les vrayes & ils dégenerent de cette merveilleuse simplicité. O mon fils ! tu regneras un jour, alors souviens-toi de ramener ces hommes à l'agriculture, d'honnorer cet art, de soulager ceux qui s'y appliquent, & de ne souffrir point que les hommes vivent, ni oisifs, ni occupez à des arts qui entretiennent le luxe & la molesse : ces deux hommes qui ont été si sages sur la terre, sont ici cheri des Dieux. Remarquez mon fils, que leur gloire surpasse autant celle d'Achille & des autre Heros qui n'ont excellé que dans les combats qu'un doux printems est au dessus de l'hyver glacé, & que la lumiere du Soleil est plus éclatente que celle de la Lune.

Pendant qu'Arcessius parloit de la sorte, il apperçut que Telemaque avoit les yeux arrêtez du côté du petit bois de lauriers & d'un roseau bordé de violetes, de roses, de lys, & de plusieurs autres fleurs odoriferentes, dont les vives couleurs ressembloient à celles d'Iris quand elle descend sur la terre pour annoncer à quelque mortel les ordres des Dieux C'étoit le grand Roi Sesostris que Telemaque reconnut dans ce beau lieu ; il étoit mille fois plus majestueux qu'il ne l'avoit jamais été sur son trone d'Egypte. Des rayons d'une lumiere douce sortoient de ses yeux, & ceux de Telemaque en étoient ébloüis. A le voir on eût cru qu'il étoit ennivré de Nectar, tant l'esprit divin l'avoit mis dans un transport au dessus de la Raison humaine pour recompenser ses vertus.

Telemaque dit à Arcessius : Je reconnois, ô mon pere, Sesostris ce grand Roi d'Egypte, que j'y ait vû il n'y a pas long-tems. Le voilà, repondit Arcessius, & tu vois par son exemple combien les Dieux sont magnifiques à recompenser les bons Rois ; mais il faut que tu sçache que toute cette félicité n'est rien en comparaison de celle qui lui étoit destinée, si une trop grande prosperité ne lui eut fait oublier les regles de la moderation & de la justice. La passion de rabaisser l'orgueil, & l'insolence des Tyriens, l'engagea à prendre leur ville. Cette conquette lui donna le desir d'en faire d'autres : il se laissa seduire par la vaine gloire des Conquerans ; il subjugea, ou pour mieux dire, il ravagea toute l'Asie. A son retour en Egypte il trouva que son frere s'étoit emparé de la Royauté, & avoit alteré par un gouvernement injuste les meilleures loix du païs. Ainsi ses grandes conquettes ne servirent qu'à troubler son Royaume. Mais ce qui le rendit inexcusable, c'est qu'il fut ennivré de sa propre gloire. Il fit atteler à un char les plus superbes d'entre les Rois qu'il avoit vaincus. Dans la suite il reconnu sa faute, & eut honte d'avoir été si inhumain. Tel fut le fruit de ses victoires. Voilà ce que les Conquerans font contre leurs Etats, & contr'eux-mêmes, en voulant usurper ceux de leurs voisins. Voilà ce qui fit dechoir un Roi, d'ailleurs si juste & si bienfaisant ; & c'est ce qui diminue la gloire que les Dieux lui avoient preparée.

Ne vois-tu pas cet autre, ô mon fils, dont la blessure paroit si éclatante ? C'est un Roi de Carie nommé Dioclides, qui se dévoüa pour son peuple dans une bataille, parce que l'Oracle avoit dit que dans la guerre des Cariens & des Lyciens, la nation dont le Roi periroit, seroit victorieuse.

Considere cet autre, c'est un sage Legislateur, qui ayant donné à sa nation des loix propres à les rendre bons & heureux, leur fit jurer qu'ils ne violeroint jamais aucune de ses loix pendant son absence : après quoi il partit, s'éxila lui-même de sa patrie, & mourut pauvre dans une terre étrangere, pour obliger son peuple par ce serment à garder à jamais des loix si utiles.

Cet autre que tu vois, est Eunesyme Roi des Pyliens, & un des ancetres du sage Nestor. Dans une peste qui ravageoit la terre & qui couvroit de nouvelles ombres les bords de l'Acherou, il demanda aux Dieux d'appaiser leur colere, en payant par sa mort pour tant de milliers d'hommes innocens. Les Dieux l'exaucerent, & lui firent trouver ici la vraye Royauté, dont toutes celles de la terre ne sont que des vaines ombres.

Ce vieillard que tu vois couronné de fleurs est le fameux Belus : Il regna en Egypte, & il épousa Anchinoé fille du Dieu Nilus, qui cache la source de ces eaux, & qui enrichi les terres qu'il arrose par ses innondations. Il eut deux fils, Danaus, dont tu sçais l'histoire, & Egyptus, qui donne son nom à ce beau Royaume. Belus se croyoit plus riche par l'abondance où il mettoit son peuple, & par l'amour de ses sujets pour lui, que par tous les tributs qu'il auroit pû leur imposer. Ces hommes que tu crois morts, vivent, mon fils, & c'est la vie qu'on traine miserablement sur la terre, qui n'est qu'une mort ; les noms seulement sont changez. Plaise aux Dieux de te rendre assez bon pour mériter cette vie heureuse que rien ne peut plus finir ni troubler ! Hate-toi, il est tems d'aller chercher ton pere. Avant que de le trouver, helas ! que tu verras répandre de sang ! mais quelle gloire t'atend dans les campagnes de l'Hesperie ! Souviens-toi des conseils du sage Mentor pourveu que tu les suives, ton nom sera grand parmi tous les peuples & dans tous les siécles.

Il dit ; & aussi-tot il conduisit Telemaque vers la porte d'Yvoire par où l'on peut sortir du tenebreux empire de Pluton. Telemaque les larmes aux yeux le quitta sans pouvoir l'embrasser & sortant de ces sombres lieux ; il retourna en diligence vers le camp des Alliez, après avoir rejoint sur le chemin les deux jeunes Crétois, qui l'avoient accompagné jusques auprés de la caverne, & qui n'esperoient plus de le revoir.

Fin du dix-neuviéme Livre.

LES AVANTURES
DE
TELEMAQUE
FILS D'ULYSSE.
LIVRE VINGTIEME.

SOMMAIRE.

Dans une assemblée des Chefs, Telemaque fait prévaloir son avis pour ne pas surprendre Venuse, laissée par les deux partis en dépôt aux Lucaniens. Il fait voir sa sagesse à l'occasion de deux transfuges, dont l'un nommé Acante, avoit entrepris de l'empoisonner; l'autre nommé Dioscore, offroit aux Alliez la tête d'Adraste. Dans le combat qui s'engage ensuite, Telemaque porte la mort par tout où il va pour trouver Adraste; & ce Roi qui le cherche aussi, rencontre & tuë Phisistrate fils de Nestor. Philoctete survint; & dans le tems où il va percer Adraste, il est blessé lui-même: & obligé à se retirer du combat. Telemaque court aux cris de ses Alliez, dont Adraste fait un carnage horrible. Il combat cet ennemi, & lui donne la vie à des conditions qu'il lui impose. Adraste relevé, veut surprendre Telemaque; celui-ci le saisit une seconde fois, & lui ôte la vie.

Cependant les Chefs de l'armée s'assemblerent pour déliberer s'il falloit s'emparer de Venuse. C'étoit une Ville forte qu'Adraste avoit autrefois usurpée sur ses voisins les Apuliens Peucetes. Ceux ci étoient entrez contre lui dans la ligue pour demander justice sur cette invasion. Adraste pour les appaiser, avoit mis cette Ville en dépôt entre les mains des Lucaniens : mais il avoit corrompu par argent & la garnison Lucanienne, & celui qui la commandoit, de maniere que les Lucaniens avoient moins d'autorité effective que lui dans Venuse ; & les Apuliens qui avoient consenti que la garnison Lucanienne gardat Venuse, avoient été trompez dans cette negociation.

Un Citoyen de Venuse, nommé Demophante, avoit offert secretement aux Alliez de leur livrer la nuit une des portes de la Ville. Cet avantage étoit d'autant plus grand, qu'Adraste avoit mis toutes ses provisions de guerre & de bouche dans un Chateau voisin de Venuse, qui ne pouvoit se défendre si Venuse étoit prise. Philoctete & Nestor avoient déja opiné qu'il falloit profiter d'une si heureuse occasion. Tous les Chefs entrainez par leur autorité, & ébloüis par l'utilité d'une si facile entreprise, aplaudissoient à ce sentiment : mais Telemaque à son retour fit ses derniers efforts pour les en détourner.

Je n'ignore pas, leur dit il, que si jamais un homme a merité d'être surpris & trompé, c'est Adraste, lui qui a si souvent trompé tout le monde. Je vois bien qu'en surprenant Venuse,

LIVRE XX.

vous ne ferez que vous mettre en possession d'une Ville qui vous appartient, puisqu'elle est aux Apuliens, qui sont un peuple de votre ligue. J'avoüe que vous le pouriez faire avec d'autant plus d'aparence de raison, qu'Adraste qui a mis cette Ville en dépôt, a corrompu le Commandant & la garnison, pour y entrer quand il jugera à propos. Enfin je comprend comme vous, que si vous preniez Venuse, vous seriez dès le lendemain maitres du Chateau ou sont tous les preparatifs de guerre qu'Adraste y a assemblez, qu'ainsi vous finiriez en deux jours cette guerre si formidable. Mais ne vaut-il pas mieux perir que de vaincre par de tels moyens ? Faut-il repousser la fraude par la fraude ? Sera-t'il dit que tant de Rois liguez pour punir l'impie Adraste de ses tromperies, seront trompeurs comme lui ? S'il nous est permis de faire comme Adraste, il n'est pas coupable, & nous avons tort de le vouloir punir. Quoi l'Hesperie entiere, soutenuë de tant de Colonies Grecques, & de Heros revenus du Siege de Troye, n'a elle point d'autres armes contre la perfidie & les parjures d'Adraste que la perfidie & le parjure ? Vous avez juré par les choses les plus sacrées, que vous laisseriez Venuse en depôt dans les mains des Lucaniens. La garnison Lucaniene, dites-vous est corrompuë par l'argent d'Adraste, je le crois comme vous ; mais cette garnison est toujours à la solde des Lucaniens, elle n'a point refusé de leur obeir ; elle a gardé au moins en apparence la neutralité. Adraste ni les siens ne sont jamais entrez dans Venuse, le traité subsiste ; votre serment n'est pas oublié des Dieux. Ne regardera-t'on les paroles données que quand on manquera de pretextes plausibles pour les violer ? Ne sera-t'on fidele & religieux pour les sermens, que quand on n'aura rien à gagner en violant sa foi ? Si l'amour de la vertu & la crainte des Dieux ne vous touchent plus, au moins soyez touchez de votre reputation & de votre interêt. Si vous montrez aux hommes cet exemple pernicieux de manquer de parole & de violer votre serment pour terminer une guerre, quelles guerres n'exciterez-vous point par cette conduite impie ? Quel voisin ne serra pas contraint de craindre tout de vous, & de vous detester ? Qui pourra desormais dans les necessitez les plus pressantes se fier à vous ? Quelle sureté pourrez vous donner quand vous voudrez être sincere & qu'il vous importera de persuader à vos voisins votre sincerité ? Sera-ce un traité solemnel ? Vous en aurez foulez aux pieds. Sera-ce un serment ? Eh ! ne sçaura-on pas que vous comptez les Dieux pour rien, quand vous esperez tirer du parjure quelque avantage ? La paix n'aura donc pas plus de sûreté que la guerre à votre égard. Tout ce qui viendra de vous sera reçu comme une guerre, ou feinte, déclarée. Vous serez les ennemis perpetuels de tous ceux qui auront le malheur d'être vos voisins. Toutes les affaires qui demandent de la reputation, de la probité & de la confiance, vous deviendront impossibles. Vous n'aurez plus de ressource pour faire croire ce que vous promettrez.

Voici, ajoûta Telemaque, un interêt encore plus pressent qui doit vous frapper, s'il vous reste quelque sentiment de probité & quelque prévoyance sur vos interêts ; c'est qu'une

LIVRE XX.

qu'une conduite si trompeuse attaque par le dedans toute votre ligue, & va la ruiner; votre parjure va faire triompher Adraste.

A ces paroles toute l'assemblée émuë lui demandoit, comment il osoit dire qu'une action qui donneroit une victoire certaine à la ligue, pouvoit la ruiner. Comment leur repondit-il, pourrez-vous vous confier les uns aux autres, si une fois vous rompez l'unique lien de la societé & la confiance, qui est la bonne foi ? Après que vous aurez posé pour maxime, qu'on peut violer les regles de la probité & de la fidelité pour un grand interet, qui d'entre vous poura se fier à un autre, quand cet autre pourra trouver un grand avâtage à lui manquer de parole, & à le tromper ? Où en seriez-vous ! Quel est celui d'entre vous qui ne voudra point prevenir les artifices de son voisin par les siens ? Que devient une ligue de tant de peuples lorsqu'ils sont convenus entr'eux par une deliberation commune, qu'il est permis de surprendre son voisin, & de violer la foi donée ? Quelle sera votre defiance muttuelle, votre division, votre ardeur à vous détruire les uns les autres ? Adraste n'aura plus besoin de vous attaquer, vous vous dechirerez assez vous-même, vous justifierez ses perfidies. O Rois sages & magnanimes ! ô vous qui commandez avec tant d'experience sur les peuples innombrables, ne dédaignez pas d'écouter les conseils d'un jeune homme. Si vous tombiez dans les plus affreuses extremitez ou la guerre precipite quelque fois les hommes, il faudroit vous preserver par votre vigilance, & par les efforts de votre vertu : car le vrai courage ne se laisse jamais

Tome II. G

abattre. Mais si vous aviez une fois corrompu la barriere de l'honneur & de la bonne foi, cette perte est irreparable ; vous ne pourriez plus retablir ni la confiance necessaire au succès de toutes les affaires importantes, ni ramener les hommes aux principes de la vertu, après que vous leur auriez apris à les mépriser. Que craignez-vous? N'avez-vous pas assez de courage pour vaincre sans tromper ? Votre vertu jointe aux forces de tant de peuples, ne vous suffit-elle pas ? Combattons mourons, s'il le faut, plutot que de vaincre si indignement. Adraste, l'impie Adraste est dans nos mains, pourvû que nous ayons horreur d'imiter sa lâcheté & sa mauvaise foi.

Lorsque Telemaque acheva ce discours, il sentit que la douce persuasion avoit coulé de ses levres, & avoit passé jusqu'au fond des cœurs. Il remarqua un profond silence dans l'assemblée; chacun pensoit, non à lui, ni aux graces de ses paroles, mais à la force de la verité qui se faisoit sentir dans la suite de son raisonnement. L'étonnement étoit peint sur les visages. Enfin on entendit un murmure sourd qui se répandoit peu à peu dans l'assemblée. Les uns regardoient les autres, & n'osoient parler les premiers. On attendoit que les Chefs de l'armée se declarassent, chacun avoit de la peine à retenir ses sentimens. Enfin le grave Nestor prononça ces paroles.

Digne fils d'Ulysse, les Dieux vous ont fait parler, & Minerve qui a tant de fois inspiré votre pere a mis dans votre cœur le conseil sage & genereux que vous avez donné. Je ne regarde point votre jeunesse, je ne considere que Minerve dans tout ce que vous venez de

LIVRE XX.

dire : Vous avez parlé par la vertu, sans elle les plus grands avantages sont de vrayes pertes : sans elle on s'attire bien-tôt la vengeance de ses ennemis, la défiance de ses Alliez, l'horreur de tous les gens de bien, & la juste colere des Dieux. Laissons donc Venuse entre les mains des Lucaniens, & ne songeons plus qu'à vaincre Adraste par notre courage.

Il dit, & toute l'assemblée applaudit à ses sages paroles ; mais en applaudissant, chacun étonné tournoit les yeux vers le fils d'Ulysse, & on croyoit voir reluire en lui la sagesse de Minerve qui l'inspiroit.

Il s'éleva bien-tôt une autre question dans le Conseil des Rois, où il n'aquit pas moins de gloire. Adraste toujours cruel & perfide, envoya dans le camp un Transfuge nommé Acante, qui devoit empoisonner les plus illustres Chefs de l'Armée. sur tout il avoit donné ordre de ne rien épargner pour faire mourir le jeune Telemaque qui étoit déja la terreur des Dauniens. Telemaque qui avoit trop de courage & de candeur pour être enclin à la défiance reçut sans peine avec amitié ce malheureux, qui avoit vû Ulysse en Sicile, & qui lui racontoit les avantures de cet Heros. Il le nourrissoit & tâchoit de le consoler dans son malheur car Acante se plaignoit d'avoir été trompé & traité indignement par Adraste ; mais c'étoit nourrir & rechauffer dans son sein une vipere venimeuse toute prête à faire une blessure mortelle. On surprit un autre Transfuge nommé Arion, qu'Acante envoyoit vers Adraste pour lui apprendre l'état du camp des Alliez : & pour lui assurer qu'il empoisonneroit le lendemain les principaux Rois avec Telemanque dans un festin que celui ci lui devoit donner. Arion pris avoüa sa trahison, on soupçonna qu'il étoit d'intelligence avec Acante, par ce qu'ils étoient bons amis ; mais Acante profondement dissimulé & intrepide, se défédoit avec tant d'art, qu'on ne pouvoit le convaincre, ni découvrir le fond de la conjuration.

Plusieurs des Rois furent d'avis qu'il falloit dans le doute sacrifier Acante à la sûreté publique. Il faut disoient-ils le faire mourir ; la vie d'un seul homme n'est rien quand il s'agit d'assurer celle de tant de Rois. Qu'importe qu'un innocent perisse, quand il s'agit de conserver ceux qui representent les Dieux au milieux des hommes ?

Quelle maxime inhumaine! quelle politique barbare, repondit Telemaque! Quoi vous êtes si prodigues du sang humain! O vous? qui êtes établis les Pasteurs des hommes, & qui ne commandez sur eux que pour les conserver, comme un pasteur conserve son troupeau, vous êtes donc des loups cruels, & non pas les pasteurs ! du moins vous n'êtes pasteurs que pour tondre & pour égorger le troupeau, au lieu de le conduire dans le paturage. Selon vous on est coupable dès qu'on est accusé ; un soupçon merite la mort, les innocens sont à la merci des envieux & des calomniateurs ; & à mesure que la défiance tiranique croitra dans vos cœurs, il faudra aussi égorger plus de victimes.

Telemaque disoit ces paroles avec une autorité & une vehemence qui entrainoit les cœurs, & qui couvroit de honte les auteurs d'un si lâche conseil. Ensuite se radoucissant, il leur dit : Pour moi, je n'aime pas assez la vie pour vivre à ce prix là, j'aime mieux qu'Acante soit méchant que si je l'étois, & qu'il m'arrache la vie par une trahison, que si je le faisoit moi-même perir injustement dans le doute. Mais écoutez, ô vous qui étant établis Rois, c'est à dire Juges des peuples, vous devez sçavoir juger les hommes avec justice, prudence & moderation ; laissez-moi interoger Acante en votre presence.

Aussitôt il interoge cet homme sur son commerce avec Arion ; il le presse sur une infinité de circonstances. Il fait semblant plusieurs fois de le renvoyer à Adraste comme un Transfuge digne d'être puni, pour observer s'il avoit peur d'être ainsi renvoyé, ou non : mais le visage & la voix d'Acante demeurerent tranquilles : Enfin ne pouvant tirer la verité du fond de son cœur, il lui dit donnez-moi votre anneau ; je veux l'envoyer à Adraste. A cette demãde de son anneau, Acante pâlit, il fut embarassé. Telemaque, dont les yeux étoient toujours attachez sur lui l'apperçut, il prit cet anneaux. Je m'en vais, lui dit-il, l'envoyer à Adraste par les mains d'un Lucanien nommé Polytrope, que vous connoissez, & qui paroitra y aller secretement de votre part. Si nous pouvons decouvrir par cette voye votre intelligence avec Adraste, on vous fera perir impitoyablement par les tourmens les plus cruels. Si au contraire vous avoüez dés à present votre faute, on vous la pardonnera, & on se contētera de vous envoyer dans une Isle de la mer, où vous ne manquerez de rien. Alors Acante avoüa tout ; & Telemaque obtint des Rois qu'on lui donneroit la vie, par ce qu'il la lui avoit promise. On l'envoya dans une des Isles Echinades, où il vecut en paix.

TELEMAQUE,

Peu de tems après un Daunien d'une naissance obscure, mais d'un esprit violent & hardi, nommé Dioscorre, vint la nuit dans le camp des Alliez leur offrir d'égorger dans sa tente le Roi Adraste. Il le pouvoit, car on est maitre de la vie des autres, quand on ne conte plus pour rien la sienne. Cet homme ne respiroit que la vengeance, parce qu'Adraste lui avoit enlevé sa femme, qu'il aimoit éperduëment, & qui étoit égale en beauté à Venus même. Il avoit des intelligences secrettes pour entrer la nuit dans la tente du Roi, & pour être favorisé dans cette entreprise par plusieurs Capitaines Dauniens, mais il croyoit avoir besoin que les Rois alliez attaquassent en même tems le camp d'Adraste, afin que dans ce trouble il pût plus facilement se sauver & enlever sa femme. Il étoit content de perir s'il ne pouvoit l'élever après avoir tué le Roi. Aussi-tot que Dioscorre eut expliqué aux Rois son dessein tout le monde se tourna vers Telemaque, comme pour lui demander une décison. Les Dieux, repondit-il qui nous ont preservé des traitres, nous defendent de nous en servir. Quand même nous n'aurions pas assez de vertu pour detester la trahison, notre seul interet suffiroit pour la rejetter ; dès que nous l'auront autorisée par notre exemple, nous meriterons qu'elle se tourne contre nous ; dès ce moment qui d'entre nous sera en sûreté ? Adraste pourra bien éviter le coup qui le menace, & le faire retomber sur les Rois alliez. La guerre ne sera plus une guerre; la sagesse & la vertu ne seront d'aucun usage : on ne verra plus que perfidie ; trahison & assassinats. Nous en ressentirons nous mêmes les funestes suites, & nous le meriterions, puisque nous aurions autorisé le plus grand des maux. Je conclus donc qu'il faut envoyer le traitre à Adraste. J'avouë que ce Roi ne le merite pas; mais toute l'Hesperie & toute la Grece qui ont les yeux sur nous meritent que nous tenions cette conduite pour en être estimés. Nous nous devons à nous mêmes ; enfin nous devons aux Dieux justes cette horreur de la perfidie.

Aussi-tot on envoya Dioscore à Adraste, qui fremit du peril ou il avoit été, & qui ne pouvois assez s'étonner de la generosité de ses ennemis : car les mechans ne peuvent comprendre la pure vertu. Adraste admiroit malgré lui ce qu'il venoit de voir, & n'osoit le louer. Cette action noble des alliez rapelloit un honteux souvenir de toutes ses tromperies, & de toutes ses cruautez. Il cherchoit à rabaisser la generosité de ses ennemis, & étoit honteux de paroitre ingrat, pendant qu'il leur devoit la vie; mais les hommes corrompus s'endurcissent bien-tot contre tout ce qui pourroit les toucher. Adraste qui vit que la reputation des Alliez augmentoit tous les jours, crut qu'il étoit pressé de faire contr'eux quelque action éclatante : comme il n'en pouvoit faire aucune de vertu, il voulut du moins tâcher de remporter quelque grand avantage sur eux par les armes, il se hata de combattre.

Le jour du combat étant venu, à peine l'Aurore ouvroit au Soleil les portes de l'Orient dans un chemin semé de roses, que le jeune Telemaque prevenant par ses soins la vigilence des plus vieux Capitaines, s'arracha d'entre les bras du doux sommeil, mit en mouvement tous les Officiers. Son casque couvert de crins flotans, brilloit déja sur sa tête, & sa cuirasse sur son dos éblouïssoit les yeux de toute l'armée. L'ouvrage de Vulcain avoit outre sa beauté naturelle l'éclat de l'Egide, qui y étoit cachée. Il tenoit sa lance d'une main, de l'autre il montroit les divers postes qu'il devoit occuper. Minerve avoit mit dans ses yeux un feu divin, & sur son visage une majesté fiere qui promettoit déja la victoire. Il marchoit & tous les Rois oubliant leur age & leur dignité, se sentoient entrainez par une force superieure qui leur faisoit suivre ses pas. La foible jalousie ne peut plus entrer dans les cœurs. Tout cede à celui que Minerve conduit invisiblemēt par la main; son action n'avoit plus rien d'impetueux ni de precipité : il étoit doux, tranquille, patient toujours prêt à écouter les autres, & à profiter de leurs conseils ; mais actif, prevoyant, attentif aux besoins les plus éloignez, arangeant toutes les choses à propos, ne s'embarrassant de rien, & n'embarrassant point les autres ; excusant les fautes, reparant les mécomptes, prevenant les difficultez, ne demandant jamais rien de trop à personne, inspirant par tout la liberté & la confiance. Donnoit-il un ordre, c'étoit dans les termes les plus simples & les plus clairs, il le repetoit pour mieux instruire celui qui devoit l'executer. Il voyoit dans ses yeux s'il l'avoit bien compris. il lui faisoit ensuite expliquer familierement comment il avoit compris ces paroles, & le principal but de son entreprise. Quand il avoit ainsi éprouvé le bon sens de celui qu'il envoyoit, & qu'il l'avoit fait entrer dans ses vûes, il ne le faisoit partir qu'après lui avoir doné quelque marque d'estime & de confiance pour l'encourager.

Ainsi tous ceux qu'il envoyoit étoient pleins d'ardeur pour lui plaire & pour reussir ; mais ils n'étoient point genez par la crainte qu'il leur imputeroit le mauvais succès ; car il excusoit toutes les fautes qui ne venoient point de mauvaise volonté.

L'orison paroissoit rouge & enflamé par les premier rayons du Soleil, & la mer étoit pleine des feux du jour naissant. Toute la cote étoit couverte d'hommes, d'armes, de chevaux & de chariots en mouvement: c'étoit un bruit confus semblable à celui des flots en couroux, quand Neptune excite au fond de ses abimes les noires tempêtes. Ainsi Mars commençoit par le bruit des armes, & par l'appareil fremissant de la guerre, à semer la rage dans tous les cœurs. La campagne étoit pleine de piques herissées, semblable aux épics qui couvrent les sillons fertiles dans le tems des moissons. Déja s'elevoit un nuage de poussiere qui deroboit peu à peu aux yeux des hommes la terre & le Ciel. La confusion, l'horreur le carnage, l'impitoyable mort s'avançoient.

A peine les premiers traits étoient jettez, que Telemaque levant les yeux & les mains vers le Ciel, prononça ces paroles.

O Jupiter pere des Dieux & des hommes, vous voyez de notre coté la justice & la paix que nous n'avons point eu honte de rechercher. C'est à regret que nous combattons: nous voudrions épargner le sang des hommes : nous ne haïssons point cet ennemi même, quoiqu'il soit cruel, perfide & sacrilege. Voyez & decidez entre lui & nous. S'il faut mourir, nos vies sont dans vos mains. S'il faut délivrer l'Hesperie & abattre le Tyran, ce sera votre puis-

G v

sance & la sagesse de Minerve votre fille qui nous donneront la victoire ; la gloire vous en sera duë. C'est vous qui la balance en main reglez le sort des combats : nous combattons pour vous ; & puisque vous êtes Juge, Adraste est plus votre ennemi que le votre. Si votre cause est victorieuse avant la fin du jour, le sang d'un hecatombe entiere ruisselera sur vos Autels.

Il dit ; & à l'instant il pousse ses coursiers fougueux & écumans dans les rangs les plus pressez des ennemis. Il rencontra d'abord Periande Loecrien, couvert d'une peau de lion qu'il avoit tué dans la Cilicie, pendant qu'il y avoit voyagé. Il étoit armé comme Hercule d'une massuë ; sa force & sa taille le rendoit semblable aux Geans. Dès qu'il vit Telemaque, il méprisa sa jeunesse & la beauté de son visage. C'est bien à toi dit-il jeune effeminé, à nous disputer la gloire des combats. Va enfant, parmi les ombres chercher ton pere. En disant ces paroles, il leva sa massuë noüeuse, pesante, armée de pointes de fer, elle paroit comme un mat de navire ; chacun craint le coup de sa chute : elle menace la tête du fils d'Ulysse : mais il se détourne du coup : & se lance sur Periande avec la rapidité d'un aigle qui fend les airs. La massuë en tombant brise la roüe d'un char auprès de celui de Telemaque. Cependant le jeune Grec perce d'un trait Periande à la gorge, le sang qui coule à gros bouillons de sa large playe, étouffe sa voix : ses chevaux fougueux ne sentent plus sa main défaillante ; & les rênes flotans sur leur cou : l'emportant çà & là ; il tombe de dessus son char les yeux fermez à la lumiere, & la pâle mort étant déja peinte sur son visage défiguré. Telemaque eut pitié de lui, il donna aussi-tot son corps à ses domestiques, & garda comme une marque de sa victoire la peau du lion avec la massuë.

Ensuite il cherche Adraste dans la mêlée; mais en le cherchant il precipite dans les enfers une foule de combattans. Hilée, qui avoit attelé à son char deux coursiers, semblables à ceux du Soleil, & nourris dans les vastes prairies qu'arose l'Auffides, Demoleon, qui dans la Sicile avoit autrefois presque égalé Erix dans les combats du Ceste: Creantor, qui avoit été hote & ami d'Hercule, lorsque ce fils de Jupiter, passant par l'Hesperie, y ôta la vie à l'infame Cacus: Merecrate, qui ressembloit, disoit-on, à Polux dans la lute: Hypocon Salapien, qui imitoit l'adresse & la bonne grace de Castor pour monter un cheval; le fameux chasseur Eudimede toujours teint du sang des ours & des sangliers qu'il tuoit dans les sommets couverts de neige du froid. Apenien, qui avoit été disoit on, si cher à Diane, qu'elle lui avoit appris elle-même à tirer des fléches: Nicostrate vainqueur d'un Geant qui vomissoit le feu dans les rochers du Mont-Gargan. Eleante, qui devoit épouser la jeune Pholoé fille du fleuve Liris; elle avoit été promise par son pere à celui qui la délivreroit d'un serpent ailé qui étoit né sur le bord du fleuve, & qui devoit la devorer dans peu de jours, suivant la prediction d'un Oracle Ce jeune home par un excés d'amour se dévoüa pour tuer le monstre; il reüssit: mais il ne put goûter le fruit de sa victoire, & pendant que Pholoé se preparant à un doux hymenée, attendoit impatiemment Eleante, elle apprit

G vj

qu'il avoit suivi Adraste dans les combats, & que la Parque avoit tranché cruellement ses jours. Elle rempli de ses gemissemens les bois & les montagnes qui sont auprès des fleuves; elle noya ses yeux de larmes, arracha ses beaux cheveux; elle oublia les guirlandes de fleurs qu'elle avoit acoutumé de cueillir, & accusa le Ciel d'injustice. Comme elle ne cessoit de pleurer nuit & jour, les Dieux touchez de ses regrets; & par les prieres du fleuve, mirent fin à sa douleur. A force de verser des larmes, elle fut tout-à-coup changée en fontaine, qui coulant dans le sein du fleuve, va joindre ses eaux à celles du Dieu son pere: mais l'eau de cette fontaine est encore amere: l'herbe du rivage ne fleurit jamais, & on ne trouve d'autre ombrage que celui des cyprès sur ses tristes bords.

Cependant Adraste qui apprit que Telemaque repandoit de tous cotez la terreur, le cherchoit avec empressement; il esperoit de vaincre facilement le fils d'Ulysse dans un age encore si tendre, & il menoit autour de lui trente Dauniens d'une force, d'une adresse, & d'une audace extraordinaire, ausquels il avoit promis de grandes recompenses, s'ils pouvoiët dans le combat faire perir Telemaque de quelque maniere que ce pût être. S'il l'eut rencontré dans ce moment du combat, sans doute ces trentes hommes environant le char de Telemaque, pendant qu'Adraste l'auroit attaqué de front n'auroient eu aucune peine de le tuer, mais Minerve les fit égarer.

Adraste crut voir & entendre Telemaque dans un endroit de la plaine, enfoncé au pied d'une coline, où il y avoit une foule de combattans; il court, il vole, il veut se rassasier de sang, mais au lieu de Telemaque, il trouve le vieux Nestor, qui d'une main tremblante jettoit au hazard quelques traits inutiles. Adraste dans sa fureur veut le percer; mais une troupe de Pyliens se jetta au tour de Nestor.

Alors une nuë de traits obscurcit l'air, & couvrit tous les combatans; on n'entendoit que les cris plaintifs des mourans; & le bruit des armes de ceux qui tomboient dans la mélée: la terre gemissoit sous un monceau de corps morts; des ruisseaux de sang couloient de toutes parts. Bellonne & Mars avoient les furies infernales, vêtues de robes toutes dégoutantes de sang, repaissoient leur yeux cruels de cet spectacle, & renouvelloient sans cesse la rage dans les cœurs. Ces Divinitez ennemies des hommes, repoussoient loin des deux partis la pitié genereuse, la valeur moderée, la douce humanité. Ce n'étoit plus dans ces amas confus d'hommes acharnez les uns sur les autres, que massacre, vengeance, desespoir & fureur brutale. La sage & invincible Pallas elle-même l'ayant vû, fremit & recula d'horreur.

Cependant Philoctete marchant à pas lents, & tenant dans ses mains les fleches d'Hercule s'avarçoit au secour de Nestor. Adraste n'ayant pû atteindre le divin vieillard, avoit lancé ses traits sur plusieurs Pyliens, ausquels il avoit fait mordre la poussiere. Déja il avoit abattu Eusilas si leger à la course, qu'à peine il imprimoit la trace de ses pas dans le sable, & qui devançoit dans son païs les plus rapides flots de l'Eurotas & de l'Alphée. A ses pieds étoient tombez Entiphron, plus beau qu'Hylas aussi ardent chasseur qu'Hipolite ; Pretelas qui avoit suivi Nestor au siege de Troye, & qu'Achille même avoit aimé à cause de son courage & de sa force ; Aristogiton, qui s'étant baigné dans les ondes du fleuve Archeloüs, avoit reçu secretement de ce Dieu la vertu de prendre toute sorte de formes. En effet, il étoit si souple & si prompt dans tous ses mouvemens, qu'il échapoit aux mains les plus fortes ; mais Adraste d'un coup de lance le rendit immobile, & son ame s'enfuit d'abord avec son sang.

Nestor qui voyoit tomber ses plus vaillans Capitaines sous la main du cruel adraste, comme les épics dorez pendant la moisson tombe sous la faulx tranchante d'un infatigable moissonneur, oublioit le danger où il s'exposoit inutilement. Sa vieillesse l'avoit quitté ; il ne songeoit plus qu'à suivre des yeux Pisistrate son fils, qui de son coté soutenoit avec ardeur le combat, pour éloigner le peril de son pere ; mais le moment fatal étoit venu, où Pisistrate devoit faire sentir à Nestor combien on est souvent malheureux d'avoir trop vêcu.

Pisistrate porta un coup de lance si violent contre Adraste, que le Daunien devoit succomber ; mais il l'évita, pendant que Pisistrate ébranlé du faux coup qu'il avoit donné, ramenoit sa lance Adraste le perça d'un javelot au milieu du ventre. Ses entrailles commencerent à sortir avec un ruisseau de sang, son teint se flétrit comme une fleur que la main d'une Nymphe a cüeillie dans les prez. Ses yeux étoient déja presque éteints, & sa voix défaillante. Alcée son gouverneur, qui étoit auprès

LIVRE XX.

de lui le foutient comme il alloit tomber, & n'eut le tems que de le mener entre les bras de fon pere. Là il voulut parler, donner les dernieres marques de fa tendreſſe : mais en ouvrant la bouche il expira.

Pendant que Philoctete repandoit au tour de lui le carnage & l'horreur pour repouſſer les efforts d'Adraſte, Neſtor tenoit ſerré entre ſes bras le corp de ſon fils : il rempliſſoit l'air de ſes cris, & ne pouvoit ſouffrir la lumiere. Malheureux, diſoit-il, d'avoir été pere, & d'avoir vecu ſi long-tems ! Helas ! cruelles deſtinées, pourquoi n'avez-vous pas fini ma vie ou à la chaſſe du Sanglier de Calydon, ou au voyage de Colchos, ou au premier ſiege de Troye ? Je ſerois mort avec gloire & ſans amertume : maintenant je traine une vieilleſſe douloureuſe, mépriſée & impuiſſante. Je ne vis plus que pour les maux : je n'ai plus de ſentiment que pour la triſteſſe. O mon fils ! ô mon fils ! ô mon cher fils Piſiſtrate ! quand je perdis ton frere Antiloque, je t'avois pour me conſoler. Je ne t'ai plus ; rien ne me conſolera, tout eſt fini pour moi. L'eſperance, ſeul adouciſſement des peines des hommes, n'eſt plus un bien qui me regarde, Atiloque, Piſiſtrate ; ô chers enfans je crois que c'eſt aujourd'hui que je vous perd tous deux ; la mort de l'un rouvre la playe que l'autre avoit faite au fond de mon cœur. Je ne vous verrai plus. Qui fermera mes yeux ? Qui recueillira mes cendres ? O cher Piſiſtrate ! tu es mort comme ton frere, en homme de courage ; il n'y a que moi qui ne puis mourir.

En diſant ces paroles, il voulut ſe percer lui même d'un dard qu'il tenoit ; mais on arrêta sa main, & on lui arracha le corps de son fils. Et comme cet infortuné vieillard tomboit en defaillance, on le porta dans sa tente où ayant un peu repris ses forces, il voulut retourner au combat, mais on le retint malgré lui.

Cependant Adraste & Philoctete se cherchoient : leurs yeux étoient étincellans comme ceux d'un lion & d'un leopard, qui cherchent à se déchirer l'un l'autre dans les campagnes qu'arose le Cayftre. Les menaces la fureur guerriere & la cruelle vengeance éclatant dans leurs yeux farouches. Ils portent une mort certaine par tout ou ils lancent leurs traits. Tous les combattans les regerdent avec effroi. Déja ils se voyent l'un l'autre, & Philoctete tient en sa main une de ces fleches terribles qui n'ont jamais manqué leur coup dans ses mains, & dont les blessures sont irremediables. Mais Mars qui favorisoit le cruel & intrepide Adraste, ne put souffrir qu'il perit sitot ; il vouloit par lui, prolonger les horreurs de la guerre, & multiplier le carnage. Adraste étoit encore dû à la justice des Dieux pour punir les hommes & pour verser leur sang.

Dans le moment où Philoctete veut l'attaquer, il est blessé lui-même par un coup de lance que lui donna Amphimaque jeune Lucanien, plus beaux que le fameux Nirée, dont la beauté ne cedoit qu'à celle d'Achile parmi tous les Grecs qui conbattirent au siege de Troye. A peine Philoctete eut reçu le coup, qu'il tira la fleche contre Amphimaque, elle lui perça le cœur. Aussi-tot ses beaux yeux noirs s'éteignirent, & furent coverts des tenèbres de la mort. Sa bouche plus vermeille que les roses, dont l'aurore naissante seme l'horison, se fletrit : une pâleur affreuse ternit ses joües, ce visage si tendre & si délicat, tout à coup se défigura. Philoctete lui-même en eut pitié. Tous les combattans gémirent en voyant ce jeune homme tomber dans son sang, où il se rouloit, & ses cheveux aussi beaux que ceux d'Apollon, trainez dans la poussiere. Philoctete ayant vaincu Amphimaque, fut contraint de se retirer du combat ; il perdoit son sang & ses forces; son encienne blessure même dans l'effort du combat sembloit prête à se rouvrir & à renouveller ses douleurs ; car les enfans d'Esculape, avec leur science divine, n'avoient pû le guerir entierement. Le voilà pret à tomber sur un monceau de corps sanglans qui l'environnent. Archidamas, le plus fier & le plus adroit de tous les Oebaliens qu'il avoit mené avec lui pour fonder Petilie, l'enleve du combat dans le moment où Adraste l'auroit sans peine abattu à ses pieds. Adraste ne trouve plus rien qui ose lui resister, ni retarder la victoire. Tout tombe, tout s'enfuit: c'est un torrent qui ayant surmonté ses bords, entraine par ses vagues furieuses les moissons; les troupeaux des Bergers & les Villages.

Telemaque entendit de loin les cris des vainqueurs, & il vit le desordre des siens qui fuyoient devant Adraste, comme une troupe de cerfs timides traversant les vastes campagnes, les bois les montagnes, & même les fleuves les plus rapides, quand ils sont poursuivis par des chasseurs. Telemaque gemit, l'indignation paroit dans ses yeux, & il quitte les lieux où il avoit combattu long-temps avec tant de danger & de gloire. Il court pour soutient les siens, il s'avance tout vouvert du sang d'une multitude d'ennemis qu'il a étendu sur la poussiere. De loin il pousse un cri qui se fait entendre des deux armées.

Minerve avoit mis je ne sçai quoi de terrible dans sa voix, dont les montagnes voisines retentirent. Jamais Mars dans la Thrace n'a fait entendre plus fortement sa cruelle voix, quand il appelle les furies infernales, la guerre & la mort. Le cri de Telemaque porte le courage & l'audace dans le cœur des siens; il glace d'épouvante les ennemis. Adraste même a honte de se sentir troublé. Je ne sçai combien de funeste presages le font frémir: & ce qui l'anime est plutot un desespoir qu'une valeur tranquille. Trois fois ses genoux tremblens commencerent à se dérober sous lui; trois fois il recula sans songer à ce qu'il faisoit: une pâleur de défaillance & une sueur froide se repandoient dans tous ses membres: sa voix enroüée & hésitante ne pouvoit achever aucune parole, ses yeux pleins d'un feu sombre & étincellans paroissoient sortir de sa tête; on le voyoit comme Oreste agité par les furies; tous ses mouvemens étoint convulsifs. Alors il commence à croire qu'il y a des Dieux. Il s'imagine les voir irritez, & entendre une voix sourde qui sort du fond de l'abime pour l'appeller dans le noir Tartare. Tout lui fait sentir une main celeste & invincible suspenduë sur sa tête, qui alloit s'appesantir pour le frapper: l'esperance etoit éteinte au fond de son cœur; son audace se dissipoit comme la lumiere du jour disparoit quand le soleil se couche dans le sein des ondes, & que la terre s'envelope des ombres de la nuit.

LIVRE XX.

L'impie Adraste trop long-tems souffert sur la terre, si les hommes n'eussent eu besoin d'un tel chatiment : l'impie Adraste touchoit enfin à sa derniere heure. Il court forcené au-devant de son inévitable destin; l'horreur, les cuisans remords, la consternation, la fureur, la rage, le desespoir marchent avec lui. A peine voit il Telemaque, qu'il croit voir l'Averne qui s'ouvre, & les tourbillons de flames qui sortent du noir Phlegeton, prêtes à le dévorer. Il s'écrie, & sa bouche demeure ouverte sans qu'il puisse prononcer aucune parole; tel qu'un homme dormant, qui dans un songe affreux ouvre la bouche & fait des efforts pour parler: mais la parole lui manque toujours, & il la cherche en vain. D'une main tremblante & precipitée, Adraste lance son dard contre Telemaque. Celui-ci intrepide contre l'ennemi des Dieux, se couvre de son bouclier : il semble que la victoire le couvrant de ses ailes, tient déja une couronne suspenduë au-dessus de sa tête: le courage doux & paisible reluit dans ses yeux: on le prendroit pour Minerve même, tant il paroit sage & mesuré au milieu des plus grands perils; le dard lancé par Adraste est repoussé par le bouclier. Alors Adraste se hate de tirer son épée, pour tirer au fils d'Ulysse l'avantage de lancer son dard à son tour. Telemaque voyant Adraste l'epeé à la main se hata de la mettre aussi, & laisse son dard inutile.

Quand on les vit ainsi tous deux combattre de prés, tous les autres combattans en silence mirent bas les armes pour les regarder attentivement, & on attendit de leur combat la destinée de toute la guerre. Les deux glaives brillans comme les éclairs d'où portent les foudres, se croisent plusieurs fois, portent des coups inutiles sur les armes polies qui en retentissent. Les deux combattans s'alongent, se replient, s'abaissent, se relevent tout à coup, & enfin se saisissent. La liere en naissant au pied d'un ormeau, ne serre pas plus étroitement le tronc dur & noüeux par ses rameaux entrelassez, jusqu'aux plus hautes branches de l'arbre que ces deux combattans se serrent l'un l'autre. Adraste n'avoit encore rien perdu de sa force. Telemaque n'avoit pas encore toute la sienne. Adraste fait plusieurs efforts pour surprendre son ennemi, & pour l'ébranler. Il tâche de saisir l'épée du jeune Grec, mais en vain. Dans le moment où il la cherche, Telemaque l'enleve de terre, & le renverse sur le sable. Alors cet impie qui avoit toujours méprisé les Dieux, montra une lache crainte de la mort; il a honte de demander la vie, & il ne peut s'empêcher de temoigner qu'il la desire: il tâche d'émouvoir la compassion de Telemaque, fils d'Ulysse, lui dit-il; enfin c'est maintenant que je connois les justes Dieux : ils me punissent comme je l'ai mérité; il n'y a que le malheur qui ouvre les yeux des hommes pour voir la verité; je la vois : elle me condamne; mais qu'un Roi malheureux vous fasse souvenir de votre pere, qui est loin d'Ithaque, & qu'il touche votre cœur.

Telemaque qui le tenant sous ses genoux, avoit le glaive déja levé pour lui percer la gorge, repondit aussi-tôt : Je n'ai voulu que la victoire & la paix de la Nation que je suis venu secourir; je n'aime point à repandre le sang. Vivez donc Adraste; mais vivez pour reparer vos fautes, rendez tout ce que vous avez ufurpé, ratabliffez le calme & la juftice fur la côte de la grande Hefperie, que vous avez fouillée par tant de maffacres & de trahifons: vivez, & devenez un autre homme, apprenez par votre chute que les Dieux font juftes, que les méchans font malheureux, qu'ils fe trompent en cherchant la felicité dans la violence, dans l'inhumanité & dans le menfonge; qu'enfin rien n'eft fi doux ni fi heureux que la fimple & conftante vertu: donnez-nous pour ôtage votre fils Metrodore avec douze des principaux de votre Nation.

A ces paroles Telemaque laiffe relever Adrafte, & lui tend la main fans fe défier de fa mauvaife foi: mais auffi-tot Adrafte lui lança un fecond dard fort court qu'il tenoit caché. Le dard étoit fi aigu & lancé avec tant d'adreffe, qu'il eut percé les armes de Telemaque, fi elles n'euffent été divines. En même-tems Adrafte fe jette derriere un arbre pour éviter la pourfuite du jeune Grec. Allors celui-ci s'écrie: Dauniens, vous le voyez, la victoire eft à nous; l'impie ne fe fauve que par la trahifon: celui qui ne craint point les Dieux, craint la mort. Au contraire celui qui les craint, ne craint qu'eux. En difant ces paroles il s'avance vers les Dauniens, & fait figne aux fiens qui étoient de l'autre coté de l'arbre, de couper chemin au perfide Adrafte. Adrafte craint d'être furpris fait femblant de retourner fur fes pas, & veut renverfer les Crétois qui fe prefentent à fon paffage. Mais tout-à-coup Telemaque prompt comme la foudre, que la main du pere des Dieux lance du haut Olympe fur les têtes coupables, vient fondre fur fon ennemi, il le saisit d'une main victorieuse, il le renverse ; & comme un cruel Aquillon abbat les tendres moissons qui dorent la campagne ; il ne l'écoute plus, quoique l'impie ose encore une fois essayer d'abuser de la bonté de son cœur. Il lui enfonce son glaive, & le precipite dans les flames du noir Tartare, digne chatiment de ses crimes.

Fin du vingtiéme Livre.

LES AVANTURES DE TELEMAQUE FILS D'ULYSSE.

LIVRE VINGTUNIE'ME.

SOMMAIRE.

Adraste étant mort, les Dauniens tendent les mains aux Alliez en signe de paix, & leur demandent un Roi de leur Nation. Nestor inconsolable d'avoir perdu son fils, s'absente de l'Assemblée des Chefs, où plusieurs opinent qu'il faut partager le pais des vaincus, & ceder à Telemaque le terroir d'Arpi. Bien loin d'accepter cette offre, Telemaque fait voir que l'interet commun des Alliez est de choisir Polydamas pour Roi des Dauniens, & de leur laisser leurs terres. Il persuade ensuite à ces peuples de donner la contrée d'Arpi à Diomede, survenu fortuitement. Les troubles étant ainsi finis, tous se separerent pour s'en retourner chacun dans son pais.

A Peine Adraste fut mort, que tous les Dauniens, loin de déplorer leur défaite & la perte de leur Chef, se rejouirent de leur délivrance. Ils tendirent les mains aux Alliez en signe de paix & de reconciliation

Metrodore, fils d'Adraste, que son pere avoit nourri dans des maximes de dissimulatiō, d'injustice & d'inhumanité, s'enfuit lâchement. Mais un esclave complice de ses infamies & de ses cruautez, qu'il avoit affranchi & comblé de biens, & auquel il se confia dans sa fuite, ne songeat qu'à le trahir pour son propre interet, il le tua par derriere pendant qu'il fuyoit, lui coupa la tête, & le porta dans le Camp des Alliez, esperant une grande recompense d'un crime qui finissoit la guerre. Mais on eut horreur de ce scelerat, & on le fit mourir. Telemaque ayant vû la tête de Metrodore, qui étoit un jeune homme d'une merveilleuse beauté, & d'un naturel excellent, que les plaisirs & les mauvais exemples avoient corrompus, ne put retenir ses larmes. Helas! s'écria-t'il, voilà ce que fait le poison de la prosperité pour un jeune Prince; plus il a d'élevation & de vivacité, plus il s'éloigne de tous ses sentimens de vertu; & maintenant je serois peut-être de même, si les malheurs où je suis né, graces aux Dieux, & les instructions de Mentor, ne m'avoient appris à me moderer.

Les Dauniens assemblez demanderent comme l'unique condition de paix qu'on leur permit de faire un Roi de leur nation, qui pût effacer par ses vertus l'opprobre dont l'impie Adraste avoit couver la Royauté. Ils remercient les Dieux d'avoir frappé le tyran; ils venoient en foule baiser la main de Telemaque qui avoit été trempée dans le sang de ce monstre, & leur defaite étoit pour eux comme un triomphe. Ainsi tomba dans un moment, sans aucune ressource, cette puissance qui menaçoit

toutes

toutes les autres dans l'Hesperie, & qui faisoit trembler tant de peuples. Semblable à ses terrains qui paroissent fermes & immobiles, mais que l'on sappe peu à peu par dessous : Long-tems on se mocque du foible travail qui en attaque les fondemens, rien ne paroit affoibli tout est uni, rien ne s'ébranle ; cependant tous les soutiens sont détruits peu à peu jusqu'au moment ou tout-à-coup le terrain s'abaisse, & ouvre un abime. Ainsi une puissance injuste & trompeuse, quelque prosperité qu'elle se procure par ses violences, creuse elle-même un precipice sous ses pieds. La fraude & l'inhumanité sappent peu à peu tous les plus solides fondemens de l'autorité legitime. On l'admire on la craint, on tremble devant elle jusqu'au moment où elle n'est déja plus ; elle tombe de son propre poids, & rien ne la peut relever, parce qu'elle a détruit de ses propres mains les vrais soutiens de la bonne foi & de la justice, qui attirent l'amour & la confiance.

Les Chefs de l'armée s'assemblerent dès le lendemain pour accorder un Roi aux Dauniens. On prenoit plaisir à voir les deux camps confondus par une amitié si inesperée, & les deux armées qui n'en faisoient plus qu'une. Le sage Nestor ne put se trouver dans ce côseil parce que la douleur jointe à la vieillesse, avoit flétri son cœur, comme la playe abat & fait languir le soir une fleur qui étoit le matin pendāt la naissance de l'Aurore, la gloire & l'ornement des vertes campagnes. Ses yeux étoient devenus deux fontaines de larmes qui ne pouvoient tarir. Loin d'eux s'enfuyoiēt le doux someil qui charme les plus cuisantes peines ; l'esperance,

Tome II.   H

qui est la vie du cœur de l'homme, étoit éteinte en lui. Toute nouriture étoit amere à cet infortuné Vieillard, la lumiere même lui étoit odieuse, son ame ne demandoit plus qu'à quitter son corps, & qu'à se plonger dans l'éternelle nuit de l'Empire de l'union. Tous ses amis lui parloient en vain, son cœur en défaillance étoit dégouté de toute amitié, comme un malade est dégouté des meilleurs allimens. A tout ce qu'on pouvoit lui dire de plus touchant: il ne repondoit que par des gemissemens & des sanglots. De tems en tems on l'entendoit dire. O Pisistrate! Pisistrate, Pisistrate, Pisistrate, mon cher fils, tu m'apelle! je te suis pisistrate tu me rendra la mort douce, ô mon cher fils! Je ne desire plus pour tout bien que de te revoir sur les rives du Styx. Puis il passoit des heures entieres sans prononcer aucune parole, mais gemissant, levant les mains & les yeux noyez de larmes vers le Ciel.

Cependant les Princes assemblez attendoiét Telemaque qui étoit auprés du corps de Pisistrate. Il repandoit sur son corps des fleurs à pleines mains: il y ajoutoit de parfums exquis, & versoit des larmes ameres. O mon cher compagnon! lui disoit-il je n'oublierai jamais de t'avoir vû à Pylos, de t'avoir suivi à Sparte, de t'avoir retrouvé sur les bords de la grande Hesperie. Je te dois mille & mille soins, je t'aimois, tu m'aimois aussi, j'ai connu ta valeur, elle auroit surpassé celle de plusieurs Grecs fameux. Helas! elle t'a fait mourir avec gloire: mais elle a derobé au monde une vertu naissante qui eut égalé celle de ton pere. Oui, ta sagesse & ton éloquence dans un âge mûr auroit été semblable à celle de ce Vieillard, l'admiration de toute la Grece. Tu avois déja cette douce infinuation, à laquelle on ne pouvoit refifter quand tu parlois ces manieres naïves de raconter, cette fage moderation, qui eft un charme pour appaifer les efprits irritez: cette autorité qui vient de la prudence & de la force des bons confeils. Quand tu parlois tous pretoient l'oreille ; tous étoient prevenus, tous avoient envie de trouver que tu avois raifon : ta parole fimple & fans fafte couloit dans les cœurs comme la rofée de l'herbe naiffante. Helas ! tant de biens que nous poffediös ilya quelques heures nous font enlevez pour jamas Pififtrate, que j'ai embraffé ce matin, n'eft plus, il ne nous en refte qu'un douloureux fouvenir. Au moins fi tu avoit fermé les yeux de Neftor, & non pas que nous euffions fermé les fiens, il ne verroit pas tout ce qu'il voit, & il ne feroit pas le plus malheureux de tous les peres.

Après ces paroles, Telemaque fit laver la playe fanglante qui étoit dans le côté de Pififtrate. Il le fit étendre fur un lit de pourpre où la tête penchée avec la pâleur de la mort, il reffembloit à un jeune arbre, qui ayant couvert la terre de fon ombre, & pouffé vers le Ciel fes rameaux fleuris, à été entamé par le tranchant de la coignée d'un bucheron. Il ne tient plus à fa racine ni à la terre, mere feconde, qui nourrit fes tiges dans fon fein : il languit fa verdure s'éfface ; il ne peut plus fe foutenir, il tombe fes rameaux qui cachoient le Ciel, trainant fur la pouffiere, flétris & défeichés ; il n'eft plus qu'un tronc abbatu & dépouillé de toutes fes graces. Ainfi Pififtrate en proye à la mort, étoit déja emporte par ceux qui devoit le mettre dans le bucher fatal. Déja la flame monte vers le Ciel. Une troupe de Pyliens, les yeux baissez & pleins de larmes : leurs armes renversées, le conduisoient lentement. Le corps est bientôt brulé, les cendres sont mises dans une Urne d'or, & Telemaque qui prend soin de tout, confie cette Urne comme un grand tresor à Callimaque, qui avoit été le gouverneur de Pisistrate. Gardez, lui dit-il, ces cendres, tristes, mais précieux reste de celui que vous avez aimez. Gardez-les pour son Pere ; mais attendez à les lui donner, quand il aura assez de force pour les demander : ce qui irrite la douleur en un tems l'adoucit en un autre.

 Ensuite Telemaque entra dans l'assemblée des Rois liguez, où chacun garde le silence pour l'écouter dès qu'on l'apperçut ; il en rougit, & on ne pouvoit le faire parler. Les loüanges qu'on lui donna par des acclamations publiques sur tout ce qu'il venoit de faire, augmenterent sa honte ; il auroit voulut se pouvoir cacher : ce fut la premiere fois qu'il parut embarassé & incertain. Enfin il demanda comme en grace qu'on ne lui donna plus aucune loüange. Ce n'est pas, dit-il, que je ne les aime, sur tout quand elles sont donnés par de si bons juges de la vertu : mais c'est que je crains de les aimer trop : elles corrompent les hommes elles les remplissent d'eux-mêmes, elle les rendent vains & présomptueux ; il faut les meriter & les fuir ; les meilleurs loüanges ressemblent aux fausses. Les plus mechans de tous les hommes qui sont les tyrans, sont ceux qui se font le plus loüer par des flatteurs. Quel plaisir y a t'il à être

LIVRE XXI.

loué comme eux ? Les bonnes louanges sont celles que vous me donnerez en mon absence, si je suis assez heureux pour en meriter. Si vous me croyez veritablement bon, vous devez croire aussi que je veux être modeste, & craindre la vanité. Epargnez-moi donc, si vous m'estimez, & ne me loüez pas comme un homme amoureux des louanges.

Après avoir parlé ainsi, Telemaque ne répondit plus rien à ceux qui continuoient de l'elever jusqu'au Ciel, & par un air d'indiference il arrêta bientôt les louanges qu'on lui donnoit. On commença à craindre de le fâcher en le loüant: mais l'admiration augmenta tout le monde sçachant la tendresse qu'il avoit témoigné à Pisistrate, & le soin qu'il avoit pris de lui rendre les derniers devoirs. Toute l'armée fut plus touchée de ces marques de la bonté de son cœur, que de tous les prodiges de sagesse & de valeur qui venoient d'éclater en lui. Il est sage; il est vaillant, se disoient-ils en secret les uns aux autres; il est l'ami des Dieux & le vrai Heros de notre age. Il est au dessus de l'humanité; mais tout cela n'est que merveilleux, tout cela ne fait que nous étonner. Il est humain, il est bon, il est ami fidele & tendre, il est compatissant, liberal, bienfaisant & tout entier à ceux qu'il doit aimer. Il est les delices de ceux qui vivent avec lui: il s'est défait de sa hauteur, de son indifference & de sa fierté. Voilà ce qui est d'usage, voilà qui touche les cœurs, voilà ce qui nous attendrit pour lui, & nous rend sensibles à toutes ses vertus: voilà ce qui fait que nous donnerions tous nos vies pour lui.

A peine ces discours furent-ils finis, qu'on

H iij

se hâta de parler de la necessité de donner un Roi aux Dauniens. La plupart des Princes qui étoient dans le Conseil, opinoient qu'il falloit partager entr'eux ce Païs comme une Terre conquise. On offroit à Telemaque pour sa part la fertille contrée d'Arpi, qui porte deux fois l'an les riches dons de Cerés, les doux presens de Bacchus; & les fruits toujours verds de l'olivier consacré à Minerve. Cette Terre, lui disoit-on, doit vous faire oublier la pauvre Ithaque avec ses cabanes, les rochers affreux de Dulichie, & les bois sauvages de Zacinthe. Ne cherchez plus ni votre pere, qui doit être peri dans les flots au Promontoire de Capharée, par la vengeance de Nauplius, & par la colere de Neptune, ni votre mere, que les Amans possedent depuis votre départ; ni votre patrie, dont la terre n'est point favorisée du Ciel comme celle que nous vous offrons. Il écoutoit patiemment ces discours; mais les Rochers de Thrace & de Tessalie ne son pas plus sourds ni plus insensibles aux plaintes des Amans désesperez, que Telemaque l'étoit à toutes ces offres.

Pour moi, repondit-il, je ne suis touché ni de richesses, ni de delices, qu'importe de posseder une plus grande étenduë de terre, & de commander à un plus grand nombre d'hommes. On n'en a que plus d'embaras & moins de liberté. La vie est assez pleine de malheur pour les hommes les plus sages & les plus moderez, sans y ajouter encore la peine de gouverner les autres hommes indociles, inquiets injustes, trompeurs & ingrats. Quand on veut être le maitre des hommes pour l'amour de soi-même; n'y regardant que sa propre autorité, ses plaisirs & sa gloire, on est impie, on est tyran, on est fleau du genre humain. Quand au contraire on ne veut gouverner les hommes que selon les vrayes régles pour leur propre bien, on est moins leur maitre que leur tuteur; on en a que de la peine qui est infinie, & on est bien éloigné de vouloir étendre plus loin son autorité. Le Berger qui ne mange point le troupeau, qui le défend des loups en exposant sa vie, qui veille nuit & jours pour le conduire dans les bons paturages n'a point d'envie d'augmenter le nombre de ses moutons, & d'enlever ceux du voisin; ce seroit augmenter sa peine. Quoique je n'aye jamais gouverné, ajoutoit Telemaque, j'ai appris par les loix; & par les sages qui les ont faites, combien est il penible de conduire les Villes & les Royaumes. Je suis donc content de ma pauvre Ithaque, quoiqu'elle soit petite & pauvre, j'aurai assez de gloire, pourvú que j'y regne avec justice, pieté & courage: encore même n'y regnerai-je que trop-tot. Plaise aux Dieux que mon pere échappe à la fureur des vagues, y puisse regner jusqu'à la plus extreme vieillesse, & que je puisse apprendre longtems sous lui comment il faut vaincre ses passions pour sçavoir moderer celles de tout un peuple.

Ensuite Telemaque dit: Ecoutez, ô Princes assemblez ici, ce que je croi vous devoir dire pour votre interet. Si vous donnez aux Dauniens un Roi juste, il les conduira avec justice, il leur apprendra combien il est utile de conserver la bonne foi, & de n'usurper jamais le bien de ses voisins. C'est ce qu'ils n'ont jamais pû comprendre sous l'impie Adraste,

H iv

Tandis qu'ils seront conduits par un Roi sage & moderé, vous n'aurez rien à craindre. Ils vous devront ce bon Roi que vous leur aurez donné : ils vous devront la paix & la prospérité dont ils jouiront. Ces peuples loin de vous attaquer, vous beniront sans cesse, & le Roi & les peuple seront l'ouvrage de vos mains. Si au contraire vous voulez partager leur pais entre vous, voici les malheurs que je vous predit. Ce peuple poussé au desespoir, recommencera la guerre, il combattra justement pour sa liberté : & les Dieux, ennemis de la tyrannie, combattront avec lui. Si les Dieux s'en mêlent, tôt ou tard vous serez confondus, & vos prosperitez se dissiperont comme la fumée. Le Conseil & la sagesse seront otez à vos Chefs, le courage à vos armées, l'abondance à vos terres. Vous vous flatterez, vous serez temeraires dans vos êtreprises, vous ferez taire les gens de bien qui voudront dire la verité; vous tomberez tout à coup, & l'on dira de vous : Sont-ce donc là ces peuples florissans qui devoient faire la loi à toute la terre ? & maintenant ils fuyent devant leurs ennemis : ils sont le jouët des Nations, qui le foulent aux pieds. Voilà ce que les Dieux ont fait : voilà ce que meritent les peuples injustes, superbes & inhumains. De plus, considerez que si vous entreprenez de partager entre vous cette conquette, vous réünissez contre vous tous les peuples voisins. Votre ligue formée pour défendre la liberté commune de l'Hesperie contre l'usurpateur d'Adraste deviédra odieuse; & c'est vous mêmes que tous les peuples accuseront avec raison de vouloir usurper la tirannie universelle. Mais je suppose que vous

LIVRE XXI.

soyez victorieux & des Dauniens & de tous les autres peuples, cette victoire vous détruira, voici comment.

Confiderez que cette entreprife vous defunira tous comme elle n'eft pas fondée fur la juftice, vous n'aurez point de regle pour borner entre vous les pretentions de chacune: chacun voudra que la part de la conquette foit proportionnée à fa puiffance ; nul d'entre vous n'aura affez d'autorité parmi les autres pour faire ce partage paifiblement. Voilà la fource d'une guerre, dont vos petits enfans ne verrons pas la fin. Ne vaut-il pas mieux être jufte & moderé que de fuivre fon ambition avec tant de peril & au travers de tant de malheus inevitables ? La paix profonde, les plaifirs doux & innocens qui l'accompagnent, l'heureufe abondance, l'amitié de fes voifins, la gloire qui eft infeparable de la juftice ; l'autorité qu'on acquiert en fe rendant par la bonne foi l'arbitre de tous les peuples étrangers ne font ce pas des biens plus defirables que la folle vanité d'une conquette injufte? O Princes! ô Rois! vous voyez que je vous parle fans intereft. Ecoutez donc celui qui vous aime affez pour vous contredire & vous déplaire, en vous reprefentant la verité.

Pendant que Telemaque parloit ainfi, avec une autorité qu'on n'avoit jamais vûe en nul autre, & que tous les Princes étonnez & en fufpent admiroient la fageffe de fes confeils, on entendit un bruit confus qui fe repandit dans tout le camp, & qui vint jufqu'au lieu où fe tenoit l'affemblée. Un étranger, dit-on, eft venu aborder fur ces côtes avec une troupe d'hommes armez : Cet inconnu eft d'une haute

H v

mine, tout paroit heroïque en lui : on voit aifement qu'il a long tems fouffert, & que fon grand courage l'a mis au deffus de touces fes fouffrances. D'abord les peuples du Pais qui gardent les côtes, ont voulut le repouffer comme un ennemi qui vient faire une irruption : mais après avoir tiré fon épée avec un air intrepide, il a déclaré qu'il fçauroit fe defendre fi on l'attaquoit, mais qu'il ne demandoit que la paix & l'hofpitalité. Auffi-tot il a prefenté un rameau d'olivier comme un fuppliant. O l'a écouté ; il a demandé à être conduit vers ceux qui gouvernent dans cette côte de l'Hefperie : & on l'amene ici pour le faire parler aux Roix affemblez.

A peine ce difcours fut-il achevé, qu'on vit entrer cet inconnu avec une majefté qui furprit toute l'affemblée. On auroit cru facilement que c'étoit le Dieu Mars ; quand il affembla fur les montagnes de la Thrace fes troupes fanguinaires. Il commarça à parler ainfi.

O vous Pafteurs des peuples, qui êtes fans doute affemblez ici pour défendre la patrie contre fes ennemis, où pour faire fleurir les plus juftes loix, écoutez un homme que la fortune a perfecuté. Faffent les Dieux que vous n'éprouviez jamais de femblables malheurs. Je fuis Diomede Roi d'Etolie, qui bleffai Venus au Siege de Troye. La vengeance de cette Déeffe me pourfuit dans tout l'Univers. Neptune qui ne peut rien refufer à la divine fille de la mer, m'a livré à la rage des vents & des flots, qui ont brifé plufieurs fois mes vaiffeaux contre les écueils. L'inéxorable Venus m'a ôté toute efperance de revoir mon

LIVRE XXI.

Royaume, ma fille, & cette douce lumiere du païs où j'ai commencé de voir le jour en naiſſant. Non, je ne reverai jamais tout ce qui m'a été le plus cher au monde. Je viens après tant de naufrages chercher ſur cette rive inconnuë un peu de repos & une retraite aſſurée. Si vous craignez les Dieux, & ſur tout Jupiter qui a ſoin des étrangers; ſi vous êtes ſenſibles à la compaſſion, ne me refuſez pas dans ces vaſtes païs quelque coin de terre infertille, quelques déſerts, quelques ſables, ou quelques rochers eſcarpez, pour y fonder avec mes compagnons une Ville qui ſoit du moins une triſte image de notre patrie perduë. Nous ne demandons qu'un peu d'eſpace qui vous ſoit inutile. Nous vivrons en paix avec vous dans une étroite alliance ; vos ennemis ſeront les nôtres ; nous entrerons dans tous vos intereſts ; nous ne demandons que la liberté de vivre ſelon nos Loix.

Pendant que Diomede parloit ainſi, Telemaque ayant les yeux attachez ſur lui, montra ſur ſon viſage toutes les differentes paſſions. Quand Diomede commença à parler de ſes longs malheurs, il eſpera que cet homme majeſtueux ſeroit ſon pere. Auſſi-tôt qu'il eut déclaré qu'il étoit Diomede, le viſage de Telemaque ſe flêtrit comme une belle fleurs que les noirs aquillons viennent de ternir de leur ſouffle cruel Enſuite les paroles de Diomede qui ſe plaignoit de la longue colere d'une Divinité, l'attendrirent par le ſouvenir des mêmes diſgraces ſouffertes par ſon pere & par lui. Des larmes mêlées de douceur & de joye, coulerent ſur ſes joües, & il ſe jetta tout à coup ſur Diomede pour l'embraſſer.

TELEMAQUE,

Je suis dit-il, fils d'Ulysse que vous avez connu, & qui ne vous fut jamais inutile quand vous prites les chevaux fameux de Rhesus. Les Dieux l'on traité comme vous sans pitié. Si les Oracles de l'Etebe ne sont pas trompeurs, il vit encore: mais helas! il ne vit point pour moi. J'ai abandonné Ithaque pour le chercher je ne puis revoir maintenant, ni Ithaque ni lui. Jugez par mes malheurs de la compassion que j'ai pour les autres. L'avantage qu'il a d'être malheureux, c'est qu'on sçait compatir aux peines d'autrui. Quoi que je ne sois ici qu'étranger, je puis, ô grand Diomede! (car malgré les miseres qui ont accablé ma patrie dans mon enfance, je n'ai pas été assez mal élevé pour ignorer qu'elle est votre gloire dans les combats) je puis, ô le plus invincible de tous les Grecs après Achile! vous procurer queque secours. Ces Princes que vous voyes sont humains, ils sçavent qu'il n'y a ni vertu ni vrai courage, ni gloire solide sans l'humanité. Le malheur ajoute un nouveau lustre à la gloire des plus grands hommes: il leur manque quelque chose, tandis qu'ils n'ont jamais été malheureux. Il manque dans leur vie des exemples de patience & de fermeté, la vertu souffrante attendrit tous les cœurs qui ont quelque gout pour la vertu. Laissez-nous donc le soin de vous consoler, puisque les Dieux vous menent à nous, c'est un present qu'ils nous font, & nous devons nous croire heureux de pouvoir adoucir vos peines.

Pendant qu'il parloit, Diomede étonné le regardoit fixement & sentoit son cœur tout ému. Ils s'embrassoient comme s'ils avoient été longtems liez d'une étroite amitié. O digne fils du sage Ulisse, disoit Diomede, je reconnois en vous la douceur de son visage, la grace de ses discours, la source de son éloquence, la noblesse de ses sentimens, & la sagesse de ses pensées.

Cependant Philoctete embrassa aussi le grand fils de Tidée, ils se racontoient leurs tristes avantures, ensuite Philoctete lui dit: sans doute vous serez bien aise de revoir le sage Nestor; il vient de prendre Pisistrate le dernier de ses enfans, il ne lui reste plus dans la vie qu'un chemin de larmes qui le mene vers le tombeau. Venez le consoler. Un ami malheureux est plus propre qu'un autre à soulager son cœur. Ils allerent aussi-tôt dans la tente de Nestor, qui reconnut à peine Diomede, tant la tristesse abattoit son esprit & ses sens. D'abord Diomede pleura avec lui & leur entrevûë fut pour le vieillard un redoublement de douleur: mais peu à peu la presence de ces amis appaisa son cœur. On reconnut aisement que ses maux étoient un peu suspendus par le plaisir de raconter ce qu'il avoit souffert, & d'entendre à son tour tout ce qui étoit arrivé à Diomede.

Pendant qu'ils s'entretenoient, les Rois assemblez avec Telemaque examinoient ce qu'il devoient faire. Telemaque leur conseilloit de donner à Diomede le païs d'Arpy, & de choisir pour Roi des Dauniens Polydamas, qui étoit de leur nation. Ce Polydamas étoit un fameux Capitaine qu'Adraste par jalousie n'avoit jamais voulu employer, de peur que l'on n'attribuât à cet homme habile le succez dont il esperoit d'avoir seul toute la gloire. Polydamas l'avoit souvent averti en particulier, qu'il exposoit trop sa vie & le salut de son

État dans cette guerre contre tant de Nations conjurées il l'avoit voulu engager à tenir une conduite plus droite & plus moderée evec ses voisins : mais les hommes qui haïssent la verité haïssent aussi les gens qui ont la hardiesse de la dire. Ils ne sont touchez ni de leur sincerité, ni de leur zele, ni de leur désinteressement. Une prosperité trompeuse endurcissoit le cœur d'Adraste contre les plus salutaires conseils ; en ne les suivant pas il triomphoit tous les jours de ses ennemis. La hauteur, la mauvaise foi, la violence mettoient toujours la victoire dans son parti. Tous les malheurs dont Polydamas l'avoit si long-tems menacé, n'arrivoit pas. Adraste se moquoit d'une sagesse timide qui prevoit toujours les inconveniens. Polydamas lui étoit insuportable, il l'éloigna de toutes les charges, il le laissa languir dans la solitude & dans la pauvreté.

D'abord Polydamas fut accablé de cette disgrace : mais elle lui donna ce qui lui manquoit, en lui ouvrant les yeux sur la vanité des grandes fortunes; il devint sage à ses dépens, il se rejoüit d'avoir été malheureux; il apprit peu à peu à souffrir, à vivre de peu, à se nourrir tranquillement de la verité, à cultiver en lui les vertus secrettes, qui sont encore plus estimables que les éclatantes ; enfin, à se passer des hommes. Il demeura au pied du mont Gargan dans un désert, ou un rocher en demi voute lui servoit de toi. Un ruisseau qui tomboit de la montagne appaisoit sa soif, quelques arbres lui donnoient leurs fruits : il avoit deux esclaves qui cultivoient un petit champ ; il travailloit lui-même avec eux de ses propres mains : la terre le payoit de ses peines avec usure, & ne le laissoit manquer de rien. Il avoit non seulement des fruits, & des legumes en abondance, mais encore toutes sortes de fleurs odoriferantes. Là il deploroit le malheur des peuples que l'ambition insensée d'un Roi entraine à leur perte. Là il attendoit chaque jour que les Dieux justes, quoique patiens, fissent tomber Adraste. Plus sa prosperité croissoit, plus il croyoit voir de près sa chûte irremediable, car l'imprudence heureuse dans ses fautes, & la puissance montée jusqu'au dernier excès d'autorité absoluë, sont les avant-coureurs du renversement des Rois & des Royaumes. Quand il apprit la défaite & la mort d'Adraste, il ne temoigna aucune joye, ni de l'avoir prévûë, ni d'être delivré de ce tyran, il fremit seulement par la crainte de voir les Dauniens dans la servitude.

Voilà l'homme que Telemaque proposa pour le faire regner. Il y avoit déja quelque tems qu'il connoissoit son courage & sa vertu ; car Telemaque, selon les conseils de Mentor, ne cessoit de s'informer par tout des qualitez bonnes & mauvaises de toutes les personnes qui étoient dans quelque emploi considerable, non-seulement dans les Nations alliées qui servoiēt en cette guerre, mais encore chez les ennemis. Son principal soin étoit de découvrir & d'examiner par tous les hommes qui avoient quelque talent, ou une vertu particuliere.

Les princes Alliez eurent d'abord quelque repugnance à mettre Polydamas dans la Royauté. Nous avons éprouvé, disoient ils, combien un Roi des Dauniens, quand il aime la guerre, & qu'il sçait la faire, est redoutable à ses voisins. Polydamas est un grand Capitaine, & il peut nous jetter dans de grands perils. Mais Telemaque leur répondit : Polydamas, il est vrai, sçait la guerre, mais il aime la paix, & voilà les deux choses qu'il faut souhaitter. Un homme qui connoit les malheurs, les dangers & les difficultez de la guerre, est bien plus capable de l'éviter qu'un autre qui n'en a aucune experience : il a appris à gouter le bonheur d'une vie tranquille; il a condamné les entreprises d'Adraste, il en a prévû les sujet funestes. Un Prince foible & ignorant est plus à craindre pour vous qu'un homme qui connoitra & qui decidera tout lui-même. Le Prince foible, ignorant & sans experience, ne verra que par les yeux d'un favori passioné ou d'un Ministre flateur, inquiet & ambitieux. Ainsi ce Prince aveugle s'engagera à la guerre sans la vouloir faire : vous ne pourrez jamais vous assurer de lui; car il ne pourra jamais être sûr de lui-même : il vous manquera de parole, il vous reduira bien tôt à cette extremité; qu'il faudra ou que vous le fassiez perir ou qu'il vous accable : n'est-il pas plus utile, plus sûr & en même tems plus juste & plus noble, de répondre fidellement à la confiance des Dauniens, & de leur donner un Roi digne de commander ?

Toute l'assemblée fût persuadée par ces discours. On alla proposer Polydamas aux Dauniens, qui attendoient une réponse avec impatience. Quand ils entendirent le nom de Polydamas, ils répondirent : Nous connoissons bien maintenant que les Princes alliez veulent agir de bonne foi avec nous, & faire une paix éternelle, puisqu'ils nous veulent donner pour Roi un homme si vertueux & si capable de nous gouverner. Si on nous eût proposé un homme lâche, efféminé & mal instruit, nous aurions crû qu'on ne cherchoit qu'à nous abattre & qu'à corrompre la forme de notre gouvernement, nous aurions conservé en secret un vif ressentiment d'une conduite si vive & si artificieuse, mais le choix de Polydamas nous montre une veritable candeur. Les Alliez sans doute n'attendent rien de nous que de juste & de noble, puisqu'ils nous accordent un Roi qui est incapable de faire rien contre la liberté & la gloire de notre nation. Aussi pouvons-nous protester à la face des justes Dieux, que les fleuves remonteront vers leurs sources avant que nous cessions d'aimer des Rois si bienfaisans. Puissent se ressouvenir nos derniers neveux du bienfait que nous recevons aujourd'hui, & renouveller de generation en generation la paix de l'âge d'or dans toute la côte de l'Hesperie.

Telemaque leur proposa ensuite de donner à Diomede les campagnes d'Api, pour y fonder une Colonie. Ce nouveau peuple, leur disoit-il vous devra son établissement dans un païs que vous n'occupez point. Souvenez-vous que tous les hommes doivent s'entr'aimer : que la terre est trop vaste pour eux, qu'il faut bien avoir des voisins, & qu'il vaut mieux en avoir qui vous soient obligez de leur établissement. Soyez touchez du malheur d'un Roi qui ne peut retourner dans son païs. Polidamas & lui étant unis ensemble par les liens de la justice & de la vertu, qui sont les seuls durables, vous entretiendront dans une paix profonde, & vous rendront redoutables à tous les peuples voisins qui penseroient à s'agrandir. Vous voyez, ô Dauniens! que nous avons donné à votre terre un Roi capable d'en élever la gloire jufqu'au Ciel : donnez auffi , puifque nous vous le demandons , une terre qui eft inutile , à un Roi qui eft digne de toutes fortes de fecours.

Les Dauniens repondirent qu'ils ne pouvoient rien refufer à Telemaque , puifque c'étoit lui qui leur avoit procuré Polydamas pour Roi. Auffi-tot ils partyrent pour l'aller chercher dans fon défert , & pour le faire regner fur eux. Avant que de partir , ils donnerent les fertilles plaines d'Alpi à Diomede pour y fonder un nouveau Royaume. Les Alliez furent ravis parce que cette Colonie des Grecs pourroit fecourir puiffamment le parti des Alliez , fi jamais les Dauniens vouloient renouveller les ufurpations dont Adrafte avoit donné le mauvais exemple.

Tous les Princes ne fongerent qu'à fe feparer.

Telemaque les larmes aux yeux partit avec fa troupe , après avoir embraffé tendrement le vaillant Diomede , le fage & inconfolable Neftor , & le fameux Philoctete , digne heritier des fleches d'Hercule.

Fin du vingt aniéme Livre.

LES AVANTURES DE TELEMAQUE FILS D'ULYSSE.
LIVRE VIGT-DEUXSIE'ME.

SOMMAIRE.

Telemaque arrivant à Salante est surpris de voir la Campagne si bien cultivée, & de trouver si peu de magnificence dans la Ville. Mentor lui explique les raisons de ce changement, lui fait remarquer les défauts qui empêchent d'ordinaire un Etat de fleurir, & lui propose pour modele la conduite & le gouvernement d'Idomenée. Telemaque ouvre ensuite son cœur à Mentor & son inclination d'épouser Antiope fille de ce Roi. Mentor en loüe avec lui les bonnes qualitez, l'assure que la lui destinent ; mais que presentement il ne doit songer qu'à partir pour Ithaque, & qu'à delivrer Penelope des poursuites de ses Pretendans.

LE jeune fils d'Ulysse brûloit d'impatience de retrouver Mentor à Salante, & de s'embarquer avec lui pour revoir Ithaque, où il esperoit que son pere seroit arrivé.

TELEMAQUE,

Quand il s'approcha de Salante, il fut bien étonné de voir toute la campagne des environs, qu'il avoit laissée presque inculte & deserte, cultivée comme un jardin, & pleine d'ouvriers diligens ; il reconnut l'ouvrage & la sagesse de Mentor ; ensuite entrant dans la Ville il remarqua qu'il y avoit moins d'Artisans pour les délices de la vie & beaucoup moins de magnificence. Telemaque en fut choqué; car il aimoit naturellement toutes les choses qui ont de l'éclat & de la politesse : mais d'autres pensées occuperent aussi-tôt son esprit : Il vit de loin venir à lui Idomenée avec mentor. Aussi-tôt son cœur fut ému de joye & de tendresse, malgré tous les succès qu'il avoit eu dans la guerre contre Adraste, il craignoit que Mentor ne fût pas content de lui ; & à mesure qu'il s'avançoit, il cherchoit dans les yeux de Mentor, pour voir s'il n'avoit rien à se reprocher.

D'abord Idomenée embrassa Telemaque comme son propre fils ; ensuite Telemaque se jetta au cou de Mentor & l'arosa de ses larmes Mentor lui dit : Je suis content de vous : vous avez fait de grandes fautes, mais elles vous ont servi à vous connoître, & à vous défier de vous même. Souvent on tire plus de fruit de ses fautes, que de ses belles actions. Les grandes actions enflent le cœur, & inspirent une présomption dangereuse. Les fautes font rentrer l'homme en lui-même, & lui rendent la sagesse qu'il avoit perdüe dans les bons succès. Ce qui vous reste à faire, c'est de loüer les Dieux, & de ne vouloir pas que les hommes vous loüent. Vous avez fait de grandes choses : mais avoüez la verité, ce n'est gueres vous par qui elles ont été faites. N'est-il pas vrai qu'elles vous sont venuës comme quelque chose d'étranger qui étoit mis en vous ? N'étiez-vous pas capable de les gâter, & par votre promptitude & par votre imprudence ? Ne sentez-vous pas que Minerve a comme transformé en un autre homme au-dessus de vous-même, pour faire par vous ce que vous avez fait ? Elle a tenu tous vos defaut en suspens, comme Neptune quand il appaise les tempêtes, & suspend les flots irritez.

Pendant qu'Idomenée interrogeoit avec curiosité les Crétois qui étoient revenus de la guerre, Telemaque écoutoit aussi les sages conseils que lui donnoit Mentor. Ensuite il regardoit de tous côtez avec étonnement, & lui disoit ; voici un changement dont je ne comprends pas bien la raison : est-il arrivé quelque calamité à Salance pendant mon absence ? D'où vient que l'on n'y remarque plus cette magnificence qui éclattoit par tout avant mon départ ? Je ne vois plus ni or, ni argent, ni pierres prétieuses ; les habits sont simples, les bâtimens qu'on y fait sont moins vastes & moins ornez : les arts languissent, la Ville est devenuë une solitude.

Mentor lui répondit en souriant : Avez-vous remarqué l'état de la Campagne autour de la ville ? oüi, reprit Télemaque : j'ai vû par tout le labourage en honneur, les champs défrichez. Lequel vaut mieux, ajoûta Mentor, ou une ville superbe en marbre, en or & en argent, avec une campagne negligée & sterile ; ou une campagnée cultivée & fertile avec une ville médiocre & modeste dans ses mœurs ?

Une grande ville fort peuplée d'artisans occupez à amolir les mœurs par les délices de la vie ; quand elle est entourée d'un Royaume pauvre & mal cultivé, ressemble à un monstre dont la tête est d'une grosseur énorme, & dont tout le corps extenué & privé de nourriture, n'a aucune proportion avec cette tête : c'est le nombre du peuple, & l'abondance des alimens qui forme la vraye richesse d'un Royaume. Idomenée a maintenant un peuple innombrable & infatigable dans le travail, qui remplit toute l'étenduë de son païs, tout son païs n'est plus qu'une ville. Salente n'en est que le centre. Nous avons transporté de la Ville dans la campagne, les hommes qui manquoient à la campagne, & qui étoient superflus dans la Ville. De plus, nous avons attiré dans ce païs beaucoup de peuples étrangers. Plus ces peuples se multiplient, plus ils multiplient les fruits de la terre par leur travail ; cette multiplication si douce & si paisible augmente plus son Royaume qu'une conquette. On n'a rejetté de cette Ville que les arts superflus qui détournent les pauvres de la culture de la terre pour les vrais besoins, & qui corrompent les riches en les jettans dans le faste, & dans la molesse : mais nous n'avons fait aucun tort aux beaux arts, ni aux hommes qui ont un vrai genie pour les cultiver. Ainsi Idomenée est beaucoup plus puissant qu'il ne l'étoit quand vous admirez sa magnificence. Cet éclat éblouïssant cachoit une foiblesse & une misere qui eussent bien-tôt renversé son empire : maintenant il a un plus grand nombre d'hommes, & il les nourrit plus facilement. Ces hommes accoutumez au travail, à la peine & au mépris de la vie par l'amour des bonnes loix, sont tous prets à combattre pour défendre les terres cultivées de leur propres mains. Bien-tot cet Etat que vous croyez dechû, sera la merveille de l'Hesperie.

Souvenez-vous, ô Telemaque, qu'il y a deux choses pernicieuses dans le gouvernemēt des peuples, ausquels on n'apporte presque jamais aucun remede ; la premiere, est une autorité injuste & trop violente dans les Rois: la seconde, le luxe qui corrompt les mœurs. Quand les Rois s'accoutument à ne reconnoitre plus d'autres Loix que leurs volontez absoluë, & qu'ils ne mettent plus de frein à leurs passions, ils peuvent tout : mais à force de tout pouvoir, ils sappent le fondement de leur puissance ; ils n'ont plus de regle certaine ni de maxime de gouvernement ; chacun à l'envi les flatte ; ils n'on plus de peuples ; ils ne leur reste que des esclaves dont le nombre diminuë chaque jour. Qui leur dira la verité ? Qui donnera des bornes au torrent ? Tout cede, les sages s'enfuyent, se cachent, & gemissent. Il n'y a qu'une revolution soudaine & violente qui puisse ramener cette puissance débordée dans son cours naturel. Souvent même le coup qui pourroit la moderer l'abat sans resource : rien ne menace tant d'une chûte funeste, qu'une authorité qu'on pousse trop loin : elle est semblable à un arc trop tendu, qui se rompt enfin tout-à-coup si on ne le relache : mais qui est-ce qui osera le relacher ? Idomenée étoit gaté jusqu'au fond du cœur ; par cette autorité si flateuse il avoit été renversé de son trone mais ; il n'avoit pas été dérrompé. Il a fallut que les

Dieux nous ayent envoyez ici pour le défabuser de cette puissance aveugle & outrée, qui ne convient pas à des hommes ; encore a-t'il fallu des especes de miracles pour lui ouvrir les yeux. L'autre mal presque incurable est le luxe ; comme la trop grande autorité empoisonne les Rois, le luxe empoisonne toute une Nation. On dit que le luxe sert à nourrir les pauvres aux dépens des riches, comme si les pauvres ne pouvoient pas gagner leur vie plus utilement, en multipliant les fruits de la terre, sans amolir les riches par par des rafinemens de volupté. Toute une nation s'accoûtume à regarder comme des necessitez de la vie, les choses superfluës : ce sont tous les jours de nouvelles necessitez qu'on invente, & on ne peut plus ses passer des choses qu'on ne connoissoit pas trente ans auparavant. Ce luxe s'appelle le bon goût, perfection des arts, & politesse de la Nation. Ce vice qui en attire une infinité d'autres, est loüé comme une vertu ; il repand sa contagion jusqu'aux derniers de la lie du peuple : les proches parens du Roi veulent imiter la magnificence : les Grands celle des parens du Roi ; les gens mediocres veulent égaler les Grands ; car qui est ce qui se fait justice? Les petits veulent passer pour mediocres. Tout le monde fait plus qu'il ne peut ; les uns par faste, & pour se prévaloir de leurs richesses ; les autres par mauvaise honte & pour cacher leur pauvreté. Ceux-mêmes qui sont assez sages pour condamner un si grand désordre, ne le font pas assez pour oser lever la tête des premiers, & pour donner des exemples contraires. Toute une Nation se ruine; toutes les

LIVRE XXII.

conditions se confondent: la passion d'acquerir du bien pour soutenir une vaine dépense, corrompt les ames les plus pures: il n'est plus question que d'être riche; la pauvreté est une infamie. Soyes sçavant, habile, vertueux, instruisez les hommes, gagnez des batailles, sauvez la patrie, sacrifiez tous vos interêts, vous êtes méprisé, si vos talens ne sont relevez par le faste. Ceux-mêmes qui n'ont pas de biens, veulent paroître en avoir. Ils dépensent comme s'ils en avoient; on emprunte, on trompe, on use de mille artifices indignes pour parvenir: mais qui remediera à ces maux? il faut changer le goût & les habitudes de toute une nation: il faut lui donner de nouvelles loix: Qui le pourra entreprendre si ce n'est un Roi Philosophe, qui sçache par l'exemple de sa propre moderation, faire honte à tous ceux qui aiment une dépense fastueuse, & encourager les sages, qui seront bien aises d'être autorisez dans une honnête frugalité?

Telemaque écoutant ce discours étoit comme un homme qui revient d'un profond sommeil: il sentoit la verité de ces paroles, & elles se gravoient dans son cœur, comme un sçavant Sculpteur imprime les traits qu'il veut sur le marbre, en sorte qu'il lui donne de la tendresse, de la vie & du mouvement. Telemaque ne répondit rien: mais repassant tout ce qu'il venoit d'entendre, il parcourroit des yeux les choses qu'on avoit changées dans la Ville, ensuite il disoit à Mentor:

Vous avez fait d'Idomenée le plus sage de tous les Rois, je ne le connois, ni lui, ni son peuple. J'avouë même que ce que vous avez fait ici est infiniment plus grand que les

Tome II. I

victoire que nous venons de remporter ? le hazard & la force ont beaucoup de part au fuccès de la guerre. Il faut que nous partagions la gloire des combats avec nos foldats, mais tout votre ouvrage ne vient que d'une feule tête : il a fallu que vous ayez travaillé feul contre un Roi & contre tout fon peuple pour les corriger. Ces fuccèz font toujours funeftes & odieux ; ici tout eft l'ouvrage d'une fageffe celefte, tout eft doux, tout eft pur, tout eft aimable, tout marque une autorité qui eft au-deffus de l'homme : quand les hommes veulent de la gloire, que ne la cherchent ils dans cette aplication à faire du bien ? O qu'ils s'entendent mal en gloire, d'en efperer une folide, en ravageant la terre, & en répandant le fang humain ! Mentor montra fur fon vifage une joye fenfible de voir Telemaque fi defabufé des victoires & des conquetes dans un âge où il étoit fi naturel qu'il fût envyré de la gloire qu'il avoit acquife.

Enfuite Mentor ajouta : il eft vrai que tout ce que vous voyez ici eft bon & loüable : mais fçachez qu'on pourroit faire des chofes encore meilleures. Idomenée modere fes paffions, & s'applique à gouverner fon peuple : mais il ne laiffe pas de faire encore bien des fautes qui font les fuites malheureufes de fes fautes anciennes. Quand les hommes veulent quitter le mal, le mal femble encore les pourfuivre long-tems ; il leur refte de mauvaifes habitudes, un naturel affoibli, des erreurs inveterées, & des préventions prefque incurables. Heureux ceux qui ne fe font jamais égarés ! ils ne peuvent faire le bien plus parfaitement. Les Dieux, ô Telemaque, vous demanderont plus qu'à Idomenée, parce que vous avez connu la verité dès votre jeuneſſe, & que vous n'avez jamais été livré aux ſeductions d'une trop grande proſperité.

Idomenée, continuoit Mentor, eſt ſage éclairé; il mais is'aplique trop au détail, & ne medité pas aſſez le gros de ſes affaires pour former des plans. L'habileté d'un Roi qui eſt au-deſſus des hommes, ne conſiſte pas à faire tout par lui-même : c'eſt une vanité groſſiere que d'eſperer d'en venir à bout, ou de vouloir perſuader au monde qu'on en eſt capable. Un Roi doit gouverner, en choiſiſſant & en conduiſant ceux qui gouvernent ſous lui : il ne faut pas qu'il faſſe le detail; car c'eſt faire la fonction de ceux qui ont à travailler ſous lui : il doit ſeulement s'en faire rendre compte, & en ſçavoir aſſez pour entrer dans ce compte avec aſſez de diſcernement. C'eſt merveilleuſement gouverner, que de choiſir & d'apliquer ſelon leurs talens les gens qui gouvernement. Le ſuprême & le parfait gouverment : conſiſte à gouverner ceux qui gouvernent il faut les obſerver, les éprouver, les moderer; les corriger, les animer, les élever, les rabaiſſer; les changer de place, & les tenir toujours dans la main. Vouloir examiner tout par ſoi même, c'eſt défiance, c'eſt petiteſſe, c'eſt ſe livrer à une jalouſie pour les détails, qui conſume le tems & la liberté d'eſprit neceſſaire pour de grandes choſes. Pour former de grands deſſeins, il faut avoir l'eſprit libre & repoſé : il faut penſer à ſon aiſe dans un entier dégagement de toutes les expeditiõs d'affaires épineuſes. Un eſprit épuiſé par le détail, eſt comme la lie du vin, qui n'a plus de force ni de délicatesse. Ceux qui gouvernent par le détail sont toujours determinez par le present, sans étendre leurs vûës sur un avenir éloigné ; ils sont toujours enrrainez par l'affaire du jour où ils sont ; & cette affaire étant seule à les occuper, elle les frappe trop, elle retresit leur esprit ; car on ne juge sainement des affaires que quand on les compare toutes ensemble, & qu'on les place toutes dans un certain ordre, afin qu'elles ayent de la suite & de la proportion. Manquer à suivre cette regle dans le gouvernement, c'est ressembler à un Musicien, qui se contenteroit de trouver des sons harmonieux, & qui ne se mettoit point en peine de les unir & de accorder pour en composer une musique douce & touchante. C'est ressembler aussi à un Architecte qui croit avoir tout fait, pourvû qu'il assemble de grandes colomnes, & beaucoup de pierres bien taillées, sans penser à l'ordre & à la proportion des ornemens de son édifice. Dans le tems qu'il fait un salon, il ne prévoit pas qu'il faudra un escalier convenable. Quand il travaille au corps du bâtiment, il ne songe ni à la cour ni au portail ; son ouvrage n'est qu'un assemblage confus de parties magnifiques, qui ne sont point faites les unes pour les autres. Cet ouvrage loin de lui faire honneur, est un monument qui éternisera sa honte ; car il fait voir que l'ouvrier n'a pas sçû penser avec assez d'étendue pour concevoir à la fois le dessein general de tout son ouvrage ; c'est un caractere d'esprit court & subalterne : quand on est né avec ce genie borné au détail, on n'est propre qu'à executer sous autrui. N'en doutez pas, ô mon cher

LIVRE XXII.

Télémaque ; le gouvernement d'un Royaume demande une certaine harmonie comme la musique, & des justes proportions comme l'Architecture.

Si vous voulez que je me serve encore de la comparaison de ces arts, je vous ferai entendre comme les hommes qui gouvernent par le détail, sont médiocres. Celui qui dans un concert ne chante que certaines choses, quoiqu'il les chante parfaitement, n'est qu'un chanteur. Celui qui conduit tout le concert, & qui en regle à la fois toutes les parties est le seul maître de musique. Tout de même celui qui taille les colonnes, ou qui éleve un côté du bâtiment, n'est qu'un Maçon ; mais celui qui a pensé tout l'édifice & qui en a toutes les proportions dans sa tête, est le seul Architecte. Ainsi ceux qui travaillent, qui expedient, & qui font le plus d'affaires, sont ceux qui gouvernent le moins ; ils ne sont que les ouvriers subalternes. Le vrai genie qui conduit l'Etat, est celui qui ne faisant rien, fait tout faire ; qui pense, qui invente, qui penetre dans l'avenir, qui retourne dans le passé, qui arrange, qui proportionne, qui prepare de loin, qui se roidit sans cesse pour lutter contre la fortune, comme un nageur contre le torrent de l'eau, qui est attentif nuit & jour, pour ne laisser rien au hazard.

Croyez vous, Telemaque, qu'un grand Peintre travaille assidument depuis le matin jusqu'au soir pour expedier plus promptement ses ouvrages? Non, cette gêne & ce travail servile éteindroient tout le feu de son imagination, il ne travailleroit plus de genie : il faut que tout se fasse irregulierement & par saillies, suivant que son gout le mene, & que son esprit l'excite. Croyez vous qu'il passe son tems à broyer les couleurs, & à preparer ses pinceaux: Non, c'est l'occupation de ses Eleves. Il se reserve le soin de penser; il ne songe qu'à faire des traits hardis, qui donnent de la noblesse, de la vie, & da la passion à ses figures: il a dans sa tête les pensées, & les sentimens des Heros qu'il veut representer; il se transporte dans les siécles & dans toutes les circonstances où ils ont été: à cette espece d'entousiasme il faut qu'il joigne une sagesse qui le retienne que tout soit vrai, correct & proportioné l'un à l'autre. Croyez-vous, Telemaque, qu'il faille moins d'élevation de genie, & d'effort de pensée pour faire un grand Roi, que pour faire un bon Peintre? Concluez donc que l'occupation d'un Roi doit être de penser, de former de grands projets, & de choisir les hommes propres à executer sous lui.

Telemaque lui repondit: il me semble que je comprend tout ce que vous me dites; mais si les choses alloient ainsi, un Roi seroit souvent trompé, n'entrant point par lui-même dans le détail. C'est vous même qui vous trompez, repartit Mentor: ce qui empêche qu'on ne soit trompé, c'est la connoissance generale du gouvernement: les gens qui n'ont point de principes dans les affaires, & qui n'ont point de vrai discernement des esprits, vont toujours comme à taton, c'est un hazard quand ils ne se trompent pas; ils ne sçavent pas même précisement ce qu'ils cherchent, ni à quoi ils doivent tendre: ils ne sçavent que se défier, & se défient plutot des honnêtes gens qui les contredisent, que des trompeurs qui les flatent. Au contraire ceux qui ont des principes pour le gouvernement, & qui se conoissent en hommes, sçavent ce qu'ils doivent chercher en eux, & les moyens de parvenir: ils reconnoissent du moins en gros si les gens dont ils se servent, sont des instrumens propres à leurs desseins, & s'ils entrent dans leurs vûes pour tendre au but qu'ils se proposent. D'ailleurs comme ils ne se jettent pas dans les détails accablez, ils ont l'esprit plus libre pour envisager d'une seule vûe le gros de l'ouvrage, & pour observer s'ils avancent vers la fin principale: s'ils sont trompez, du moins il ne le sont guerre dans l'essentiel. Ils sont, outre cela, au-dessus des petites jalousies qui marquent un esprit borné & une ame basse: ils comprennent qu'on ne peut éviter d'être trompé dans les grandes affaires puisqu'il faut s'y servir des hommes, qui sont si souvent trompeurs. On perd plus dans l'irresolution où jette la défiance, qu'on ne perdroit à se laisser un peu tromper. On est trop heureux quand on n'est trompé que dans les choses mediocres, les grandes ne laissent pas de s'acheminer, & c'est la seule chose dont un grand homme doit être en peine. Il faut reprimer severement la tromperie quand on la découvre: mais il faut compter sur quelque tromperie, si on ne veut point être veritablement trompé. Un artisan dans sa boutique voit tout de ses propres yeux, & fait tout de ses propres mains. Mais un Roi dans un grand Etat ne peut tout faire, ni tout voir. Il ne doit faire que des choses que nul autre ne peut faire sous lui; il ne doit voir que ce qui

I iv.

entre dans la décision des choses importantes.

Enfin Mentor dit à Telemaque : Les Dieux vous aiment, & vous preparent un regne plein de sagesse. Tout ce que vous voyez ici est fait, moins pour la gloire d'Idomenée, que pour votre instruction. Tous les sages établissemens que vous admirez dans Salante, ne sont que l'ombre de ce que vous ferez un jour à Ithaque si vous répondez par vos vertus à votre haute destinée. Il est tems que nous songions à partir d'ici. Idomenée tient un vaisseau prêt pour notre retour.

Aussi-tôt Telemaque ouvrit son cœur à son ami, mais avec quelque peine, sur un attachement qui lui faisoit regretter Salante. Vous me blâmerez peut-être, lui dit-il, de prendre trop facilement des inclinations dans les lieux où je passe : mais mon cœur me feroit de continuels reproches, si je vous cachois que j'aime Antiope fille d'Idomenée. Non, mon cher Mentor, ce n'est pas une passion aveugle comme celle dont vous m'avez gueri dans l'Isle de Calypso ; j'ai bien reconnu la profondeur de la playe que l'amour m'avoit fait auprés d'Eucharis, je ne puis encore prononcer son nom sans être troublé ; le tems & l'absence n'ont pû l'effacer. Cette experience funeste m'apprend à me défier de moi-même : mais pour Antiope, ce que je ressens n'a rien de semblable ; ce n'est point amour passionné, c'est goût, c'est estime, c'est persuasion : que je serois heureux si je passois ma vie avec elle ! Si jamais les Dieux me rendent mon pere, & qu'ils me permettent de choisir une femme, Antiope sera mon épousé. Ce qui me touche en elle, c'est son silence, sa modestie, sa retraite, son travail assidu, son industrie pour les ouvrages de laine & de broderie, son application à conduire toute la maison de son pere depuis que sa mere est morte, son mépris des vaines parures, l'oubli ou l'ignorance même qui paroit en elle, de sa beauté: quand Idomenée lui ordonne de mener les dâses des jeunes Crétoises au son des flûtes, on la prendroit pour la riante Venus tant elle est accompagnée de grace. Quand il la mene avec lui à la chasse dans les forêts, elle paroit majestueuse & adroite à tirer de l'arc comme Diane au milieu de ses Nymphes ; elle seule ne le sçait pas & tout le monde l'admire. Quand elle entre dans Temple des Dieux, & qu'elle porte sur sa tête les choses sacrées dans des corbeilles, on croiroit qu'elle est elle même la Divinité qui habite dans le Temple. Avec quelle crainte & quelle religion l'avons-nous vûe offrir des sacrifices, & détourner la colere des Dieux quand il a fallu expier quelque faute ou détourner quelque funeste présage. Enfin quand on la voit avec une troupe de filles, tenant en sa main une aiguille d'or, on croit que c'est Minerve même qui a pris sur la terre une forme humaine, & qui inspire aux hommes les plus beaux arts : elle anime les autres à travailler, elle leur adoucit le travail & l'ennuy par les charmes de sa voix, lorsqu'elle chante toutes les merveilleuses histoires des Dieux: elle surpasse la plus exquise peinture par la délicatesse de ses broderies. Heureux l'homme, qu'un doux hymen unira avec elle. Il n'aura à craindre que de la perdre & de lui survivre.

Je prends ici, mon cher Mentor, les Dieux à temoins que je suis prêt à partir ; j'aimerai Antiope tant que je vivrai, mais elle ne retardera pas d'un moment mon retour à Ithaque. Si un autre la devoit posseder, je passerois le reste de mes jours avec tristesse & amertume : mais enfin je la quitterai, quoique je sçache que l'absence peut me la faire perdre. Je ne veux ni lui parler, ni parler à son pere de mon amour, car je ne dois en parler qu'à vous seul, jusqu'à ce qu'Ulysse remonté sur son trone, m'ait déclaré qu'il y consent. Vous pouvez reconnoitre par-là, mon cher Mentor, combien cet attachement est different de la passion dont vous m'avez vû aveuglé pour Eucharîs.

Mentor repondit : O Telemaque ! je conviens de cette différence ; Antiope est douce, simple, sage ; ses mains ne meprisent point le travail ; elle prevoit de loin, elle pourvoit à tout : elle sçait se taire, & agit de suite sans empressement, elle est à toute heure occupée: elle ne s'embarasse jamais, parce qu'elle fait chaque chose à propos : le bon ordre de la maison de son pere est sa gloire : elle en est plus ornée que sa beauté. Quoiqu'elle ait soin de tout, & qu'elle soit chargée de corriger, de refuser d'épargner (choses qui font hair presque toutes les femmes) elle s'est renduë aimable à toute la maison : c'est qu'on ne trouve en elle ni passion, ni entêtement, ni legereté, ni humeur comme dans les autres femmes : d'un seul regard elle se fait entendre, & on craint de lui déplaire ; elle donne des ordres precis ; elle n'ordonne que ce qu'on peut executer, elle reprend avec

LIVRE XXII.

bonté, & en reprenant elle encourage. Le cœur de son pere se repose sur elle, comme un voyageur abattu par les ardeurs du Soleil se repose à l'ombre sur l'herbe tendre. Vous avez raison, Telemaque, Antiope est un tresor digne d'être recherché dans les terres les plus éloignes, Son esprit non plus que son corps, ne se pare jamais de vains ornemens : son imagination, quoique vive, est retenuë, elle ne parle que pour la necessité & si elle ouvre la bouche, la douce persuasion & les graces naïves coulent de ses levres. Dès qu'elle parle, tout le monde se tait, & elle en rougit : peut s'en faut qu'elle ne suprime, ce qu'elle a voulu dire, quand elle s'apperçoit qu'on l'écoute si attentivement, à peine l'avons nous entenduë parler.

Vous souvenez-vous, ô Telemaque ! d'un jour que son pere la fit venir ? Elle parut les yeux baissez couverte d'un grand voile, & elle ne parla que pour moderer la colere d'Idomenée, qui vouloit faire punir rigoureusement un de ses esclaves : d'abord elle entra dans sa peine, puis elle le calma, enfin elle lui fit entendre ce qui pouvoit excuser ce malheureux ; & sans faire sentir au Roi qu'il s'étoit trop emporté, elle lui inspira des sentimens de justice & de compassion. Thetis, quand elle flate le vieux Nerée, n'appaise pas avec plus de douceur les flots irrités. Ainsi Antiope sans prendre aucune autorité, & sans se prévaloir de ses charmes, maniera un jour le cœur de son époux, comme elle touche maintenant sa lyre, quand elle en veut tirer les plus tendres accords. Encore une fois, Telemaque, votre amour pour elle est juste ; les Dieux vous la destinent ; vous l'aimez d'un amour raisonnable; il faut attendre qu'Ulysse vous la donne. Je vous louë de n'avoir pas voulu lui découvrir vos sentimens: mais sachez que si vous eussiez pris quelques détours pour lui apprendre vos desseins, elle les auroit rejettez, & auroit cessé de vous estimer; elle ne se promettra jamais à personne, elle se laissera donner par son pere: elle ne prendra jamais pour epoux qu'un homme qui craigne les Dieux, & qui remplisse toutes les bienséances. Avez-vous observé comme moi qu'elle se montre encore moins, & qu'elle baisse plus les yeux depuis votre retour? Elle sçait tout ce qui vous est arrivé d'heureux dans la guerre, elle n'ignore ni votre naissance, ni vos avantures, ni tout ce que les Dieux ont mis en vous; c'est ce qui la rend si modeste & si reservée. Allons, Telemaque, allons vers Ithaque; il ne me reste plus qu'à vous faire trouver votre pere, & qu'à vous mettre en état d'obtenir une épouse digne de l'âge d'or: fut-elle bergere dans la froide Algide, au lieu qu'elle est fille d'un Roi de Salante, vous serez trop heureux de la posseder.

Fin du vingt-deuziéme Livre.

LES AVANTURES DE TELEMAQUE FILS D'ULYSSE.
LIVRE VIGT-TROISIE'ME.

SOMMAIRE.

Idomenée craignant le départ de ses deux Hôtes, propose à Mentor plusieurs affaires embarassantes l'assurant qu'il ne les pourra regler sans son secours. Mentor lui explique comment il doit se comporter & tient ferme pour ramener Telemaque. Idomenée essaye encore de les retenir, en excitant la passion de ce dernier pour Antiope. Il les engage dans une partie de chasse, où il veut que sa fille se trouve. Elle y seroit déchirée par un sanglier, sans Telemaque qui la sauve. Il sent ensuite beaucoup de repugnance à la quitter, & à prendre congé du Roi son pere. Mais étant encouragé par Mentor, il surmonte sa peine, & s'embarque pour sa patrie.

Idomené qui craignoit le départ de Telemaque & de Mentor, ne songeoit qu'à le retarder. Il representa à Mentor qu'il ne pouvoit regler sans lui un differend qui s'étoit élevé entre Diophanes Prêtre de Jupiter Conservateur, & Heliodore Prêtre d'Appollon, sur les préfages qu'on tire du vol des oifeaux, & des entrailles des victimes. Pourquoi, lui dit Mentor vous mêleriez vous des chofes facrées Laiffez en la décifion aux Etruriens, qui ont la tradition des plus anciens Oracles, & qui font infpirez pour être les interprétes des Dieux. Employez feulement votre autorité à étouffer ces difputes dés leur naiffance. Ne montrez ni partialité, ni prevention : contentez-vous d'appuyer la décifion quand elle fera faite. Souvenez-vous qu'un Roi doit être foumis à la Religion, & qu'il ne doit jamais entreprendre de la regler. La réligion vient des Dieux : elle eft au deffus des Rois. Si les Rois fe mêlent de la réligion, au lieu de la proteger ils la mettent en fervitude. Les Rois font fi puiffans, & les autres hommes font fi foibles que tout fera en peril d'être alteré au gré des Rois fi on les fait entrer dans les queftions qui regardent les chofes facrées. Laiffez donc en pleine liberté la décifion aux amis des Dieux & bornez-vous à reprimer ceux qui n'obéiroient pas à leur jugement quand il aura été prononcé.

Enfuite Idomenée fe plaignit de l'embarras où il étoit fur un grand nombre de procès entre divers particuliers, qu'on le preffoit de juger. Décidez, lui répondoit Mentor, toutes les queftions nouvelles qui vont à établir des maximes generales de jurifprudence, & à interpreter les loix jamais ne vous chargez jamais de juger les caufes particulieres : elles viendroient toutes en foule vous affieger. Vous feriez l'unique Juge de votre peuple. Tous les autres Juges qui font fous vous deviendroient inutiles : vous feriez accablé & les petites affaires vous déroberoient aux grandes fans que vous puissiez suffire à regler le détail des petites Gardez vous donc bien de vous jetter dans cet embarras: renvoyez les affaires des particuliers aux Juges ordinaires. Ne faites que ce que nul autre ne peut faire pour vous soulager; vous ferez alors les veritables fonctions de Roi.

On me presse encore, disoit Idomenée, de faire certains mariages. Les personnes d'une naissance distinguée qui m'ont suivi dans toutes les guerres & qui ont perdu de trés-grands biens en me servant, voudroient trouver une espece de récompense en épousant certaines filles riches : je n'ai qu'un mot mot à dire pour leur procurer ces établissemens. Il est vrai, répondit Mentor, qu'il ne vous en coûteroit qu'un mot, mais ce mot lui-même vous coûteroit trop cher. Voudriez-vous ôter aux peres & meres la liberté & la consolation de choisir leurs gendres & par consequent leurs héritiers? Ce seroit mettre toutes les familles dans le plus rigoureux esclavage. Vous vous rendriez responsable de tous les malheurs domestiques de vos Citoyens. Les mariages ont assez d'épines, sans leur donner encore cette amertume. Si vous avez des serviteurs à récompenser donnez leur des terres incultes ; ajoutez y des rangs & des honneurs proportionnez à leur condition & à leurs services. Ajoûtez-y, s'il le faut, quelque argent pris par vos épargnes sur les fonts destinez à votre depense, mais ne payez jamais vos dettes en sacrifiant les filles riches malgré leur parenté.

Idomenée passa bien-tôt de cette question à une autre: Les Sibarites, disoit-il, se plaignent de ce que nous avons usurpé des terres qui leur appartiennent, & de ce que nous les avons données comme des champs à défricher aux étrangers que nous avons attirés depuis peu ici. Cederai-je à mes peuples? Si je le fais, chacun croira qu'il n'a qu'à former des prétentions sur nous. Il n'est pas juste, repondit Mentor, de croire les Sibarites dans leur propre cause; mais il n'est pas juste aussi de vous croire dans la votre. Qui croirons-nous donc, repartit Idomenée? Il ne faut croire, poursuivit Mentor, aucune des deux parties: mais il faut prendre pour arbitre un peuple voisin, qui ne soit suspect d'aucun côté: tels sont les Sipontins; ils n'ont aucun interêt contraire aux votres. Mais suis-je obligé, repondit Idomenée, à croire quelque arbitre? Ne suis-je pas Roi? Un souverain est-il obligé à se soumettre à des étrangers sur l'étenduë de sa dominination? Mentor reprit ainsi le discours Puis que vous voulez tenir ferme, il faut que vous jugiez que votre droit est bon. D'un autre côté les Sibarites ne relachent rien: ils soutiennent que leur droit est certain. Dans cette opposition de sentimens, il faut qu'un arbitre choisi par les parties vous accomode, ou que le sort des armes decide. Il n'y a point de milieu: si vous entriez dans une republique où il n'y eût ni Magistrats ni Juges, & où chaque famille se crut en droit de se faire justice à elle-même par violence sur toutes ses pretentions contre ses voisins, vous deploreriez le malheur d'une telle Nation, & vous auriez horreur de cet affreux désordre, où toutes les familles s'armeroient les unes contre les autres. Croyez-vous que les Dieux regardent avec moins d'horreur le monde entier, qui est la Republique universelle, si chaque peuple qui n'y est que comme une grande famille se croit en plein droit de se faire par violence justice à soi même sur toutes ses prétentions contre les autres peuples voisins ? Un prticulier qui possède un champ, comme l'heritage de ses ancêtres, ne peut s'y maintenir que par l'autorité des Loix, & par le jugement du Magistrat. Il seroit trés-severement puni, comme un séditieux, s'il vouloit conserver par la force ce que la justice lui a donné. Croyez-vous que les Rois puissent employer d'abord la violence pour soutenir leurs prétentions, sans avor tenté toutes les voyes de douceur, & d'humanité ? La justice n'est-elle pas encore plus sacrée & plus inviolable pour les Rois par rapport à des pais entiers, que pour les familles par rapport à quelques champs labourez? Sera-t'on injuste & ravisseur quand on ne prend que quelque arpent de terre ? Sera-t'on juste, sera t'on Heros, quand on prend des Provinces ? Si on se prévient, si on se flate, si on s'aveugle dans les petits interêts des particuliers, ne doit-on pas encore plus craindre de se flater & de s'aveugler sur les grands interêts d'Etat ? Se croira-t'on-soi-même dans une matiere où l'on a tant de raisons de se défier de soi ? Ne craindra-t'on point de se tromper dans des cas où l'erreur d'un seul homme a des consequences affreuses ? L'erreur d'un Roi qui se flate sur ses prétentions, cause souvent des ravages, des famines, des massacres, des pertes, des dépravations de mœurs, dont les effets s'étendent jusques dans les siécles les plus reculez. Un Roi qui assemble toujours tant de flateurs autour de lui, ne craindra-t'il point d'être flaté en ces occasion? S'il convient de quelque arbitre pour terminer le different, il montre son équité, sa bonne foi, sa moderation : il publie les solides raisons sur lesquelles sa cause est fondée : l'arbitre choisi est un médiateur aimable, & non un Juge de rigueur ; on ne se soumet pas aveuglement à ses décisions, mais on a pour lui une grande déference : il ne prononce pas une Sentence en Juge souverain, mais il fait des propositions, & on sacrifie quelque chose par ses conseils, pour conserver la paix. Si la guerre vient malgré tous les soins qu'un Roi prend pour conserver la paix, il a du moins alors pour lui le témoignage de sa conscience, l'estime de ses voisins, & la juste protection des Dieux. Idomenée touché de ses discours, consentit que les Sipontins fussent médiateurs entre lui & les Sibarites.

Alors le Roi voyant que tous les moyens de retenir les deux Etrangers, lui échappoient, essaya de les arrêter par un lien plus fort. Il avoit remarqué que Telemaque aimoit Antiope, & il espera de le prendre par cette passion. Dans cette vûë il la fit chanter plusieurs fois pendant des festins : elle le fit pour ne désobéir pas son pere ; mais avec tant de modestie & de tristesse, qu'on voyoit bien la peine qu'elle souffroit en obéïssant. Idomenée alla jusqu'à vouloir qu'elle chantât la victoire remportée sur les Dauniens & sur Adraste ; mais elle ne peut se resoudre à chanter les loüanges de Telemaque : elle s'en défendit avec respect, & son pere n'osa la contraindre. Sa voix douce & touchante penetroit le cœur du jeune fils d'Ulisse ; il étoit tout ému : Idomenée qui avoit les yeux attachez sur lui, joüissoit du plaisir de remarquer son trouble mais Telemaque ne faisoit pas semblant d'appercevoir les desseins du Roi. Il ne pouvoit s'empêcher en ces occasions d'être fort touché: mais la raison étoit en lui au-dessus du sentiment, & ce n'étoit plus ce même Telemaque qu'une passion tyrannique avoit autrefois captivé dans l'Isle de Calypso. Pendant qu'Antiope chantoit, il gardoit un profond silence ; dès qu'elle avoit fini, il se hâtoit de tourner la conversation sur quelqu'autre matiere.

Le Roi ne pouvant par cette voye réussir dans son dessein, prit enfin la resolution de faire une grande chasse, dont il voulut donner le plaisir à sa fille. Antiope pleura, ne voulant point y aller ; mais il fallut executer l'ordre de son pere. Elle monte un cheval écumant, fougueux, & semblable à ceux que Castor domptoit pour les combats, elle le conduit sans peine ; une troupe de jeunes filles la suit avec ardeur : elle paroît au milieu d'elles comme Diane dans les forêts. Le Roi la voit, & il ne peut se lasser de la voir. En la voyant il oublie tous ses malheurs passez. Telemaque la voit aussi, & il est encore plus touché de la modestie d'Antiope, que de son adresse & de toutes ses graces. Les chiens poursuivoient un sanglier d'une grandeur énorme, & furieux, comme celui de Calydon, ses longues soyes étoient dures & hérissées comme des dards; ses yeux étincelás étoient pleins de sang & de feu: son soufle se faisoit entendre de loin, comme le bruit sourd de vents seditieux quand Eole les rappelle dans son antre, pour appaiser les tempêtes ; ses défenses longues & crochues comme la faulx tranchante des moissonneurs, coupoient le tronc des arbres. Tous les chiens qui osoient en approcher, étoient déchirez. Les plus hardis chasseurs en le poursuivant, craignoient de l'atteindre. Antiope legere à la course comme les vents, ne craignit point de l'attaquer de près : elle lui lance un trait qui le perce au-dessus de l'épaule : le sang de l'animal farouche ruisselle, & le rend plus furieux, il se tourne vers celle qui l'a blessé. Aussi tot le cheval d'Antiope malgré sa fierté fremit & recule ; le sanglier monstreux s'élance contre lui, semblable aux pesantes machines qui ébranlent les murailles des plus fortes Villes. Le coursier chancelle, & est abbatu. Antiope se voit par terre hors d'état d'eviter le coup fatal de la défense du sanglier animé contr'elle : mais Telemaque attentif au danger d'Antiope, étoit déja descendu de cheval plus prompt que les éclairs : il se jette entre le cheval abbattu & le sanglier, qui vient pour venger son sang : il tient dans ses mains un long dard, & l'enfonce presque tout entier dans le flanc de l'orrible animal qui tombe plein de rage.

A l'instant Telemaque en coupe la hure, qui fait encore peur quand on la voit de près, qui étonne tous les chasseurs : il la presente à Antiope, elle en rougit: elle consulte des yeux son pere, qui après avoir été saisi de frayeur, est transporté de joye de la voir hors de peril, & lui fait signe qu'elle doit accepter ce don. En le prenant, elle dit à Telemaque : Je reçois de vous avec reconnoissance un autre don plus grand : car je vous doit la vie. A peine eut-elle parlé, qu'elle craignit d'avoir trop dit : elle baiſſa les yeux : & Telemaque qui vit ſon embarras , n'oſa lui dire que ces paroles : Heureux le fils d'Ulyſſe d'avoir conſervé une vie ſi precieuſe ! Mais plus heureux encore s'il pouvoit paſſer la ſienne auprès de vous. Antiope ſans lui répondre, rentra bruſquement dans la troupe de ſes jeunes compagnes , où elle remonta à cheval.

Idomenée auroit dès ce moment promis ſa fille à Telemaque ; mais il eſpera d'enflamer davantage ſa paſſion en le laiſſant dans l'incertitude , & crut même le tetenir encore à Salante par le deſir d'aſſurer ſon mariage. Idomenée raiſonnoit ainſi en lui-meme : mais les Dieux ſe joüent de la ſageſſe des hommes. Ce qui devoit retenir Telemaque , fut préciſement ce qui le preſſa de partir. Ce qu'il commençoit à ſentir , le mit dans une juſte défiance de lui-même. Mentor redoubla ſes ſoins pour lui inſpirer un deſir impatient de s'en retourner à Ithaque : il preſſa Idomenée de le laiſſer partir : le vaiſſeau étoit déja prêt. Ainſi Mentor qui regloit tous les momens de la vie de Telemaque, pour l'élever à la plus haute gloire, ne l'arrêtoit en chaque lieu , qu'autant qu'il falloit pour exercer ſa vertu , & pour lui faire acquerir de l'experience. Mentor avoit eu ſoin de faire preparer le vaiſſeau dès l'arrivée de Telemaque : mais Idomenée qui avoit eu beaucoup de repugnence à le voir preparer ; tomba dans une triſteſſe mortelle & dans une déſolation à faire pitié , lorſqu'il vit que ſe deux hôtes, dont il avoit tiré tant de ſecours , alloient l'abondonner : il ſe renfermoit dans les lieux les plus ſecrets de ſa maiſon : là il ſoulageoit ſon cœur , en pouſſant des gemiſſemens & en verfant des larmes ; il oublioit l[e] foin de fe nourrir : le fommeil n'adouciffo[it] plus fes cuifantes peines : il fe deffechoit, [il] fe confumoit par fes inquiétudes, femblab[le] à un grand arbre qui couvre la terre de l'om[-] bre de fes rameaux épais & dont un ver com[-] mence à ronger la tige dans les canaux délie[s] où la féve coule pour fa nourriture ; cet arbr[e] que les vents n'ont jamais ébranlé, que l[a] terre feconde fe plait à nourrir dans fon fein, & que la hâche du laboureur a toûjours ref[-] pecté, ne laiffe pas de languir fans qu'on puiff[e] découvrir la caufe de fon mal, il fe flétrit, il fe dépoüille de fes feüilles, qui font fa gloi[-] re : il ne montre plus qu'un tronc couvert d'u[-] ne écorce entr'ouverte & des branches feches[.] Tel parut Idomenée dans fa douleur.

Telemaque attendri, n'ofoit lui parler : i[l] craignoit le jour du départ : il cherchoit de[s] pretextes pour lui retarder; & il feroit demeu[-] ré long-tems dans cette incertitude, fi Mento[r] ne lui eût dit : je fuis bien aife de vous voi[r] fi changé. Vous étiez né dur & hautain, vo[-] tre cœur ne fe laiffoit toucher que de vos co[-] modités & de vos interêts : mais vous êtes enfin devenu homme, & vous commencez par l'experience de vos maux à compatir à ceux des autres : fans cette compaffion on n'a ni bonté, ni vertu, ni capacité pour gouver[-] ner les hommes, mais il ne faut pas la pouffer trop loin, ni tomber dans une amitié foible : Je parlerois volontiers à Idomenée, pour le faire confentir à votre départ, & je vous épar[-] gnerois l'embaras d'une converfatiō fi facheü[-] fe, mais je ne veux point que la mauvaife honte & la timidité dominent votre cœur. Il

LIvRE XXIII.

faut que vout vous accoutumiez à mêler le courage & la fermeté, avec une amitié tendre & senlible. Il faut craindre d'affliger les hommes sans necessité : il faut entrer dans leurs peines quand on ne peut éviter de leur en faire, & adoucir le plus qu'on peut le coup qu'il est impossible de leur épargner entierement. C'est pour chercher cet adoucissement, répondit Telemaque, que j'aimerois mieux qu'Idomenée apprit notre départ par vous que par moi.

Mentor lui a dit aussi : Vous vous trompez mon cher Telemaque; vous êtes né comme les enfans des Rois, nourris dans le pourpre, qui veulent que tout se fasse à leur mode, & que toute la nature obéïsse à leur volonté, mais qui n'ont pas la force de resister à personne en face. Ce n'est pas qu'ils se soucient des hommes, qu'ils craignent par bonté de les affliger; mais c'est pour leur propre commodité : ils ne veulent point voir autour d'eux des visages tristes & mécontens. Les peines & les miseres des hommes ne les touchent point, pourvu qu'elles ne soient pas sous leurs yeux, s'ils en entendent parler, ce discours les importune & les attriste : pour leur plaire, il faut toujours leur dire que tout va bien, & pendant qu'ils sont dans leurs plaisirs, ils ne veulent rien voir ni entendre qui puisse interrompre leur joye. Faut il reprendre, corriger, détromper quelqu'un, resister aux prétentiōs & aux passions injustes d'un homme importun, ils en donneront toujours la commission à une autre personne, plutôt que de parler eux-mêmes avec une douce fermeté. Dans ces occasions, ils se laisseroient plutôt partager les graces les plus injustes : ils gateroient les affaires les plus importantes, faute de sçavoir decider contre le sentiment de ceux avec qui ils ont à faire tous les jours. Cette foiblesse qu'on sent en eux, fait que chacun ne songe qu'à s'en prévaloir : on les presse, on les importune, on les accable, & on reussit en les accablant. D'abord on les flate, & on les encense pour s'insinuer : mais dès qu'on est dans leur confiance, & qu'on est auprès d'eux dans les emplois de quelque autorité, on les méne loin : on leur impose le joug ; ils gemissent : ils veulent souvent le secouër, mais ils le portent toute leur vie : ils sont jaloux de ne paroitre point gouvernés, & ils le sont toujours : ils ne peuvent même se passer de l'être ; car ils sont semblables à ces foibles tiges de vigne, qui n'ayant par elles-mêmes aucun soutien, rampent toujour au tour du tronc de quelque arbre.

Je ne souffrirai point, ô Telemaque ! que vous tombiez dans ce défaut, qui rend un homme imbecile pour le gouvernement. Vous qui êtes tendre jusqu'à n'oser parler à Idomenée, vous ne serez plus touché de ses peines, dès que vous serez sorti de Salante. Ce n'est point sa douleur qui vous attendrit, c'est sa presence qui vous embarasse. Allez parler vous même à Idomenée, apprenez dans cette occasion à être tendre & ferme tout ensemble : montrez-lui votre douleur de le quitter ; mais montrez-lui aussi d'un ton décisif la necessité de votre départ.

Telemaque n'osoit ni resister à Mentor, ni aller trouver Idomenée : il étoit honteux de sa crainte, & n'avoit pas le courage de la surmonter : il hesitoit, faisoit deux pas, & revenoit incontinent pour alleguer à Mentor quelque nouvelle raison de differer; mais le seul regard de Mentor lui ôtoit la parole, & faisoit disparoître tous ses beaux prétextes. Est-ce donc là, disoit Mentor en souriant, ce vainqueur des Dauniens, ce liberateur de la grande Hesperie, & ce fils du sage Ulysse, qui doit être après lui l'Oracle de la Grece? Il n'ose dire à Idomenée qu'il ne peut plus retarder son retour dans sa patrie pour revoir son pere. O peuple d'Ithaque ! combien seriez vous malheureux un jour, si vous aviez un Roi que la mauvaise honte domine, & qui sacrifie les plus grands interêts à ses foiblesses sur les plus petites choses : Voyez, Telemaque, quelle difference il y a entre la valeur dans les combats, & le courage dans les affaires : Vous n'avez point craint les armes d'Adraste, & vous craignez la tristesse d'Idomenée. Voilà ce qui deshonore les Princes qui ont fait les plus grandes actions : aprez avoir paru des Heros dans la guerre, ils se montrent les derniers des hommes dans les actions communes, où d'autres se soutiennent avec vigueur.

Telemaque sentant la verité de ces paroles, & piqué de ce reproche, partit brusquement sans s'écouter soi même, mais à peine commença-t'il à paroître dans le lieu où Idomenée étoit assis, ses yeux baissez, languissant & abattus de tristesse, qu'ils se craignirent l'un l'autre: il n'osoit le regarder, ils s'entendoient sans se rien dire, & chacun craignoit que l'autre ne rompît le silence : ils se mirent tous deux à pleurer. Enfin Idomenée pressé d'un excès de

Tome II.   K

douleur, s'écria : A quoi sert de rechercher la vertu si elle recompense si mal ceux qui l'aiment ? Aprés m'avoir remontré ma foiblesse, on m'abandonne : Hé bien, je vais retomber dans tous mes malheurs, qu'on ne me parle plus de bien gouverner ; non, je ne puis le faire : je suis las des hommes. Où voulez-vous aller, Telemaque ? votre pere n'est plus ; vous le cherchez inutilement. Ithaque est en proye à vos ennemis ; ils vous feront perir si vous y retournez. Quelqu'un d'entr'eux aura épousé votre mere, demeurez ici : vous serez mon gendre & mon heritier, vous regnerez aprés moi. Pendant ma vie même vous aurez ici un pouvoir absolu : ma confiance en vous sera sans bornes. Que si vous êtes insensible à tous ces avantages, du moins laissez moi, Mentor, qui est toute ma ressource. Parlez, répondez-moi, n'endurcissez point votre cœur, ayez pitié du plus malheureux de tous les hommes : Quoi ! vous ne dites rien ? Ah ! je comprends combien les Dieux me sont cruels ; je le sens encore plus rigoureusement qu'en Crete, lorsque je perçai mon propre fils.

Enfin Telemaque lui répondit d'une voix troublée & timide ; Je ne suis point à moi ; les destinées me rappellent dans ma patrie. Mentor qui a la sagesse des Dieux, m'ordonne en leur nom de partir : que voulez-vous que je fasse ? Renoncerai-je à mon pere, à ma mere, à ma patrie, qui me doit être encore plus chere qu'eux ? Etant né pour être Roi je ne suis pas destiné à une vie douce & tranquille, ni à suivre mes inclinations. Votre Royaume est plus riche & plus puissant que celui de mon pere ; mais je dois préférer ce que les Dieux me destiment à ce que vous avez la bonté de m'offrir. Je me croirois heureux si j'avois Antiope pour épouse sans esperance de votre Royaume: mais pour m'en rendre digne, il faut que j'aille où mes devoirs m'appellent, & que ce soit mon pere qui vous la demande pour moi. Ne m'avez-vous pas promis de me renvoyer à Itaque? N'est-ce pas sur cette promesse que j'ai combattu pour vous contre Adraste avec les alliez? Il est tems que je songe à reparer mes malheurs domestiques. Les Dieux qui m'ont donné à Mentor, ont aussi donné Mentor au fils d'Ulysse pour lui faire remplir ses destinées. Voulez-vous que je perde Mentor après avoir perdu tout le reste; Je n'ai plus ni bien, ni retraite, ni pere, ni mere, ni patrie assurée; il ne me reste qu'un homme sage & vertueux, qui est le plus précieux dō de Jupiter. Jugez vous même si je puis y renoncer, & consentir qu'il m'abandonne. Non je mourrois plûtôt: arrachez-moi la vie, la vie n'est rien: mais ne m'arrachez pas Mentor.

A mesure que Telemaque parloit, sa voix devenoit plus forte, & sa timidité disparoissoit Idomenée ne sçavoit que répondre & ne pouvoit demeurer d'accord de ce que le fils d'Ulysse lui disoit. Lorsqu'il ne pouvoit plus parler, du moins il tâchoit par ses regards & par ses gestes, de faire pitié. Dans ce moment il vit paroître Mentor, qui lui dit ces graves paroles : Ne vous affligez point, nous vous quittons : mais la sagesse qui préside aux cōseils des Dieux, demeurera sur vous: Croyez seulement que vous êtes trop heureux que Jupiter nous ait envoyez ici pour sauver votre Royaume, & pour vous ramener de vos égaremens. Philocles, que nous vous avons rendu vous servira fidélement. La crainte des Dieux, le goût de la vertu, l'amour des peuples, la compassion pour les miserables, seront toujours dans son cœur. Ecoutez-le, servez-vous de lui avec confiance & sans jalousie. Le plus grand service que vous puissiez en tirer, est de l'obliger à vous dire tous vos défauts sans adoucissement. Voilà en quoi consiste le plus grand courage d'un bon roi, que de chercher de vrais amis qui lui fassent remarquer ses fautes. Pourvû que vous ayez ce courage, notre absence ne vous nuira point, & vous vivrez heureux ; mais si la flaterie qui se glisse comme un serpent, retrouve un chemin jusqu'à votre cœur pour vous mettre en défiance contre les conseils désinteressez, vous êtes perdu. Ne vous laissez point abattre à la douleur ; mais efforcez-vous de suivre la vertu. J'ai dit à Philocles tout ce qu'il doit faire pour vous soulager, & pour n'abuser jamais de votre confiance ; je puis vous répondre de lui : les Dieux vous l'ont donné comme ils m'ont donné à Telemaque ; chacun doit suivre courageusement sa destinée ; il est inutile de s'affliger. Si jamais vous avez besoin de mon secours, après que j'aurai rendu Telemaque à son pere & à son pays, je reviendrai vous voir. Que pourrois-je faire qui me donnât un plaisir plus sensible ? Je ne cherche ni biens, ni autorité sur la terre, je ne veux qu'aider ceux qui cherchent la justice & la vertu. Pourrois-je jamais oublier la confiance de l'amitié que vous m'avez témoignée ?

A ces mots Idomené fut tout à coup changé ; il sentit son cœur appaisé, comme

LIVRE XXIII.

Neptune de son trident appaise les flots en couroux & les plus noires tempêtes : il restoit seulement en lui une douleur douce & paisible; c'étoit plutôt une tristesse & un sentiment tendre, qu'une vive douleur. Le courage, la confiance, la vertu, l'espérance du secours des Dieux, commencèrent à renaître au dedans de lui.

Hé bien, dit-il, mon cher Mentor, il faut donc tout perdre, & ne se point décourager! Du moins souvenez-vous d'Idoménée quand vous serez arrivé à Ithaque, où votre sagesse vous comblera de prospérité. N'oubliez pas que Salante fut votre ouvrage, & que vous y avez laissé un Roi malheureux qui n'espere qu'en vous. Allez digne fils d'Ulysse, je ne vous retient plus, je n'ai garde de résister aux Dieux qui m'avoient prêté un si grand trésor. Allez aussi Mentor, le plus grand & le plus sage de tous les hommes, (si toutefois l'humanité peut faire ce que j'ai vû en vous, & si vous n'êtes point une Divinité sous une forme empruntée pour instruire les hommes foibles & ignorans ; Allez,) conduisez le fils d'Ulysse, plus heureux de vous avoir, que d'être le vainqueur d'Adraste. Allez tous deux je n'ose plus parler, pardonnez mes soupirs. Allez, vivez, soyez heureux ensemble ; il ne me reste plus rien au monde que le souvenir de vous avoir possédé ici. O beaux jours ! trop heureux jours! jours dont je n'ai pas connu assez le prix ! jours trop rapidement écoulez, vous ne reviendrez jamais, jamais mes yeux ne reverront ce qu'ils voyent !

Mentor prit ce moment pour le départ ; il embrassa Philocles, qui l'arrosa de ses larmes fans pouvoir parler. Telemaque voulut prendre Mentor par la main pour se retirer de celles d'Idomenée, mais Idomenée prenant le chemin du port, se mit entre Mentor & Telemaque, il les regardoit, il gémissoit, il commençoit des paroles entrecoupées, & n'en pouvoit achever aucune.

Cependant on entend des cris confus sur le rivage couvert de Matelots: on tend les cordages, on leve les voiles, le voiles, le vent favorable se leve. Telemaque & Mentor les larmes aux yeux prennent congé du Roi, qui les tient long-tems serrez entre ses bras, & qui les suit des yeux aussi loin qu'il le put.

Fin du vingt-troisiéme Livre.

LES AVANTURES DE TELEMAQUE FILS D'ULYSSE.

LIVRE VINGT QUATRIE'ME.

SOMMAIRE.

Pendant leur navigation, Telemaque se fait expliquer par Mentor plusieurs difficultez sur la maniere de bien gouverner les peuples, entr'autres celle de connoitre les hommes, pour n'employer que les bons, & n'être point trompé par les mauvais. Sur la fin de leur entretien, le calme de la Mer les oblige de relacher dans une Isle, où Ulysse venoit d'aborder. Telemaque le voit & lui parle sans le reconnoitre, mais après l'avoir vû embarquer, il sent un trouble secret dont il ne peut concevoir la cause. Mentor la lui explique, le console, l'assure qu'il rejoindra bientot son pere, & éprouve sa pieté & sa patience en retardant son départ pour faire un sacrifice à Minerve. Enfin la Déesse Minerve cachée sous la figure de Mentor, reprend sa forme, & se fait connoitre. Elle donne à Telemaque ses dernieres instructions, & disparoit. Après quoi Telemaque arrive à Ithaque, & retrouve Ulysse son pere chez le fidele Eumée.

Déja les voiles s'enflent, on leve les ancres, la terre semble s'enfuir, & le Pilote experimenté apperçoit de loin les montagnes de Leucate, dont la téte se cache dans un tourbillon de frimats glacez, & les monts Acroceronniens, qui montrent encore un front orgueilleux au Ciel, après avoir été si souvent écrasez par la foudre.

Pendant cette navigation, Telemaque disoit à Mentor; je croyois maintenant concevoir les maximes du gouvernement que vous m'avez expliquées : d'abord elles me paroissoient comme un songe, mais peu à peu elles se démêlent dans mon esprit, & s'y presentent clairement, comme tous les objets paroissoient sombres le matin aux premieres lueurs de l'aurore, mais qu'ensuite ils semblent sortir comme d'un cahos, quand la lumiere qui croît insensiblement, les distingue, & leur rend, pour ainsi dire, leur figures & leur couleurs naturelles. Je suis très-persuadé que le point essentiel du gouvernemēt est de bien discerner les diferens caracteres d'esprit, pour les choisir & les appliquer selon leurs talens; mais il me reste à sçavoir comment on peut se connoitre en hommes.

Alors Mentor lui repondit : il faut étudier les hommes pour les connoitre : & pour les connoitre, il en faut voir & traiter avec eux. Les Rois doivent converser avec leurs sujets, les faire parler, les consulter, les éprouver par les petits emplois, dont il leur fassent rendre compte pour voir s'ils sont capables des plus hautes fonctions. Comment est ce,

LIVRE XXIV.

mon cher Telemaque, que vous avez appris à Ithaque à vous connoitre en chevaux: C'est à force d'en voir & de remarquer leurs défauts & leurs perfection avec des gens experimentez: tout de même parlez souvent des bonnes & des mauvaises qu'alitez des hommes avec d'autres hommes sages & vertueux, qui ayent long-tems étudiez leurs caracteres, vous apprendrez insensiblement comme ils sont faits & ce qu'il est permis d'en attendre. Qui est ce qui vous a apris à connoitre les bons & les mauvais Poëtes ? C'est la frequente lecture & la réflexion avec des gens qui avoient le gout de la Poësie. Qui est-ce qui nous a acquis le discernement de la Musique ? C'est la même application à observer les bons Musiciens. Comment peut-on esperer de bien gouverner les hommes, si on ne les connoit pas ? & comment le connoitra-t'on, si l'on ne vit pas avec eux ? Ce n'est pas vivre avec eux, que de les voir en public, où l'on ne dit de part & d'autre que des choses differentes & preparées avec art: il est question de les voir en particulier, de tirer du fond de leur cœur toutes les ressources secretes qui y sont, de les tater de tous cotez, de les soulager pour découvrir leurs maximes. Mais pour bien juger des hommes, il faut commencer par sçavoir ce que c'est que le vrai & solide merite, pour discerner ceux qui en ont, d'avec ceux qui n'en ont pas. On ne cesse de parler de vertu & de merite, sans sçavoir ce que c'est précisément que le merite & la vertu. Ce ne sont que de beaux noms, que des termes vagues par la plûpart des hommes, qui se font honneur d'en parler à toute heure. Il faut avoir

K v

des principes certains de justice, de raison, & de vertu, pour connoitre ceux qui sont raisonnables & vertueux. Il faut sçavoir les maximes d'un bon & sage gouvernement, pour connoitre les hommes qui les ont, & ceux qui s'en éloignent par une fausse subtilité ; en un mot, pour mesurer plusieurs corps, il faut avoir une mesure fixe : pour juger, il faut avoir tout de même des principes constans ausquels tous nos jugemens se réduisent. Il faut sçavoir precisement quel est le but de la vie humaine, & quelle fin on doit se proposer en gouvernant les hommes : ce but unique & essentiel est de ne vouloir jamais l'autorité & la grandeur pour soi ; car cette recherche ambitieuse n'iroit qu'à satisfaire un orgueil tyrannique ; mais on doit se sacrifier dans les peines infinies du gouvernement pour rendre les hommes bons & heureux ; autrement on marche à tatons & aux hazard pendant toute la vie : on va comme un navire en pleine mer qui n'a point de Pilote, qui ne consulte point les Astres, & à qui toutes les cotes voisines sont inconuës, il ne peut faire que naufrage.

Souvent les Princes, faute de sçavoir en quoi consiste la vraye vertu, ne sçavent point ce qu'ils doivent chercher dans ses hommes : la vraye vertu a pour eux quelque chose d'apre, elle leur paroit trop austere & indépendante : elle les effraye & les aigrit : ils se tournent vers la flatterie, dès lors ils ne peuvent plus trouver ni de sincerité ni de vertu. Dès lors ils courent après un vain phantome de fausse gloire, qui les rend indignes de la veritable. Ils s'acoutument bien-tot à croire qu'il n'y point de vraye vertu fur la Terre : car les bons connoiffent bien les méchans: mais les méchans ne connoiffent point les bons, & ne peuvent pas croire qu'il y en ait. De tels Princes ne fçavent que fe défier de tout le monde également : ils cachent, ils fe renferment, ils font jaloux fur les moindres chofes ; ils craignent les hommes, & fe font craindre d'eux. Ils fuyent la lumiere, ils n'ofent paroitre dans leur naturel ; quoi qu'ils ne veuillent pas être connus, ils ne laiffent pas de l'être : car la curiofité maligne de leurs fujets penetre & devine tout, mais ils ne connoiffent perfonne. Les gens intereffez qui les obfedent, font ravis de les voir inaceffible. Un Roi inaceffible aux hommes, l'eft auffi à la verité. On noircit par d'infames rapports, & on écarte de lui tout ce qui lui pourroit lui ouvrir les yeux. Ces fortes de Rois paffent leur vie dans une grandeur fauvage & farouche, ou craignant fans ceffe d'être trompez, ils le font toujours inevitablement, & meritent de l'être. Dès qu'on ne parle qu'à un petit nombre de gens, on s'engage à recevoir toutes leurs paffions & tous leurs prejugez. Les bons même ont leurs défauts & leurs préventions. De plus, on eft à la merci des raporteurs : nation baffe & maligne, qui fe nourrit de venin, qui empoifonne les chofes innocentes, qui groffit les petites, qui invente le mal plûtot que de ceffer de nuire, qui fe jouë pour fon intéret de la défiance, & de l'indigne curiofité d'un Prince foible & ombrageux.

Connoiffez donc, ô mon cher Telamaque! connoiffez les hommes ; examinez les, faites-les parler les uns fur les autres, éprouvez-les peu à peu : ne vous livrez à aucun ; profitez de vos experiance lorsque vous vous aurez été trompé dans vos jugemens, car vous serez trompé quelquefois : apprenez par-là à ne juger promptemt de personne ; ni en bien, ni en mal. Les méchands sont trop profonds pour ne surprendre pas les bons par leurs deguisement mais vos erreurs passées vous instruiront très-utilement. Quand vous aurez trouvé des talens & de la vertu dans un homme, servez-vous en avec confiance; car les honnêtes gens veulent qu'on sente leur droiture, ils aiment mieux de l'estime & de la confiance que des trésors, mais ne les gatez pas en leur donnant un pouvoir sans bornes. Tel eût été toujours vertueux qu'il ne l'est plus, parce que son maitre lui a donné trop d'autorité & de richesses. Quiconque est assez aimé des Dieux pour trouver dans tout un Royaume deux ou trois vrais amis d'une sagesse & d'une beauté constante trouve bien-tot par eux d'autres personnes qui leur ressemblent pour remplir les places inferieures. Par les bons auquels on se confie, on aprend ce qu'on ne peut pas discerner par soi-même dans les autres sujets.

Mais faut-il, disoit Telemaque se servir des méchans quand ils sont habiles, comme je l'ai oüi dire tant de fois ? On est souvent, répondit Mentor, dans la necessité de s'en servir. Dans une Nation agitée & en desordre on trouve souvent des gens injustes & artificieux qui sont déja en autorité : ils ont des emplois importans qu'on ne leur peut ôter, ils ont acquis la confiance de certaines personnes puissantes qu'on a besoin de menager. Il faut les ménager eux-memes, ces hommes scélérats, parce qu'on les craint, & qu'ils peuvent tout bouleverser. Il faut bien s'en servir pour un tems ; mais il faut aussi avoir en vûe de les rendre peu à peu inutiles. Pour la vraye & intime confiance, gardez-vous bien de la leur donner jamais ; car ils peuvent en abuser, & vous tenir ensuite malgré vous par votre secret, chaine plus difficile à rompre que toutes les chaines de fer. Servez-vous d'eux pour des negociations passageres. Traitez-les bien, engagez les par leurs passions même à vous être fideles ; car vous ne les tiendrez que par là : mais ne les mettez point dans vos déliberations les plus secrettes. Ayez toujours un ressort prêt pour les remuer à votre gré ; mais ne leur donnez jamais la clef de votre cœur de vos affaires. Quand votre Etat devient paisible, reglé, conduit par des hommes sages & droits, dont vous êtes sur, peu à peu les méchans dont vous êtes contraint de vous servir deviennent inutiles. Alors il ne faut pas cesser de les bien traiter ; car il n'est jamais permis d'être ingrats, même pour les méchans : mais en les traitant bien, il faut tâcher de les rendre bons. Il est necessaire de tolerer en eux certains défauts qu'on pardonne à l'humanité ; il faut néanmoins relever peu à peu l'autorité, & reprimer les maux qu'ils feroient ouvertement, si on les faisoit faire. Après tout, c'est un mal que le bien se fasse par les méchans, & quoique ce mal soit souvent inevitable, il faut tendre néanmoins peu à peu à le faire cesser. Un Prince sage, qui ne voudra que le bon ordre & la justice, parviendra avec le tems à se passer des hommes corrompus & trompeurs ; il en trouvera assez de bons qui auront une habilité suffisante.

Mais ce n'est pas assez de trouver de bons sujets dans une Nation, il est necessaire d'en former de nouveaux. Ce doit être, repondit Telemaque, un grand embaras. Point du tout, reprit Mentor, l'application que vous avez à chercher les hommes habiles & vertueux pour les élever, excite & anime tous ceux qui ont du talent & du courage, chacun fait des efforts. Combien y a t'il d'hommes qui languissent dans une oisiveté obscure, & qui deviendroient de grands hommes, si l'émulation & l'esperance du succès les animoit au travail ? Combien y-a-t'il d'hommes qui la misere & l'impuissance de s'élever par la vertu, tentent de s'élever par le crime ? Si donc vous atthachés les recompenses & les honneurs au génie & à la vertu, combien de sujets se formeront d'eux-mêmes ! Mais combien en formerez-vous en les faisant monter de degré en degré depuis les derniers emplois jusqu'aux premiers ! Vous exercerez leurs talens, vous éprouverez l'étenduë de leur esprit & la sincerité de leur vertu. Les hommes qui parviendront aux plus hautes places, auront été nourris sous vos yeux dans ses inférieurs. Vous les auriez suivis toute votre vie degré en degré : vous jugerez d'eux, non par leurs paroles, mais par toute la suite de leurs actions.

Pendant que Mentor raisonnoit ainsi avec Telemaque, ils apperçurent un vaisseau Pheacien qui avoit relâché dans une petite isle deserte & sauvage, bordée de rochers affreux. En même tems les vents se turent, les doux zephirs mêmes semblerent retenir leur haleine, toute la mer devint unie comme une glace; les voiles abattuës ne pouvoient plus animer le vaisseau; l'effort des Rameurs déja fatiguez étoit inutile, il fallut aborder en cette isle, qui étoit plutot un écueil qu'une terre propre à être habitée par des hommes. En un autre tems moins calme on n'auroit pû y aborder sans un grand peril. Ces Pheaciens qui attendoient le vent, ne paroissoient pas moins impatiens que les Salentins de continuer leur navigation. Telemaque s'avance vers eux sur ces rivages escarpez. Aussi-tot il demande aux premier homme qu'il rencontre, s'il n'a point vû Ulysse Roi d'Ithaque dans la maison du Roi Alcinous.

Celui auquel il s'étoit adressé par hazard, n'étoit pas Pheacien c'étoit un étranger inconu qui avoit un air majestueux, mais triste & abbatu: il paroissoit reveur, & à peine écouta-t'il d'abord la question de Telemaque, mai ensuite il lui repondit : Ulysse, vous ne vous trompez pas, a été reçu chez le Roi Alcinoüs comme en un lieu où l'on craint Jupiter, & où l'on exerce l'hospitalité : mais il n'y est plus, & vous l'y chercherez inutilement ; il est parti pour revoir Ithaque, si les Dieux appaisez souffrent enfin qu'il puisse jamais saluer les Dieux Penates. A peine cet étranger eut prononcé tristement ces paroles, qu'il se jetta dans un petit bois épais sur le haut d'un rocher, d'où il regardoit attentivement la mer fuyant les hommes qu'il voyoit, & paroissant affligé de ne pouvoir partir. Telemaque le regardoit fixement ; plus il le regardoit, plus il étoit émû & étonné. Cet inconnu, disoit il à Mentor, m'a repondu comme un homme qui écoute à peine ce qu'on lui dit & qui est plein d'amertume. Je plains les malheureux depuis que je le suis, & je sens que mon cœur s'interesse pour cet homme, sans sçavoir pourquoi. Il m'a assez mal reçu. A peine a-t'il daigné m'écouter & me répondre. Je ne puis cesser neanmoins de souhaiter la fin de ses maux. Mentor souriant, répondit; voilà à quoi servent les malheurs de la vie: ils rendet les Princes moderez & sensibles aux peines des autres. Quand ils n'ont jamais gouté que le doux poison des prosperitez, ils se croyent des Dieux, ils veulent que les montagnes s'applanissent pour les contenter; ils comptent pour rien les hommes; ils veulent se joüer de la nature entiere: Quand ils entendent parler des souffrances, ils ne sçavent ce que c'est: c'est un songe pour eux; ils n'ont jamais vû la distance du bien & du mal; l'infortune seule peut leur donner de l'humanité, & changer leur cœur de rocher en un cœur humain: Alors ils sentent qu'ils sont hommes, & qu'ils doivent menager les autres hommes qui leur ressemblent. Si un inconnu vous fait tant de pitié, parce qu'il est comme vous errant sur ce rivage; combien devrez-vous avoir plus de compassion pour le peuple d'Ithaque, lorsque vous le verrez un jour souffrir? Ce peuple que les Dieux vous auront confié comme on confie un troupeau à un Berger, sera peut-être malheureux par votre ambition ou par votre faste, ou par votre imprudence, car les peuples ne souffrent que par les fautes des Rois qui devroient veiller pour les empêcher de souffrir.

Pendant que Mentor parloit ainsi, Telemaque étoit plongé dans la tristesse & dans chagrin, & il lui répondit enfin avec un peu d'émotion : Si toutes ces choses sont vrayes, l'état d'un Roi est bien malheureux : il est l'esclave de tous ceux ausquels il paroit commander. Il n'est pas tant fait pour leur commander qu'il est fait pour eux : il se doit tout entier à eux ; il est chargé de tous leurs besoins : il est l'homme de tout le peuple & de chacun en particulier. Il faut qu'il s'accommode à leurs foiblesses, qu'il les corrige en pere, qu'il les rende sages & heureux. L'autorité qu'il paroit avoir n'est pas la sienne ; il ne peut rien faire ni pour sa gloire, ni pour son plaisir ; son autorité est celle des Loix ; il faut qu'il leur obéïsse pour en donner l'exemple à ses sujets. A proprement parler, il n'est que le défenseur des loix pour les faire regner ; il faut qu'il veille & qu'il travaille pour les maintenir : il est l'homme le moins libre, & le moins tranquille de son Royaume. C'est un esclave qui sacrifie son repos & sa liberté pour la liberté & la félicité publique.

Il est vrai, répondit Mentor, que le Roy n'est Roi que pour avoir soin de son peuple, comme un Berger de son troupeau, ou comme un pere de famille. Mais trouvez-vous, mon cher Telemaque qu'il soit malheureux d'avoir du bien à faire à tant de gens ! Il corrige les méchans par des punitions ; il encourage les bons par des récompenses ; il represente les Dieux en conduisant ainsi à la vertu tout le genre humain : N'a-t'il pas assez de gloire à faire garder les loix ? Celle de se mettre au-dessus des loix est une gloire fausse, qui n'inspire que de l'horreur & du mépris : s'il est méchant : il ne peut être que malheureux, car il ne sçauroit trouver aucune paix dans ses passions & dans sa vanité ; s'il est bon, il doit goûter le plus pur & le plus solide de tous les plaisirs à travailler pour la vertu & à attendre des Dieux une éternelle récompense.

Telemaque agité au-dedans par une peine secrette, sembloit n'avoir jamais compris ces maximes, quoiqu'il en fût rempli, & qu'il les eût lui-même enseignés aux autres. Une humeur noire lui donnoit contre les veritables sentimens un esprit de contradiction & de subtilité pour rejetter les veritez que Mentor expliquoit.

Telemaque opposoit à ces raisons l'ingratitude des hommes. Quoi ! disoit-il, prendre tant de peine pour se faire aimer des hommes, qui ne vous aimeront peut être jamais, & pour faire du bien à des méchans, qui se serviront de vos bienfaits pour vous nuire ! Mentor lui repondoit patiemment. Il faut compter sur l'ingratitude des hommes, & ne laisser pas de leur faire du bien : il faut les servir moins pour l'amour d'eux, que pour l'amour des Dieux qui l'ordonnent. Le bien qu'on fait n'est jamais perdu. Si les hommes l'oublient, les Dieux s'en souvienent & les recompensent. De plus, si la multitude est ingrate, il y a toujours des hommes vertueux qui sont touchez de votre vertu. La multitude même quoique changeante & capricieuse, ne laisse pas de faire tot ou tard une espece de justice à la veritable vertu ; mais voulez-vous empêcher l'ingratitude des hommes ? Ne travaillez pas uniquement à les rendre puissans, riches, redoutables par les armes, heureux par les plaisirs : cette gloire, cette abondance, ces délices la corrompent; ils n'en feront que plus méchans, & par conséquent plus ingrats. C'est leur faire un present funeste, c'est leur offrir un poison délicieux. mais appliquez-vous à redresser leurs mœurs, à leur inspirer la justice, la sincerité, la crainte des Dieux, l'humanité, la fidelité, la moderation, le désinteressement: En les rendant bons vous les empêcherez d'être ingrats, vous leur donnerez le veritable bien, qui est la vertu: si elle est solide, elle les attachera toujours à celui qui la leur aura inspirée. Ainsi en leur donnant les veritables biens, vous ferez du bien à vous même, & vous n'aurez point à craindre leur ingratitude. Faut-il s'étonner que les hommes soient ingrats pour les Princes qui ne les ont jamais portés qu'à l'injustice, qu'à l'ambition sans bornes, qu'à la jalousie contre leurs voisins, qu'à l'inhumanité, qu'à la hauteur, qu'à la mauvaise foi? Le Prince ne doit attendre d'eux que ce qu'il leur a appris à faire. Que si au contraire il travailloit par ses exemples & par son autorité à les rendre bons, il trouveroit le fruit de son travail dans leurs vertus, ou du moins il trouveroit dans la sienne & dans l'amitié des Dieux de quoi se consoler de tous les mécomptes.

A peine ce discours fut-il achevé, que Télemaque s'avança avec empressement vers les Pheaciens, dont le vaisseau étoit arrêté sur le rivage. Il s'adressa à un Vieillard d'entre eux, pour lui demander d'où ils venoient, où il alloient, & s'ils n'avoient point vû Ulysse. Le vieillard répondit: Nous venons de notre isle, qui est celle des Pheaciens; nous allons chercher des marchandises vers l'Epire. Ulysse même, on vous l'a déja dit, a passé dans notre patrie; mais il en est parti. Quel est, ajouta aussi-tôt Telemaque, cet homme si triste qui cherche les lieux les plus déserts, en attendant que votre vaisseau parte! C'est, répondit le vieillard, un étranger qui nous est inconnu: mais on dit qu'il se nomme Cleomenes, qu'il est né en Phrygie, qu'un Oracle avoit prédit à sa mere avant sa naissance qu'il seroit Roi, pourvû qu'il ne demeurât point dans sa patrie, & que s'il y demeuroit, la colere des Dieux se feroit sentir aux Phrygiens par une cruelle peste. Dés qu'il fut né, ses parens le donnerent à des Matelots, qui le porterent dans l'isle de Lesbos. Il y fut nourri en secret aux dépens de sa patrie, qui avoit un si grand interêt de le tenir éloigné. Bien-tô il devint grand, robuste, agréable & adroit à tous les exercices du corps. Il s'appliqua même avec beaucoup de goût & de genie, aux sciences & aux beaux arts: mais on ne peut le souffrir dans aucun pays. La prédiction faite sur luy devint celebre: on le reconnut bien-tôt par tout où il alla. Par tout les Rois craignoient qu'il ne leur enlevât leurs Diadémes: ainsi il est errant depuis sa jeunesse, & il ne peut trouver aucun lieu du monde où il lui soit libre de s'arrêter: il a souvent passé chez les peuples fort éloignez du sien. Mais à peine est-il arrivé dans une Ville, qu'on y découvre sans naissance l'Oracle qui le regarde. Il a beau se cacher & choisir en chaque lieu quelque genre de vie obscure; ses talent éclatent, dit-on, toujours malgré lui, & pour la guerre & pour les lettres, & pour les affaires les plus importantes: il se presente toujours en chaque pays quelque occasion impreveüë qui l'entraine, & qui le fait connoître au public. C'est son merite qui fait son malheur, il le fait craindre, & l'exclud de tous les pays où il veut habiter. Sa destinée est d'être estimé, aimé, admiré par tout, mais rejetté de toutes les terres connuës: il n'est plus jeune; & cependant il n'a pu encore trouver aucune côte, ni de l'Asie, ni de la Grece où l'on ait voulu le laisser vivre en quelque repos; il paroit sans ambition, & il ne cherche aucune fortune. Il se trouveroit trop heureux que l'oracle ne lui eût jamais promis la Royauté: il ne lui reste aucune esperance de revoir jamais sa patrie, car il sçait qu'il ne pourroit porter que le deüil & les larmes dans toutes les familles. La Royauté même pour laquelle il souffre, ne lui paroit point desirable; il court malgré lui aprés elle par une triste fatalité de Royaume en Royaume. & elle semble fuir devant lui pour se joüer de ce malheureux jusqu'à sa vieillesse; funeste present des Dieux, qui trouble tous ses plus beaux jours, & qui ne lui cause que des peines dans l'âge où l'home infirme n'a plus besoin que de repos. Il s'en va, dit il vers la Thrace chercher quelque peuple sauvage & sans loix qu'il puisse assembler, policer & gouverner pendant quelques années, aprés quoi l'Oracle étant accompli, on n'aura plus rien à craindre de luy dans les Royaumes les plus florissans: il compte alors de se retirer dans un village de Carie, où il s'adonnera à l'agriculture, qu'il aime passionement. C'est un homme sage & moderé qui craint les Dieux, qui connoit bien les hommes, & qui sçait vivre en paix avec

eux, sans les estimer. Voilà ce qu'on racon‑
de cet étranger, dont vous me demandez de
nouvelles.

Pendant cette conversation Telemaque tou‑
noit souvent ses yeux vers la mer, qui com‑
mençoit à être agitée. Le vent soulevoit les
flots, qui venoient battre les rochers, les blan‑
chissant de leur écume. Dans ce moment le
vieillard dit à Telemaque : il faut que je par‑
te ; mes compagnons ne peuvent m'attendre.
En disant ces mots il court au rivage ; on s'em‑
barque ; on n'entend que des cris confus sur le
rivage par l'ardeur des Mariniers impatiens de
partir.

Ce inconnu avoit erré quelque tems au mi‑
lieu de l'isle, montant sur le sommet de tou‑
les rochers, considerant de là l'espace immen‑
se des mers avec une tristesse profonde. Tele‑
maque ne l'avoit point perdu de vûe, & il ne
cessoit d'observer ses pas. Son cœur étoit at‑
tendri pour un homme vertueux, errant,
malheureux, destiné aux plus grandes choses,
& servant de joüet à une rigoureuse fortune,
loin de sa patrie. Au moins, disoit-il en lui-
même, peut-être reverrai-je Ithaque : mais ce
Cleomene ne peut jamais revoir la Phrygie :
L'exemple d'un homme encore plus malheu‑
reux que lui, adoucissoit la peine de Tele‑
maque. Enfin cet homme voyant son vaisseau
prêt, étoit descendu de ces rochers escarpez,
avec tant de vitesse & d'agilité, qu'Apol‑
lon dans les forêts de Lycie, avoit noüé ses
cheveux blonds, passe au travers des précipi‑
ces pour aller percer de ses fléches les cerfs &
les sangliers. Déja cet inconnu est dans le
vaisseau qui fend l'onde amere, & qui s'éloig‑
ne de la terre.

Alors une impreſſion ſecrette de douleur ſaiſit le cœur de Telemaque ; il s'afflige ſans ſçavoir pourquoi ; les larmes coulent de ſes yeux, & rien ne lui eſt ſi doux que de pleurer. En même-tems il apperçoit ſur le rivage tous les Mariniers de Salante couchez ſur l'herbe & profondement endormis ; ils étoient las & abattus. Le doux ſommeil s'étoit inſinué dans leurs membres, & tous les humides pavots de la nuit avoient été repandus ſur eux en plein jour, par la puiſſance de Minerve. Telemaque eſt étonné de voir cet aſſoupiſſement univerſel des Salantins, pendant que les Pheaciens avoient été ſi attentifs & ſi diligens à profiter du vent favorable : mais il eſt encore plus occupé à regarder le vaiſſeau Pheacien prêt à ſe diſparoitre au milieu des flots, qu'à marcher vers les Salantins, pour les éveiller. Un étonnement & un trouble ſecret tient ſes yeux attachez vers ce vaiſſeau déja parti, dont il ne voit plus que les voiles qui blanchiſſent un peu dans l'onde azurée ; il n'écoute pas même Mentor, qui lui parle ; il eſt tout hors de lui-même dans un tranſport ſemblable à celui des Menades, lorſqu'elles tiennent le thirſe en main, & qu'elles font retentir de leurs cris inſenſez les rives de l'herbe & les montagnes de Rhodope à Iſmare.

Enfin il revint un peu de cette eſpece d'enchantement, ſes larmes recommencent à couler de ſes yeux, & alors Mentor lui dit : Je ne m'étonne point, mon cher Telemaque, de vous voir pleurer ; la cauſe de votre douleur qui vous eſt inconnuë, ne l'eſt pas à Mentor ; c'eſt la nature qui parle & qui ſe fait ſentir ;

c'est elle qui attendrit votre cœur. L'inconnu qui vous a donné une si vive émotion, est le grād Ulysse; ce qu'un vieillard Phéacien vous a raconté de lui sous le nom de Cleomenes, n'est qu'une fiction pour cacher plus sûrement le retour de votre pere dans son Royaume: Il s'en va droit à Ithaque; déja il est bien prés du port, & il revoit enfin ces lieux si long-tems desirez : vos yeux l'ont vû, comme on vous l'avoit prédit autrefois, mais sans le connoitre ; bien-tôt vous le verrez, vous le connoîtrez, & il vous connoîtra. Mais maintenant les Dieux ne pouvoient permettre votre reconnoissance hors d'Itaque. Son cœur n'a point été moins ému que le vôtre ; il est trop sage pour se découvrir à nul mortel dans un lieu où il pourroit être exposé à des trahisons, & aux insultes des cruels amans de Penelope. Ulysse votre pere est le plus sage de tous les hommes, son cœur est comme un puits profond, on ne sçauroit y puiser son secret. Il aime la verité & ne dit jamias rien qui la blesse ; mais il ne la dit que pour le besoin & la sagesse comme un sceau, tient toujours les lévres fermées à toutes paroles inutiles. Combien a t'il été ému en vous parlant? Combien s'est-il fait de violence pour ne se point découvrir ! Que n'a t'il pas souffert en vous voyant ! Voilà ce qui le rendoit triste & abbatu.

Pendant ce discours Telemaque attendri & troublé ne pouvoit retenir un torrent de larmes ; les sanglots l'empêcherent même long-teps de répondre, enfin, il s'écria : Helas ! mon cher Mentor, je sentois bien dans cet inconnu je ne sçai quoi qui m'attiroit à lui ; &

qui

LIVRE XXIV.

qui remuoit toutes mes entrailles. Mais pourquoi ne m'avez-vous pas dit avant son départ, que c'étoit Ulysse, puisque vous le connoissiez ? Pourquoi l'avez-vous laissé partir sans lui parler, & sans faire semblant de le connoitre ? Quel est donc ce mystere ? Serai-je toujours malheureux ? Les Dieux irritez viennent-ils me tenir comme Tantale, alteré, qu'une eau trompeuse amuse, s'enfuyant de ses levres avides ? Ulysse, Ulysse, m'avez vous échapé pour jamais ? Peut être ne le verrai-je plus ! Peut être que les Amans de Penelope le feront tomber dans les embuches qu'ils me preparoient ! Au moins si je le suivois, je mourois avec lui ! O Ulysse ! ô Ulysse ! si la tempête ne vous rejette pas encore contre quelque écueil, [car j'ai tout à craindre de la fortune ennemie] je tremble que vous n'arriviez à Ithaque avec un sort aussi funeste qu'Agamenon à Mycene. Mais pourquoi, cher Mentor, m'avez-vous envié mon bonheur ? Maintenant je l'embrasserois, je serois déja avec lui dans le port d'Ithaque ; nous combattrions pour vaincre tous nos ennemis.

Mentor lui repondit en souriant : Voyez, mon cher Telemaque, comment les hommes sont faits. Vous voilà tout désolé, parceque vous avez vû votre pere sans le reconnoitre. Que n'eussiez-vous pas donné hier pour être assuré qu'il n'étoit pas mort ? Aujourd'hui vous en êtes assuré par vos propres yeux ; & cette assurance qui devroit vous combler de joye, vous laisse dans l'amertume. Ainsi le cœur malade des mortels compte toujours pour rien ce qu'il a le plus desiré, dès qu'il le possede : & il est ingenieux pour se tourmenter sur ce

Tome II. L

qu'il ne possede pas encore. C'est pour exercer votre patience, que les Dieux vous tiênent ainsi en suspens. Vous regardez ce tems comme perdu ; sçachez que c'est le plus utile de votre vie ; car il vous exerce dans la plus necessaire de toutes les vertus pour ceux qui doivent commander. Il faut être patient pour devenir maitre de soi & des autres : l'impatience qui paroit une force & une vigueur de l'ame, n'est qu'une foiblesse & une impuissance de souffrir la peine. Celui qui ne sçai pas attendre & souffrir, est comme celui qui ne sçait pas se taire sur un secret ; l'un & l'autre manquent de fermeté pour se retirer, comme un homme qui court dans un chariot, & qui n'a pas la main assez forte pour arrêter quand il faut, ses coursiers fougueux : ils n'obeissent plus au frein ; ils se precipitent, & l'homme foible auquel ils échapent, est brisé dans sa chute. Ainsi l'homme impatient est entrainé par ses désirs indomptez & farouches dans un abime de malheurs : plus sa puissance est grande, plus son impatience lui est funeste, il n'attend rien : ils ne se donne le tems de rien mesurer, il force toutes choses pour se contenter, il rompt les branches pour cueillir le fruit avant qu'il soit mûr, il brise les portes plutot que d'attendre qu'on les lui ouvre, il veut moissonner quand le sage Laboureur séme : tout ce qu'il fait à la hate & à contretems est mal fait, & ne peut avoir de durée ni de solidité non plus que ses desirs volages. Tels sôt les projets insensez d'un hôme qui croit pou voir tout, & que se livre à ses desirs impatiens pour abuser de sa patience. C'est pour vous apprendre à être patient, mon cher Telemaque, que les Dieux exercent tant votre patience, & semblent se jouër de vous dans la vie errante où ils vous tiennent toujours incertain. Les biens que vous esperez se montrent à vous, & s'enfuyent comme un songe leger que le reveil fait disparoitre, pour vous apprendre que les choses même qu'on croit tenir de ses mains, échapent dans l'instant. Les plus sages leçons d'Ulysse ne vous seront pas aussi utiles que sa longue absence, & les peines que vous souffrez en le cherchant.

Ensuite Mentor voulut prendre la patience de Telemaque à une derniere épreuve encore plus forte. Dans le moment où le jeune homme alloit avec ardeur presser les Matelots pour hater le départ, Mentor l'arrêta tout à coup & l'engagea à faire sur le rivage un grand sacrifice à Minerve. Telemaque fait avec docilité ce que Mentor veut. On dresse deux autels de gazon; l'encens fume, & le sang des victimes coule. Telemaque pousse des soupirs tendres vers le Ciel, il reconnoit la puissante protection de la Déesse. A peine le sacrifice est-il achevé, qu'il suit Mentor dans les routes sombres d'un petit bois voisin. Là il apperçoit tout à-coup que le visage de son ami prend une nouvelle forme; les rides de son frond s'effacent comme les ombres disparoissent quand l'Aurore de ses doigts de rose ouvre les portes de l'Orient, & enflame tout l'horison, ses yeux creux & austeres se changent en des yeux bleufs d'une couleur celeste, & pleins d'une flame divine, sa barbe grise & negligée disparoit; des traits nobles & fiers, melez de douceur & de grace, se montrent aux yeux de Telemaque ébloui; il reconnoit un visage de femme avec un teint plus uni qu'une fleur tendre & nouvellement éclofe au Soleil ; on y voit la blancheur des lys mêlée de rofes naiſſantes. Sur ce viſage fleurit une éternelle jeuneſſe avec une majeſté ſimple & negligée ; une odeur d'ambroiſie ſe repand de ſes cheveux flotans : ſes habits éclatent comme les vives couleurs dont le Soleil en ſe levant peint les ſombres voutes du Ciel & les nuages qu'il vient dorer. Cette Divinité ne touche pas du pied à terre : elle coule legerement dans l'air comme un oiſeau le fend de ſes ailes ; elle tient de ſa puiſſante main une lance brillante, capable de faire trembler les Villes & les Nations les plus guerrieres. Mars même en ſeroit éfrayé ; ſa voix eſt douce & moderée, mais forte & inſinuante : toutes ſes paroles ſont des traits de feu qui percent le cœur de Telemaque, & qui lui font reſſentir je ne ſçai qu'elle douleur delicieuſe : ſur ſon caſque paroit l'oiſeau triſte d'Athenes ; & ſur ſa poitrine brille la redoutable Egide. A ces marques Telemaque reconnoit Minerve.

O Déeſſe ! dit il, c'eſt donc vous même qui avez daigné conduire le fils d'Ulyſſe pour l'amour de ſon Pere. Il vouloit en dire d'avantage, mais la voix lui manque : ſes levres s'éforçoient en vain d'exprimer les penſées qui ſortoient avec impetuoſité du fond de ſon cœur. La Divinité preſente l'accabloit, & il étoit comme un homme, qui dans un ſonge eſt opreſſé juſqu'à perdre la reſpiration, & qui par l'agitation penible de ſes levres, ne peut former aucune voix.

Enfin Minerve prononça ces paroles : Fils d'Ulyſſe, écoutez-moi pour la derniere fois;

LIVRE XXIV.

Je n'ai instruit aucun mortel avec tant de soins que vous; je vous ai mené par la main au travers des naufrages, des terres inconnues, des guerres sanglante, & de tous les maux qui peuvent éprouver le cœur de l'homme. Je vous ai montré par des experiences sensibles, les vrayes & les fausses maximes par lesquelles ont peut regner : vos fautes ne vous ont pas été moint utiles que vos malheurs. Car quel est l'homme qui peut gouverner sagement, s'il n'a jamais souffert, & s'il n'a jamais profité des souffrances où ses fautes l'ont precipité ? Vous avez remplit comme votre pere, les terres & les mers de vos tristes avantures. Allez, vous êtes maintenant digne de marcher sur ses pas: il ne vous reste plus qu'un court & facile trajet jusqu'à Ithaque, où il arrive dans ce moment : combattez avec lui & obeissez lui comme le moindre de ses sujets ; donnez en exemple aux autres : il vous donnera pour épouse Antiope, & vous serez heureux avec elle, pour avoir moins cherché la beauté que la sagesse & la vertu. Lorsque vous regnerez, mettez toute votre gloire à renouveller l'age d'or: écoutez tout le monde, croyez peu de gens : gardez-vous bien de vous croire trop vous même, craignez de vous tromper : mais ne craignez jamais de laisser voir aux autres que vous avez été trompé ; aimez les peuples, n'oubliez rien pour en être aimé. La crainte est necessaire quand l'amour manque : mais il la faut toujours employer à regret comme les remedes violens & les plus dangereux. Considerez toujours de loin toutes les suites de ce que vous voulez entreprendre; prevoyez les plus terribles inconveniens, &

sçachez que le vrai courage consiste à envisager tous les perils & à les mépriser quand ils deviennent necessaires : celui qui ne veut pas les voir, n'a pas assez de courage pour en supporter tranquillement la vûë ; celui qui les voit tous, qui évitent tous ceux qu'on peut éviter, & qui tente les autres sans s'émouvoir, est le seul sage & magnanime. Fuyez la molesse, le faste, la profusion : mettez votre gloire dans la simplicité ; que vos vertus & vos bonnes actions soient les ornemens de votre personne & de votre Palais ; qu'elles soient la garde qui vous environne, & que tout le monde aprenne de vous en quoi consiste le vrai bonheur: n'oubliez jamais que les Rois ne regnent point pour leur propre gloire, mais pour le bien des peuples : les biens qu'ils font s'étendent jusque dans les siecles les plus éloignés : les maux qu'ils font se multiplient de generation en generation jusqu'à la posterité la plus reculée. Un mauvais regne fait quelquefois la calamité de plusieurs siecles. Sur tout soyez en garde contre votre humeur. C'est un ennemi que vous porterez par tout avec vous jusqu'à la mort. Il entrera dans vos conseils, & vous trahira si vous l'écoutez, l'humeur fait perdre les occasions les plus importantes: elle donne des inclinations & des aversions d'enfant au préjudice des plus grands interets : elle fait décider les plus grandes affaires par les plus petites raisons : elle obscurcit tous les talens, rabaisse le courage, rend un homme inégal, foible vil, & insuportable. Défiez-vous de cet ennemi. Craignez les Dieux, ô Telemaque ! cette crainte est le plus grand tresor du cœur de l'homme : avec elle

LIVRE XXIV.

vous viendront la sagesse, la justice & la paix, la joye, les purs plaisirs, la vraye liberté, la douce abondance, & la gloire sans tâche.

Je vous quitte ô fils d'Ulysse ! mais ma sagesse ne vous quittera point, pourvû que vous sentiez toujours que vous ne pouvez rien sans elle. Il est tems que vous appreniez à marcher tout seul. Je ne me suis separée de vous en Egypte & à Salante, que pour vous accoutumer à être privé de cette douceur, comme on sevre les enfans lorsqu'il est tems de leur ôter le lait pour leur donner des alimens plus solides.

A peine la Déesse eut achevé ce discours qu'elle s'éleva dans les airs, & s'enveloppa d'un nuage d'or & d'azur, où elle disparut. Télemaque soupirant, étonné & hors de lui-même, se prosterna à terre, levant les mains au Ciel ; puis alla éveiller ses compagnons, se hata de partir, arriva à Ithaque, & reconnu son pere chez le fidelle Eumée.

Fin du vingt-quatriéme & dernier Livre.

ODE.

I.

MOntagnes, * de qui l'audace
Va porter jusqu'aux Cieux
Un front d'éternelle glace,
Soutient du sejour des Dieux,
Dessus vos têtes chenuës,
Je cueille au dessus des nuës
Toutes les fleurs du Printems.
A mes pieds contre la terre,
J'entends gronder le tonnerre,
Et tomber mille torrens.

II.

Semblables aux Monts de Thrace,
Qu'un Géant audacieux
Sur les autres Monts entasse
Pour escalader les Cieux,
Vos sommets sont des campagnes
Qui portent d'autres Montagnes :
Et s'élevant par dégrez,
De leurs orgueilleuses têtes
Vont affronter les tempêtes
De tous les vents conjurez.

III.

Dès que la vermeille Aurore
De ses feux étincellans
Toutes ces Montagnes dore,
Les tendres aigneaux bêlans
Errent dans les paturages,
Bien-tôt les sombres boccages,

* *Montagnes d'Auvergne, où il étoit alors.*

ODE.

Plantez le long des ruisseaux,
Et que les Zephirs agitent,
Bergers & troupeaux invitent
A dormir au bruit des eaux.

IV.

Mais dans ce rude païsage
Où tout est capricieux,
Et d'une beauté sauvage,
Rien ne rappelle à mes yeux
Les bords que mon fleuve arrose;
Fleuve où jamais le vent n'ose
Les moindres flots soulever,
Où le Ciel serain nous donne
Le Printems après l'Automne,
Sans laisser place à l'Hyver.

V.

Solitude * où la Riviere
Ne laisse entendre autre bruit,
Que celui d'une onde claire
Qui tombe, écume, & s'enfuit;
Où deux Isles fortunées,
De rameaux verds couronnées,
Font pour le charme des yeux
Tout ce que leur cœur desire,
Que ne puis-je sur ma lyre
Te chanter du chant des Dieux !

VI.

De Zephir la douce haleine
Qui reverdit nos buissons,
Fait sur le dos de la plaine
Floter les jaunes moissons
Dont Cerés remplit nos granges
Bacchus lui-même aux vendanges
Vient empourprer le Raisin,

* Carenac, petite Abbaye sur la Dordogne,
qu'il avoit alors.

Et du penchant des collines
Sur les campagnes voisines,
Verse des fleuves de vin.

VII.

Je vois au bout des campagnes
Pleines de sillons dorez,
S'enfuir valons & montagnes
Dans les lointains azurez,
Dont la bizarre figure
Est un jeu de la nature.
Sur les rives du Canal,
Comme un miroir fidele,
L'horison se renouvelle,
Et se peint dans ce cristal.

VIII.

Avec les fruits de l'Automne
Sont les parfums du Printems,
Et la vigne se couronne
De mille festons pendans ;
Ce fleuve aimant les prairies,
Qui dans ses Isles fleuries
Ornent ses caneaux divers,
Par des eaux ici dormantes,
Là rapides & bruyantes,
En baigne les tapis verds.

IX.

Dansant sur les violettes,
Le Berger mêle sa voix
Avec le son des musettes,
Des fluttes & des hautbois.
Oiseaux par votre ramage,
Tout souci dans ce bocage
De tous cœurs sont effacez :
Colombes & tourterelles,
Tendres, plaintives fidelles,
Vous seules gemissez.

ODE.

X.

Une herbe tendre & fleurie
M'offre des lits de gazon ;
Une douce rêverie
Tiens mes fans & ma raisons :
A ce charme je me livre,
De ce Nectar je m'ennyvre,
Et les Dieux en font jaloux.
De la Cour flateurs menfonges,
Vous ressemblez à mes songes,
Trompeurs comme eux, mais moins doux.

XI.

A l'abri des noirs orages,
Qui vont foudroyer les Grands,
Je trouve sous ces feüillages
Un azile en tous les tems :
Là pour commencer à vivre,
Je puise seul & sans livre,
La profonde verité,
Puis la Fable avec l'Histoire
Viennent peindre à ma memoire
L'ingenuë antiquité.

XII.

Des Grecs je vois le plus sage, *
Joüet d'un indigne sort,
Tranquille dans son n'aufrage,
Et circonspect dans le port.
Vainqueur des vents en furie,
Pour sa sauvage Patrie,
Bravant les flots nuit & jour,
A ! combien de mon bacage
Le calme, le frais, l'ombrage,
Meritent mieux mon amour.

XIII.

Je goûte loin des allarmes,

* Ulysse.

ODE

Les Muses l'heureux loisir,
Rien n'expose au bruit des armes.
Mon silence & mon plaisir,
Mon cœur content de ma Lyre,
A nul autre bonheur n'aspire,
Qu'à chanter un si doux bien.
Loin, loin, trompeuse fortune,
Et toi faveur importune,
Le Monde entier ne m'est rien.

XLV.

En quelque climat que j'erre,
Plus que tous les autres lieux,
Cet heureux coin de la terre
Me plait & rit à mes yeux :
Là pour couronner ma vie :
La main d'une Parque amie
Filera mes plus beaux jours,
Là reposera ma cendre :
Là Tyrcis * viendra repandre
Les pleurs dûs à nos amours.

* *M. l'Abbé de l'Angeron.*

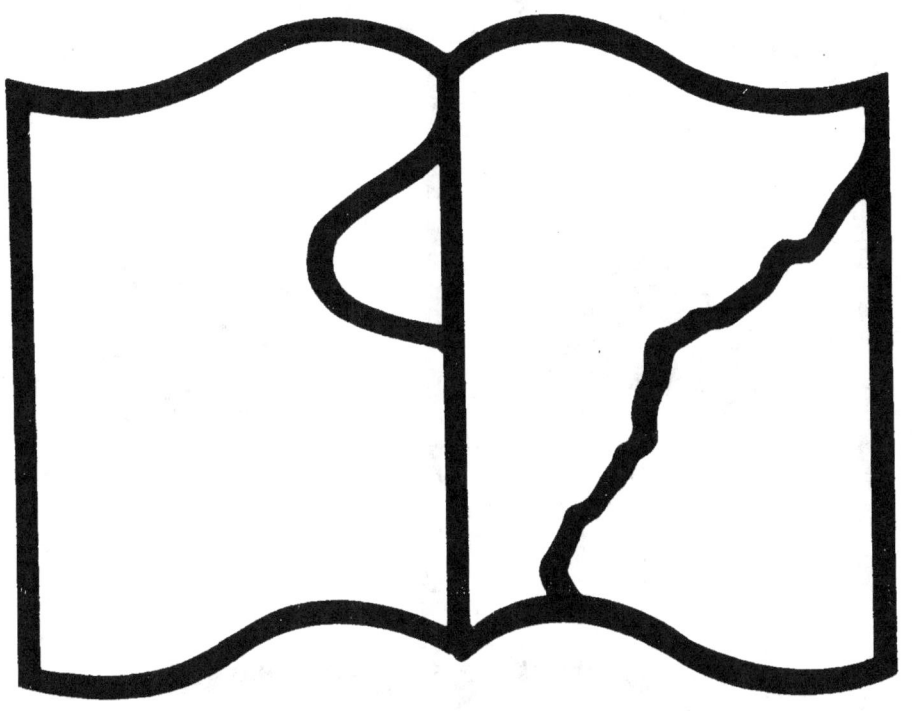

Texte détérioré — reliure défectueuse

NF Z 43-120-11

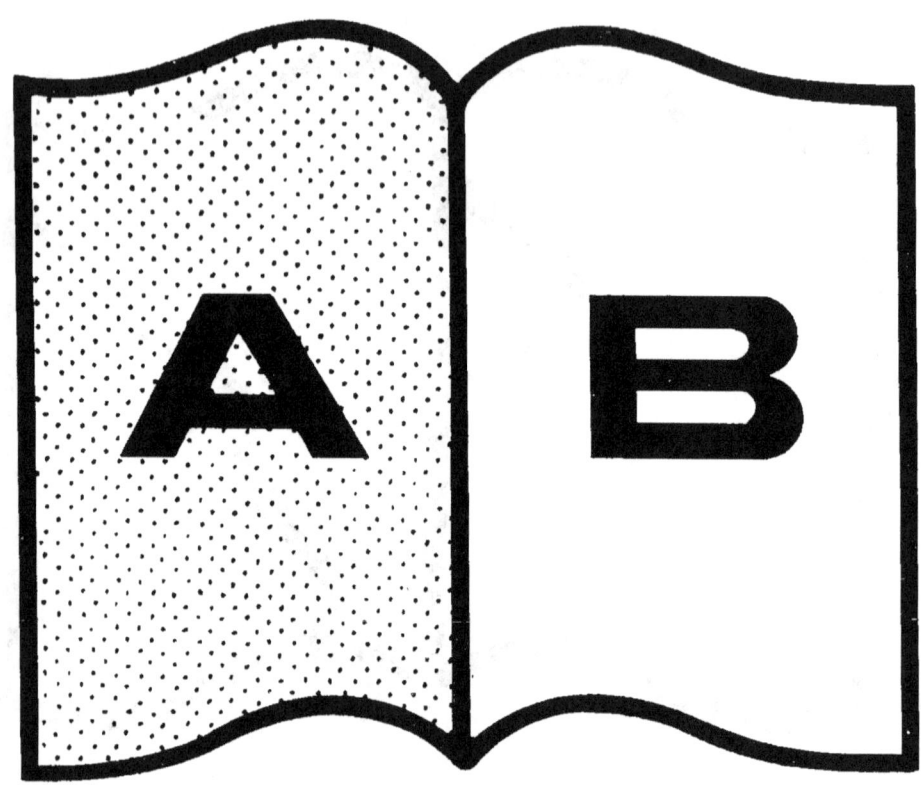

Contraste insuffisant

NF Z 43-120-14

www.ingramcontent.com/pod-product-compliance
Lightning Source LLC
Chambersburg PA
CBHW070830230426

43667CB00011B/1738